普通高校"十三五"规划教材·金融学系列

互联网金融理论与实务

冯科 宋敏 ◎ 编著

清华大学出版社
北京

内容简介

本书系统地讲述了互联网金融的基本理论、实务操作以及相关案例。作为教科书,吸收了互联网金融的最新研究成果以及发展动态。本书分为15章,包括互联网金融概述、互联网金融与传统金融、互联网金融的经济学分析、普惠金融及民主金融、互联网金融基础设施、互联网货币、互联网金融风险分析与风险控制、互联网金融监管与未来发展、众筹、P2P网贷、第三方支付、大数据金融、信息化金融机构、我国互联网金融案例、国外互联网金融案例。

本书适用于高等院校和研究机构的经济学类、管理学类的学生,以及有兴趣了解互联网金融的相关专业人士。

本书封面贴有清华大学出版社防伪标签,无标签者不得销售。

版权所有,侵权必究。举报:010-62782989,beiqinquan@tup.tsinghua.edu.cn。

图书在版编目(CIP)数据

互联网金融理论与实务 / 冯科,宋敏编著. —北京:清华大学出版社,2016(2022.7重印)
(普通高校"十三五"规划教材·金融学系列)
ISBN 978-7-302-44334-6

Ⅰ. ①互… Ⅱ. ①冯… ②宋… Ⅲ. ①互联网络—应用—金融—高等学校—教材 Ⅳ. ①F830.49

中国版本图书馆 CIP 数据核字(2016)第 166588 号

责任编辑:吴 雷 左玉冰
封面设计:汉风唐韵
版式设计:方加青
责任校对:王凤芝
责任印制:曹婉颖

出版发行:清华大学出版社
    网　　址:http://www.tup.com.cn, http://www.wqbook.com
    地　　址:北京清华大学学研大厦A座　　邮　　编:100084
    社 总 机:010-83470000　　邮　　购:010-62786544
    投稿与读者服务:010-62776969,c-service@tup.tsinghua.edu.cn
    质 量 反 馈:010-62772015,zhiliang@tup.tsinghua.edu.cn
印 装 者:三河市金元印装有限公司
经　　销:全国新华书店
开　　本:185mm×260mm　　印　张:20.5　　字　数:470千字
版　　次:2016年8月第1版　　印　次:2022年7月第9次印刷
定　　价:55.00元

产品编号:064657-02

前　言

2014年3月5日，李克强总理在《政府工作报告》中指出"促进互联网金融健康发展"。"互联网金融"这一概念，从2012年年初提出到写入《政府工作报告》只用了两年左右的时间。然而"互联网金融"作为一个新兴的概念，仍有很多人并未充分了解。因此笔者编著了本书，旨在为大众简单全面地介绍互联网金融。

本书系统地阐述了互联网金融的基本概念和五大模式，按照理论与实务相结合的方式安排编写，使读者在了解互联网金融相应理论的同时，可以和实务紧密地结合起来。我们将本书的读者对象定位于高等院校和研究机构的经济学类、管理学类的学生，以及有兴趣了解互联网金融的相关专业人士。

本书的主要特点如下：

第一，在写作思路上，本书十分注重理论与实践相结合。本书的架构分为理论与实务两篇，上篇主要介绍了互联网金融的理论，下篇介绍了互联网金融的实务。在相关的介绍中引入了相关的案例对理论部分进行相应的解释。

第二，在内容安排上，本书注重吸收最新的互联网金融研究成果，以体现教材的前沿性；注意结合经济学、管理学等相关学科知识来阐述互联网金融问题，以突出教材的新颖性。

第三，在写作风格上，本书除了力求简洁明了、通俗易懂外，还特别注意从不同角度或新的角度去诠释同一问题，以实例加深入浅出的语言阐明复杂的问题，注意揭示问题的相互联系和逻辑关系。

第四，在结构安排上，为了便于读者提高学习效率，本书在每章正文开始前都设计了一个通俗易懂的小案例，引起读者的学习兴趣，之后安排了本章的"学习目标"，便于读者能够有的放矢；在每章正文结束后提供了"总结"，将本章的主要观点和内容进行了简明扼要的总结。同时，还列示了与本章内容关系密切的"关键概念"。在"习题"中，本书设计了不同类型、不同内容的习题。

本书共分15章，包括互联网金融概述、互联网金融与传统金融、互联网金融的经济学分析、普惠金融及民主金融、互联网金融基础设施、互联网货币、互联网金融风险分析与风险控制、互联网金融监管与未来发展、众筹、P2P网贷、第三方支付、大数据金融、信息化金融机构、我国互联网金融案例、国外互联网金融案例。

  本书在编写过程中，得到了北京大学经济学院和清华大学出版社的大力支持，在此表示衷心感谢！清华大学的何理博士，北京大学的研究生王梦佳、董笑蕊、韩廷耕、刘佳琳、孟蔚洋、孙硕、王涵、周成华、王士彬、赫嘉欢、王海宇、王洁若、杨璨，协助了本书的编写，在此表示衷心感谢！本书在编写的过程中，引用、吸收了大量相关的教材、专著、学术论文、案例等内容，大都注明了资料来源，少部分无法查明来源的，欢迎读者指正。谨向上述所说作者表示衷心感谢。由于编写时间仓促，编者水平所限，书中不妥之处在所难免，恳请同行专家和广大读者指教。

目　录

第 1 章　互联网金融概述

1.1　什么是互联网金融 ………………………………………………………… 2
1.2　互联网金融的特点 …………………………………………………………… 3
1.3　互联网金融原理 ………………………………………………………………… 6
　　1.3.1　基本框架 ………………………………………………………………… 6
　　1.3.2　支付 ……………………………………………………………………… 7
　　1.3.3　信息处理 ………………………………………………………………… 8
　　1.3.4　　资源配置 …………………………………………………………… 10
1.4　互联网金融五大模式概述 ………………………………………………… 12
　　1.4.1　众筹 …………………………………………………………………… 12
　　1.4.2　P2P网贷 ……………………………………………………………… 13
　　1.4.3　第三方支付 …………………………………………………………… 14
　　1.4.4　大数据金融 …………………………………………………………… 15
　　1.4.5　信息化金融机构 ……………………………………………………… 15
1.5　互联网金融发展状况 ……………………………………………………… 15
　　1.5.1　国外发展状况 ………………………………………………………… 15
　　1.5.2　国内发展状况 ………………………………………………………… 17

第 2 章　互联网金融与传统金融

2.1　传统金融业的发展与变革 ………………………………………………… 21
2.2　互联网金融对传统金融的影响 …………………………………………… 22
　　2.2.1　对商业银行的影响 …………………………………………………… 22
　　2.2.2　对证券市场的影响 …………………………………………………… 24
2.3　互联网金融模式与传统金融模式的对比 ………………………………… 27

  2.3.1 互联网金融模式优势分析 ……………………………………………… 28
  2.3.2 互联网金融模式劣势分析 ……………………………………………… 29

第 3 章　互联网金融的经济学分析

3.1 兰格 - 米塞斯争论 ……………………………………………………………… 32
  3.1.1 兰格模式与社会主义市场经济 ………………………………………… 33
  3.1.2 米塞斯与奥地利学派经济学 …………………………………………… 34
  3.1.3 兰格-米塞斯经济大论战 ……………………………………………… 36
  3.1.4 兰格-米塞斯争论与现代信息技术革命 ……………………………… 38
3.2 互联网金融的经济学解读 ……………………………………………………… 40
  3.2.1 互联网金融的信息处理原理 …………………………………………… 40
  3.2.2 互联网思维的微观经济学分析 ………………………………………… 43
  3.2.3 互联网金融与"去中介化" …………………………………………… 45
  3.2.4 互联网金融与计划经济 ………………………………………………… 46
3.3 从互联网思维到互联网金融 …………………………………………………… 47

第 4 章　普惠金融及民主金融

4.1 普惠金融 ………………………………………………………………………… 52
  4.1.1 金融排斥与金融歧视 …………………………………………………… 52
  4.1.2 普惠金融的概念 ………………………………………………………… 53
  4.1.3 互联网金融是普惠金融实现的重要途径 ……………………………… 55
  4.1.4 通过互联网发展普惠金融的优势 ……………………………………… 57
  4.1.5 互联网金融促进中小微企业发展 ……………………………………… 60
4.2 民主金融 ………………………………………………………………………… 60
  4.2.1 民主金融的内涵 ………………………………………………………… 60
  4.2.2 互联网金融是民主金融的起点 ………………………………………… 61
  4.2.3 互联网金融：让理财更"民主" ……………………………………… 63

第 5 章　互联网金融基础设施

5.1 互联网金融时代金融市场需要怎样的基础设施 ……………………………… 68
  5.1.1 传统金融市场的基础设施 ……………………………………………… 68
  5.1.2 金融市场基础设施基本原则 …………………………………………… 69
  5.1.3 互联网金融时代下金融市场基础设施 ………………………………… 70
5.2 互联网金融时代电子支付 ……………………………………………………… 70

        5.2.1　电子支付不同模式 70
        5.2.2　电子支付的未来——移动支付 71
    5.3　大数据基础设施建设 73
        5.3.1　大数据技术 73
        5.3.2　大数据政策与设施建设 73
    5.4　互联网金融的安全认证 75
        5.4.1　我国信息安全认证的现状分析 75
        5.4.2　国内外金融安全技术发展趋势 75
        5.4.3　国内安全认证领域未来的展望和建议 76
    5.5　互联网时代的征信系统 78
        5.5.1　金融依赖信用 78
        5.5.2　互联网时代征信新视角 78
        5.5.3　现行征信模式 79
        5.5.4　征信存在的问题 80
        5.5.5　互联网征信模式的发展趋势 81

第6章　互联网货币

6.1　互联网货币 84
    6.1.1　互联网货币的萌芽阶段 85
    6.1.2　互联网货币的发展阶段 85
    6.1.3　人民币国际化与数字货币 87
6.2　互联网货币对货币供需体系的影响分析 88
    6.2.1　互联网货币对需求体系的影响分析 88
    6.2.2　互联网货币对货币统计的影响分析 90
    6.2.3　互联网货币对货币供应量的影响分析 90
    6.2.4　互联网货币下货币政策的选择 91
6.3　互联网货币的代表——比特币 92
    6.3.1　比特币概述 92
    6.3.2　比特币的经济学解释 93
    6.3.3　比特币在我国的发展及问题 94
    6.3.4　加强对比特币的监督 95
6.4　区块链技术 97
    6.4.1　区块链定义 97
    6.4.2　区块链的技术原理 97
    6.4.3　区块链技术的特点 99
    6.4.4　区块链技术的应用 101

  6.4.5 区块链技术的未来发展 ………………………………………………… 103
  6.4.6 区块链应用面临的挑战 ………………………………………………… 103

第 7 章 互联网金融风险分析与风险控制

7.1 互联网金融风险类别 ……………………………………………………………… 107
  7.1.1 平台风险 ……………………………………………………………… 108
  7.1.2 技术风险 ……………………………………………………………… 109
7.2 互联网金融中的主要风险分析 …………………………………………………… 110
  7.2.1 网络安全风险 ………………………………………………………… 110
  7.2.2 操作风险 ……………………………………………………………… 111
  7.2.3 信用风险 ……………………………………………………………… 112
  7.2.4 业务风险 ……………………………………………………………… 113
  7.2.5 法律及声誉风险 ……………………………………………………… 114
7.3 互联网金融风险控制 ……………………………………………………………… 116
  7.3.1 互联网金融的核心是风险控制 ……………………………………… 116
  7.3.2 风险要素：传统与网络信息同等重要 ……………………………… 122
  7.3.3 风控方式：消费闭环促进互联网金融发展 ………………………… 124
  7.3.4 未来互联网金融风控发展方向 ……………………………………… 126
7.4 从 P2P 平台公司跑路事件进行风险分析 ……………………………………… 127
  7.4.1 万钧财富：上线时间很短即跑路的纯诈骗平台 …………………… 127
  7.4.2 里外贷：自融自用的问题平台 ……………………………………… 128
  7.4.3 中祥金融：没有第三方托管，平台经手资金 ……………………… 129
  7.4.4 银钱树：经营不善而清盘停业 ……………………………………… 129
  7.4.5 国湘资本：经侦介入，问题平台提前暴露 ………………………… 130
  7.4.6 P2P网贷平台倒闭、跑路原因分析 ………………………………… 130
  7.4.7 从跑路事件看如何甄别平台风险 …………………………………… 131

第 8 章 互联网金融监管与未来发展

8.1 金融监管的理论基础 ……………………………………………………………… 136
  8.1.1 金融监管理论依据 …………………………………………………… 136
  8.1.2 金融监管模式与体制 ………………………………………………… 137
8.2 互联网金融监管的理论基础 ……………………………………………………… 139
8.3 欧美国家互联网金融监管 ………………………………………………………… 140
  8.3.1 美国互联网金融监管 ………………………………………………… 140
  8.3.2 欧洲互联网金融监管 ………………………………………………… 144

8.4 我国互联网金融监管 ··· 146
8.4.1 我国互联网金融监管现状 ··································· 146
8.4.2 互联网金融行业协会 ··· 153
8.4.3 我国互联网金融监管的不足及建议 ····················· 154
8.5 互联网金融下的机遇与挑战 ··································· 155
8.5.1 企业家对互联网金融的评价 ································ 155
8.5.2 互联网金融下的机遇 ··· 156
8.5.3 互联网金融下的挑战 ··· 157
8.6 互联金融的未来发展方向 ·· 158

第 9 章 互联网金融模式之一：众筹

9.1 众筹的概念 ··· 162
9.1.1 众筹的含义 ·· 162
9.1.2 众筹的几种类型 ··· 163
9.2 众筹的起源与发展 ·· 164
9.2.1 起源与发展 ·· 164
9.2.2 迅速发展的原因 ··· 165
9.3 众筹模式的构建 ·· 166
9.4 国外众筹的发展现状 ·· 167
9.5 目前中国众筹行业的发展现状 ································· 171

第 10 章 互联网金融模式之二：P2P 网贷

10.1 概述 ··· 180
10.2 供应链金融 ·· 181
10.2.1 供应链金融的概念 ·· 181
10.2.2 供应链金融的特点 ·· 182
10.2.3 供应链金融的功能 ·· 183
10.2.4 供应链金融的运作模式 ····································· 184
10.2.5 供应链金融的风险管理 ····································· 186
10.3 国外 P2P 网贷平台的发展 ····································· 190
10.3.1 发展状况简介 ·· 190
10.3.2 国外 P2P 的特点 ·· 192
10.3.3 国外 P2P 的发展趋势 ······································· 193
10.4 国内 P2P 网贷的发展 ··· 194
10.4.1 国内 P2P 网络借贷平台发展模式分析 ·············· 194

10.4.2 存在的问题 ⋯⋯ 201
10.4.3 未来的发展 ⋯⋯ 204

第 11 章　互联网金融模式之三：第三方支付

11.1 第三方支付概况 ⋯⋯ 208
　　11.1.1 定义 ⋯⋯ 208
　　11.1.2 支付原理及流程 ⋯⋯ 209
　　11.1.3 第三方支付的优势 ⋯⋯ 209
　　11.1.4 发展历程 ⋯⋯ 210
　　11.1.5 行业现状 ⋯⋯ 210
11.2 第三方支付的运营模式 ⋯⋯ 212
　　11.2.1 从资源及业务方向领域划分 ⋯⋯ 212
　　11.2.2 各类第三方支付企业交易规模对比 ⋯⋯ 213
　　11.2.3 从网络技术和终端载体的纬度划分 ⋯⋯ 214
11.3 第三方支付主流品牌 ⋯⋯ 215
11.4 第三方支付对金融业发展态势的影响 ⋯⋯ 216
　　11.4.1 促进金融行业服务变革 ⋯⋯ 216
　　11.4.2 蚕食银行中间业务 ⋯⋯ 217
　　11.4.3 开创新的融资方式 ⋯⋯ 218
11.5 第三方支付发展趋势 ⋯⋯ 220
　　11.5.1 业务多元化趋势明显 ⋯⋯ 220
　　11.5.2 价格战愈演愈烈，新业务和增值业务是创收关键 ⋯⋯ 221
　　11.5.3 移动支付成行业布局重点 ⋯⋯ 222
11.6 第三方支付风险分析 ⋯⋯ 222
　　11.6.1 市场风险 ⋯⋯ 222
　　11.6.2 信用风险 ⋯⋯ 224
　　11.6.3 操作风险 ⋯⋯ 224
　　11.6.4 其他风险 ⋯⋯ 226
11.7 第三方支付风险防范建议 ⋯⋯ 226

第 12 章　互联网金融模式之四：大数据金融

12.1 大数据金融概况 ⋯⋯ 230
　　12.1.1 大数据定义 ⋯⋯ 230
　　12.1.2 大数据金融的特点 ⋯⋯ 231
　　12.1.3 大数据金融的发展 ⋯⋯ 232

  12.1.4 大数据与金融的融合 233
  12.1.5 大数据金融的优势 234
12.2 大数据金融运营模式分析 235
  12.2.1 平台模式 236
  12.2.2 供应链金融模式 236
12.3 大数据金融的发展趋势 237
  12.3.1 电商金融化，实现信息流和金融流的融合 237
  12.3.2 金融机构积极搭建数据平台，强化用户体验 238
  12.3.3 大数据金融实现大数据产业链分工 239
12.4 大数据金融对金融业发展的影响 240
12.5 大数据金融的风险分析 242
  12.5.1 技术风险 242
  12.5.2 操作性风险 243
  12.5.3 法律风险 244
  12.5.4 大数据金融风险防范建议 244

第 13 章　互联网金融模式之五：信息化金融机构

13.1 信息化金融机构概况 248
  13.1.1 信息化金融机构定义 248
  13.1.2 信息化金融机构的影响 248
13.2 信息化金融机构之银行业 249
  13.2.1 银行业信息化现状 249
  13.2.2 银行业信息化的存在模式 250
  13.2.3 银行业信息化的风险暴露及控制 257
13.3 信息化金融机构之证券业 259
  13.3.1 证券业信息化现状 259
  13.3.2 证券业信息化的存在模式 259
  13.3.3 证券业信息化的风险暴露及控制 264
13.4 信息化金融机构之保险业 266
  13.4.1 保险业信息化现状 266
  13.4.2 保险业信息化的存在模式 268
  13.4.3 保险业信息化的风险暴露及控制 269

第 14 章　我国互联网金融案例

14.1 BAT 互联网金融布局 274

14.1.1 百度 274
14.1.2 阿里巴巴 277
14.1.3 腾讯 279
14.2 BAT 互联网金融发展战略 281
14.3 中国平安互联网金融发展案例 284

第 15 章 国外互联网金融案例

15.1 第三方支付——PayPal 292
15.2 快捷支付——Square 295
15.3 Lending Club 298
15.4 众筹平台——Kickstarter 302
15.5 互联网直销银行——ING Direct USA 304
15.6 网上证券交易——E*Trade 306
15.7 保险电子商务——InsWeb 308

参考文献 313

第1章
互联网金融概述

"如果银行不改变,我们就改变银行。"马云的话曾经让整个传统银行界为之震动,他推出的余额宝也带来了一场连接互联网与金融的跨界营销革命。

2013年6月5日,支付宝联合天弘基金宣布了推出名为"余额宝"的余额增值服务,6月13日上线。截至2015年年底余额宝的累计用户规模达2.6亿,余额宝存量资金规模增至6 207亿元,成为目前中国用户数量最多、规模最大的公募基金。同时,天弘基金也继续领跑基金年收利润榜。

天弘基金迅速地从默默无闻的小基金成长为国内规模最大的公募基金,这让金融业看到了互联网和金融融合爆发的巨大能量。余额宝对金融业的刺激从基金业开始,更多的基金从业者纷纷主动去拥抱互联网金融。

与此同时,互联网与金融不断地相互融合、金融借机借道互联网之态势不可当,一股金融创新热浪汹涌袭来,轰动事件层出不穷:融360完成由红杉资本领投的B轮3 000万美元融资;董文标、刘永好、郭文昌、史玉柱等七位大佬联合成立"民生电商";动画电影《大鱼海棠》在一个半月内通过众筹融资达158万元;华夏基金携手腾讯,4亿微信用户迎来微理财,推动理财服务从传统渠道向移动互联网转移;理财APP"挖财"拓展基金买卖业务,并获得了IDG资本1 000万美元的风险投资。

随着互联网与金融快速融合的野蛮增长、硝烟四起的发展态势,互联网金融概念随之而出,成为媒体报道不可或缺的热门话题。

罗明雄,唐颖,刘勇.互联网金融[M].北京:中国财政经济出版社,2013

> **本章学习目标**
>
> 1. 掌握互联网金融的概念和五大模式;
> 2. 理解互联网金融的特点;
> 3. 了解国内以及国外互联网金融的发展状况。

1.1 什么是互联网金融

目前,对于互联网金融,尚无一个严格准确的定义。谢平(2012)提出互联网金融的定义为:"在这种金融模式下,支付便捷,市场信息不对称程度非常低;资金供需双方直接交易,银行、券商和交易所等金融中介都不起作用;可以达到与现在直接和间接融资一样的资源配置效率,并在促进经济增长的同时,大幅减少交易成本。"

除此之外,银行从业者对互联网金融下的定义为,银行等金融机构利用信息技术为客户服务的一种新的经验模式。但是,也有人将银行体系之外的使用信息技术配置金融资源的活动称为互联网金融,将银行使用信息技术服务客户的活动称为金融互联网。

通过综合多方面的观点,本书定义的互联网金融是利用互联网技术和移动通信技术等一系列现代信息科学技术实现资金融通的一种新兴金融服务模式。互联网开放、平等、协作、分享的精神渗透到传统金融业,对原有的金融模式产生根本影响及衍生出来的创新金融服务方式,具备互联网理念和精神的金融业态及金融服务模式。它依托于移动支付,云计算,社交网络和搜索引擎等高速发展的信息技术及高度普及的互联网进行的金融活动,不同于传统的以物理形态存在的金融活动,而是存在于电子空间中,形态虚拟化,运行方式网络化。

从狭义的金融角度来看,互联网金融就是在与货币的信用化流通相关的层面,也就是资金融通依托互联网来实现的业务模式。

从广义上来说,理论上任何涉及广义金融的互联网应用,都应该是互联网金融,包括但不限于第三方支付、P2P网贷、众筹、在线金融产品、在线金融中介等,如图1-1所示。

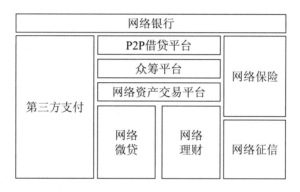

图 1-1　互联网金融模式

1.2　互联网金融的特点

互联网金融是互联网技术和金融相结合的产物,主要具有以下几个方面的基本特征。

第一,互联网企业和金融机构的相互融合。

互联网金融是由不同的要素主体组成的,包括银行、保险公司、证券公司等金融机构,也包括第三方支付平台、电子商务企业、搜索引擎企业等互联网企业。互联网企业和金融机构的各要素主体之间呈现出竞争且互补、彼此融合、共同发展的趋势。

互联网金融企业与传统金融机构之间存在竞争与互补的关系。竞争关系主要体现为:一方面,互联网企业通过对非结构化信息的挖掘和处理,降低信息不对称程度和交易成本,逐步蚕食了传统金融机构核心业务领域。例如,利用支付宝上购物结算、淘宝网上购买基金、人人贷上进行贷款、"好险啊"网上购买保险、通过众筹融资模式募集投资项目资金等，互联网金融的兴起为客户提供了新的选择，对银行业、证券业等传统金融机构造成了很大的竞争压力。另一方面，传统金融机构也纷纷完善各自的电子银行和电商平台等互联网金融业态，将线上交易和线下金融对接融合，对互联网企业形成了竞争的态势。至于互补关系，以支付宝为例，一方面导致银行活期存款流失；另一方面也减轻了银行小额支付清算的压力。网络交易使永不落幕的金融市场成为现实。

金融机构和互联网企业相互融合、共同发展。一方面，在现行的体制下，所有机构的资金划拨和结算核算最终都是需要借助银行平台来完成的。如果互联网公司要从事金融业务，仍需要传统金融机构的配合。另一方面，金融机构和互联网企业各具优势，二者可以通过共同设立子公司等形式，共享牌照、研究、平台、技术、数据积累方面的优势。比如2013年2月，阿里巴巴、中国平安、腾讯等9家公司合作创建了众安在线，开展专业的网络财险公司，为金融机构和互联网公司的合作提供了范例。同年9月，民生银行和阿里巴巴签署了战略合作协议，民生银行在淘宝网开立了直销银行业务。

第二，互联网金融的模式多样化。

从各个组成要素分析，互联网金融系统既包括金融机构互联网化，也包括互联网企业涉足的金融领域，可以分别将他们称为金融互联网子系统和互联网企业金融子系统。而根据不同的结构和功能，互联网金融形成了各具特色的业务模式。

金融互联网子系统是互联网金融的基础子系统，具有实力雄厚、基础设施完善、风险控制机制健全等优势，业务模式包括以下三个方面：一是金融机构应用互联网技术，将传统金融产品放到网上进行销售，比如电子银行、电子保险、电子证券等；二是电商模式，银行、券商等金融机构直接自己搭建电子商务平台，进入电商领域，比如建设银行"善融商务"交通银行"交博汇"、招商银行"非常e购"等；三是和网络公司合作，在对方的平台上销售产品，例如方正证券在天猫商城开设旗舰店。

互联网企业金融子系统，是互联网金融系统中最活跃的子系统，具有支付便捷、资金配置效率高、交易成本低等优势，已经形成了多个业务模式。一是第三方互联网支付企业，包括支付宝、财付通、银联在线、快钱、汇付天下、易宝支付、环迅支付等，2013年上半年我国第三方支付交易规模达到6.91万亿元，其中互联网支付达2.27万亿元，截至2015年第三季度第三方支付交易规模已达9万亿元，增长幅度相当惊人。二是小额贷款模式，包括以阿里巴巴、苏宁为代表的独立放贷模式以及京东商城、敦煌网等在内的银行合作模式，这类模式的特点是拥有成熟的电商平台和庞大的客户基础。三是第三方信息平台，包括宜信为代表的P2P网贷、众筹模式、融360等，纯粹作为合作平台提供服务，除了必要的手续费用外，不接触任何交易双方的资金。四是其他模式，包括信用支付业务、融资性担保业务、互联网保险业务、证券投资基金销售业务、成立网络银行等。互联网企业大多为民营企业，机制灵活、创新能力强，未来还将不断涌现出新的业务模式。

从更高的系统层次分析，互联网金融系统是金融系统的子系统。党的十八大提出，我国将进一步深化金融体制改革，健全支持实体经济发展的现代金融体系，稳步推进利率和汇率市场化改革，加快发展民营金融机构。国务院办公厅2013年第67号文明确要求，要更好发挥金融对经济结构调整和转型升级的支持作用，更好地发挥市场配置资源的基础性作用。随着利率市场化的推进，互联网金融能够客观的反映市场供求双方的价格偏好，有利于寻找市场均衡利率。此外，互联网企业为资金供求双方提供金融搜索平台，充当资金信息中介的角色，通过降低交易成本和信息不对称，降低了金融中介门槛，进而加剧金融脱媒。从这个意义上分析，互联网金融的发展有利于促进金融体制改革，更好地服务实体经济。

第三，互联网金融是金融创新性活动。

互联网金融是在大数据、云计算、搜索引擎等技术进步的背景下金融体系的不断创新、不断突破的过程，是金融创新性活动。

从支付清算功能来看，互联网金融的创新至少体现在两个方面：一是随着互联网技术的普及，支付终端从最初的银行柜台分散到每个网络用户的电脑和手机上，这一创新降低了支付成本，刺激了实体经济交易的增加；二是推动了身份认证的数字化进程。互联网技术使企业和消费者的行为状态通过电脑或者手机被记录和储存在云端，并通过对行为的分析实现网络身份识别。

从资源配置角度来看，互联网金融具有强大的信息处理能力，可以降低融资成本，提高资源配置效率。一是社交网络能够生成和传播信息；二是搜索引擎能够对信息排序、检索和管理，提高信息搜集效率；三是大数据、云计算等技术具备高速处理海量信息的能力。在这三个优势下，互联网金融能够快速获取供求双方的信息，降低交易成本，提高资源配置效率。

从风险管理的角度来看，互联网时代的大数据积累和数据挖掘工具，可以通过互联网平台交易体系获取交易双方的信息，将交易主体的资金流动置于有效的监控下，降低信息处理和加工成本，提高资产定价的对称性、风险及信用违约管理的可靠性。

从征信角度来看，大数据技术使对个体在网络上的微观行为进行整合分析成为可能，创新了征信方法。网络上存在大量与个人身份密切相关的行为信息，通过大数据技术，可以从互联网的虚拟世界中还原出一个人的身份特征，并对其进行信用评价。互联网金融的发展，使征信除了从财务状况、信用记录的角度之外，还能从身份特征、行为偏好、人际网络等维度分析信用状况，为征信业带来了广阔的发展空间。

第四，互联网金融是普惠金融。

互联网金融通过互联网、移动互联网、大数据等技术，降低了交易成本和信息不对称程度，让那些无法享受传统金融体系服务的人群获取金融服务，从而提高了金融的普惠程度。

普惠金融是指能有效、全方位地为社会所有阶层和群体提供服务的金融体系。由于小微企业、部分个人客户等大众客户群体信用记录很少，缺乏有效的抵押品，加上交易金额小，难以实现规模经济，运营成本较高，传统金融机构无法有效满足这部分客户的金融需求，从而导致金融排斥。在互联网金融下，交易双方通过互联网搜集信息，降低了信息不对称和交易成本，拓展了金融服务边界。2013 年 6 月 13 日，支付宝和天弘基金联合推出余额宝，仅仅 17 天吸引用户 251.56 万，累计存量转入资金规模达 57 亿元，人均投资额仅 1 912.67 元，远远低于传统基金户均 7 万～8 万元。2015 年余额宝规模突破 7 000 亿元，中报显示，截至6月底，用户数增加到了2.26亿人，人均投资3 097元。满足了最普通老百姓碎片化的理财需求，市场参与者更为大众，收益也更加普惠于普通老百姓。尤其是对于农村居民而言，由于居住地金融机构网点稀少，因此较少得到金融服务。而以手机终端为主要模式的互联网金融完全能够以普惠金融形式服务广大农民。现如今，农村居民也可以利用消费信贷实现提前消费，经济权利得到伸张。此外，还可以通过网络进行诊病或者在线学习等，充分享受教育和医疗的发展成果。

第五，互联网金融是新的金融模式。

互联网金融下借助技术手段，市场信息不对称程度非常低，资金供需双方直接交易，市场充分有效接近一般均衡定理描述的无金融中介状态，成为不同于间接融资和直接融资的第三种金融模式，即"互联网金融模式"。

从发展历程来看，信息技术进步促使互联网金融兴起，成为一种新的金融模式，最初是为了满足电子商务平台的支付需求，互联网企业提供了与各家银行支付结算系统接口，起到信用担保和技术保障作用。随着电子商务在中国的蓬勃发展，尤其海量用户数据的积累，加上云计算和搜索引擎的突破与应用，充满创新精神的互联网企业已经不满足只做第三方网络支付平台，而是凭借数据信息积累和挖掘的优势，直接向转账汇款、小额信贷、现金管理、资产管理、供应链金融、基金和保险代销等传统金融领域渗透和扩张。互联网企业依靠信息挖掘，特别是大数据对于非结构化信息的处理，识别用户的行为和潜在需求，逐步转为"金融服务提供者"，从而驱动产生新的金融模式。

1.3 互联网金融原理

1.3.1 基本框架

金融服务实体经济的最基本功能是融通资金，也就是将资金从储蓄者手中转移到融资者手中。但在瓦尔拉斯一般均衡定理的经典表述中，金融中介和市场都不存在。美国经济学家Frederic Mishki（1995）指出，金融中介和市场之所以存在，主要有两个原因：第一，它们有规模经济和专门技术，能降低资金融通的交易成本；第二，它们有专业的信息处理能力，能缓解储蓄者和融资者之间的信息不对称以及由此引发的逆向选择和道德风险问题。

目前，有两类金融中介和市场在资金供需双方之间进行融资金额、期限和风险收益的匹配：一类是商业银行，对应间接的融资模式；另一类是证券公司和交易所，对应直接融资模式。这两类融资模式对资源配置和经济增长有重要的作用，但也需要巨大的交易成本，主要包括金融机构的利润、税收和员工薪酬。

以互联网为代表的现代信息科技，特别是移动支付与第三方支付、大数据、社交网络、搜索引擎和云计算等,将对人类金融模式产生颠覆性的影响,会带来比传统金融中介和市场更先进的互联网金融。在互联网金融环境下,支付便捷,超级集中支付系统和个体移动支付统一;信息处理和风险评估以大数据分析和高速算法为基础,并通过网络化方式进行,信息不对称程度非常低,资金供需双方在资金期限匹配、风险分担等方面的成本非常低,可以不通过银行、证券公司和交易所等传统金融中介和市场,直接在网上完成股票、债券的发行和交易,或进行资金融通等。市场充分有效,接近瓦尔拉斯一般均衡对应的无金融中介或市场情形,可以超越传统金融中介和市场的资源配置效率,在促进经济增长的同时,还能大幅度降低交易成本。

更为重要的是,在互联网金融的环境下,金融业的分工和专业化被大大地淡化,被互联网及相关软件技术所替代;企业、普通老百姓都可以通过互联网进行各种金融交易,风险定价、期限匹配等复杂交易都会大大简化、易于操作;市场参与者更为大众化,互联网金融交易所引发的巨大效益更加惠及普通百姓。互联网金融突破了由中介机械地提供服务而用户被动接受的模式。互联网金融的交易双方沟通是双向互动的。很多服务是通过需求才发动,由供给方设计改进后再推进给需求方。这无疑增加了金融消费者的权利或者福利,体现出互联网时代消费者权利全面扩张以及消费者剩余全面扩大的特性。

互联网金融意味着巨大的机遇和挑战。对政府而言,互联网金融可被用来解决中小企业融资问题和促进民间金融的阳光化、规范化,更可被用来提高金融的普惠性,促进经济发展,但同时也给监管带来了一系列挑战。在互联网金融金融环境下,针对现有的金融机构(例如银行、证券公司和保险公司)的审慎监管可能被淡化,金融消费者保护的重要性将更为突出。对业界而言,互联网金融会产生巨大的商业机会,但也促成竞争格局的大变化。对学术界而言,支付革命会对现有的货币理论形成冲击。

1.3.2 支付

互联网金融的支付以移动支付为基础。移动支付是通过通信设备、利用无线通信技术来转移货币价值以清偿债权债务关系。移动支付的发展,体现了支付的三大发展趋势:第一,终端离散化,从银行柜台到 ATM 机和 POS 机,再到无处不在的互联网和移动通信设备;第二,身份数字化;第三,服务通用化。移动支付的核心是,不是每个人都有银行卡,手机里有一个第三方支付账号就可以。因此,人类基本的交易方式发生了改变。

移动互联网和多网融合将会进一步促进移动支付的发展。随着无线、4G 等技术的发展,互联网和移动通信网络的融合趋势已经非常明显,有线电话网络和广播电视网络也将会融合进来。在此基础上,移动支付和银行卡、网络银行等电子支付方式进一步整合。未来的移动支付将更加便捷,更加的人性化,真正地做到随时随地以任何方式进行支付。随着身份认证技术和数字签名技术等安全防范措施的发展,移动支付不仅能完成日常生活中的小额支付,也能完成企业之间的大额支付,完全替代现在的现金、支票、信用卡等银行结算支付手段。

云计算保障了移动支付所需要的存储和计算能力,尽管移动通信设备的智能化程度有所提高，但受限于便携性和体积的要求，存储能力和计算速度在短时间内无法与个人电脑（PC）相比。而云计算正好能弥补移动通信设备这一短板，可以将存储和计算从移动通信终端转移到云计算的服务器，减轻移动通信设备的信息处理负担。这样，移动通信终端将融合手机和传统 PC 的功能，保证移动支付的效率。网络带宽与无线网络通信速度仍有很大的改进空间。基础设施的改进将推进金融支付结算效率持续提升。

在互联网金融环境下，支付系统具有以下的特点：第一，所有人和机构（法律主体）都是在中央银行的支付中心下开立账户；第二，证券、现金等金融资产的支付和转移通过移动互联网进行；第三，支付清算完全电子化，社会基本不再需要现钞流通，就算有极个别的小额现金支付，也不影响系统的运转；第四，二级商业银行账户体系将不再存在。互联网是平的，一些中心节点将消失。此即所谓的金融脱媒。

如果个人和企业的存款账户都在中央银行，将对货币供给定义和货币政策产生重大的影响，同时也会促使货币政策理论和操作发生重大的变化。比如，全社会用作备付金的活期存款将会减少。当然，这种支付系统不会垫付目前由中央银行统一发行的信用货币制度，货币与商品价格的关系也不会发生根本转变。但是，目前有的社交网络已经在内部自行发行货币，用于完成网民之间的数据商品买卖，甚至实物商品买卖，并建立了内部支付系统。也就是说，互联网货币已经产生。2015 年，从"比特币"的迅猛发展中，人们开始注意到了数字资产的巨大潜力。2016 年新春伊始，国际市场上兴起一个叫"消费币"的数字资产深受投资者追捧。消费币的核心理念是"用价值连接世界"，致力于成为全球企业与消费资本市场之间最方便快捷的价值流通网络，创新数字金融体系。我国央行也召开了数字货币研讨会，深入讨论数字货币的发展潜力及数字货币所拥有的重大意义。会议还指出，在信息科技的不断发展之下，数字货币给现行货币政策带来了新的机遇和挑战。数字货币将带来一系列的正面作用，帮助解决目前货币政策中现有问题。可以预见在未来的十年内，会有更多有实力的企业参与到数字资产发行与交易活动中来，优质企业以法币为结算基础发行的积分资产将以类货币形式广泛流通，成为法币支付结算的有效补充部分。

1.3.3 信息处理

在金融信息中，最核心的是资金供需双方的信息，特别是资金需求方的信息（如借款者、发债企业、股票发行企业的财务信息等）。美国经济学家 Frederic Mishkin（1995）指出，在直接和间接融资模式下，主要有两类信息处理方式。第一类是信息的私人生产和出售，即设立专门机构负责搜集和生产区分资金需求者信用资质的信息，然后卖给资金供给者。典型的比如证券公司和信用评级机构。商业银行同时是信息生产者和资金供给者，也属于这类方式。第二类是政府管制，即政府要求或鼓励资金需求方披露真实信息。比如政府对会计准则、审计和信息披露的监管，特别针对上市公司。

互联网金融的信息处理，是它与传统金融中介和市场的最大区别，核心是大数据替代传统的风险管理和风险定价，有三个组成部分：

第一，社交网络生成和传播信息，特别是对个人和机构没有义务披露的信息；

第二，搜索引擎对信息的组织、排序和检索，能缓解信息超载问题，有针对性地满足信息需求；

第三，云计算保障海量信息高速处理能力。总的效果是，在云计算的保障下，资金供需双方信息通过社交网络得以揭示和传播，经搜索引擎组织和标准化，最终形成时间连续、动态变化的信息序列。

由此可以给出任何资金需求者的风险定价或动态违约概率，而且成本极低。这样，金融交易的信息基础（充分条件）就满足了。

接下来本书将分别讨论社交网络、搜索引擎和云计算在互联网金融下的信息处理作用。

第一，社交网络及其作用。社交网络是以人际关系为核心的，它是将现实中真实的社会关系数字化到网上并加以拓展，是个人发布、传递和共享信息的平台，建立了自愿分享和共享机制。社交网络主要有两个基础：其一是人类作为社会动物固有的网络行为，主要有交换性、一致性、传染性、传递性四个特点；其二是互联网和通信手段的发展，降低了个人发布信息和与日常生活之外的联系的成本，产生了一些新的分工协作模式。诸如，"人肉搜索"、百度百科的编撰等。在信息内涵上，社交网络蕴含了非常丰富的关系数据，也就是个体之间的接触、联络、关联、群体依附和聚会等方面的信息。

社交网络的优点是使人与人（机构）之间的"社会资本"可以较快积累，成为新型的"财富"，而人们的"诚信"程度提高，大大降低了金融交易的成本，这对金融交易有基础的作用。此外，社交网络也更为严格地约束了人们可能的"违约"动机和道德风险。

社交网络的信息揭示作用表现为个人和机构在社会中有大量的利益相关者。这些利益相关者都掌握了该人或机构的部分信息，例如财产状况、经营情况、消费习惯和信誉行为等。单个利益相关者所掌握的信息可能有限，但如果这些利益相关者都在社交网络上发布各自掌握的信息，汇在一起就能得到该人或机构信用资质或盈利前景方面的完整信息。例如，淘宝网和天猫商城中商户之间的交易所形成的海量信息，特别是货物和资金交换的信息，显示了商户的信用资质，阿里小贷则利用这些信息向一些商户发放小额贷款。

第二，搜索引擎及其作用。搜索引擎的作用是从海量信息中迅速找到最能匹配用户需求的内容。搜索引擎与社交网络的融合是一个趋势，体现为社会化搜索。从技术上来说，对关系数据的处理一直是搜索引擎的重要组成部分。例如，抓取网页的"爬虫"算法和网页排序的链接分析方法（以 Google 的 PageRank 算法为代表）都利用了网页之间的链接关系，属于关系数据。社会化搜索对用户的疑问，不仅能寻找到现有的答案，还会推荐合适的人来回答，或者通过社交关系过滤掉不可信赖的内容。社会化搜索的本质是利用社交网络蕴含的关系数据进行信息筛选，进一步提高"诚信"程度。

第三，云计算及其作用。在集成电路的性能逐步逼近物理极限的情况下，云计算使用大量廉价的个人电脑分担计算任务，易扩展，能容错，并保障多备份数据的一致性，使用户按需获取计算能力、存储空间和信息服务。云计算保障了处理海量信息的能力，而且计算能力容易标准化，可以像商品一样交易和流通。

随着计算能力供给和需求的增加，2011 年 2 月出现了针对计算能力的现货交易市场，预计期货市场也将出现。云计算对搜索引擎的发展有重要的促进作用，例如实时搜索时的计算量很大，Google 是发展云计算的先驱。金融业是计算能力的使用大户，云计算会对金融业产生重大影响。例如云计算可以随时提供任何软件和数据，处理任何与金融交易有关的信息问题，苹果商店与手机的关系已经与此类似。在互联网金融模式下进行信息处理，比如，由于信息科技足够发达，自然人出生后的关键信息和行为信息都被记录下来，可以查询，不准确的信息通过社交网络和搜索引擎进行核实或过滤，从而形成"大数据基础"。在这种情况下，对个人信用状况的信息处理将自动依据算法产生，非常有效率。再如，人们在日常生活中发现某银行服务效率低下，就可以把相关信息发到社交网络上，这些信息汇总后有助于评估该银行的盈利和信用前景。目前在全球很受欢迎的 tripadvisor 网站又是一例，网友对去过的任何旅游点、饭店、宾馆等，都可以留下自己的评级和评论，为后来的搜寻者节省了很大的时间成本。

综上所述，互联网金融模式下的信用处理有五个特点：一是地方信息和私人信息公开化；二是将软信息转化为硬信息，或者说只可意会的信息显性化；三是分散信息集中化；四是基于信息检索和排序产生了类似"充分统计量"的指标和指数，能凝练、有效地反映汇聚起来的信息；五是信息通过社交网络的自愿分享和共享机制进行传播。最终实现信息在人与人之间的"均等化"。这与目前信用违约掉期（credit default swap，CDS）市场机制类似。谢平和邹传伟（2011）的研究表明，CDS 市场就是用与社交网络和搜索引擎相类似的机制，通过市场交易（价格）来产生时间连续、动态变化的违约概率序列，在违约信息揭示上比信用评级机构更有效。将来从理论上讲，任何金融交易产品实际上都隐含着一种 CDS，在任何时点上都可以知道它的违约概率，在这种情况下所有金融产品的风险定价就会非常直观和简易。但同时也必须清醒地认识到，高效的信息处理另一方面也可能加剧金融市场的波动。

1.3.4 资源配置

互联网金融中资源配置的特点是资金供需信息直接在网上发布并匹配，供需双方直接联系和交易，不需要经过银行、证券公司和交易所等金融中介和市场。未来可能的情景是股票、债券等的交易以及资金的融通在社交网络上进行，也就是去中介化、去中心化、"脱媒"。而互联网金融良性发展的核心在于建设，具有公共产品性质的共享型的社会征信系统。因此，互联网金融的基础设施建设就显得非常有必要了。

比如 2007 年成立的 Lending Club 公司。截至 2014 年 6 月 30 日，Lending Club 累计贷款金额超过 50 亿美元，支付给投资者的利息超过 4.9 亿美元。美国的前财长拉里·萨默斯和摩根士丹利前董事长约翰·麦克均为该公司的董事会成员。Lending Club 公司对符合要求的贷款申请，根据借款者的 FICO 信用评分、贷款金额、过去六个月借款次数、信用记录长度、账户数量、循环信用额度使用率和贷款期限等进行内部信用评级，分成 A 到 G 共七个等级，每个等级又细分成 5 个档次。个信用评级对应着不同的贷款利率，从 6% 到 25% 不等，而且信用评级月底，贷款利率越高。Lending Club 公司把每份贷款"镜像"为一个票据，提供贷款金额、待认购金额、期限、评级、利率、用途以及借款者就业、收入、信用历史等信息，公示于网上供投资者选择。对单个票据，投资者的最小认购金额是 25 美元，这样 2 万美元最多可投资 800 个票据，能实现风险的充分分散。Lending Club 公司为投资者提供了构建票据组合的工具。例如，投资者只要说明自己的收益目标、投资金额和拟认购票据数目，Lending Club 公司就会推荐一个票据组合，Lending Club 公司还提供了投资者之间交易票据的平台。在贷款存续过程中，Lending Club 公司负责从借款者处收取贷款本息，转交给投资者，并处理可能的延付或违约情况。

另一个例子是众筹融资（crowd funding，通过互联网为投资项目募集资金）替代传统证券业务，代表是 2009 年 4 月成立的美国 Kickstarter 公司。Kickstarter 公司通过网上平台为创意项目融资，到 2015 年年底已为 9.6 万个项目筹资 20 亿美元。投资回报以项目产品为主，比如音乐 CD、电影海报等。对于每个项目，第一批投资者多为项目负责人的朋友、粉丝和熟人，投资者可以通过 Facebook 推荐自己认为不错的项目。2012 年 4 月，美国通过 JOBS 法案（Jumpstart Our Business Startups Act），允许小企业通过众筹方式获得股权融资，但同时也对融资额和融资人数作了相应的限制以防范风险。

Facebook 平台有 9 亿网民，已经发行自己的货币，网民之间的数据、商品、股票、贷款、债券的发行和交易均可以通过网络处理，同时保留完整的信用违约记录（淘宝网、腾讯已经有类似做法），形成最优价格。Facebook 上市估值达 960 亿美元，正是由于大家看中了其中隐含的巨大价值。为更好地说明互联网金融下的资源配置，接下来以轮转储蓄与信贷协会（Rotating Savings and Credit Association，ROSCA）为参照，对以 Lending Club 公司为代表的 P2P 网络贷款进行分析。ROSCA 是一种在世界范围内广泛存在的民间金融组织。一般由发起人邀请若干亲友参加（在中国东南沿海，参与者总数多在 30 人左右），约定每月或每季举会一次。每次各参与者缴纳一定数量的会款，轮流交一人使用，借以互助。按收款次序的决定方法，分成轮会、标会等类型。ROSCA 可视为先收款的参与者与后收款的参与者两两之间借贷关系的集合。尽管有大量文献表明 ROCSA 在促进信贷可获得性和推动经济发展上有重要作用，但 ROCSA 崩盘现象时有发生。ROCSA 主要依靠熟人间的信用网络（特别是发起人的信用担保），存在安全边界，一旦 ROCSA 拓展到相互熟悉的亲友之外，就很难控制参与者的道德风险（主要是在不同 ROSCA 之间进行套利）；ROSCA 有多轮、分期的契约形式，参与者的份额很难转让，退出成本（实际是交易成本的一部分）很高，在 ROSCA 出现问题时，参与者的"挤兑"等自利行为容易在集体层面形成囚徒困境，放大风险。

因此通过上述例子，可以得出两个结论：

第一，P2P 网络贷款和 ROSCA 本质上都是个人之间的借贷。实际上，根据 *SmartMoney25* 杂志报道，最早开展 P2P 网络贷款的美国 Prosper 公司的商业模式就深受 ROSCA 启发。因此，可以将 P2P 网络贷款视为现代信息科技与民间金融组织形式结合的产物。

第二，在 P2P 网络贷款中，一个投资者可以向成百个借款者发放金额小到几十美元的贷款，这对包括 ROSCA 在内的民间借贷而言是无法想象的。而保障 P2P 网络贷款做到这一点的主要有两个因素：首先，对借款者的信用评估采取了标准、高效和由独立的第三方负责的方式，大大降低了借款者和投资者之间的信息不对称的情形，从而拓展了交易边界，使现实生活中毫无交集的两个人之间能发生借贷；其次，贷款的认购、交易和本息清收充分利用了现代信息科技，并借鉴了证券市场的一些做法，大大降低了交易成本，便利了资金供需的匹配，还能获得风险分散的好处。

将上述结论进行推广，在移动支付和第三方支付、大数据、社交网络、搜索引擎和云计算等现代信息科技的推动下，个体之间直接金融交易这一人类最早的金额模式会突破传统的安全边界和商业可行边界，焕发出新的活力。在供需信息几乎完全对称、交易成本极低的条件下，互联网金融形成了"充分交易可能性集合"，双方或多方交易可以同时进行，信息充分名，定价完全竞争（比如拍卖式）。各种金融产品均可如此交易。这种资源配置方式最有效率，社会福利最大，也最公平，供需方均有透明、公平的机会，诸如中小企业融资、民间借贷、个人投资渠道等问题就容易得到解决。不认识的人（企业）可以通过"借贷"而形成社交网络关系，成为"熟人"，进而拓展了其他合作的可能性，如投资入股、买卖产品等。

1.4 互联网金融五大模式概述

1.4.1 众筹

众筹，是指项目发起人通过利用互联网和 SNS 传播的特性，发动公众的力量，集中公众的资金、能力和渠道，为小企业、艺术家或个人进行某项活动或某个项目或创办企业提供必要的资金援助的一种融资方式。众筹类似陌生人之间基于共同价值取向的互联网合作。互联网为这些互不相识却又有着共同理念的人群提供了合作的无限可能性。全球众筹活动的一个重要转折特征为参与人数众多，增长速度迅速，但总体融资规模受限。

相比于传统的融资方式，众筹的精髓就在于小额和大量。融资门槛低且不再以是否拥有商业价值作为唯一的评判标准，为新型创业公司的融资开辟了一条新的路径。从此，其融资渠道不再局限于银行、PE 和 VC。

众筹项目种类繁多，不单单包括新产品的研发、新公司成立等商业项目，还包括科学研究项目，民生工程项目，赈灾项目，艺术设计，政治运动等。经过几年的迅速发展，众筹已经逐步形成奖励制众筹、股份制众筹、募捐制众筹和借贷制众筹等多种运营模式。截至 2015 年 12 月 31 日，全国共有正常运营众筹平台 283 家（不含测试上线平台），同比 2014 年全国正常运营众筹平台数量增长 99.30%，是 2013 年正常运营平台数量的近 10 倍。如图 1-2 所示。

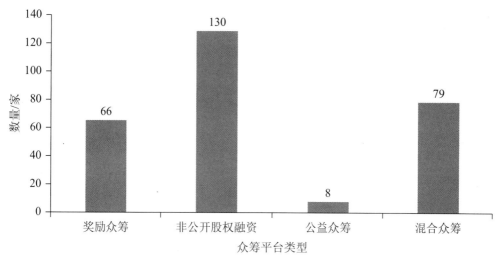

图 1-2 2015 年全国众筹平台类型分布

数据来源：盈灿咨询《2015年全国众筹行业年报》

1.4.2 P2P网贷

P2P 网贷，即英文 Peer to Peer Lending，意即点对点信贷，国内又称网络信贷或"人人贷"。网络信贷起源于英国，随后发展到美国、德国和其他国家，其典型的模式为：网络信贷公司提供平台，由借贷双方自由竞价，撮合成交。资金借出人获取利息收益，并承担风险；资金借入人到期偿还本金，网络信贷公司收取中介服务费。P2P 模式强调人与人之间的对等关系。

P2P 网贷最大的优越性，是使传统银行难以覆盖的借款人在虚拟世界里能充分享受贷款的高效与便捷。2007 年开始，P2P 网贷进入中国，一直不为大众所知，2013 年，互联网金融概念爆发，P2P 网贷开始全面进入大众视野。2013 年以前，P2P 网贷平台数量不足 200 家，成交总额约 200 亿元，网贷投资人规模约 5 万人。无论从投资规模或参与人数来看都是小圈子游戏。2013 年以后，以平均每天成立一家平台的速度增长，投资人数量经过 CCTV 等权威媒体播报后爆炸式增长。截至 2015 年 12 月 31 日，零壹研究院数据中心监测到的 P2P 借贷平台共 3 657 家，其中正常运营的有 1 924 家，较去年年底增长 74.1%；2015 年度，我国 P2P 借贷行业累计交易规模约为 9 750 亿元，是 2014 年的 3 倍有余。2015 年参与人数首次突破千万，如图 1-3 所示。

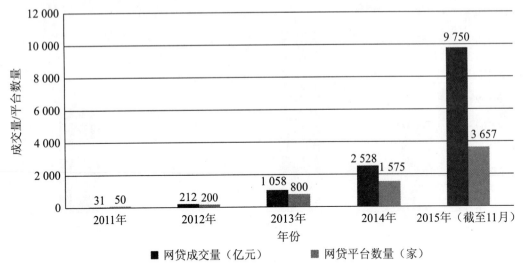

图 1-3　2011—2015 中国网贷平台数量及成交量

数据来源：网贷之家

1.4.3　第三方支付

第三方支付狭义上是指具备一定实力和信誉保障的非银行机构，借助通信、计算机和信息安全技术，采用和各大银行签约的方式，在用户和银行支付结算系统间建立连接的电子支付方式。支付结算是银行系统的底层业务，即俗称的"苦活""累活"。因此，从某种意义上讲，第三方支付减轻了大型银行支付结算的社会责任。在支付方面，第三方支付与银行之间存在合作与共赢的现实基础。此外，支付结算技术的变革，对人民币国际化具有特殊的意义。

第三方支付具有的显著特点如下：

第一，第三方支付平台提供一系列的应用接口程序，将多种银行卡支付方式整合到一个界面上，负责交易结算中与银行的对接，使网上购物更加快捷、便利。

第二，较之 SSL、SET 等支付协议，利用第三方支付平台进行支付操作更加简单而易于接受。SSL 是应用比较广泛的安全协议，在 SSL 中只需要验证商家的身份。SET 协议是发展的基于信用卡支付系统的比较成熟的技术。但在 SET 中，各方的身份都需要通过 CA 进行认证，程序复杂，手续繁多，速度慢且实现成本高。有了第三方支付平台，商家和客户之间的交涉由第三方来完成，使网上交易变得更加简单。

第三，第三方支付平台本身依附于大型的门户网站，且以与其合作的银行的信用作为信用依托，因此第三方支付平台能够较好地突破网上交易中的信用问题，有利于推动电子商务的快速发展。

1.4.4 大数据金融

大数据金融是指依托于海量、非结构化的数据,通过互联网、云计算等信息方式对其数据进行专业化的挖掘和分析,并与传统金融服务相结合,创新性开展相关资金融通工作的统称。

大数据金融扩充了金融业的企业种类,并创新了金融产品和服务,扩大了客户范围,促进金融营销,降低了企业成本。在某些细分领域,大数据金融甚至颠覆了传统金融。比如阿里巴巴控制的天弘基金,上线不到一年,规模达到了行业第一名。大数据金融按照平台运营模式,可分为平台金融和供应链金融两大模式。两大模式的代表企业分别为阿里金融和京东金融。

1.4.5 信息化金融机构

信息化金融机构,是指通过广泛运用以互联网为代表的信息技术,在互联网金融时代,对传统运营流程、服务产品进行改造或重构,实现经营、管理全面信息化的银行、证券和保险等金融机构。信息化金融机构只是传统金融机构触网,其业务模式没有发生本质上的变化。

互联网金融时代,信息化金融机构的运营模式相对于传统金融机构运营模式发生了很大的变化,目前信息化金融机构主要运营模式可分为以下三类:传统金融业务电子化模式,基于互联网的创新金融服务模式,金融电商模式。

传统金融业务电子化模式主要包括网上银行、手机银行、移动支付和网络证券等形式;基于互联网的创新金融服务模式包括直销银行、智能银行等形式以及银行、券商、保险等创新型服务产品;金融电商模式就是以建设银行"善融商务"电子商务金融服务平台、泰康人寿保险电商平台为代表的各类传统金融机构的电商平台。

1.5 互联网金融发展状况

1.5.1 国外发展状况

互联网金融产生于全球性金融的创新。随着互联网技术的出现和蓬勃的发展,国外互联网金融应运而生,逐渐被引入中国。20 世纪 90 年代开始,发达国家和地区的网络金融发展非常地迅速,出现了从网络银行到网络保险,从网络个人理财到网络企业理财,从网络证券交易到网络金融信息服务的全方位、多元化的互联网金融服务。网络银行走向成熟，网络证券和网络保险获得了长足的发展，电子货币和网络支付开始受到青睐。随着互联网的深入发展，互联网金融模式不断创新，在线贷款和众筹融资平台兴起。

第一，网上银行业务逐渐走向成熟。

由于网上银行成本低，服务快捷。发达国家几乎 85% 的银行已开始了网络金融服务的业务，花旗、汇丰、樱花等全球大型银行集团都有自己的网络金融部门。2000 年 7 月 3 日，西班牙 Uno-E 公司同爱尔兰互联网银行第一集团正式签约，组建了业务范围覆盖全球的第一家互联网金融服务企业 Uno First Group。艾瑞咨询根据 Novantas 发布的 2010 年美国网上银行交易情况的调查发现，大量美国用户在处理银行日常交易时选择网上银行渠道，而不再选择柜台交易。

第二，网上证券业务长足发展。

美林证券成立了网上投资银行，以大大低于传统经纪公司的价格推出网上股票交易服务。美国网上证券投资市场居全球领先地位，1993 年起全美就有 330 万个网上金融交易账户，并在后来的年份里以每年近 60% 的速度增长。

第三，网上保险业务稳步前进。

最先出现网络保险的是美国，其次是英国。美国国民第一证券银行首创通过互联网销售保险单。现美国已有 50% 的网络用户，通过互联网查询机动车辆保险费率，有 30% 的用户倾向于网上投诉。英国作为世界上公认的网络保险最为发达的国家之一，英国网络保险公司的保险产品不仅仅局限于汽车保险，而且包括借助互联网以及电话实施营销的意外伤害、健康、家庭财产等一系列个人保险产品。

第四，网上支付业务受到青睐。

网上支付变得十分活跃，电子货币、信用卡等电子支付产品得到广泛应用，越来越受到青睐。英国西斯敏银行开发了以智能卡为基础的"MODEEX 电子货币系统"。以 PayPal、WorldPay、Amazon、PayDirect 等公司为代表；第三方支付平台结算支付模式以其安全、快捷等优势逐渐发展成目前电子商务中广为采用的一种支付模式。

第五，P2P 网贷、众筹平台兴起。

体现尤努斯"普惠金融"理念的 P2P 网络贷款平台最先出现于欧美市场，第一家 P2P 网络贷款平台是于 2005 年在英国成立的 ZOPA，截至 2015 年年初，ZOPA 累计撮合成交超过 7.5 亿英镑。据 2014 年 2 月的数据显示，借款者的借款利率为 4.5% 到 15.5% 不等，高信用借款者平均借款利率为 5.6%；贷款者获得的平均年利率收益为 3.9%、4.9%。ZOPA 公司还宣称，在过去十年内，它的业务可以提供 5.6% 的平均年化收益率——这还是剔除坏账损失和费用后的收益表现。如果你在 ZOPA 创立那天投入 10 000 英镑；那么时至今日，它连本带利就会变成 17 000 英镑。较低的借款利率，较高的收益率使 ZOPA 深受客户的追捧。随后因其便捷的操作模式、合理的费率、差异化的利率、广大的客户群等优势，P2P 网络信贷模式迅速传播于其他发展中国家。众筹平台，这个 10 年前初现雏形的网络融资模式最近在全球范围内迎来了黄金上升期，《2014 中国互联网金融报告》显示，2014 年全球众筹交易规模预计达到 614.5 亿元，到 2016 年，全球众筹融资规模将近 2 000

亿元，众筹融资平台将达到1 800家。

1.5.2 国内发展状况

国内互联网金融的发展主要分为以下三个阶段。

第一个阶段是在2005年以前，互联网与金融的结合主要体现为互联网为金融机构提供技术支持，帮助金融机构"把业务搬到网上"，此时还未出现真正意义的互联网金融形态。而互联网的出现初期就对传统金融机构造成了冲击，传统金融机构纷纷成立电商部门，建设电商网站来销售金融产品和提供金融服务。1997年，招商银行率先推出了中国第一家网上银行，通过互联网开展品牌宣传、产品推广、客户服务等。1998年，国内网上证券交易起步，2000年，证监会颁布《网上证券委托暂行管理办法》，投资者使用证券公司提供的交易软件，通过互联网就可以非常方便快捷安全地进行证券交易。2002年，中国人保电子商务平台（e-PICC）正式上线，用户不仅可以通过e-PICC投保中国人保的车险、家财险、货运险等保险产品，还可以享受保单验真、保费试算、理赔状态查询、咨询投诉报案、风险评估、保单批改和保险箱等一系列实时服务。

第二个阶段是在2005—2012年，网络借贷开始在我国萌芽，第三方支付机构逐渐成长起来，互联网与金融的结合开始从技术领域深入金融业务领域。我国最早的P2P借贷平台成立于2007年，在其后的几年间，发展仍较为迟缓。直到2010年，网贷平台才被许多创业人士看中，开始陆续出现了一些试水者。2011年，网贷平台进入快速发展期，一批网贷平台踊跃上线。2012年我国网贷平台进入了爆发期，网贷平台如雨后春笋成立，比较活跃的有400家左右。2007年6月，阿里巴巴集团依托阿里巴巴电子商务平台，将网商的网络交易数据及信用评价作为信用依据，以信用信息提供者的身份与中国建设银行、中国工商银行签约，开始联保贷款模式的尝试，为中小企业提供无抵押、低门槛、快速便捷的融资服务。2010年6月，阿里巴巴小额贷款公司成立，这标志着我国小额贷款模式的创新与突破。2011年，人民银行开始发放第三方支付牌照，第三方支付机构进入了规范发展的轨道。

第三个阶段从2013年开始，2013年被称为"互联网金融元年"，是互联网金融得到迅猛发展的一年。自此，P2P网络借贷平台快速发展，众筹融资平台开始起步，第一家专业网络保险公司获批，一些银行、券商也以互联网为依托，对业务模式进行重组改造，加速建设线上创新型平台，互联网金融的发展进入了新的阶段。截至2014年7月底，中国人民银行为269家第三方支付企业颁发了支付业务许可证。《中国支付清算行业运行报告（2015）》显示，支付机构共处理互联网支付业务215.30亿笔，业务金额17.05万亿元，分别比上年增长43.52%和90.29%，共处理移动支付业务153.31亿笔，8.24万亿元，同比分别增长305.9%和592.44%。截至2015年年底，我国P2P借贷行业成交量已接近万亿元，行业参与人数首次突破千万，活跃借款人和投资人分别在280万元和720万元左右，分别为去年的3.5倍和3.1倍。

总结

本章首先介绍了互联网金融的概念，其次说明了互联网金融的特点。随后，从四个方面说明了互联网金融的原理。对于互联网金融的五大模式，本章进行了简要的介绍。最后，本章介绍了国内和国外互联网金融的发展状况。

关键概念

互联网金融　互联网金融的特点　互联网金融的原理　互联网金融的五大模式
众筹　P2P 网贷　第三方支付　大数据　金融信息化　金融机构

习题

1. 互联网金融的概念是什么？
2. 互联网金融的特点是什么？
3. 互联网金融的五大基本模式是什么？
4. 简要说明互联网金融的原理。

第 2 章
互联网金融与传统金融

面对风生水起的互联网金融，小公司要做新秩序的搅局者，大公司要面对门口的"野蛮人"，光有皮不够，还需要互联网的骨和大数据的魂。

无论是豪气干云的"如果银行不改变，我们改变银行"，还是谦虚顺和的"银行没办好的事，我们替银行办好"，在银行眼里，马云和阿里都是不折不扣的"野蛮人"。第三方支付刚开始时，阿里恭顺听从，为的是与银行合作，结果是年年"双十一"（11月11日光棍节）网购疯长，令银行叹为观止；小微贷款起来时，阿里说我们只管千万小微企业，与银行的"高富帅"客户不冲突；到现在，阿里金融信用支付（网络虚拟信用卡）和网络银行虽然犹抱琵琶半遮面，但银行蓦然发现，自家的存贷汇三大业务门口，"野蛮人"已经大兵压境。

基金证券业最近也不安静。余额宝横空出世，把一个籍籍无名的天弘基金硬是从"行业倒数"变成了"行业翘楚"，对接余额宝的该基金或已成为规模最大的公募基金。基金公司愤愤不平地说要找"敌人的敌人"财付通，有人立马呛声：人家T+0赎回（钱实时到账）、7天24小时交易，你行吗？大数据"唯快不破"、意随念动的洞察力，你追得上吗？靠IT出头的基金搅浑了一池春水，旧秩序被搅局者搅得七零八落。

目前无论是大公司还是小公司、无论嘴上还是心里，基本上都认可互联网金融这条道了。互联网的工具性，让金融业的大小公司们以为抓起这个工具就行了。银行开了"微信银行"、又做起电商，基金开了淘宝旗舰店，证券都有了手机应用，人保还跟手游公司搞"玩不了我敢赔"。殊不知，这些只是互联网的皮。小公司要做新秩序的搅局者，大公司要面对门口的"野蛮人"，光有皮不够，还需要互联网的骨和大数据的魂。

互联网的骨是其功能强大的IT基础设施。金融业在技术上的保守是出了名的。例如，某银行刚刚把最后一台IMS数据库（IBM50年前的产品）换成新的大型关系型数据库平台，某银行因为DB2的升级导致业务响应缓慢。在基础设施国产化的大背景下，如何升级IT的服务能力？云计算大行其道，如何平衡弹性需求和数据安全？这些都是应认真考虑的问题。

大数据的魂更为重要。面对互联网和大数据企业截留数据的现状，金融业亟须建立数据资产、"提纯"手段、提高以客户为中心的服务能力。数据可以通过自觉、全面、客观地收集运营数据和网站或手机应用的客户行为数据而获得；也可以通过网络"爬虫"去收集，尤其是社交媒体数据；还可以通过同业结盟、跨业交换（包括与"野蛮人"）和从第三方数据提供商购买。"提纯"手段要两手抓，一手抓自身的数据分析能力，一手与专业的数据分析服务公司建立战略合作。关键是提升以客户为中心的服务能力，形成每一个消费者的精确刻画，并将其融入产品设计、差异化渠道、个性化服务到风险防控的每一个环节。

继续做领导者还是追随者、搅局者，是可以主动做的选择。但难以回避的是，"野蛮人"已刀光如雪、呼啸而来，金融秩序似将重新书写。

资料来源：吴甘沙.当传统金融遇上互联网[N].人民日报，2013-09-23

本章学习目标

1. 了解传统金融的变革和发展；
2. 理解互联网金融对传统金融的影响；
3. 掌握互联网金融与传统金融模式的不同。

2.1 传统金融业的发展与变革

金融业经过长时间的历史演变，从古代社会比较单一的形式，逐步发展为多种门类的金融机构体系。商业银行的发展史就是传统金融业的演变史，一般而言，其他金融机构都是在商业银行平台基础上发展起来的，其业务范围涵盖了经济领域的大部分范围，是一个国家金融体系的基础。因此，商业银行的重要性是其他金融机构所不能企及的，银行业是传统金融业的代表，同时，银行业也一路跟随信息技术发展而改变。

传统的金融机构的模式是基于工业化生产模式而存在的。工业化生产模式的典型特征是生产者垄断和消费者分散。在互联网时代，消费者不再是分散的，他们通过各式各样的平台相互交流信息，消费者开始抱团取暖，联合起来争取权益。互联网时代是消费者主权全面集中的时代。

传统银行业务较为单一，现代银行业的业务开始由存贷、支付等基本业务拓展至理财，同时金融监管的放松与变革以及迫于行业生存压力，使银行开始走向全能。全能银行是商业银行寻求变革的产物。全能银行源于德国，本是德国银行业的分类概念，但在现代金融里其含义已经超出了统计概念的范畴。全能银行是一种银行的类型，它不仅经营银行业务，而且还经营证券、保险、金融衍生业务以及其他新兴金融业务，有的还能持有非金融企业的股权。

全能银行几乎可以提供所有银行和金融机构的服务，如贷款、存款、证券、支付清算、外汇、代理保险、租赁与咨询等业务。激烈的市场竞争中各金融机构努力拓宽自己的服务领域和提供便捷的服务手段，各金融机构有实现相互融合的强烈动机，现代通信和计算机技术的高速发展为这一融合以及通过融合降低成本提供了技术保障；资本市场快速发展和市场的"脱媒"现象，使商业银行的传统业务已无法适应金融市场发展的新需求；同时，金融创新的发展为突破传统商业银行业务和证券业务提供了可能。商业银行在负债结构和资产配置等方面越来越多地依靠资本市场工具，而投资银行业日益向商业银行业务渗透，金融创新使两者的业务界限逐渐消失。

互联网于1969年始于美国，爆发于20世纪90年代。随着科技的发展，互联网发展迅速，互联网在改变着我们的生活的同时，也改变着金融业的发展。金融业一直以来都是高度信息化的行业，广泛应用着互联网技术，随着互联网技术的进一步发展，金融行业在互联网技术的浪潮冲击下也将不可避免地发生变革。目前，金融互联网化的业务变革还未结束，而新兴的互联网金融方兴未艾，对互联网金融业态产生了深远影响。

第一是互联网的移动化。根据 CNNIC 的统计，截至 2015 年 6 月，中国网民规模达 6.68 亿，互联网普及率为 48.8%；手机网民规模达 5.94 亿，占比提升至 88.9%。客户接触向移动端迁移已成为渠道发展趋势，能否把握这一趋势将成为金融企业保持未来客户竞争优势的关键。

第二是后台大数据处理技术与云计算普及应用，使云端和应用呈现出高度智能化的特点，"端管云"必将成为金融企业未来管理客户和金融交易系统的标准配置。在目前云端初步智能化的基础上，云端的精准化和透明化已成为未来发展趋势，一方面提高了金融企业风险控制管理水平，降低了交易成本。但在另一方面，也带来了信息安全的风险和逆向选择机制，为金融监管带来新的挑战和问题，能否在未来善用金融数据，将成为金融企业保持管理竞争优势的关键。

第三是基于人工智能的人机交互技术、3D 打印技术等新兴技术的普及应用，使虚拟现实技术更加完善。上述技术趋势使金融服务的模式发生了变革，客户鉴权、人机交互、信用评级、风险控制、产品设计等模式根据客户体验和人民智能交互变得更加智能精准，其成本低廉，运营高效。对金融企业而言，能否在未来顺应客户端体验方式的变化并设计出与之适配的新服务，将成为金融业保持服务竞争优势的关键。在我国目前金融系统还是分业经营、分业监管的情况下，金融企业有必要顺应未来互联网发展趋势，塑造自身独特优势，把握未来发展趋势，在互联网化的竞争中占得先机。

第四是使提供金融服务的机构分野为两大阵营。新兴互联网金融企业在 2013 年全面崛起，它们开辟了新的金融阵营，其服务以第三方支付、大数据金融、P2P 网贷等为主，基于大数据、云计算、移动互联网社交网络等技术创新平台。老牌的传统银行、券商、保险等金融机构也不甘示弱，他们也借鉴和整合了新的信息技术和技术平台，成为信息化金融机构。

第五是拓展了金融服务边界。从中国互联网金融的现状看，无论余额宝还是各类正在蓄势待发的互联网金融创新产品，都还不足以对中国的传统金融造成毁灭性的颠覆，但其真正拓展了金融服务的边界，并重新定义了互联网时代的金融。这无疑具有革命性的意义。在接下来的章节中，将详细介绍互联网金融对传统金融造成的冲击。

2.2 互联网金融对传统金融的影响

2.2.1 对商业银行的影响

互联网金融的发展会导致结算脱媒、资产脱媒以及负债脱媒，极大地冲击了传统商业银行的业务，但同时也激发了商业银行加快经营模式转变的激情和动力。银行等传统金融机构的力量很强大，完全能够应对此次变革，"银行会像恐龙一样倒下"的预言未必可能实现。根据业界情况，互联网金融时代商业银行的战略转型要充分考虑以下几个方面。

第一，商业银行固守经营模式，互联网化仍显不足。

首先，商业银行的业务模式仍然缺乏充分的互联网经济元素。商业银行仍然依赖于网点开展业务，以磁存储为介质的银行卡仍然是服务和商业银行产品的承载体系，中小企业客户的维护交由客户经理自然放养，业务经理拓展客户也是依靠跑腿和电话，这种传统的业务模式和经营管理已经跟不上互联网时代的生活节奏与技术发展要求。面对客户综合化的需求，商业银行显得有些力不从心了，或者说是有心无力。

其次，商业银行的互联网渠道不仅未能充分体现互联网商业模式的精神，而且对互联网渠道的商业价值亦未能充分利用和挖掘。虽然网上银行已经成为商业银行在互联网领域发展最为成功的业务平台，但和成熟的互联网商业模式相比，它在业务模式中仍然缺乏互联网商业思维的基本元素。因此，商业银行不仅要充分认识到互联网几何级的用户增长速度在产品营销和客户拓展领域的巨大潜力，而且要以信息科技为基础重整营销渠道体系，加快经营模式的变革。

第二，开放的互联网挑战封闭的商业银行安全架构和经营模式。

传统商业银行安全框架和封闭的运营模式在开放互联网的进攻下面临艰难抉择。通过在线客户和互联网拓展客户等基本业务已经在部分银行小试牛刀，未来必将在整个银行业大行其道。在线开户实名制等问题，第三方支付等支付创新平台已经在技术上有了多种解决方案，如信用卡预授权扣款验证身份、公安系统在线身份证验证和向客户他行账户随机存款等。虽然这涉及银行的安全架构设计以及监管政策的突破等问题，但是商业银行以开放思维拥抱开放互联网是历史的趋势。

第三，个性化需求与客户选择挑战商业银行服务品质。

信息技术不仅直接以技术本身兑现商业价值，跨越资本积累，快速创造财富，而且使物质财富在年龄、社会阶层和地域之间的分布相对更加均衡和广泛，商业银行客户基础结构发生了质变，新生代年轻客户对商业银行的重要性不断得到提升。由于互联网商业模式的开放性，虽然网络平台用户都以几何级增长速度扩张，但这些都使单个用户对互联网商业平台的贡献度变低，因此对客户行为和交易数据的研究变得越来越重要，互联网也因此放弃了向每个用户兜售同质化产品的做法。信息产品为客户预留了越来越多的自定义空间，让客户根据使用的环境和自身的需要对产品参数进行组合。在银行业，虽然某些银行开始尝试在信用卡等个别产品上留给客户自定义某些参数的做法，但这更多的是体现了商业银行在风险控制方面的考虑，主要不是从尊重客户选择和满足个性化需求出发设计产品，也不是在产品设计体系上体现客户自定义的服务能力。

第四，商业银行的竞争对手及模式都在改变。

传统商业银行的竞争主要是行业内相互之间，竞争的模式不外乎是价格、服务、技术和规模。虽然在互联网时代这种情况正在发生改变，但在新的竞争对手中，不仅有商业银行较为熟悉的电信运营商和第三方支付，而且还有像 Square 这样灵活的收单工具创新平台。此外，由于云计算的出现，越来越多的中小银行开始放弃自建成本昂贵的 IT 系统，转而投向按需付费的云计算 IT 平台。当使用同一云计算平台的中小银行达到一定规模的时候，隐形的合纵连横效果将逐渐显现，并将在一定程度上颠覆现有的商业银行竞争格局，银行之间的竞争最后可能成为联盟或集团之间的竞争，并且可能是 IT 方案之间的竞争。

第五，商业生态体系建设关乎银行核心竞争力培养。

通过互联网聚合的巨大商圈可能产生的团体式金融服务需要演变为一种商业生态体系。因为支付宝是为淘宝网量身定制的结算工具，两者的结合诞生了一个相对独立的商业帝国。随着支付宝的壮大，这个帝国正逐渐演变成一个相对独立的商业生态体系，而不作为的商业银行将逐渐游离于这个生态体系之外成为旁观者和局外人。POS 机、银行卡和大小商户所构成的是商业银行传统的商业生态体系，但信息技术的发展为各种新商业生态体系的诞生提供了技术基础，商业银行的保守不仅导致其坐失良机，也导致了各种创新型支付结算公司的出现，因此商业银行必须从中认识到商业生态体系的建设关乎商业银行的核心竞争力培养。

商业银行为适应市场环境和实现发展战略，按照最有利于价值创造的原则对流程进行再思考和再设计，基于流程对组织架构、信息系统、人力资源及文化理念等进行系统变革，在质量、效率、成本、风险和公司价值等方面获得根本性提高，形成以流程为核心的全新银行模式，即流程银行。

2.2.2 对证券市场的影响

互联网金融是大势所趋。但是，目前很多金融机构把互联网金融做成"金融—互联网"模式很不可取，因为针对不同客户，互联网金融的价值也不同。互联网立足于海量客户，而对企业客户和机构投资者而言，互联网金融的服务力度还不够，这类客户的需求并不仅限于客户体验，而是需要一份经过深思熟虑的商业规划。

艾瑞咨询数据显示，截至 2014 年 8 月，一年期以内的新股民有 48.7% 的用户选择网上开户方式，开户时间两年期以上的股民，网上开户的比例仅为 1.7%。

根据券商反馈，2014 年 10 月开始的开户大潮中，接近 50% 以上的人群为"80 后""90 后"，他们大多选择的是网上开户。2014 年以来，通过手机客户端交易的投资者比例为 25% 左右，这群人大多数也为"80 后""90 后"。未来这种趋势更加明显。

艾瑞咨询调查表明，未来希望通过网络渠道获取服务的投资者比例高达 74.7%，期待试用互联网交互性服务用户比例达 55.7%。

互联网金融可以达到与现在直接和间接融资一样的资源配置效率，并在促进经济增长的同时，使交易成本大幅减少。总的来说，互联网金融对证券市场的影响主要有以下几点。

第一，改变了证券行业价值实现方式。

互联网金融的虚拟性为证券行业带来了前所未有的价值创造速度，必然导致价值的扩张；同时，互联网金融也引发交易结构、交易主体上的变化和潜在的金融民主化，而且引发券商传统的价值创造和价值实现方式的根本性转变。一方面，互联网技术不仅能最大限度减小信息不对称和中间成本，把所有的信息由原先不对称、金字塔型转化为信息的扁平化，最终个体可在信息相对对称中平等自由地获取金融服务，而且能逐步接近金融上的充分有效性，从而证券行业的服务边界得以扩大。近期券商积极布局的搭建网上平台、非现场开户以及移动终端产品等正是券商在互联网时代下的有益尝试，这为公司带来了新的增长点。原来券商开设一个证券营业部需要投入 IT 设备上千万元，现在券商开设一个网点仅需几十万元。互联网技术极大地降低了券商的运营成本。另一方面，电子商务、第三方支付、社交网络、搜索引擎等互联网技术形成的大量数据产生价值，云计算、神经网络、行为分析理论、遗传算法等更使数据挖掘和分析成为可能，数据将会是金融的重要战略资产。未来券商的价值将更多通过充分挖掘互联网客户数据资源，并开发、设计满足客户个性化需求的证券产品或服务来实现和创造价值。

第二，引发证券经纪和财富管理"渠道革命"。

互联网与证券的加速融合，不仅有助于券商拓宽营销渠道，优化现有经纪业务和财富管理业务传统的运营管理模式，而且能进一步扩大服务边界。与此同时，网上证券和网上开户产品销售将使得券商的物理网点和地域优势不再明显，佣金率进一步下降，资管业务和新产品经济的地位逐步提升，这将迫使券商经纪业务由传统通道向信用中介和理财业务终端转型。在不久的将来，网络将成为券商发展财富管理业务、经济业务的主要平台。随之而来的，将是目标客户类型的改变，市场参与者将更为普及化和大众化，追求多样化、差异化和个性化服务是客户的基本诉求。客户的消费模式和习惯的改变，这要求券商经纪和财富管理业务为适应互联网金融趋势，从过去通道中介定位向客户需求定位转型。以客户需求为中心的转型，本质上要求证券公司能够根据不同的客户类型，通过一个对外服务窗口，为客户提供包括投资、融资、理财咨询等一揽子的服务。这意味着证券公司不仅需要对原有的组织模式进行重构，而且还要加强各条业务线的协作，提升现有业务的附加价值，从而实现客户与证券公司共同成长。经纪业务一般是券商收入的主要来源，而在互联网券商与"一人多户"等政策的冲击下，券商经纪业务竞争正在加速，佣金率均出现大幅下滑。

第三，弱化证券行业金融中介功能。

关于金融机构存在的原因，主要有两个：其一，金融中介有规模经济和专门技术，能降低资金融通的交易成本；其二，金融中介有专门的信息处理能力，能够缓解投资者和融资者之间的信息不对称以及由此引发的逆向选择和道德风险问题。媒介资本、媒介信息正是证券行业作为金融中介最为基础的两个功能。媒介资本、媒介信息、挖掘信息等功能的发挥，在根本上都依赖于各类信息的搜集和处理能力，而这正是互联网金融的强项。互联网金融与证券行业的结合，会使得交易双方的信息不对称程度降低、在金额和期限错配以及风险上分担的成本非常低，证券机构发挥的资本中介作用也日益弱化。未来股票、债券等的发行、交易和全款支付以及投资理财等都可直接在网上进行。例如，Google 上市时就没有通过投资银行进行相关上市服务，而是应用了互联网金融，其股票发行采用荷兰式拍卖的模式在自身平台上发行。在国外，基于社交网络构建的选股平台，投资收益经常跑赢大盘，这也一定程度上取代了券商投资理财的业务。在互联网金融模式下，资金供需双方直接交易，可以达到与直接融资和间接融资一样的资源配置效率，市场有效性大大提高，接近一般均衡定理描述的无金融中介状态，这将极大地影响证券金融中介功能的发挥。而众筹对于证券中介的冲击也较大。

第四,重构资本市场投融资格局。

互联网金融平台为资金供需双方提供了一个机会发现的市场,同时现代信息技术大大降低了信息不对称性和交易成本,双方对对方信息基本实现完全了解,证券行业投融资格局中,资金中介将不再需要,取而代之的可能将是一个既不同于商业银行间接融资,也不同于资本市场直接融资的第三种金融运行机制,可称为"互联网直接融资市场"或"互联网金融模式",P2P、众筹正是这种互联网金融新模式的代表。不同于传统借贷模式,在P2P、众筹的借贷环节中,由网络平台充当中介的角色。借贷双方在网络平台上自主发布信息,自主选择项目,基本不需要借贷双方线下见面,也无须抵押担保。平台公司则为借贷两方提供咨询、评估、协议管理、回款管理等服务,并相应收取服务费。网络信贷的兴起,打破了传统的融资模式,在解决中小企业融资难题的同时,引领着资本市场投融资领域的革命性创新,这代表着未来趋势的投融资创新实现了社交网站和种子基金、股权投资的融合,是投融资业务脱媒的开端。

第五,加剧行业竞争。

互联网金融以其先天的渠道和成本优势迅速改变资本市场的竞争格局,随着监管的放松,这种竞争还将进一步加剧:其一,互联网技术会降低券商业务成本,加剧同业竞争,如各大券商积极布局的证券电子商务,这只是网络经纪业务的第一步,非现场开户全面放行后,证券业能以更低成本展业,这不可避免引发新一轮的佣金价格战,通道型经纪收入将更加难以为继;其二,互联网金融会改变券商业务模式,催生网络经纪等新业态,这将带来新的竞争机会,使未来竞争更加复杂化;其三,以阿里巴巴为代表的互联网公司携带客户资源、数据信息积累与挖掘优势向证券行业渗透,加剧行业竞争。近年来高速发展的互联网平台为互联网金融奠定了比传统证券行业更广泛的客户资源基础。互联网公司在运作模式上也更强调互联网技术与证券核心业务的深度整合,凸显其强大的数据信息积累与挖掘优势。比如,以阿里小贷为代表的网络贷款正在冲击证券行业资本中介业务模式。以人人贷为代表的 P2P 模式则正在绕开券商实现投融资直接匹配,以余额宝为代表的互联网理财产品更是直接冲击券商理财产品市场。

第六,HOMS 模式场外配资将加剧市场波动。

HOMS 是一款以投资交易为核心并兼具资产管理、风险控制等相关功能的投资管理平台,是针对私募等中小型机构定制的轻量级资产管理实现方案。恒生电子对 HOMS 系统的最早开发始于 2012 年。恒生电子针对公募基金有一款 O32 的系统,在 O32 的基础之上,经过一定的改造,开发出这一款方便小贷公司、配资公司、私募基金等管理资产的系统,取名 HOMS。

2014 年,股票行情火爆,银行信贷政策有了调整,比起实业信贷,股票配资的风险较小,资金完全可控。于是,银行业对配资业务大开绿灯。信托公司利用伞形信托将银行的资金批发出来,拆分成最少一百万元的规模,零售给融资人。凭借低利息、规范的操作,瞬间引爆了市场。而信托公司做这件事的账户工具,就是 HOMS 系统。HOMS 的子账户管理系统,能够把信托账户,拆分成多个独立的账户单元,可以独立地从事证券交易。于是,

2014年也是信托最为火爆的一年，更疯狂的创新也出现了。

在信托公司批发零售的基础上，还可以再往下拆分。相当于信托是一级批发商，配资公司成为二级批发商，再往下再给三级或者直接给投资者。对于民间配资业务而言，这是第一次没有资金和账户的限制，在强大的需求面前，市场疯了。银行借钱给信托公司，一年收取6%的利息，信托公司按照7%～9%的利息批发出来，配资公司向客户至少收取24%的年利息。而这仅仅是一小部分的收益来源，这种模式存在更大的利润空间。例如，配资公司给信托公司打1 000万元保证金，然后从客户手里收1 200万—1 800万元。这样，1 000万元本金很快就可以回笼，然后再向信托公司批发一轮资金，一年可以周转十几次，保守也有6—8次。于是，在留足了足够备付金的情况下，年初投入的1 000万元本钱，到年底可以保证6—8倍的利润。市场彻底陷入一片狂热中。

但是，不能回避的是本次股灾。恒生HOMS管理的资金不过5 000亿元而已。之所以造成严重的后果，原因之一就在于：本轮牛市是在没有实际资金支撑的情况下，靠配资盘（恒生HOMS这一部分）以及融资盘（融资融券业务）推动的，本身基础不踏实。

股灾最直接的导火索是2015年6月证监会对场外配资进行清查。表面上万无一失、类似套利的配资业务，在有股指期货这种对冲工具存在的前提下，绝大部分人都忽略了流动性的风险。然而，做配资业务的公司基本上不会采用股指期货对冲，流动性风险事实上是存在的。实际中，客户出2万元保证金，配资方出8万元，客户亏损到了1万元，配资方通知客户追加保证金。客户没有追加，若股价继续下跌，损失扩大到1.5万元，则直接强制平仓。这样，8万元的本金不会有损失，损失是客户的2万元保证金。但是，中国是一个典型的散户市场，居然会出现股票卖不出去的情况。在客户亏损到1.5万元，准备平仓的时候，股票跌停了。这样，强制平仓也失去作用。第二天开盘，继续跌停，依旧无法平仓。这样，配资的本金就出现了亏损。关键问题还在于，本金还是通过信托公司募来的。悲剧就此产生。为了避免不断跌停，上来就挂跌停单出货，形成所谓多杀多，很多配资公司爆仓的原因即在此。最终，股灾的发生不可避免。同年9月2日，证监会发布对恒生电子的最终核查结果。恒生公司因非法经营证券业务的行为，被没收违法所得1.328亿元，并处以3.98亿元罚款。恒生电子实际控制人为马云，而证金和汇金的持股比例也达到7.4%。按此比例，证金公司和中央汇金合计已经成为恒生电子的第二大股东。对于超5亿元的处罚，股民也将其戏说为"证监会痛下杀手，恒生一夜回到解放前，马云哭晕在厕所"。

2.3 互联网金融模式与传统金融模式的对比

本节将从互联网金融模式的优势和劣势两方面来比较互联网金融模式与传统金融模式的不同。

2.3.1 互联网金融模式优势分析

第一，在信息传导方面。

互联网金融模式在信息传导方面无疑占有较为明显的优势。这种优势主要体现在互联网金融模式有效降低了信息不对称。这就意味着，互联网金融机构在对客户进行实时监督、减少坏账生产上比起传统金融机构更具有效率。这也是互联网金融占据了中小企业的绝大部分融资份额的原因。此外，在过去，企业需要通过与 IT 公司、银行、物流公司三方合作来整理信息流、现金流与物流"三流"，而如今互联网金融企业自身跨界于 IT 和银行两界，显然比银行等传统金融机构更具有数据挖掘方面的优势。同时，互联网金融企业拥有搜索引擎、大数据、社交网络和云计算等多种技术，使大量的信息得以共享，海量信息的高速处理能力也得以保障，更可为精准营销和定制服务提供数据支撑，也从而能够吸引更多的客户。

第二，在交易成本方面。

互联网金融模式在交易成本方面与传统金融模式相比拥有显著的优势，具体表现在以下几个方面。

其一，低市场交易成本。传统金融机构在进行信贷风险管理时常依靠抵押品，同时线下收集客户信息来判断其还款能力与意愿和跟踪借款人的贷后财务信息，此工作需要投入大量的人力、物力，成本巨大。但在互联网金融模式下，资金供求双方可完全依赖于互联网和移动通信网络进行联系和沟通，并实现多方对多方同时交易，客户信用等级的评价以及风险管理也主要通过数据分析来完成，节省了市场交易成本。

其二，低中介成本。在互联网金融模式下，资金供需信息直接在网上发布与匹配，搜索引擎对信息的高效组织、排序和检索，能使超量信息得到妥善处理，有针对性地满足各方信息需求。这个过程不需经过银行、券商或交易所等中介，能够节省信息处理成本。

其三，低时间成本。节约时间成本这点主要体现在对信息的获取上。互联网金融模式为客户节省了前往金融机构的路途成本，信息的搜寻成本与业务处理的等待成本，在更短的时间内实现了与在资本市场直接融资和银行间接融资一样的资源配置效率。

第三，在业务对象方面。

传统金融机构运作的很大一个特点是专业化，通过专业化地进行信息生成与处理工作分散个体的信贷与期间风险，传统金融机构向投资者提供金融服务并获取收益。而在互联网金融模式下，互联网及其相关软件的技术的不断开发与使用使得金融业的分工与专业化都被大大淡化。市场参与者的限制被放宽，诸如风险定价、期限匹配等的复杂交易过程也被简化，变得易于操作。互联网金融模式下，投资方向、投资决策不再仅由少数专业精英控制，而是趋向于一种更为民主、自主的方式。

此外，考虑到交易成本的差别，互联网金融模式下业务对象主要集中在零售业，也即个人和小微企业，单笔交易金额相对较小而群体较大。而传统金融模式下业务对象主要为规模较大的企业，单笔交易金额较大，但群体较小。

第四，效益方面。

过去人们只能关注重要的人或重要的事，如果用正态分布曲线来描绘这些人或事，人们只能关注曲线的头部，而将处于曲线尾部、需要更多的精力和成本才能关注到的大多数人或事忽略。在互联网时代，由于关注的成本大大降低，人们有可能以很低的成本关注正态分布曲线的"尾部"，关注"尾部"产生的总体效益甚至会超过"头部"。

从现实来看，原来基金销售被传统银行渠道垄断，一些规模较小的基金公司所占市场份额小，收益少。而在互联网模式下，基金公司与互联网公司联手推出线上产品改变了这一局面。以阿里巴巴与天弘基金联合推出的产品余额宝为例，2015 年 6 月底，余额宝用户数增加到了 2.26 亿人，数据显示，余额宝账户人均投资额只有 3 097 元，远不及传统基金理财的平均 7 万—8 万元，但是从众多分散的投资者处集结起来的总投资额却不容小觑。再如，互联网金融可以发放更小额的贷款，如单笔 5 000 元、1 万元，甚至小额的消费信贷。但是，银行则无法发放小额贷款，因为存在规模不经济。

目前，互联网金融发展迅速，各种金融产品如雨后春笋般出现并迅速占领市场，在长尾理论的基础上，相信互联网金融的发展前景是不可限量的。

2.3.2　互联网金融模式劣势分析

互联网金融具有高技术性、无纸化和瞬时性等特点，决定了其须承担较大的经营风险。此外，由于国内目前技术措施和立法保障等方面不尽完善，互联网金融模式存在的问题也日益显现，首当其冲的就是安全风险问题。主要的安全风险形式可以表现为以下几种。

第一，技术风险。

这类风险主要有各类黑客的侵犯和破坏以及技术选择风险。前者主要表现为不法黑客通过窃取机构信息，从事经济方面的违法活动或者通过恶意对计算机系统的功能进行修改破坏金融体系的秩序。后者主要表现为选择了无法与客户端终端软件兼容的技术支持导致信息传输中断或速度降低，或者是选择了被淘汰的技术方案，造成技术相对落后无法满足大众需求，从而蒙受巨大损失。

第二，经营业务风险。

这类风险主要包括信用风险与支付与结算风险。由于互联网金融模式具有经营地点、经营业务、经营过程的虚拟化的特征，交易双方在不见面的情况下即可完成交易，然而这给对交易双方身份的真实性验证增加了难度，交易的可靠性下降，信用风险与结算风险增大。

第三，监管风险。

这类风险可以分为内部监管风险与外部监管风险两种。前者主要表现为操作风险，即机构内部人员可能越权非法获取利益，给行业带来巨大损失。后者主要体现在机构法律定位不明，相关法律法规缺失，监管难以全面覆盖。现有法律规则还没有对互联网金融机构的属性作出明确定位，对于互联网企业尤其 P2P 网络借贷平台的业务活动，还没有专门的法律或规章对业务进行有效的规范，行业准入规则也不明确。对高速发展与创新的互联网金融业进行有效管理与约束的相关法律亟待完善。

第四，制度风险。

这类风险主要针对企业内部而言，要求企业建立健全的内控制度。实践中，不乏互网金融企业为片面追求业务拓展和盈利能力,采用不当交易模式,最终为不法分子利用,名利双失的案例。还有一些互联网企业不注重内部管理、信息安全保护水平低下,存在个人隐私泄露风险。这都是内控制度不健全的表现,亦是许多隐藏风险的导火索。内控制度就相当于互联网企业的"防火墙",若忽略内控制度风险,很有可能"引火烧身",出现经营风险。

第五,法律风险。

这类风险主要是在互联网金融中,对盗取数据可能带来的损失以及赔付的界定在技术上存在一定困难,进而也会给司法判决带来一定困难,同样,在经济学和会计学定义上对数字资产的估值客观上也会存在一定的困难。

总结

本章首先介绍了传统金融业的发展,指出了随着互联网的发展,互联网对金融业的冲击。随后介绍了互联网金融对传统银行业和证券市场的影响。最后从互联网金融的优势和劣势两个方面比较了互联网金融和传统金融的区别。

关键概念

互联网金融优势　　互联网金融劣势　　传统金融

习题

1. 互联网金融模式和传统金融模式有什么不同呢?
2. 互联网金融对传统金融的影响有哪些?

第3章
互联网金融的经济学分析

20世纪20年代，列宁所领导的"十月革命"刚刚成功，第一个社会主义国家就此诞生。当时有很多西方的思想家相信社会主义或中央计划经济必然会取代市场经济，计划经济也随之成为了一种美好的憧憬，饱含着许多思想家的渴望。这些思想家中不乏罗素、维特根斯坦这样的大哲学家和爱因斯坦这样的物理学巨擘。各国的经济学界，在20世纪初，赞美计划经济的声音不绝于耳，包括意大利经济学家帕累托以及美国经济学家奥地利裔熊彼特。

仅仅在苏联的十月革命之后的第三年，一篇题为《社会主义国家的经济计算》的短文发表，作者是就是米塞斯。这篇论文从根本上怀疑乃至彻底否定在中央计划中实行经济计算合理配置资源的可能性。该文没有很长的篇幅，但是却直指计划经济的核心问题，从而引发20世纪30年代在世界范围的有关社会主义经济可行性的大讨论。

金融是资本的跨时间与空间的配置，近年来互联网金融的兴起大大提高了配置的效率。以互联网为代表的现代信息科技的发展，催生出许多新的模式，搜索引擎、第三方支付、大数据等，对金融模式产生着巨大的影响。互联网金融相比于传统金融是一种全新的模式具有很多独特的优势。互联网是一个大市场，资金供给和需求在互联网上体现的淋漓尽致，互联网上的应用软件可以实现资金的期限匹配以及风险定价，这比传统金融的效率有了极大的提高。

在我国社会主义市场经济的大背景下，互联网已经深刻改变了许多行业，P2P、众筹的出现以及各种互联网金融的创新产品让不少人相信互联网将给金融行业带来革命。互联网使参与者之间互相透明，交易成本降低。"互联网金融"是一种全新的金融形态，在社会主义市场经济的背景下将会何去何从，目前仍是众说纷纭，莫衷一是。

本章从经济学的基本逻辑出发，从兰格-米塞斯争论这一社会主义市场经济的理论渊源为基点，对互联网金融进行经济学分析。

资料来源：根据网易财经资料，作者整理而成

本章学习目标

1. 掌握兰格以及米塞斯的核心观点；
2. 理解兰格-米塞斯争论与互联网金融的关系；
3. 了解互联网金融的经济学原理。

3.1 兰格-米塞斯争论

社会主义经济，或计划经济体制，是一种经济体制，而这种体系下，国家在生产、资源分配以及产品消费各方面，都是由政府或财团事先进行计划。

19世纪40年代，马克思和恩格斯研究了资本主义的生产方式，在18世纪三大空想社会主义者的思想成果上，创立了科学社会主义学说。科学社会主义的诞生以1848年《共产党宣言》的发表为标志。马克思所阐述的社会主义经济制度具有以下特征：在经济结构方面实行纯粹单一的全社会所有制（即100%公有制）；商品经济将消亡，一切劳动产品将成为社会统一分配的对象；经济运行形式方面由一个社会中心用统一的国民经济计划来配置社会资源，组织整个社会的生产、分配和消费（即100%计划经济）。

"计划经济"体制这个概念出自弗拉基米尔·伊里奇·列宁，他在《土地问题和争取自由的斗争》（1906）中阐述："只要存在着市场经济，只要还保持着货币权力和资本力量，世界上任何法律也无力消灭不平等和剥削。只有实行巨大的社会化的计划经济制度，同时把所有的土地、工厂、工具的所有权转交给工人阶级，才能消灭一切剥削。"

科学社会主义首先在俄罗斯得到了运用。列宁领导十月革命取得胜利，接着建立了第一个社会主义政权苏联。苏联经济体制采用了高度的全民所有制和高度集中的计划经济，长期优先发展重工业特别是国防工业，依靠高能耗、高原材料消耗、高人力投入、粗放型发展，在苏联建国初期取得了一定的成效，并在"二战"中依靠军事工业取得了胜利。从此，马列主义被奉为社会主义阵营的宝典。

在20世纪二三十年代，西方经济学不同学派的经济学家在"社会主义经济可行性大争论"问题上存在很深的分歧。奥地利学派的经济学家们倾向于否认社会主义经济制度的可行性，他们的代表人物是维塞尔、米塞斯和哈耶克等人；而经济学家瓦尔拉斯、帕累托和巴罗尼则倾向于承认社会主义经济制度的可行性，他们也是洛桑学派的代表人物。

3.1.1 兰格模式与社会主义市场经济

奥斯卡·兰格（1904—1965），波兰著名经济学家。他的履历很丰富，曾经先后担任过中央委员、国务委员会副主席等重要职务，而且也曾在波兰和美国的大学里讲授经济学。

1936年，兰格在《经济研究评论》中先后发表了两篇论文，后被修订为《社会主义经济理论》一文。《社会主义经济理论》这篇文章反映了兰格对待社会主义经济能否解决资源合理分配的问题的观点。兰格的观点是解决经济计算和资源的合理分配需要有三种资料：第一种是指导选择行动的一个优先顺序；第二种是关于"其他选择的条件"的知识；第三种是现有的资源数量。兰格认为第一种、第三种资料在社会主义经济和资本主义经济之中都是已知的，认为他们是相同的变量。而于"其他选择的条件"的定义实际上指的就是广义价格，而广义价格的确定取决于生产函数。由于社会主义经济体制与资本主义的经济体制的不同，社会主义的经济活动是由特定的管理人员所决定，而资本主义经济体制的生产资料大部分掌握在企业家手中。"提供其他选择条件"这种选择是靠市场上的试验错误法决定的。试验错误法最早出现在《社会主义国家中生产的指导》这篇文章之中。兰格更加深层次的阐明了在自由竞争市场上是如何依靠错误试验法来分配资源的，并且兰格探讨了这种方法是否可以在社会主义经济体系中达到资源的合理、最优分配。经过这种资源分配，一个均衡的价格就会形成，这时生产资源无论是被用到任何一种用途上，其所达到的效用是完全相等的。

我们所指的兰格模式一般为分权的经济模式,而兰格提出了另外两种模式分别为集权的经济模式以及介于分权和集权之间的模式。社会主义社会同样可以通过试验错误法来达到经济均衡,这是兰格的核心观点。因此,他把分析社会主义均衡的达到条件放在了重点。兰格认为的社会主义经济的条件,是消费者、劳动者、生产经理以及劳动以外的最终资源的经理们根据已知的价格并且按照一些特定的原则进行决策,而主观的均衡条件就是由这些决策条件决定的。

而社会主义经济中同样存在客观的均衡条件,客观的均衡条件即为价格是由商品的供给和需求决定的,这也就是价格决策的客观均衡条件。价格定下来了,主观均衡条件才能实现,否则主观均衡条件无法实现。而实现均衡的关键因素就是价格的确定,因为社会主义的本质决定了其没有生产资料市场,由中央计划局确定的价格是否具有客观性,如价格带有任意性,将会失去提供进行其他选择的条件指数的任何经济意义。兰格认为、中央计划局先确定一个价格,然后不断修正,这不仅可能,在实际中也是可行的,而且中央计划局对于正在发生的事情,比任何企业家了解得都要多,因而比竞争市场上运用试验错误方法的次数要少得多。

由于生产资源在社会主义经济制度之中是公共财产,消费者收入与资源的所有权是相互分离的。这时消费者的收入可以看作由两部分构成的,劳动服务的收入和社会分红。在社会分红之中,在有选择职业自由条件下,社会分红的分配将会影响到向不同产业提供劳动服务的数量。而兰格认为,社会分红的分配不应对劳动服务在不同产业和职业之间的最优分配进行干扰。社会分红不应对职业选择有任何影响。

兰格解决了社会主义经济中调节机制的最关键问题,即计划调节与市场调节的协调关系。应用试验错误法从理论上解决了在计划经济条件下,资源配置如何达到最优。

下面是兰格模式的主要特点:一是除了农业、小型工业保持私有之外其他生产资料公有;二是利的分配由中央计划委员会决策负责,各生产部门管理机构,负责确定工业部门间的发展,企业和家庭为基础决策层负责生产产品、选择工作、支配收入等职责和权利;三是双重价格,消费品和劳动力价格通过市场来定价,生产资料价格由中央计划机关根据一种特殊的"模拟"市场竞争决定。

3.1.2　米塞斯与奥地利学派经济学

米塞斯于1920年发表了《社会主义国家的经济计算》一文,这篇文章论证了社会主义经济的不合理性。在这篇文章中米塞斯认为,如果一个经济体想要合理的运行,那么成本核算是必不可少的,反映成本要素价格的要素市场是不可或缺的。但在社会主义经济折中生产资料公有制体系之中,不存在生产资料的要素市场,因此不可能解决资源的合理配置问题。因此米塞斯得出结论,离开了生产资料私有制和竞争的市场体系,就不能有效配置资源,从而社会主义经济是不可行不合理的。

米塞斯的经济学观点可以从方法论、货币理论、商业周期理论、经济计算问题,以及企业家精神与市场过程五个方面去概述。

第一，个人主观主义的行为方法论。米塞斯认为，人类的选择是基于主观价值评价的，而且这种选择基于理性的。经济学作为行为学的一个分支，遵循的原则是任何价值评价都是中立的，不存在任何觉得对的价值标准来宣称行为是非理性的。因此，米塞斯抨击了通货膨胀政策、集权社会主义、法西斯主义、干涉主义、公平主义等政策，抨击它们是一种仅仅依据个人理性的主观选择行为，仅仅是因为政策主张者所支持的手段是否能达到他们所宣称的那些目的。米塞斯也同样认为他们所宣称的美好目标无法通过他们自己主张的手段来实现，他们的初衷是错误的所以他们注定是要失败的，甚至还会加重人类社会的灾难。

第二，货币价值的边际效用解释。米塞斯提出了货币购买力的"递归定理"，这一观点是基于个人主观行为的。基于消费者主观边际效用的分析方法，很容易理解所有消费品或者生产品的价值决定问题，因为消费者需要消费品（效用），或者是生产品为消费品的生产贡献了边际生产力，这些最终都可以归因于最终的边际效用。对于货币来说，我们持有它的目的是购买消费品，而非消费货币，因此货币的价值是不得而知的。因此米塞斯采用递归逆推的方法，解释货币的购买力。他认为我们今天需要货币，是因为它昨天的购买力，昨天的购买力又来自前天，因此一直可以倒推到古代某个时刻，在这个时刻充当交换媒介的实物还不是货币，而仅仅是具有某种用途的交换物品。也就是说，当时，人们需要充当货币的商品如黄金或白银，是因为它本身就具有边际效用。

第三，商业周期理论。米塞斯把个人的主观行为方法论同样贯穿到他的商业周期理论中，他一致认为信贷的扩张不会立马导致总体物价水平的普遍提高，也不能使利率一直能降低来刺激投资。因为信贷的扩张所导致的货币量的增加是不可能马上平均分配到每个人的手中的，新增的货币势必先流到经济系统的信贷领域，之后通过信贷的途径进入投资然后再进入消费领域，因此，在货币供应增加的初期企业家会受到降低信贷扩大投资的好处从而增加他们的投资，尤其是诸如机器设备、工程项目、原材料等的投资，这些投资形式会吸纳更多的工人和其他可替代的资源，而最终的结果就是工资和消费品价格的普遍上涨。企业家投资决心的不断扩大，需要更多的信贷投资来满足市场的繁荣膨胀而进一步的繁荣必须依赖不断的信用扩张，这种无休止的信用扩张的结局就是"疯狂的繁荣"。

第四，社会主义国家的经济计算问题。著名的"社会主义国家的经济计算"问题是指：在取消了市场价格机制之后的社会主义体制中，没有了货币这种工具，就很难计算成本与收益，因此无法判断一项稀缺资源是配置到哪个地方更有利。米塞斯认为，在离开了市场价格体系的计划经济中，理性地计算成本或配置生产要素是几乎不可能的。这个观点直接引发了 20 世纪二三十年代著名的社会主义经济计算的大讨论。这个问题显然被社会主义国家所重视，各种各样的补救措施和应对方案被提出。米塞斯在《人的行为》中详细逐一驳斥了所有这些调整建议的可行性。

第五，企业家精神与市场过程。米塞斯在阐述市场时照例一贯坚持他的个人主观行为方法论，他认为，每个人的市场行为都是本人理性地主观评价后所做出的选择行动，如果这一行动没有使他比不行动的状况要更好的话，他一定不会有行动。因此，市场中的买卖行为根本就不存在古典经济学家所宣称的"等价交换"，与此正好相反的是，针对个人交换只有满足主观上的不等价才会成交。无论是对于生产者还是消费者，购买总是在他的主观评价大于价格支付时的买方行为，而出售也一定是其出售所得大于其主观评价的卖方行为，这也就是我们常说的"生产者剩余"和"消费者剩余"。

3.1.3　兰格-米塞斯经济大论战

计划经济的核心是数学理性主义，否定了数学在经济中的作用，就从理论上否定了计划经济的可行性，即否定了"社会主义价格计算"的可能性。米塞斯否定数学在经济学中的意义，否定了社会主义制度需求确定和成本控制的可能性。

兰格代表了芝加哥学派对社会主义的支持，充分体现了"专业利益集团自利性"的特点。兰格认为一些专业性技术人员，不是实事求是从国民利益出发，而是从强调自己专业部门的利益最大化出发，而对某些社会命题做出理性主义的主张。而米塞斯则指出"个体判断是经济学的终极标准"，具有判断结果的不确定性和个体意义。米塞斯从根本上怀疑乃至彻底否定了中央经济中实行经济计算和合理配置资源的可能性，直指社会主义计划经济中的核心问题。

米塞斯指出，在私有制的经济体制中，合理经济计算之所以成为可能，是因为用货币计量单位所表现的价格构成了这种计算的必要条件。由于在当时所设想的社会主义计划经济中不存在这种以货币表现的价格机制，因此无法确定某一种产品是否需要，因而也不能确定生产它的过程中劳动和原材料是否有浪费。他认为尽管在当时理想的社会主义联合共同体中可以设想利用货币手段来进行消费品的交换，但由于各种生产要素的价格不能用货币来计量，因此在经济计算中货币就实际起不了什么作用。米塞斯还指出，在一个静态的社会中可以放弃经济计算，而静态的经济体系却是从来没有的；在一个动态经济中，由于中央计划者没有市场经济调整的价格信号，也就没有所能据此做计划的经济计算手段，因而只能采取一种在"黑暗中摸索的"试错办法。由此他断言，社会主义就意味着对经济合理性计算的抛弃。

正是为回应米塞斯对社会主义经济计算可行性的质疑，兰格撰写了《社会主义经济理论》的长文，提出了竞争社会主义的解决方案，即"兰格模式"。兰格认为，在生产资料公有制的社会主义经济中，由于中央计划局所拥有的有关经济体系的知识比任何私人企业家更多，因而中央计划局可采用试错法来模拟市场机制，决定生产资料的价格，使供求得到平衡，来实现资源的合理配置。兰格认为，社会主义的实际危险是经济生活的官僚化，而不是不能应付和不能解决合理经济计算所导致的资源配置难题。

针对兰格提出的"兰格模式"。米塞斯的学生哈耶克在20世纪三四十年代进一步提出了三点意见，与兰格等人商榷：第一，中央计划经济有信息收集和处理的困难。哈耶克认为，中央计划者的指导要替代工业企业管理者个人的主动决策和作用，只有将经济体系的一切知识都应用于中央计划者的计算之中才可以作出恰当的决策，但这一数据信息收集的任务就已超越了人类的能力。即使搜集到了数据，还需作出具体的决策。每一个决策都要根据若干差不多的联立微分方程的解作出，这个任务从已知的手段看是中央计划者终身都完成不了的；第二，中央计划经济存在激励方面的问题。问题并不在于中央权威能否合理地决定生产和分配，而在于那些既非财产主人又对自己管辖的生产资料无直接兴趣的个人能否成功地担当其责并作出合理的决策；第三，兰格等人的方案对于静态均衡理论过于迷恋，根本不理解千变万化的价格机制的真正作用。

罗默把上述的争论归纳为市场社会主义思想史的前三阶段，并把之后的发展归纳到第四、第五阶段。罗默认为第四阶段与"共产主义国家的市场改革时期相联系，包括1950年以后的南斯拉夫；1968年引进'新经济机制'后的匈牙利；开始于1978年的农业非集体化以及随后一系列改革的中国"，此阶段布鲁斯、奥塔·锡克、科尔奈和诺伍作出了重大的贡献。

布鲁斯的思想核心是分权的"含有受控制市场机制的计划经济"，该模式的主要特征有：经济决策多层次化、废除强制性的指令计划、以买卖双方自由合同关系来分配资源、货币在国营经济中也起积极作用、国内价格和国际价格建立联系，强调了分权、企业、货币和真实市场的作用（Brus，1963）。奥塔·锡克则分别在《第三条道路》《民主的社会主义》《社会主义的计划与市场》等著作中阐述了"以市场机制为基础的分配计划"模式，即国民发展目标的过程民主化、以市场为基础实行国民经济的分配计划，调控分配比例；企业经营民主化，直接面向市场（Ota Sik，1976）。科尔奈（Janos Kornai，1992）则从微观经济学的角度，运用非瓦尔拉斯均衡方法分析社会主义普遍且长期存在的经济短缺的原因，在研究企业行为的基础上揭示了产生短缺的原因不在于政策失误，而在于使企业预算软约束的社会经济关系和经济制度。诺伍（Ales Nove）在著作《可行的社会主义经济学》中基于苏联经验、匈牙利、南斯拉夫、波兰和中国的改革等的社会主义实践的案例分析，提出一种"可行的社会主义"模式，该模式保持了生产资料的公有制，但允许民营经济的存在，同时强调在社会和政治上的民主。

第五个阶段为西欧社会主义时代结束之后的当代市场社会主义模式。到20世纪80年代，对于"社会主义计算"争辩的分析，出现了一个不同于经典版本的改进版，改进版认为争论的两方其实回答了不同的问题，兰格的反击是基于建立静态的瓦尔拉斯均衡，而奥地利学派则认为计划经济体系下不可能实现动态的均衡，虽然静态均衡实现是可能的，但是和现实情况相去甚远。在西欧社会主义时代结束和对"兰格模式"的反思的双重刺激下，当代"市场社会主义"的争辩被点燃，这场当代的新发起的大辩论刺激了很多学者参与其中，研究计划制度的实现方式和竞争市场的替代机制，于是一系列新的市场社会主义模型在辩论中诞生。

米塞斯的思想已载入了历史，但却并没变成为有关历史的思想。在2008—2009年的世界经济衰退后的当今世界，米塞斯在《自由与繁荣的国度》中的一段话，今天仍值得我们深思："要么停止干预市场的自由运作，要么把物质资料以及财富的生产和分配的全部管理权交给政府——除此之外我们根本别无选择"。如果米塞斯的这一论辩逻辑成立，那么，在我们面前，立即就会出现两个大问号：有没有第三条道路？中国模式是否是解决问题的办法？这一切还有待于历史的检验。

3.1.4 兰格-米塞斯争论与现代信息技术革命

兰格、米塞斯最大的争论在于，米塞斯和其学生哈耶克认为，如果按照计划经济走下去，那是没有意义的，是"通往奴役之路"。但是兰格反驳，如果计算机能力足够强大，一切供给和需求都被精确地计算，那么有计划的生产是可以实现的。这点在互联网金融上面是可以体现出来的，虽然兰格-米塞斯争论已经不复存在,但是延续兰格和米塞斯的论点，仍对互联网金融尤其独特的意义所在。

在我们当今社会，我们看到很多计算机公司，甚至包括丰田汽车、戴尔电脑等公司，都进行了有计划的生产，精准根据订单生产，零库存。既然他们已经实现了这些，那么如果计算机发展到可以处理更加庞大的计算量的时候，是否可以在更大的范围内实现呢？

技术进步是可以改变生活的，过去的20年我们已经深刻体会到了这一点。生活方面的影响我们都切身体会，本书暂且不说，单就在经济研究领域我们展开讨论。针对同样一家公司，不同的人去做回归分析，结果可能完全不一样，有很大的主观性。我们仅仅做了几次线性回归，有人可以做几百次线性回归，如果计算机的技术达到一定的程度，我们可以做千万次线性回归，那么结论可能发生颠覆性变化。现阶段的精巧的理论模型的推导，在大数据面前是苍白的。

在小数据时代，我们研究个体事物规律更多是通过总体特征抽象而得出的，进一步通过总体的抽样统计，进而得到某些个体的基本判断。例如，一个保险订单是通过对人本身的发生危险的特征如年龄、车型、行驶里程等的分析，对近似人的行为进行总体抽样寻找出总体的近似分布从而推断出个体的分布。而在大数据时代，对事物规律的认识，已经从个体发展到从自身到自身。这是一个重大的认识上的突破。同样在大数据时代，个体保单价格的定制不仅会以以往的研究为寄存处，还会更多地从具体的某个人的行为出发，为其建立完整的个人行为数据库，这些数据可能包括家庭状况、生活、消费、购物、交友、工作、旅游情况、爱好兴趣等数据，然后进行全面的分析，寻找其个人的出险可能以及损失程度，从而确定保单价格并提供相应的一整套服务方案。

大数据使个体的行为预测变得可能，进而如果计算机能力足够强大，一切供给和需求都被精确地计算，那么有计划的生产是可以实现的。而在计算力还没有达到那个状态的今天，我们仅谈论大数据对个体行为的预测。在小数据时代，个体行为看似随机，毫无规律，难以预测。然而在大数据时代，93%的人类行为是可以预测的。与自然科学不同，我们过去对人类的行为规律一直感到困惑，那是因为"过去我们没有相关数据，也没有一定方法来探究人类行为"。事实上，手机运营商掌握着个人的实时通信和位置的信息；银行掌握着用户的花销和旅行习惯信息；社交网络拥有个人的社会关系和个人爱好等信息；无处不在的监视器经常记录下我们身边每个人的一举一动。刨除信息的隐私性，透过这些背后的大数据分析，个人行为很容易被预测。因此我们可以得出结论大数据的确可以降低我们的行为的不确定性。

有别于传统的二八定律，长尾市场长期以来面临问题是，想要服务于尾部的群众，但是收益却无法覆盖成本。如银行对小额信贷进行逐一审批的成本与大额贷款相差无几，而收益悬殊，导致不得不放弃这部分业务；而大数据带来的突破使客户分类和批量化处理变得成为可能，从而产生规模效应，降低了单个客户的平均成本，使大规模的小额收益能够覆盖成本，从而产生巨大的商业价值。

如今互联网、大数据、云计算、互联网金融使重构"兰格模式"变为了可能。回顾"社会主义计算"争论，米塞斯和哈耶克的观点集中在：第一，计划进行与调节控制所需要的信息量太大，难以收集、处理并实现真正的最优计划；第二，调节信息的滞后性。由于采集信息和数据的周期太长，以至于不能准确地反映实际情况，从而不能有效地对实际经济状况进行调控；第三，在实际的经济活动中，不仅是动态的，还存在许多偶然性的因素，而计划难以形成对偶性然因素的考量；以至于最终无法在计划经济通过理性的社会计算实现供需均衡。但如果存在一个有效的信息传导机制，对瞬息万变的需求信息捕捉和面向相关产生者的传达，这样就消除了信息不对称，保证了供需的一致性。由此可以看出，信息技术是客服计划经济存在的不足、克服市场信息滞后带来的供需不平衡的一个关键点，信息技术的发展使得实现供需均衡是有可能的。信息技术在实现供需均衡上可以起到如下的作用。

第一，微观经济节点信息的获得。经济体系的微观节点是由人和物组成的，我们现阶段处于"互联网"向"物联网"的过渡，万物互联正在开启。物联网的发展把物质世界的信息实现了识别和共享每个人都会通过不同的形式传递着行为和需求信息，从而使任何时间、任何地点的任何人和任何物体都互相连接。万物互联使微观经济节点信息的获得变为了可能。

第二，信息的传输和共享。互联网的快速发展和普及，建立了在全球范围内信息与数据的通信、传输和共享的平台，使得大量、快速地收集、传输和共享数据成为可能。

第三，数据的处理和计算。云计算的发展使得在动态的、多机构的虚拟组织中协调资源共享和协同解决问题成为可能。纳米计算机一级神经网络可以比奔腾处理器快 1 000 亿倍的计算，这意味着可以探求更多的决策选择方案，与此同时，计算机技术和经济理论模型的结合使得构建出合理的经济决策方案成为可能。

总之，通过信息技术的作用，实现如同哈耶克所说的"以一种简短的信息形式及时的传递相关个体的信息传导机制"变为了可能。现在的经济学家也正在努力通过信息技术构建出一套有效的信息传递机制，实现供需均衡，稳定经济发展，熨平经济周期波动。虽然现在在宏观上实现资源的合理配置仍然是一个难题，但是在微观生产组织也就是针对企业，可以实现生产面向需求，从而达到真正的供需均衡。通过使用计算机技术对数据的处理，亚马逊从全球第一家网络书店一跃成为在线零售巨头。亚马逊是充分使用信息及信息的传导实现均衡的典型案例。

1995 年曾是华尔街一家基金公司副总裁的杰夫·贝佐斯毅然辞去工作前往西雅图，在自家的车库里成立了亚马逊网络书店，时至今日亚马逊已经成了在线零售的商业帝国。亚马逊借助计算机和互联网的巨大力量，取消了店面租赁和数量众多的摆设，使得中间商的抽头消失，把烦琐的进出货和盘点工作全部交给计算机来处理，达到企业的内部有效传导，最终实现了均衡。首先，亚马逊收集了顾客的购物相关的信息，所有顾客的浏览内容和购买习惯都被记录了下来,通过数据的挖掘和处理,亚马逊了解了顾客并且尽可能满足顾客的需求。其次,亚马逊利用计算机技术,根据需求的预测来安排采购和生产。通过预测消费者的需求打造了良性供应链管理,系统根据数据的挖掘信息预测某地每天能有多少订单,以保证每个库房有足够库存。最后,互联网技术帮助亚马逊降低仓储成本、优化物流安排。电子商务企业用虚拟的网络店面代替了实体店面,虽然节约了店面租金,却增加了物流成本。这一项成本是电子商务的最大支出,但是亚马逊通过互联网技术整合了物流体系,用物流中心聚合订单需求,降低了物流成本。

现如今,伴随着大数据技术,企业甚至部门、行业的完整信息很容易被掌握,而伴随着计算机性能的飞速提高,进行大量的计算从而使政府的宏观资源配置变得不无可能。互联网经济使得有计划的生产,在企业体系中可以有计划地局部实现。这赋予了兰格与米塞斯争论新的含义。信息技术革命作为通用性技术改变了宏观经济的运行、调控方式和微观企业运营方式,在这种背景下,本节讨论了重构"兰格模式"的可能性。本书认为:市场主要起到有效的信息传递的作用,提高生产效率,而计划的作用在于实现社会分配的公平性。重构"兰格模式"是有可能的,通过运用日益发展的计算机在对微观经济主体节点的信息获得、实时的传输信息、对海量数据进行并行处理的能力,建立起对需求和生产信息及时有效的传导机制,可帮助生产部门根据需求进行生产,实现供需均衡。在保持私有制和市场机制的条件下,首先实现微观企业的供需均衡,然后在计算机对产业边界的软化作用下,逐渐实现从局部到一般的均衡。中国特色社会主义道路是否会随着大数据、互联网金融的发展走入新的篇章,让我们拭目以待。

3.2 互联网金融的经济学解读

3.2.1 互联网金融的信息处理原理

互联网金融扎根于理性思维而不是乌托邦式的空想。互联网金融的研究基准是瓦尔拉斯一般均衡对应的无金融中介或市场情形,这也是互联网金融的理想情形。瓦尔拉斯一般均衡是经济学的理论基石之一,说明在一系列理想化的假设下,完全竞争市场会达到均衡状态,此时所有商品的供给和需求正好相等,资源配置达到帕累托最优。在瓦尔拉斯一般均衡中,金融中介和市场都不存在,货币也可有可无。而现实中之所以存在金融中介和市场,主要是由于信息不对称和交易成本等摩擦造成的。但随着互联网的发展,信息不对称问题将大幅减少,交易成本将显著降低,互联网金融将逐渐逼近与瓦尔拉斯一般均衡相对应的无金融中介或市场情形,这是金融演变的内在逻辑。

在金融之中最核心的是资金供需双方的信息,在直接和间接融资模式下,主要由两类信息处理方式：第一类是信息的私人生产和出售，有专门的机构生产和区分信息，然后卖给资金供给者，证券公司和信用评级机构采用的就是这种方式。商业银行同时是信息生产者和资金提供者；第二类是政府管制，即政府要求、鼓励资金需求方披露真实信息，例如会计准则、注重审计，上市公司的信息披露等。互联网金融的信息处理是其与传统金融的最大区别，核心是大数据替代了传统的风险管理和风险定价。

为了更好地说明互联网金融的信息处理，我们将会构建一个理论模型研究市场参与者掌握的信息如何融汇到市场信号中，以及信息在社会网络之中的传播过程。

假设市场有 n 个参与者，他们通过交易一种与 CDS 类似的金融产品来表达对某一个人或机构违约概率的看法。该金融产品本质上是一个两期的金融合约，有卖方和卖方两类参与者。在以单位金融产品中，第一期，买方像卖方支付一定对价，记为 s；第二期，如果标的实体发生违约，卖方向买方赔付 l，如果没有发生违约，卖方不进行赔付。假定 l 事先确定，而 s 根据市场均衡决定，s 的信息内涵是研究重点。

假设所有参与者在第一期均有一定的初始财富禀赋，以无风险债券的形式存在，并且无风险利率等于 0。第一期，参与者根据自己掌握的信息、财富和风险偏好决定买卖金融产品的方向和数量。第二期，如果标的实体发生违约，在金融产品的买方和卖方之间就需要进行清偿和赔付。假设所有参与者的效用均是第二期财富的函数，具有 CARA 的形式，并且绝对风险延误系数均为 α，即效用函数为

$$u(\omega) = -\alpha \exp(-\alpha \cdot \omega) \tag{3-1}$$

用 Y 来集中表示标的实体的基本面信息，比如信用记录、财产、收入和负债的情况。假设标的实体违约服从 Logistic 模型：如果 $Y+e>0$，发生违约；如果 $Y+e \leq 0$，不发生违约。其中 e 为随机扰动项，服从 Logit 分布。累计概率分布函数为 $F(e) = \dfrac{\exp(e)}{1+\exp(e)}$。因此标的实体的违约概率为

$$P = \Pr(Y+e>0) = 1 - \Pr(e \leq -Y) = \dfrac{\exp(Y)}{1+\exp(Y)} \tag{3-2}$$

假设 Y 中信息分成两类：第一类是所有参与者都掌握的公共信息，用 X 表示；第二类是参与者掌握的私人信息，其中第 i 个参与者的私人信息用 Z_i 表示。引入下面五个关于信息结构的假设：

第一，$Y = X + \sum_{i=1}^{n} Z_i$，即公共信息与私人信息之间采取简单的线性加和方式；

第二，对任意 i，$E(Z_i) = 0$；

第三，对任意 $i \neq j$，$E(Z_j | Z_i) = 0$，即不同参与者的私人信息不相关；

第四，对任意 i，$E(Z_i | X) = 0$，即公共信息与私人信息不相关；

第五，假设一至四队所有参与者都是公共知识。

模型求解分三步进行：第一步，考虑一个代表性参与者，通过求解效用最大化问题，确定他买卖金融产品的方向和数量；第二步，根据市场均衡条件，求解金融产品的均衡价格；第三步，分析均衡价格的信息内涵。

第一步，代表性参与者的效用最大化问题。以第 i 个参与者为例分析。他根据自己违

约概率的估计，决定在第一期购买或出售金融产品的数量，以最大化期望效用。

首先，第 i 个参与者掌握公共信息 X 和私人信息 Z_i，对标的实体的基本面信息的估计是（Y_i）=$X+Z_i$。由此，他对标的实体的违约概率估计是

$$P_i = \Pr(Y+e>0) = \frac{\exp(X+Z_i)}{1+\exp(X+Z_i)} \tag{3-3}$$

其次，用 w_{i1} 表示第 i 个参考者的初始财富，用 θ_i 表示他第一期购买金融产品的数量，θ_i 大于 0 表示买，θ_i 小于 0 表示卖。因此，第二期财富为 $\omega_{i2}=\omega_{i1}-\theta_i \cdot s+\theta_i \cdot s \cdot l \cdot 1_{\{defauult\}}$，其中 $1_{\{defauult\}}$ 为标的实体是否违约的示性函数，$l \cdot 1_{\{defauult\}}$ 表示违约发生时得到赔付 1。

所以，第 i 个参与者的效用最大化问题为

$$\max_{\theta_i} E_i[U(\omega_{i2})]$$

$$\text{s.t.} \omega_{i2}=\omega_{i1}-\theta_i \cdot s+\theta_i \cdot s \cdot l \cdot 1_{\{defauult\}} \tag{3-4}$$

式中，E_i 表示基于第 i 个参与者掌握的信息求期望。一阶条件是

$E_i \cdot \exp[-\alpha(\omega_{i1}-\theta_i \cdot s+\theta_i-l)] \cdot (l-s) - (1-P_i) \cdot \exp[-\alpha(\omega_{i1}-\theta_i \cdot s+\theta_i-l)] \cdot s=0$

由此解出

$$\theta_i = \frac{1}{al}\ln\left[\frac{P_i}{1-P_i}\left(\frac{l}{s}-1\right)\right] \tag{3-5}$$

引入单调递增变换 $S=-\ln\left(\frac{1}{s}-1\right)$，并根据式（3-3），$\theta_i$ 可以等价地表述为

$$\theta_i = \frac{X+Z_i-s}{al} \tag{3-6}$$

第二步，模型均衡。均衡条件是市场出清，即金融产品的买卖金额正好相抵，

$$\sum_{i=1}^{n}\theta_i=0 \tag{3-7}$$

根据式（3-6）和式（3-7）解出金融产品的均衡价格是

$$S=X+\frac{1}{n}\sum_{i=1}^{n}Z_i \tag{3-8}$$

第三步，均衡价格的信息内涵。均衡价格体现了互联网金融中信用处理的几个主要特点：

第一，各参与者的私人信息是通过 $Z_i \rightarrow P_i \rightarrow \theta_i \rightarrow S$ 的渠道，反映在均衡价格中，从而实现了公开化和集中化。

第二，现实中很多私人信息属于软信息的范畴，很难不失真地传递给其他人。但当参与者将私人信息转化为对金融产品的数量为 θ_i 的买卖后，就能揭示出私人信息是正面的还是负面的，从而将软信息"硬化"成其他参与者能理解的信息。这两点主要反映了社交网络的信息处理作用。

第三，均衡价格 S 与标的实体基本面信息 Y 之间存在关系：$Y=X+n(S-X)$。显然，

$$E[Y|S, X]=Y \tag{3-9}$$

所以，根据公开信息 X 和均衡价格 S，能完全推断出基本面信息 Y，进而根据式（3-2）

准确估计标的实体准确估计标的实体的违约概率 P。因此，均衡价格 S 能完全反映市场参与者掌握的信息。这一点主要是反映了搜索引擎的信息处理功能，它基于信息检索和排序产生了类似于"充分统计量"的指标和指数，能凝练、有效地反映汇聚来的信息。

第四步，信息的网络传播。假设在一个时间段内，各参与者的风险延误系数、私人信息以及公共信息都不变。假设某一参与者将私人信息通过社交网络传播，不妨将他设为第 i 个参与者，传播的私人信息为 Z_i。

我们借鉴传染病模型来刻画信息的网络传播。假设在某一时刻 t，参与者中有 V_t 部分知道 Z_i，另外 $(1-v_t)$ 部分不知道 Z_i。假设在接下来的一个长为 dt 的瞬间，新增知情比例为

$$dv_t = \lambda v_t (1 - v_t) dt \tag{3-10}$$

即单位时间内新增知情者比例等于知情者比例、不知情者比例与反映社交网络联系紧密程度的参数 λ 的乘积。给定其他条件，社交网络联系越紧密，信息传播速率越高。由式（3-10）可以解出

$$V_t = \frac{v_0 \exp(\lambda t)}{1 - v_0 + v_0 \exp(\lambda t)} \tag{3-11}$$

其中 v_0 为初始时刻的知情者比例。在 $t \to \infty$ 时，$v_t \to 1$，即足够长时间后，几乎所有人都会变成知情者。

根据式（3-8）和式（3-11），均衡价格随时间变化的规律是

$$S_t = X + Z_i \cdot v_t + \frac{1}{n} \sum_{i=1}^{n} Z_i \tag{3-12}$$

显然，$t \to \infty$ 时，$S_t \to X + Z_i \cdot \frac{1}{n} \sum_{i=1}^{n} Z_i$。即信息在网络中的传播本质上是私人信息变为公共信息的过程。这刻画了信息通过社交网络的资源分享和共享机制传播。

3.2.2 互联网思维的微观经济学分析

随着互联网的发展，其渗透范围已经深入各个行业，互联网技术应用到实际的商业活动之中后，对传统的销售、融资模式的理念是一种完全的颠覆。"互联网思维"这个全新的概念浮出水面。互联网思维是一种降低了生产成本，从而使得让客户群体极大扩张，一种基于庞大基数客户的商业模式。其核心内涵是平民体验以及规模。本节借助微观经济学的供需分析工具来加以阐释。

我们同样可以认为服务意识也是一种抽象的商品，针对不同的客户评价有可能不同。主观上需求程度高的客户愿意为产品支付高价格，需求度低的客户就只愿支付较低价格。随着产品价格的上升消费者的数量也就会下降，在二维坐标系之中就是人们所熟知的需求曲线。同时商品往往面临着边际成本上升的局面，产量越大相应的高售价才能弥补其成本。如图 3-1 所示。

在传统生产技术之下，生产的边际成本会快速上升。这是因为厂商的产能有限，产量接近产能极限时机器的磨损，以及工人工资等成本会急剧上升。这还可能是因为厂商营销能力受限，要将产品信息推广给更多人需要付出更高成本。总之，厂商能服务的客户群体

是受限的，反映在二维曲线上就对应着一条较为陡峭的供给曲线，它与需求曲线的交点不会离原点太远。

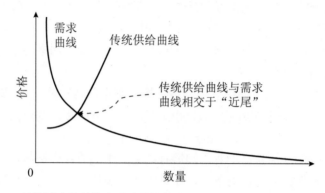

图 3-1　边际成本的较快上升让传统供给曲线与需求曲线交于"近尾"处

互联网的出现使曲线发生了改变，互联网通过降低信息的传递成本从而降低了厂商的边际成本，甚至对于某些服务产业来说互联网甚至可以把边际成本压低到零。成本的降低意味着厂商能够服务的客户数量大幅增加。在供需图上，表现为供给曲线的大幅下移。这样一来，供给曲线与需求曲线的交点就大幅外推。如图 3-2 所示。

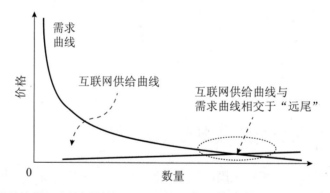

图 3-2　互联网技术大幅降低了边际成本，形成的互联网供给曲线与需求曲线交于"远尾"处

客户特性在"近尾"到"远尾"有显著差异，商业模式也存在较大差别。传统思维和互联网思维差异也体现在这些方面。

第一，远尾处平民为王。在近尾处，客户对产品的需求很高，因此可以付出较高的价格。所以近尾处识别需求最强的客户是营销成功的关键。在远尾处，客户只愿出很低的价格，但客户群体异常庞大，如果能满足其需求，那么将获得丰厚利润。

第二，远尾处用户体验至上。在近尾处，客户对产品需求很高，小的瑕疵可以被容忍。在远尾处，由于需求度不高，小的瑕疵会使用户放弃该产品。由于远尾处价格低，厂商价格竞争的空间很小。这时提升用户体验成了竞争制胜的一个关键。

第三，远尾处规模制胜。在远尾处由于价格低，只有积累起来很大规模的客户才能够盈利，用户规模是厂商存亡的关键。另外，由于单个厂商所能服务的客户数量相当巨大，所以远尾处的产品和服务提供有了自然垄断的色彩即客户数量越大的厂商，相对其他厂商的竞争优势越明显。

以上三点就是传统思维和互联网思维的本质性的区别，远尾处厂商需要服务好最具代表性的平民，而不是迎合重要客户差异性的需求。所以远尾处的成功之道在于专注于做好一个产品来赢得客户，而不是像在近尾处那样同时推出多款产品来迎合不同的需求。这就是为什么互联网思维会强调"专注"，强调"少即是多"。

3.2.3 互联网金融与"去中介化"

目前，一个相当流行的谬误便是所谓的"互联网金融会去中介化"的说法。持这种观点的人认为，金融市场的格局会因为互联网的引入而发生根本性的变化。他们认为，随着信息不对称因互联网技术的应用而削减，资金供需双方会更多地直接交易，从而让银行、保险等金融中介不再有生存空间，让金融市场变成一张去中心化的"扁平"网络。虽然从互联网的角度来看，这种去中介的想法似乎很自然，但如果理解了金融运行的规律，就能知道这一观点并不成立。互联网金融不会革掉金融中介的命。

事实上，就算互联网技术真的可以完全克服信息传递的各种摩擦，并打破法律对隐私的保护，让所有信息都变成可为他人无成本获取的公开信息，也不会让金融中介消亡。这是因为削减信息不对称甚至连金融中介的主要功能都算不上。金融中介的真正核心功能在于"汇聚"（pooling）。这是金融机构克服资金供给和需求双方不匹配的主要方式。

金融的核心是联结资金的供需双方。这中间的障碍除了信息不对称之外，还有双方在规模、风险和期限上的不匹配。以企业向居民募集资金来进行投资项目为例。第一，单个投资项目所需的资金量会远远大于单个居民所能提供的资金量，此为规模上的不匹配；第二，投资项目难免会有失败的风险，但居民却更愿意获得稳定的回报，此为风险上的不匹配；第三，投资项目需要长期稳定的资金来源，而居民则更愿意借出短期资金，以便给自己留出足够灵活性来应付可能的支出需求，此为期限不匹配。因为这些不匹配的存在，就算企业和居民之间相互知根知底，也很难直接完成融资行为。

这时，就需要金融中介的参与。金融中介可以从大量居民那里吸收资金，把小额资金汇聚成大额资金。金融中介还可以同时投资多个项目，通过汇聚投资项目来分散风险，从而给居民提供更加稳定的回报。最后，由于所有居民不会同时用钱，所以金融中介汇聚了大量居民的短期资金后，可以形成规模稳定的资金池。这个资金池可以成为投资项目长期稳定的资金来源。这样一来，金融中介就通过汇聚的方式，实现了资金在规模、风险和期限上的转换，克服了资金供需双方的不匹配，让融资变成可能。这是金融中介最核心的功能。显然，这一功能并不会因为互联网技术的引入而被削弱。

因此，可以说金融很大程度上就是"汇聚"。金融的这一本质并不会因为互联网的应用而改变。因此，承担金融汇聚功能的金融中介并不会在互联网金融时代中消失。

3.2.4 互联网金融与计划经济

马克思说过，旧的经济体制在其容纳的全部生产力释放之前是不会灭亡的，而新的经济体制客观条件成熟以前是不会诞生的。在马克思去世后 100 多年里，资本主义的生产力又有了巨大的发展，而苏联坚持了 70 多年的计划经济也毁于一旦，我国计划经济同样没有取得成功，证明了马克思上述预言的正确性。苏联经过 70 年的实践失败了，并不是因为计划经济理论是错的，而是因为这个技术水平无法满足，其中一个主要原因是中央政府没有足够的精力去做这件事情，有计划的生产在私有制的企业内部是局部被实现的。计划经济最被人诟病的是信息收集成本巨大，决策无法及时作出，计划没有变化快，等到计划作出后，市场情况又变化了。但是随着互联网技术的发展，计划经济这块短板反而可以借助互联网信息技术获得优势，显示出比市场经济更为强大的经济发展潜力。

互联网技术可以对计划经济进行优化和重构，过去的计划经济中很多浪费可以避免、很多流程的效率可以提高，不断推进社会向前发展。这样的变化，不仅是商业层面、经济形态的变化，更是社会形态的变化，是数字社会的发育。互联网技术解决的就是计划经济中信息精准匹配的问题，市场供给和需求的匹配。互联网技术正使得市场经济越来越可计划，可计划就意味着减少资源的浪费、能源的消耗和对环境的破坏等，互联网技术的发展可以使我们进入"可计划的市场经济"时代。随着互联网技术的发展，信息传导机制的改变，我们可能进入物质产品的生产和消费在宏观经济层面成为高度可计划的时代，实现真正的供需平衡，从而进入"数字计划经济时代"。

案例导入

全球领先的 IT 产品及服务提供商戴尔公司，总部设在得克萨斯州奥斯汀，于 1984 年由迈克尔·戴尔创立。戴尔公司是全球 IT 界发展最快的公司之一，每年的采购金额已经高达 200 多亿美元，假如出现库存金额过量 10%，就会出现 20 亿美元的过量库存，一则会占用大量的资金；二则库存若跌价 10%，就会造成 2 亿美元的损失。在采购、生产、物流、销售等环节，戴尔保持低库存或者零库存的努力在继续，避免带来资金周转缓慢、产品积压及存货跌价方面的风险。

戴尔遇到巨大的库存风险之后，通过媒体向投资者公开披露风险信息，造成股价暴跌。巨大的库存风险促使戴尔公司积极深刻地反省自己，同时也促使戴尔公司管理层深思存货管理的价值。在经历风险之后，戴尔才深刻认识到库存周转的价值。在互联网技术出现之后，戴尔公司又进一步完善了库存管理模式，并丰富了"信息代替存货"的价值内涵。

戴尔供应链高度集成，上游或下游联系紧密，成为捆绑的联合体。不同于 IBM 注意力横跨整个设计、制造、分销和市场的全过程，戴尔在装配和市场上下足了功夫。IT 行业有它的特殊性，"电脑配件放在仓库里一个月，价格就要下降 1—2 个百分点"。如果没有一个很好的供应链管理和生产控制，电脑的利润只会更低。戴尔的营运方式是直销,在业界号称"零库存高周转"。在直销模式下,公司接到订货单后,将电脑部件组装成整机,而不是像很多企业那样,根据对市场预测制订生产计划,批量制成成品。真正按顾客需求定制生产,这需要在极短的时间内完成,速度和精度是考验戴尔的两大难题。

戴尔的做法是,利用信息技术全面管理生产过程。通过互联网,戴尔公司和其上游配件制造商能迅速对客户定单做出反应:当定单传至戴尔的控制中心,控制中心把定单分解为子任务,并通过网络分派给各独立配件制造商进行排产。各制造商按戴尔的电子定单进行生产组装,并按戴尔控制中心的时间表来供货。戴尔所需要做的只是在成品车间完成组装和系统测试,剩下的就是客户服务中心的事情了。经过优化后,戴尔供应链每20秒钟汇集一次定单。

通过各种途径获得的定单被汇总后,供应链系统软件会自动地分析出所需原材料,同时比较公司现有库存和供应商库存,创建一个供应商材料清单。而戴尔的供应商仅需要90分钟的时间用来准备所需要的原材料并将其运送到戴尔的工厂,戴尔再花30分钟时间卸载货物,并严格按照制造订单的要求将原材料放到组装线上。由于戴尔仅需要准备手头订单所需要的原材料,因此工厂的库存时间仅有7个小时。这一切取决于戴尔的雄厚技术基础——装配线由计算机控制,条形码使工厂可以跟踪每一个部件和产品。在戴尔内部,信息流通过自己开发的信息系统,和企业的运营过程及资金流同步,信息极为通畅。

3.3 从互联网思维到互联网金融

互联网金融发展的主要方向在于互联网思维向金融的渗透,以及随之而来的金融服务理念和模式的巨变。如前所述,互联网思维可被总结为:当互联网技术将客户对象推至需求曲线的"远尾"后,针对远尾客户特性而出现的商业模式。其核心内涵是平民为王、用户体验至上、规模制胜。而在金融所服务的居民和企业中,存在数量庞大的远尾客户尚待开发。另外,由于金融服务具有虚拟性,因此可以利用互联网技术大幅降低服务成本。这两点决定了,互联网思维在金融行业中有广泛应用空间,并会带来深远影响。

由三大定律决定了网络经济的边际收益率递增。第一条定律为梅特卡夫法则,该法则认为网络具有极强的"外部性"和"正反馈性"。联网的用户越多,网络的价值越大,联网的需求也就越大,从总体上看,消费方面存在效用递增,即原来的需求创造了新的需求。第二条定律为摩尔定律,摩尔定律显示了一条下降的边际成本曲线,它的背后实际上是学习曲线。学习曲线说明了随着产出的增加,厂商不断改进它的生产,结果单一产品的生产成本不断下降。第三条定律为达维多定律,它说明了网络经济中的主流化现象。由于协同价值和锁入效应的影响,消费者对于一些网络产品的使用产生习惯,他们的消费行为产生了巨大的黏性。这些消费者很难再转而使用其他相似的同类产品,从而使厂商拥有不断增加的消费者数量。

这方面,"余额宝"这个出现不久的金融产品淋漓尽致地体现了上述三点互联网思维内涵,一定程度上体现了互联网金融的发展方向。

其实,网上卖基金早已有之。但在过去,基金一直被看作为有钱人服务的"奢侈品"。毕竟,会到银行或券商柜台来购买基金的人都不会差钱。自然,在网上卖基金时,基金也会把这类人群作为主要销售对象。但事实上,互联网通过降低基金销售成本,已经让基金的潜在客户群体大为扩张。那些资金量很小的人,可能不会为了赚取区区几块钱的收益而专门到柜台去排队,但在网上动动手指则没什么困难。所以,那些之前被基金销售所忽略的平民,现在都变成了等待基金公司去开发的富矿。

应该说,余额宝是第一款意识到了远尾客户价值的基金产品。而为了吸引这些平民客户,它也成了第一款遵循"客户体验至上"理念设计的基金产品。一元起存,随时存取,随时查询这些便捷之处降低了余额宝的门槛,让大量的远尾客户第一次买了基金。这些客户单个的购买量可能很小,但其庞大基数成就了余额宝的奇迹,让发行余额宝的天弘基金在不到一年的时间里,就从一个名不见经传的小公司,一跃成了中国最大的基金公司。

余额宝的成功是互联网金融发展的一个缩影。显然,买基金绝对不是远尾客户唯一未被满足的金融服务需求。在融资、理财、支付等多个方面,都还有开发的空间。而除了在储户端,企业端也有向远尾客户拓展的空间。目前的金融系统对小微企业的服务还存在不少欠缺。这些小微企业规模较小,经营持续性和稳定性低于大中型企业。它们中的相当部分甚至缺乏完整账目。这给金融机构搜集企业信息、评估风险出了难题。因而让这些企业很难享受到正规金融服务。随着互联网技术的引入,金融机构可以通过大数据等手段更清楚地掌握这些企业的经营状况,对其做出更准确的评价,从而让给这些企业放贷成为可能。这样一来,这些之前被排除在金融服务之外的企业,也变成了金融机构收入新的增长点。

总结

本章首先介绍了兰格以及米塞斯各自的观点,其次说明了互联网金融与兰格-米塞斯争论之间的关系。随后,对互联网金融进行经济解读,并且对互联网金融的信息处理原理,通过模型进行了详细的解释。最后,本章介绍了互联网思维与互联网金融。

关键概念

兰格模式　社会主义市场经济　自由竞争市场　奥地利经济学派　商业周期理论　中央经济的经济计算问题　企业家精神　互联网思维去中介化

习题

1. 兰格-米塞斯争论是在什么样的背景下产生的？
2. 兰格模式的主要思想是什么？
3. 兰格认为的社会主义经济客观均衡的条件是什么？
4. 米塞斯的经济学观点都有什么？
5. 现代信息技术革命会对社会主义计划经济造成什么影响？
6. 互联网的出现对供给和需求曲线分别有什么影响？
7. 互联网金融的"去中介化"的内涵是什么？

第 4 章
普惠金融及民主金融

2015年4月29日，2015全球移动互联网大会分论坛——全球移动金融峰会在北京国家会议中心举行，大会主题聚焦"繁荣与理性"，分别从支付、市场、视界、移动与金融新融合四个方面探讨移动互联网金融的发展。本届峰会吸引腾讯、京东、百度、支付宝等科技巨头参会，碰撞出激烈的思想火花。

会上的专家认为，移动互联网，包括智能终端的兴起，对于传统行业是一个颠覆性的重构，传统行业的从业者和高管拿年薪，到了互联网金融创业公司要拿期权，移动互联网让我们的生活工作化了，工作生活化了，为大家带来了无限的创业机会。普惠金融的意义在于：突破垄断，资源最大化；小额本身的普惠性，互联网覆盖面广阔；金融民主化，科学的信用和道德评级。至于风控，法律方面，农户个人没有破产法；利率方面，农民对利率的敏感度不高。

资料来源：中国电子银行网讯.2015全球移动互联网大会聚焦移动金融跨界融[EB/OL]. http：//bank.hexun.com/2015-04-30/175440716.html.2015-04-30

本章学习目标

1. 掌握金融排斥与金融歧视的内涵；
2. 理解互联网金融是实现普惠金融的重要途径；
3. 了解互联网金融是金融民主化的起点。

4.1 普惠金融

4.1.1 金融排斥与金融歧视

金融排斥（financial exclusion），是西方金融地理学家向社会文化转向的产物。金融排斥的现象是在美国被观察到的，其被高度重视是在英国。20世纪90年代经过萧条和金融危机的银行业开始注重"价值最大化"目标，积极开展竞争。金融的监管越来越放松而且金融自由化推进发展应用以及信息的技术，从一些偏远、贫穷的地方把金融机构撤离掉，然后集中金融资源在比较富裕的一些地区。这就使得低收入的区域还有弱势的群体出现了所谓的地理可及性障碍，成为被排斥在主流金融服务之外的区域和人群。

这种所谓的金融排斥因此解释为金融体系中的一些群体频发共享金融服务的状态。这些弱势群体很难能够接触到那些金融机构，更是没有能力通过一些合理的方法获得所需的金融服务。之后，金融排斥这个概念由地理方面发展到广义的金融歧视，从地理因素、社会经济因素和金融服务市场等诸多因素的层面上考察金融排斥。

金融排斥不是一个单维度的概念，其主要由以下几个方面构成：①地理排斥，意义为所被排斥的人因为没有办法近距离获得金融服务，因此只能依靠公共交通系统使得相距较远的金融中介通融；②评估排斥，意义为主流金融机构通过评估风险的办法来对经济主体加以入门的限制；③条件排斥，指对经济主体得到金融产品的途径添加了很多不合理、不合适的因素条件；④价格排斥，指过高的金融产品高于了主体的购买偿还能力，把这些经济主体排斥在外面；⑤营销排斥，意为主流金融机构目标营销策略，常常使得人们将其排除；⑥自我排斥，和被排斥的主体自己的内外因素有关，意思是主体认为很难获批金融产品，基本上会被拒绝，自发地把自己排除在能够得到金融服务的资格之外。

金融排斥和金融歧视不是一个新现象，只不过在最近才被主流研究界所重视。能否获得核心金融产品（如银行账户、信用贷款、保险）是影响社会公平和谐的重要因素，金融排斥现象的存在导致如下严重的经济与社会问题。

第一，加剧贫富分化。金融排斥具有财富的负杠杆效应，是贫穷的放大器，导致"富人更富、穷人更穷"，这是金融排斥的最主要的效用。

第二，导致区域金融荒漠化。对于边远、贫穷、落后地区，金融排斥意味着金融机构和金融服务的匮乏，削弱了该地区的投资能力，影响各种资产市场，引发正向反馈，导致排斥效应放大，最终形成区域性金融荒漠，制约经济的发展。

第三，加剧社会不安定因素。贫富分化加剧弱势群体的被排斥心理，容易导致愤怒、嫉妒等偏激情绪，引起群体对立甚至暴力冲突，不利于社会安定。

金融排斥的本质在于金融资源分配的不公平和不均衡，它是一种市场失灵现象，需要从理念、政策、监管、组织和技术等多个方面予以修正，普惠金融就是人们提出的一种化解金融排斥、消除金融歧视的理念和方案。

4.1.2 普惠金融的概念

普惠金融（inclusive financial system）指的是已经通过金融体系并且还能持续地为此国的弱势人群、弱势产业和弱势地区给予价格合理、方便快捷基础的一些金融服务。普惠金融是现在世界上一个共同认可的金融体系。

在2006年的联合国峰会上，提出了号召各国要审慎监管存款人的资金和维持金融体系，更重要的是，提出了一个重要发展目标：普惠金融。在G20的2009年峰会上，在匹兹堡，各国的领导人严肃承诺"促进穷人享有金融服务"，而且允诺开始进行建立"普惠金融专家工作组"。G20国家领导人在2010年6月的多伦多峰会上，一致同意"创新性普惠金融九条原则"。

普惠金融的理念在于金融服务具有公共产品的属性，而享有金融服务是人民的一项基本权利。为此联合国为普惠金融制定了下述目标：所有企业还有家庭，都能够以适当的价格来得到诸多项的金融服务，比如储蓄或存款、支付、转账和保险；拥有健全的机构、完善行业标准和明确的监管政策，建立具有持续盈利能力和风险控制的微型金融组织；拥有着可持续发展的财务、机构能力，这是机构能够长期提供金融服务的手段；拥有变通式的金融服务的提供者，在任何可行条件中，为客户提供有着广泛效益并多样化的金融服务。

在联合国的推动下，世界各国尤其是发展中国家（如印度、秘鲁、墨西哥、南非等国家）积极开展普惠金融实践，使得普惠金融的理念迅速普及。在世界银行的 2013 年春季会议上，普惠经济联盟的执行主管 Alfred Hannig 说："普惠金融不再是一个边缘话题，它现在被认为是经济发展主流思想的一个重要组成部分。"

普惠金融的意义在于使穷人变富，普惠金融是使一国经济变强大的重要过程。普惠金融可以达到一个稳定的社会预期：就是劳动可以致富。互联网金融肩负着中国经济脱贫致富的使命，而互联网金融的普惠性正是实现这种功能的途径。

普惠金融最成功的案例是诺贝尔和平奖获得者尤努斯创办的孟加拉乡村银行。该银行主要面向农村贫困人口，尤其是贫困女性，财务无担保、无抵押的贷款制度。乡村银行将借款人分成小组，几个小组构成一个乡村中心，以借款小组和乡村中心为单位进行运作。借款人可采取分期不等额的还款之都，借款利率大大高于高利贷，但略高于传统银行，以防止赋予者套贷。

孟加拉乡村银行的累积还款率在 98% 以上，帮助了 58% 的借款人脱离了贫困线。尤为难得的是孟加拉乡村银行还鼓励贷款者成为持股者，他们可以购买银行的股份。作为股东，他们可以投票选董事会，也有资格成为董事会成员，这使贷款者认为银行是属于自己的。在 2006 年左右，该银行的贷款者拥有银行的 94% 的股权，另外 6% 归政府所有，是真正意义上的"穷人银行"。

自 1995 年开始，孟加拉乡村银行开始实现财务上的可持续发展，它决定不再接受任何捐款资金。孟加拉乡村银行的成功引起了其他国家的效仿，已有数十个国家（甚至包括美国、荷兰等发达国家）开设了类似的银行。

此外，印度尼西亚人民银行创立了乡村信贷模式，通过设立独立的小额信贷部门来对乡村银行业务进行管理和权利的下放，根据客户需求量设计符合其需求的储蓄产品和贷款产品，实现了正规商业银行的乡村信贷可持续发展。玻利维亚阳光银行通过实行联保贷款机制、递进贷款机制和定期还款制度等机制，推出了满足不同客户需求的多样化金融产品，服务于小微企业，同样实现其在普惠金融领域的可持续发展。美国则成立了社区银行来最大限度地满足中小客户和居民的金融需求。

2013 年 7 月，世界银行集团的国际金融公司（IFC）与国际扶贫咨询协商组织（CGAP）共同发布《2012 年普惠金融：加深全面了解》报告，对全球普惠金融的状况作出评估。报告对普惠金融的发展和全球金融复苏报以乐观预期，同时也指出：全世界 75% 的贫困人口仍无法获得正规的金融服务。

在 2013 年的中共十八届三中全会上，党中央提出了"发展普惠金融。鼓励金融创新，丰富金融市场层次和产品"。第一次把金融改革的重要方向调整为"普惠金融"。但是在 2014 年的政府工作报告中，由中央政府提出了"促进互联网金融健康发展，完善金融监管协调机制，密切监测跨境资本流动，守住不发生系统性和区域性的金融风险底线"。首次互联网金融被中央政府所认可，显现出它在普惠金融中的重要作用。2014 年，由中国人民银行《中国金融稳定报告》再次指出，互联网金融发展能够很好地发展普惠金融，从而弥补传统金融服务的很多缺陷。

2015年《政府工作报告》提出，要大力发展普惠金融，让所有市场主体都能分享金融服务的雨露甘霖。为推进普惠金融发展，提高金融服务的覆盖率、可得性和满意度，增强所有市场主体和广大人民群众对金融服务的获得感，特制定本规划。并在2016年年初国务院印发推进普惠金融发展规划（2016—2020年），进一步推动各地普惠金融发展，让排除在金融体系之外的低收入人们享受到合理的金融服务从而改善他们的生活是普惠金融的宗旨。而小额信贷、投资渠道、理财产品等几个方面是互联网金融的主要手段。其提供了新渠道，互联网金融模式可被用来解决中小型企业融资问题和促进民间金融的阳光化、规范化，用来提高金融普惠性使得普惠金融的实现。更加丰富的理财产品，互联网金融的发展也由普惠金融来提供，大大降低了理财产品门槛，这样就能让低收入阶层容易参与投资，增多了各种投资渠道，对中低收入者的财富收入有着重要的意义。

4.1.3 互联网金融是普惠金融实现的重要途径

普通民众无法顺利进入社会金融服务体系的最本质的问题在于交易成本高昂，排斥现象由此而生，这不符合普惠金融全社会享有金融服务的目标，因此对于这个问题的解决，也就是所谓的交易成本高，发展互联网金融可以起到关键作用。

互联网金融是普惠性的，符合社会主义的利他思想。比如现在农民只要有一部手机就可以享受金融服务，通过互联网可以减少供需不同的浪费，可以减少避免周期性的金融危机。互联网金融为利己和利他带来了交互，这个背景是实现普惠金融的有效渠道。

互联网金融提高支付效率。来检测检验金融基础设施发达与否的一个重要标准，是高效率的支付系统，且高效率的支付系统能够大幅度地降低支付的成本。其支付方式以移动支付为基础方案，是通过移动通信设备和利用无线通信的技术、云计算等其他手段来转移货币价值，由此清偿债权债务关系。在互联网金融模式下，支付系统的具体表现是：①所有个人和机构都在中央银行的支付中心开账户（如存款和证券登记）；②证券、现金等金融资产的支付和转移通过移动互联网络进行（支付工具可以是手机、掌上电脑等）；③支付清算完全电子化，社会基本不再需要现钞流通，即使有小额现钞流动，也不影响互联网支付系统运转。这些特征都将大大提高社会支付效率，从而降低支付成本。

互联网金融提高信息使用效率。信息是金融的核心，构成金融资源配置的基础金融信息中，尤其重要的是资金供需双方的信息在互联网金融模式下，其信息使用与银行间接融资。证券市场直接融资的信息使用区别之处在于，互联网金融信息有几大特征：一是社交网络生成和传播的信息，尤其是一些没有公开披露义务的信息；二是搜索引擎可以对信息进行有效组织，从而有针对性地满足信息需求；三是互联网的云计算保障海量信息能够高效处理。以上信息处理特征保证信息使用高效率，降低信息使用成本。

互联网金融能够使得资源配置效率得以提高。在互联网金融模式下，资源配置使资金供需双方能够直接在互联网上刊登、匹配来直接联系和进行交易，无须通过银行等中介。在移动支付、搜索引擎、社交网络以及云计算等现代信息科技支持中，每个个体之间使直接金融交易这一人类最早金融模式能够打破以往的安全边界和商业可行边界，表现出新的积极性。在互联网金融模式下，资金供需双方信息比较完善，因此容易形成"充分交易可能性集合"。多方交易或者双方能够同时操作，各方信息大幅度透明，定价完全公平、充分竞争。在互联网金融模式下，各种金融产品能够这般交易往来，使得资源配置效率达到新高度，交易的成本也因此大幅度下降。

在我国，互联网金融实现普惠金融的实现路径如下。

首先，互联网金融支持普惠金融发展的探索。互联网金融为推动普惠金融发展及鼓励金融创新提供了最佳的路径选择，在信贷（P2P网贷）、支付结算（第三方支付、移动支付）、投融资（互联网基金、互联网证券、互联网保险等）、征信体系建设（大数据金融）、风险管理与防范（大数据、云计算应用）等多个领域推动普惠金融的实现。在我国，没申请过贷款的人占了59%而申请过贷款的人只占41%，而有了P2P网贷之后，贷款业务在我国的覆盖范围将会更广，资源得到更加有效合理的配置。如图4-1所示。

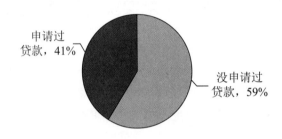

图 4-1　2014 年中国网民申请贷款情况

资料来源：2015年中国网络信贷用户调研报告，艾瑞咨询

其次，互联网金融是发展普惠金融、弥补传统金融服务不足的重要路径选择。互联网金融的市场定位主要是在小微层面，本身就具备处理"海量交易笔数，小微单笔金额"的技术优势和金融优势，而这种小额、快捷、便利的特征，正是普惠金融的要求和特点，也正符合金融促进包容性增长的主要功能。

再次，互联网金融可激励民间力量，引导民间金融阳光化和规范化，实现普惠金融。我国民间借贷资本数额庞大，长期缺乏高效合理的投资渠道，游离于正规金融监管体系之外。通过规范发展包括 P2P 网贷、众筹融资等在内的互联网金融，可以有效引导民间资本投资于国家鼓励的领域，甚至是普惠金融项目，遏制高利贷，盘活民间资金存量，使民间资本更好地服务实体经济。

最后，互联网金融可以有效满足消费需求，扩大内需促进普惠金融发展。2013 年国务院发布《关于促进信息消费扩大内需的若干意见》，提出到 2015 年电商超 18 万亿元，网络零售破 3 万亿元。包括第三方支付、移动支付在内的互联网金融，可以满足电子商务对支付方便、快捷、安全性的要求；反过来，电商所需的创业融资、周转融资需求和消费融资需求，也促进了网络小贷、众筹融资、P2P 网贷等互联网金融业态的发展。

4.1.4 通过互联网发展普惠金融的优势

中国七亿农民很少受到金融服务,这里存在金融服务歧视与不平等,互联网金融可以解决这个难题。在传统的金融服务里面,银行网点是非常重要的,而城镇的银行网点分布密集程度要远远高于农村。

互联网金融拥有着广泛的用户群体。根据国际上网络金融发展的历史,网络金融能够操作的群体主要如下:①银行账户金钱较少,常常被银行选择忽视服务的中小储户,那些微小储户更为如此;②城市白领阶层和年轻潮人,他们常常被传统银行"二八定律"所忽略,数量可观,能够达到80%。他们可构成互联网金融广大的客户基础。

普惠金融指的是促进金融资源的均匀分布,扩大金融服务受众,提升消费者的参与深度和效用价值。它与互联网金融的普惠精神相契合,亦可受益于互联网的分享、协作、平等的精神。互联网金融在交易技术和交易两个层面均可深化普惠金融。

互联网金融服务拥有门槛低的特点,因此使金融服务的可得性大幅度提高。银行忽视人群,亦即普惠金融的服务对象,由于基础数量庞大,金融需要便捷效益因此也很大。时至今日,全世界仍然约有 25 亿的人们每天甚至不足两美元生活费,他们甚至没有保险、银行账户、信用记录和转账。金融服务和金融工具的缺失,是很多想翻身但是又不能翻身的贫苦人群困于贫苦的一个至关重要的因素。根据上面的分析,这些人被银行忽视,其原因是交易成本过高,银行对这些人群服务所得的利润太少,难以弥补服务成本。根据相关调查,2012 年、2013 年,银行高管和私人银行客户,能很轻松拿到回报率为 8% 或 10% 以上没有风险的理财产品,而与此同时,一般的储户却仅仅为自己抢到柜台上 4.5% 回报而欢呼雀跃。但是网络和移动通信支付凭借其低廉的成本可以为中下层人群提供同等金融服务。门槛的低廉使得金融服务门槛也大大降低,使得该群体享有金融服务成为可能。

2014 年中国网民申请贷款情况分布中,有 41.0% 的网民表示申请过贷款。其中,通过线上渠道申请贷款占比 30.3%,线下渠道申请贷款占比 10.6%。而线上申请贷款渠道中,银行网络渠道占比最大,达到 13.2%;其次是电商平台,占比达 8.2%;P2P 小额信贷占比 3.1%;通过金融搜索平台占比达 3.0%;其他金融机构线上渠道占比 2.9%,如图 4-2 所示。

2014 年中国网民最常使用贷款渠道的最主要用途分布中,最常使用银行网络渠道申请贷款的用户,其最主要用途是个人房贷,占比达到 28.4%;最常使用 P2P 小额信贷的用户,其最主要用途是创业需求,占比达到 18.5%;最常使用电商平台贷款的用户,其最主要用途是个人消费贷,占比达到 37.6%;最常使用金融搜索平台贷款的用户,其最主要用途是创业需求,占比达到 17.1%;最常使用其他金融机构线上渠道贷款的用户,其最主要用途是个人房贷,占比达到 20.8%;最常使用线下渠道贷款的用户,其最主要用途是个人房贷,占比达到 34.9%,如图 4-3 所示。

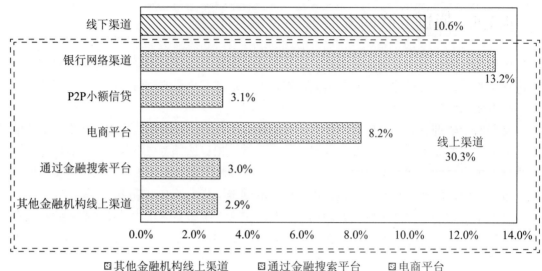

图 4-2　2014 年中国网民申请贷款渠道分布

资料来源：2015年中国网络信贷用户调研报告，艾瑞咨询

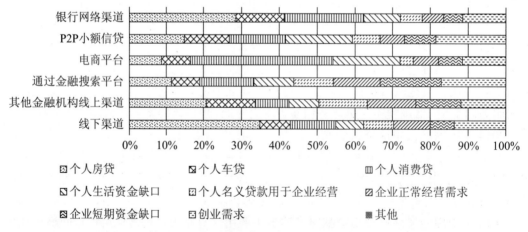

图 4-3　2014 年中国网民最常使用贷款渠道申请贷款主要用途分布

资料来源：2015年中国网络信贷用户调研报告，艾瑞咨询

考察普惠金融的对立面——金融排斥的各个维度，以地理排斥为例，产生这一现象的原因在于偏僻地区或低收入者社区的金融总需求量和交易额低，在此地区开设网点和提供服务的相对成本急剧提高，不属于金融机构"价值最大化"和"为质量而战"的区域，因而被排斥与金融服务之外。但事实上，结合网上银行和移动支付，金融机构不需要建立物理网即可开展服务，相关成本大大降低。

发展中国家发展互联网金融更有后劲。互联网金融虽然刚开始只是在美国兴起，但互联网金融在美国并没有得到飞速增长,却在发展中国家由于后劲强力,变向输出少,所以发展迅猛,比如在中国,以余额宝为例,2013年年底规模达1 800亿,进入2014年规模加速扩大,到2014年2月底规模已经达到了5 000亿,仅仅几个月时间就使天弘基金增利宝成了国内最大的货币基金。

在世界金融公司(IFC)2011年发布的一篇报告中,总结了拓展金融获取边界的全球趋势,包括增强技术的作用、增加产品的多样性。其中,"增强技术的作用"有三种典型途径:移动银行、无分支银行和使用非金融零售网点。这三种典型途径已经提供了一种基于移动互联网的网点解决方案。

设想在偏僻农村的一家小店,它是村民们主要的经济活动场所。银行为这家小店配备了一部可上网的手机,并雇佣店主作为其代理人。通过这部手机,村子里的所有家庭都可以享受到银行的开户服务,店主为其拍照、上传身份资料即可。若有疑问,银行可通过远程视频与申请者直接对话。用户需要存款时首先通过手机记账,然后通过店主代收或者代付,银行定期与店主结算即可。

未来若电子货币流行,用户存款和取款甚至不用经过店主,直接通过手机就可以完成。而随着智能手机在偏远地区的流行(这在许多国家乃至发展中国家的贫困地区已经成为趋势),用户拥有自己的手机,不用再专门去商店,就随时随地可以享受开户、存款、取款、转账、汇款等基本金融服务。

一旦用户拥有银行账号,其经济活动开始逐步数字化,借助智能手机,他们又可以方便地与金融机构沟通,相应的信用和保险服务就会更容易提供给用户,在联合国的普惠金融文献中,网络连接,农村电脑站、电子收款机、电子提款机和移动电话就是农村金融服务技术图的重要元素,现在这些元素可全部被移动互联网和智能手机取代,成本将更加节约。

以上仅是互联网金融借助特定的交易技术对地理排斥问题提出的一个解决方案,结合云计算、大数据、P2P网络技术,在完整的交易技术层面,互联网金融可对普惠金融产生如下推动。

通过网上自助服务和远程审核减少物理网点、降低人工成本,提高服务的覆盖人数;增强信息交流,提高信息透明度,降低信用审核和风险控制成本;通过数据建模和自动化操作降低大量的业务操作成本;通过数据分析挖掘用户需求,提供多样化、个性化、更具成本效益的金融服务;通过信息推送并铺以配套的金融服务帮助用户更好的经营或规避风险,走向脱贫的道路;通过优化用户体验为用户创造接触更多金融服务机会;利用大数据技术,提高监管机构的监管能力、降低监管成本;借助开源技术和业务众包进一步降低金融机构的运营成本,帮助金融机构实现财务的可持续发展。

而在交易结构层面,互联网金融课借助P2P技术,Web2.0技术为用户搭建各种点对点借贷、投资交易平台,如P2P贷款平台(在偏远地区可与线下方式结合)、众筹融资平台、电子商务平台,使得用户拥有多元化的金融服务渠道。这种多元化渠道的意义不仅在于满足多样化的金融需求,更在于解决了弱势群体对单个金融机构的依赖,促进各个渠道的充分竞争,从而确保用户始终享有普惠金融的权利。这同样是联合国目标中"拥有多样化的金融服务提供者"的真正含义。

4.1.5 互联网金融促进中小微企业发展

中小微企业在国民经济中起着越来越重要作用。根据统计调查，截至 2013 年年底，我国工商登记的中小法人企业超过 1 200 万家，占法人企业总数的 99.8%，个体工商户 4 480.18 万户，提供了 80% 以上的城镇就业岗位，催生了约 65% 的发明专利，80% 以上的新产品。中小微企业在繁荣城乡经济、增加财政收入、扩大人员就业、促进科技创新、优化经济结构等方面发挥着极其重要的作用。

然而"中小微"企业贷款难问题一直都是一个世界性的问题。2014 年中国"两会"提案的调查表明，90% 的民营企业在发展中最大的制约因素是资金紧张，最大的难点在于少钱，尤其是占比 99% 的中小微企业融资更加艰难，他们面临着资金使用成本昂贵、资金链断裂风险增大等诸多资金难处。但是银行，作为企业融资的最主要的方式，若想满足中小企业的贷款要求仍然需要解决很多问题。中小微企业被长期排斥于金融服务体系之外。

互联网金融的出现为解决"中小微"企业融资难难题提供了很大帮助。从互联网金融基本模式方面来看，互联网金融解决中小微企业融资难问题的主要有以下方法：一是鉴于互联网金融的技术和网络优势，很大程度降低成本，使融资成本降低；二是通过互联网金融平台，融资方贷款规模、期限、利率结构可以直接与投资者的风险偏好与预期收益实现动态匹配；三是可以通过企业信用、担保公司担保或者其他非抵（质）方式实现融资，降低了进入条件；四是互联网金融的现代信息技术和平台可以使更多的金钱流入，增高资金提供能力。而且通过互联网金融模式，能够使市场定价在中小微企业融资中发挥很大潜力，实现中小微企业的优胜劣汰，健康发展民间的金融市场。

互联网金融的出现对传统金融中介理论提出的新挑战，是对微金融理论的完善，也是当前普惠金融政策的最有效的道路。互联网金融能否推翻传统金融的市场垄断地位不得而知，但可以肯定的是，互联网金融模式不受经济社会资源限制，使得资源配置的优化整合与扁平布局，拓宽了金融服务的广度与深度，降低了成本，放大了社会财富增长的乘数效应。互联网金融对于传统金融行业的改变一定程度上也将对能源、电力、交通等其他实业垄断领域的改革产生"鲶鱼效应"，因此对中国的发展拥有着强大的推进力量。

4.2 民主金融

4.2.1 民主金融的内涵

民主金融（financial democracy）曾有多种含义，例如人们把 20 世纪 30 年代股东投票决定企业经营方向的行为视为民主金融，也有人把尽量多的消费者购买金融产品称为民主金融或金融民主。但近年来比较引人关注的民主金融概念来自罗伯特·希勒。

根据希勒的著作和讲座，我们归纳希勒所谓民主金融的内涵在于：①金融要为每个人而不是部分人服务，人人都能从金融活动中平等获益；②金融体系的目的是管理风险、降低不公平，提高所有人的福利；③应鼓励人们从事金融业，或参与金融创新为社会谋福利；④法律监管应加深人们对金融运作知识的了解，为公众提供更为可靠的信息；⑤达成上述目标的途径在于金融创新。

近十年来，中国传统金融行业实现了持续快速稳定的发展。但到目前为止，仍然摆脱不了外延粗放式的经营发展模式，盈利结构单一，创新能力不足。金融机构的产品结构主要是为了满足大企业及高净值客户群财富积累与资产管理的需求。这样的发展模式也造成了金融资源的高度集中，金融成为高净值人员财富积累的主要工具。金融服务业越来越脱离实体经济的发展，民营经济、中小微企业及广大平民阶层被长期排斥于金融服务之外。然而，自 2013 年以来，随着国家新一轮全面深化经济体制改革的启动，尤其是普惠金融政策的提出，使得互联网金融成为践行普惠金融进而实现金融民主化的最佳途径。

在民主金融的内涵下，金融机构不能仰仗其规模优势而歧视客户，无论大小客户都应该被平等对待。这也是民主金融的思想与特点。民主金融的另一个特点就是客户可以提出自己的服务需求，可以将自己的问题反馈给金融机构，而且还能得到金融机构的积极回应。

互联网金融让草根拥有平等参与金融的权力。2014 年 3 月 10 日，余额宝发布。基于互联网的普惠金融实践《社会价值报告》称，自 2013 年 6 月 13 日正式上线以来，余额宝已经为超过 8 100 万草根用户带来了参与理财的机会。截至 2014 年 1 月末，共为用户获取 29.6 亿元收益，这其中"用户投入余额宝的资金以及由此增加的收益，相当大一部分又流向消费市场"。统计显示，半年多来余额宝用户在淘宝消费总金额超过 3 400 亿元，余额宝将互联网人人平等的理念引入金融行业，让草根人群有了平等参与金融体系的权利，并为他们带去了财富增值的"享受"。

而伴随互联网金融的发展也反映了"自下而上"的中国民间金融内生力量的崛起，在过去近 30 年的金融体制改革过程中，我国金融业形成了中央金融高度垄断、地方正规金融高度压抑、民间金融高度脆弱的发展格局。而地方金融改革始终遵循了外生供给型的发展路径。这种外生供给型金融制度安排必然导致基层金融机构在机构设置、人员配备和监管能力等方面存在严重不足，造成内生需求型民间金融高度压抑，难以满足县域经济多样化的金融服务需求。而互联网金融则代表了民间金融供给与需求的内生力量，是民间金融在多年压抑之后的必然爆发。

4.2.2　互联网金融是民主金融的起点

民主金融的本质在于破除行政力量和少数大型金融机构对于金融权力的垄断，促进市场竞争，提升消费者的金融权力，使得金融如同其他经济服务一样，回归其本质：促进价值交换、优化资本配置、托管社会财富。

这一回归道路可通过四个层面实现：理念革新、充分竞争、自由选择、消费者参与。

第一,"金融服务是人民的一项基本权利"的理念和"金融体制促进社会福利、保障人民共同承担风险和共同享受经济发展成果"的理念是一项重要的理念革新。它包含普惠金融——任何真实金融需求的人都能以合理的价格,方便和有尊严的获取全面、高质量的金融服务的理念,又把这一理念予以扩展,由人人可获得金融服务上升到人人可参与金融服务和人人可分享金融权力。这一扩展是普惠金融的根本保障,它包含了分享、协作、民主、普惠、自由、平等等全面的互联网精神。接受这一理念,意味着金融民主化的开始。

第二,充分竞争是实现民主金融的前提条件。垄断金融权力形成的原因在于市场竞争的不自由、不充分,市场外力量或历史上的市场制度缺陷导致金融权力过度集中,这种集中会反过来制约市场竞争,导致在世界范围内金融行业都以垄断的特色著称。只有通过充分的市场竞争,金融企业才能降低成本、提高效率,为民众提供更加多样化、个性化、节省、优质的服务。为达成充分竞争,需要相应的监管环境、市场环境、竞争分配为和产业政策。互联网技术可提高信息交流的效率、增加信息透明度、降低交易成本,直接促进市场竞争和金融创新。对于市场失灵之处,互联网精神以及互联网逻辑会在一定程度上予以修正。当然,与此同时,政策引导和适度市场外力量也必不可少,但其行为应构筑于新理念之上,以防止出现新的垄断。

第三,自由选择是市场充分竞争的一个必然结果,大量市场主体的参与和竞争会为用户带来充分的候选者,用户只以自己的经济目标、风险偏好和经济能力作为选择条件,在不同机构的产品中进行自由的选择。但是多样化的产品与多样化的渠道会带来两个方面的问题:其一是产品展示及到达成本;其二是产品选择成本。为此,需要建立相应的基础设施来保障产品的可到达性并降低选择障碍。在这类基础设施的建设方面,互联网技术可全面发挥作用,采用类似电子商务的技术发布、展示金融产品,成本极低;利用搜索技术,允许用户在巨大的产品范围中随意筛选自己所需要的产品,可极大节省用户的时间、减低产品的到达成本;利用互动评价、社区推荐等技术可显著降低用户的选择负担。可以说,互联网化的交易技术和交易结构是用户真正享有民主金融的成果的渠道保障。

第四,消费者参与是金融民主的核心,金融权力由少数大型机构或市场外力量逐步分散至大量金融机构,是金融民主化的第一步,它是市场竞争的结果,造就了民众的充分选择权。但此时的民众仍处于弱势地位,其合理的个性化需求不可能得到完全满足。金融民主化的第二步是民众参与金融产品的设计乃至金融机构的管理,人人分享金融权力。为此,需要相应的商业模式、基础设施和监管渠道。民众对于一般产品设计的参与,已经可以通过C2B模式实现。在这一模式中多个用户可提交他们共同的商品定制需求,制造商在接受、认可该定制需求后会向定制者收取一定的费用作为押金或预购费,待生产完成、用户认可之后进行商品的交付和销售。这一模式事实上体现了用户对设计权利的分享以及厂家对该权利的让渡,可引入金融领域。投资者通过介入金融产品的设计,不但可以满足自身个性化需求,而且还可以了解金融产品的风险及风控过程,完成投资者的自我教育;金融机构则更易深入了解用户需求,也因押金和预购费降低资金流动风险。互联网技术和模式在此基础设施和监督渠道中的应用与前面几项类似。

民主金融的终极意义在于公平、资源、民主的金融权力契约，它是去中心化、公平竞争、信息充分、用户参与、自由选择、民主投票等诸多民主要义在金融领域的投射。发展道路漫长曲折、秉承互联网精神的互联网金融，很有可能是民主金融的新起点。

4.2.3 互联网金融：让理财更"民主"

虽然中国经济并未在这轮全球金融危机中受到太大冲击，但增长模式的转变与社会转型期的矛盾，已经深刻影响着中国的经济活力与可持续性。各种"新"与"旧"的挑战纠缠在一起，互联网金融与财富管理正是其中的缩影。

一方面，中国经济金融体系仍然存在很多"拔苗助长"后的"短板"，如现代化财富管理体系的缺失；另一方面，却同时充满了令人眼花缭乱的"后现代"要素，如与国外几乎同步出现的、互联网技术对于金融体系的冲击。

互联网金融的技术和理念，突如其来的震撼着传统的财富管理模式，并带来巨大发展机遇。现代金融体系的基本功能，包括资金的时空配置、风险管理、支付清算、信息发掘等。由此，"互联网金融"其实是一个动态过程，亦即现代互联网的技术和理念，从根本上改变了这些基本功能的落实。有鉴于此，互联网金融给财富管理带来的机遇，主要体现以下五个方面。

第一，激发了主动财富管理模式的创新，使得大众化财富管理需求得到更大满足。一方面，互联网金融具有"去中心化""民主和分散化"等特点，新的信息与金融技术，不仅使得资金供给者（财富管理需求者）与财富管理媒介更容易对接和配置，而且使原先只能被动接受金融机构财富管理服务的公众，以及难以投资门槛较高的财富管理产品的普通人，都能够更加主动地进行财富管理活动。例如，在近期货币市场基金的网络化销售逐渐流行之际，越来越多的普通人可以把零散的资金投入其中。其中，支付宝公司推出的"余额宝"，就满足了许多网络购物者在资金待用闲暇之时，运用主动财富管理获得额外投资回报的需求。对传统金融机构而言，通过互联网化、电子化、虚拟化的发展，不仅能创新财富管理产品与服务，更容易通过互联网进行销售，而且可以开发和培育更多适应"E时代"的客户，在传统薄弱环节以低成本开发潜在客户（不用设立分支机构和配置营销人员），如满足广大的农村领域财富管理需求。例如，在近期货币市场基金的网络化销售逐渐流行之际，越来越多的普通人可以把零散的资金投入其中。其中，支付宝公司推出的"余额宝"，就满足了许多网络购物者在资金待用闲暇之时，运用主动财富管理获得额外投资回报的需求。对传统金融机构而言，通过互联网化、电子化、虚拟化的发展，不仅能创新财富管理产品与服务，更容易通过互联网进行销售，而且可以开发和培育更多适应"E时代"的客户，在传统薄弱环节以低成本开发潜在客户（不用设立分支机构和配置营销人员），如满足广大的农村地区财富管理需求。

第二，通过技术与财富管理的有效结合，赋予了财富管理工具全新的吸引力。例如，在美国等发达国家，投资者可以刷货币基金卡进行消费支付，刷卡后货币基金的赎回资金自动被划拨到消费商户的账户中,这样大大增加了货币基金的功能,促使大批投资者将零散资金投资到货币基金上。

2012年年底以来,中国一些证券公司、基金公司也推出了基于证券资金账户、货币基金的消费支付服务,让投资消费两不误。可以预见,这一基于支付领域的工具创新,将会对证券和基金业产生深远影响,并深刻改革居民的投资与财富管理需求结构。

再如,互联网的出现使得居民财富管理活动不需要投入太多的时间成本,智能手机的兴起让理财者能实时通过APP应用、移动互联网办理业务,社交媒体的出现让理财者能够实时与财富管理机构互动。同时,互联网最吸引投资者的另一个优势,是把财富管理服务的流程完整展现出来,服务更加透明化、标准化。

第三,促使财富管理工具的平台化融合成为可能。互联网加速了混业经营时代的降临。随着中国金融业综合经营程度不断提高,有的机构会越来越专业化,有的可能会转向金融控股或银行控股集团。互联网信息和金融技术飞速发展,一是促进了以支付清算为代表的金融基础设施的一体化融合;二是使得网络金融活动同时深刻影响银行业、证券业、保险业等传统业态,并且给其带来类似的风险和挑战,由此,使得涵盖不同金融业态的大财富管理平台在制度和技术上逐渐显现。

另外,除了第三方财富机构,互联网时代还促使新型企业也逐渐加入财富管理的产业链中。例如,通常认为互联网公司拥有较大的黏性用户和流量,一旦互联网公司获得资产管理牌照,可能颠覆传统的行业格局。实际上,在互联网技术的推动下,财富管理平台将逐渐跳出传统模式,如投行、信托、资产管理平台,或多层次资金池平台,而成为面向机构、企业、个人等不同客户,提供融资、资本运作与资产管理、增值服务、消费与支付等在内的"金融与消费服务超市型"综合平台。

第四,降低了特定融资风险,并使新型的融资与财富管理模式不断出现。近年来,欧美发达经济体的P2P网络借贷平台,对于许多拥有闲置资金的人提供了一种新型财富管理模式,在这类金融服务网站上可以实现用户之间的资金借入或借出,整个过程无须银行的介入。其便捷自助的操作模式、低廉的费率、透明的信息和差异化的定价机制已经对传统商业银行造成了强烈冲击。美国的Prosper和英国的Zopa是其中的两个成功例子。

另外,基于互联网的众筹融资,使得创业者有可能摆脱传统金融机构(如银行、风险投资等)的局限,从认可其创业计划的大众手中直接筹集资金,也使得消费者能够在主动参与到产品设计及生产过程的同时,实现新型的财富管理和投资。

第五,通过大数据时代的信息发掘与整合,形成更准确的客户定位。互联网最重要的功能之一就是提供信息支撑,而信息又是信用形成和金融交易的基础。例如,对于小企业来说,由于缺乏信用评估和抵押物,往往难以从传统金融机构获得融资支持,但在电子商务环境下,通过互联网的数据发掘,可以充分展现小企业的"虚拟"行为轨迹,从中找出评估其信用的基础数据及模式,为小微企业信用融资创造条件。诸如此类的创新,能够为财富管理机构的资金运用开拓空间,形成新的良性投资回报与循环。

总结

本章首先介绍了金融排斥与金融歧视,随后介绍了普惠金融的概念以及互联网金融是实现普惠金融的重要途径,然后通过举例说明通过互联网金融发展普惠金融的优势,最后解释了为什么互联网金融是金融民主化的起点。

关键概念

金融歧视　金融排斥　普惠金融　民主金融　地理排斥　评估排斥　条件排斥
价格排斥　营销排斥　自我排斥　金融创新　金融民主化

习题

1. 金融歧视和金融排斥的内涵是什么?
2. 金融排斥包括几个方面?
3. 金融排斥的负面影响都有哪些?
4. 普惠金融的内涵是什么?
5. 简述金融创新对发展普惠金融的作用。
6. 为什么说互联网金融是实现普惠金融的重要途径?
7. 简述互联网金融与民主金融的关系。

第 5 章
互联网金融基础设施

从事互联网金融实践，面临的首要挑战是互联网金融的基础设施建设。基础设施怎么建、由谁来建？比如，在线身份识别是互联网金融最重要的基础设施。那么，应如何识别客户身份？如果各金融机构不能识别，是否应该有第三方，或者公安部门开放电子身份证？或者某家银行识别之后再对社会开放，变成一项公共的基础设施？此外，征信、增信、资产证券化、流动性保证等基础设施的建设也很重要。

基于互联网金融的海量生态圈，单纯依靠某个机构或者政府部门建设这些基础设施将会是一个漫长的过程。现实的选择可能是发挥各市场主体的创造性和积极性，为各主体呈现一个长期发展的愿景。基础设施建设需要前期的大量投入，且回收期较长。这显然也是一个新命题、新挑战。

在某种程度上，如果我们不能成功跨越互联网金融的基础设施建设这道栏，那么互联网金融将很难成为承载重大社会意义的全新金融模式。从这个意义上说，互联网金融监管既是对互联网金融从业者的监督，也是对互联网金融生态建设的推动。

本章学习目标

1. 掌握互联网金融的基础设施概念；
2. 理解互联网金融不同基础设施特点及作用；
3. 了解国内以及国外互联网金融基础设施的发展状况。

5.1 互联网金融时代金融市场需要怎样的基础设施

5.1.1 传统金融市场的基础设施

纵观金融危机史，尽管危机爆发的原因各异，但金融基础设施建设的滞后性始终是共同点之一。1997年和2008年两次大范围金融危机都印证了金融基础设施存在滞后性的国家更容易受到金融冲击。尤其在2008年全球金融危机后，国际社会对构建高效、透明、规范、完整的金融市场基础设施十分重视并且达成了广泛共识。金融稳定理事会（FSB）强烈呼吁加强核心金融市场基础设施的管理。2010年2月，结合金融危机的教训和现有的国际经验和标准，国际支付结算体系委员会（CPSS）和国际证监会组织（IOSCO）全面启动对《重要支付系统核心原则》《对证券结算系统建议》和《关于中央交易对手方的建议》等已有标准的评审工作，通过识别和消除国际标准之间的差异，提高最低要求，提供更详尽的指导，扩展标准范围涵盖新的风险监管领域和新类型的金融市场基础设施等措施，支持 FSB 完善核心金融市场基础设施的工作。2012 年 4 月，CPSS 和 IOSCO 正式发表了《金融市场基础设施原则》（PFMI）。

根据 PFMI 的定义，金融市场基础设施指参与机构（包括系统运行机构）之间，用于清算、结算或者记录支付、证券、衍生品或其他金融交易的多边系统，包括支付系统（PS）、中央证券存管系统（CSD）、证券结算系统（SSS）、中央对手方（CCP）和交易数据库（TR）。

这些设施有助于支付、证券、衍生品合约等货币和其他金融交易的交易、结算和记录，是经济金融运行的基础。安全、高效的金融市场基础设施对于畅通货币政策传导机制、加速社会资金周转、优化社会资源分配、维护金融稳定并促进经济增长具有重要意义。而制定 PFMI 的主要公共政策目标就是限制系统性风险、增加市场透明度并且促进金融稳定。与此同时，金融市场基础设施也集中了风险，如果对此缺乏适当管理，它们就会成为流动性错配和信用风险等金融冲击的源头，也会成为传播风险的主要渠道。

5.1.2 金融市场基础设施基本原则

由于金融市场基础设施通常是复杂的多边机构，涉及各种金融交易的最底层的制度和结构，而且金融市场基础设施的集中化活动也会使风险集中，并在金融市场基础设施和参与的机构之间建立相互依存的关系，因此金融市场基础设施面临着较大的系统性风险、法律风险、信用风险、流动性风险、一般业务风险、托管风险、投资风险以及运行风险。

法律风险是指法律适用超出预期或者法律的不确定性所带来的风险；信用风险是指金融市场基础设施及其参与者作为对手在到期日及其之后无法履行金融义务的风险；流动性风险是指一个交易对手没有充足的资金按照预期清偿债务的风险；一般业务风险是指金融市场基础设施作为市场主体的商业运营风险；托管于投资风险是指托管人未履行托管义务导致托管资产损失和金融市场基础设施在将自身资源和参与者资源投资过程中发生损失的风险；运行风险是指由于信息系统或者内部处理中的缺陷、人为错误、管理不善或者外部事件干扰造成的风险。

PFMI 根据不同的风险源，制定了不同的原则来控制这些风险的发生：（1）法律基础；（2）治理；（3）全面风险管理框架；（4）信用风险；（5）抵押品；（6）保证金；（7）流动性风险；（8）结算最终性；（9）货币结算；（10）实物交割；（11）中央证券结算；（12）价值交换结算系统；（13）参与者违约规则与程序；（14）分离与转移；（15）一般业务风险；（16）托管风险与投资风险；（17）运行风险；（18）准入与参与要求；（19）分级参与安排；（20）金融市场基础设施的连接；（21）效率与效力；（22）通信程序与标准；（23）规则、关键程序和市场数据的披露；（24）交易数据库市场数据的披露。

目前，我国已承诺在管辖范围内最大限度采用 PFMI。世界银行、国际货币资金组织和金融稳定理事会也会在接下来的金融部门评估规划（FSAP）和同行评估项目中逐步采取该标准。

5.1.3 互联网金融时代下金融市场基础设施

互联网金融飞速发展，在促进大众创业、万众创新尤其是金融创新方面发挥了重要作用；而另一方面，由于互联网金融刚刚起步，行业尚不成熟也不规范，众多子行业的基础设施滞后明显，导致投资者权益不能得到切实有效的保护。因此，互联网金融基础设施不能仅局限于托管、交易登记、清算等传统设施，还应从以下几个技术方面继续加快建设。

（1）电子支付，尤其移动支付是最重要也是最基础的部分，只有移动支付成为可能并且推广与普及开来，才能为互联网金融新业态的发展奠定根基。

（2）大数据：利用互联网大数据的功能，对相关交易方往常的交易行为、交易数据进行分析，最大限度地了解对方的信用等级、投资偏好等相关信息，可以大大降低交易的成本，解决了传统上信息不对称的问题，而这也需要统一的、可推广的征信系统。

（3）交易凭证电子化：互联网金融时代交易凭证往往是无纸质媒介，而各有规则的运作模式也产生了不少的弊病，不够透明与安全是最大的弱点，在推进交易凭证电子化的同时需要统一的中央登记中心进行备案，以最大限度规范参与者行为，保障行业秩序与投资者权益。

5.2 互联网金融时代电子支付

电子支付起源于网上购物，对于在网上开店且规模较小的商家而言，如果自己承担连接商业银行以达到网上收款和结算的目的，其维护的代价和交易费用是巨大的，另外，由于购物者与商家之间的信息不对称，不能充分掌握对方的信用情况，就会出现消费者担心先付款电商不发货或者实发商品与网上描述不符的情况，而电商也会担心先发货后购物者不付款。面对以上问题，以第三方支付为代表的的电子支付技术异军突起，占据了电子商务的半壁江山。同时电子支付在资金转移方以无与伦比的高效性与便利性得到了迅速普及。

5.2.1 电子支付不同模式

中国人民银行于 2005 年 10 月 26 日颁布实施《电子支付指引（第一号）》，并将电子支付定义为："单位、个人（以下简称客户）直接或授权他人通过电子终端发出支付指令，实现货币支付与资金转移的行为。"电子支付外延广泛，种类繁多，以下按照不同的角度对其进行分类。

1. 基于支付方式角度划分电子支付模式

一是传统支付模式。传统模式多运用于银行的业务当中，储户通过银行设置的电子终端设备或者电话、数码电视等有线通信设备向银行内部计算机系统发送支付指令，进行查询、转账、支付等传统银行业务，最大的特点就是有线设备直接接入银行终端；二是互联网支付模式。客户可以通过互联网向银行或其他支付平台发送支付指令从而实现查询、转账、支付等业务；三是移动支付模式。客户只需利用手机等无线移动设备向银行或者电子支付平台发出支付指令，资金可以直接或者通过第三方经由银行完成双方间的转移。

2. 基于资金支付服务提供者角度划分电子支付模式

依据中国人民银行 2010 年 6 月 21 日正式公布的《非金融机构支付服务管理办法》，我们可以从资金的支付服务提供方角度，将电子支付分为金融机构支付与非金融机构支付。金融机构支付模式。即传统的金融服务机构，特别指银行作为支付服务的提供方，付款人将付款指令通过上述三种支付方式中的任意一种直接发送至银行，再由银行进行资金的划拨、转移。此模式由于众筹的冲击，即金融脱媒现象，因此在未来发展很有限。非金融机构支付模式（第三方支付），即我们俗称的"第三方支付"。"第三方支付"源于美国的独立销售制度，指收单机构和交易处理商委托 ISO 做中小商户的发展、服务和管理工作的一种机制。企业开展电子商务需要建立自己的商业账户，但是并非所有的网上用户都能申请到自己的商业账户。一些小企业或者信用状况不太好的企业都可能会在申请商业账户方面存在障碍或者因为 ISO 在小额交易收费较高而难以开展电子商务，从而为第三方支付处理商提供了市场空间。国内的第三方支付功能类似于美国的 ISO 和第三方支付处理商，主要提供更多的是多银行网关的接入和支付清算服务。

5.2.2　电子支付的未来——移动支付

移动支付的技术基础是无线移动通信设备，但是根据具体设备技术的差异，移动支付还可以进一步分为远程支付与近场支付。

远程支付用户通过手机等移动网络通信设备进行查询、支付、转账等账户操作，早先的远程支付主要运用短信作为指令发送媒介，而如今大多则需登录网站或者使用手机客户端进行操作。

与远程支付相对的是近场支付，指消费者在进行交易的时候，通过具有近距离无线通信技术的移动终端现场进行支付处理，实现资金转移的支付方式。近场支付起步较晚，虽然在跨地域性上要逊于远程支付，但是其安全性远超远程支付。

不论是远程支付还是近场支付，移动支付相较于传统支付其最大优点就是彻底打破了传统支付手段中空间的束缚，使得资金的结算、转移在效率和速度上大幅度提升。同时也可以实现跨地域结算、支付等服务。

按照提供移动支付业务的机构来分类，移动支付还可以分为三种模式，即银行主导型业务模式、移动运营商主导型业务模式和第三方支付公司主导型业务模式。银行主导型业务模式是指在提供移动支付业务中银行作为主导方与用户签约，移动运营商为移动支付提供技术支持,并不直接与客户形成支付合约。移动运营商主导型业务模式是移动运营商直接与客户形成合约,为客户提供移动支付等业务。第三方支付公司主导型业务模式是指由独立的第三方机构提供与商业银行系统对接的支付平台,以第三方支付公司作为核心,与客户签约为客户提供移动支付业务的模式。

1. 移动支付的四大类型

第一,基于直接移动账单支付。用户可以在移动站点,例如在线购物平台,使用移动支付选项实现支付,这种方式主要是通过 PIN 和一次性密码验证完成用户认证从而完成交易,因此它具有方便、快捷、安全的优点。但在不同的平台则不具有兼容性。

第二,基于 WAP 的移动网络支付。用户需要从 Web 页面上下载额外的应用程序实现支付。在实际情况中,有不同的应用方式,包括直接运营商账单、信用卡、在线钱包等。综合来说,这些方式都是通过无线网络对特定的站点实行支付的行为。这种方式具有自由和便捷的优点。但是因为它局限于第三方支付平台因而支付范围有限。

第三,基于 SMS 的支付。这种支付方式是指通过发送短消息的方式才能实现银行的交易,支付时需要输入 70—160 个字符串,同时还需要多次发送消息进行交互才可以完成一次交易,这种方式安全性较低,容易留下个人信息,完成速度较慢。

第四,非接触式近场支付。这种交易形式通常用于实体商店,并且大部分交易不需要认证,而是可以通过一些 PIN 进行验证,可以通过手机运营商或者银行直接扣除金额。这种方式快捷、方便、安全。

2. 移动支付的现状与未来

中国产业信息网发布的《2014—2019 年中国移动支付行业细分深度调研与发展机遇分析报告》指出:从全球来看,移动支付 2014 年交易值相比 2013 年同比增长 38%,根据预计,全球移动支付市场仍将以 40% 左右的复合增速持续快跑,从国内来看,2013 年第三方移动支付的增长率高达 707%,2014 年中国第三方移动支付市场交易规模达 59 924.7 亿元,同比上涨 391.3%。

从以上支付分类角度来看,互联网支付、移动支付虽然在名称和机制上可以严格的划分为不同的两类,但随着互联网技术飞速发展,二者之间的界限越来越模糊,它们之间相互存在交叉的地带。比如在互联网支付中既包括网银支付也包括第三方支付,如果与移动便携设备相结合便是移动支付;在移动支付中同样包括了网银支付与第三方支付,结合互联网的载体便成为互联网支付。

3. 为何电子支付的未来是移动支付

智能手机出现后,移动端支付逐渐普及。原来支付时为网上支付,但这普及量还不够大,便利性还不够强,人们不能随时登录 PC 接入互联网从而支付。而有了手机终端以后,通过手机就可以在线支付,其快速、高效、便捷的特点无疑为其发展奠定了稳固的根基,而这也是最具有革命性的。因此,在未来,电子支付必将在移动支付领域展开激烈角逐。

5.3 大数据基础设施建设

5.3.1 大数据技术

大数据(big data)又称巨量资料,是指需要新处理模式才能具有更强的决策力、洞察力和流程优化能力的海量、高增长率和多样化的信息资产。大数据技术的战略意义不在于掌握庞大的数据信息,而在于对这些含有意义的数据进行专业化处理。换言之,如果把大数据比作一种产业,那么这种产业实现盈利的关键在于,提高对数据的"加工能力",通过"加工"实现数据的"增值"。

大数据是继云计算、物联网之后 IT 产业又一次颠覆性的技术变革。云计算主要为数据资产提供了保管、访问的场所和渠道,而数据才是真正有价值的资产。企业内部的经营交易信息、物联网世界中的商品物流信息,互联网世界中的人与人交互信息、位置信息等,其数量将远远超越现有企业 IT 架构和基础设施的承载能力,实时性要求也将大大超越现有的计算能力。如何盘活这些数据资产,使其为国家治理、企业决策乃至个人生活服务,是大数据的核心议题,也是云计算内在的灵魂和必然的升级方向。

大数据时代网民和消费者的界限正在消弭,企业的疆界变得模糊,数据成为核心的资产,并将深刻影响企业的业务模式,甚至重构其文化和组织。因此,大数据对国家治理模式、企业的决策、组织和业务流程以及个人生活方式都将产生巨大的影响。如果不能利用大数据更加贴近消费者、深刻理解其需求、高效分析信息并作出预判,所有传统的企业都只能沦为新型用户平台级公司的附庸,其衰落不只是靠管理能扭转的。

信息技术与经济社会的交汇融合引发了数据迅猛增长,数据已成为国家基础性战略资源。坚持创新驱动发展,加快大数据部署,深化大数据应用,已成为稳增长、促改革、调结构、惠民生和推动政府治理能力现代化的内在需要和必然选择。

5.3.2 大数据政策与设施建设

2015 年 9 月,国务院印发《促进大数据发展行动纲要》(以下简称《纲要》),系统部署大数据发展工作。《纲要》明确指出,推动大数据发展和应用,在未来 5—10 年打造精准治理、多方协作的社会治理新模式,建立运行平稳、安全高效的经济运行新机制,构建以人为本、惠及全民的民生服务新体系,开启大众创业、万众创新的创新驱动新格局,培育高端智能、新兴繁荣的产业发展新生态。

《纲要》部署三方面主要任务:一要加快政府数据开放共享,推动资源整合,提升治理能力。大力推动政府部门数据共享,稳步推动公共数据资源开放,统筹规划大数据基础设施建设,支持宏观调控科学化,推动政府治理精准化,推进商事服务便捷化,促进安全保障高效化，加快民生服务普惠化；二要推动产业创新发展，培育新兴业态，助力经济转型。发展大数据在工业、新兴产业、农业农村等行业领域应用，推动大数据发展与科研创新有机结合，推进基础研究和核心技术攻关，形成大数据产品体系，完善大数据产业链；三要强化安全保障，提高管理水平，促进健康发展。健全大数据安全保障体系，强化安全支撑。

《纲要》还明确了七个方面的政策机制：一是建立国家大数据发展和应用统筹协调机制；二是加快法规制度建设，积极研究数据开放、保护等方面制度；三是健全市场发展机制，鼓励政府与企业、社会机构开展合作；四是建立标准规范体系，积极参与相关国际标准制定工作；五是加大财政金融支持，推动建设一批国际领先的重大示范工程；六是加强专业人才培养，建立健全多层次、多类型的大数据人才培养体系；七是促进国际交流合作，建立完善国际合作机制。

案例导入

2015年9月18日贵州省启动我国首个大数据综合试验区的建设工作，力争通过3—5年的努力，将贵州大数据综合试验区建设成为全国数据汇聚应用新高地、综合治理示范区、产业发展聚集区、创业创新首选地、政策创新先行区。围绕这一目标，贵州省将重点构建"三大体系"，重点打造"七大平台"，实施"十大工程"。

"三大体系"是指构建先行先试的政策法规体系、跨界融合的产业生态体系、防控一体的安全保障体系；"七大平台"则是指打造大数据示范平台、大数据集聚平台、大数据应用平台、大数据交易平台、大数据金融服务平台、大数据交流合作平台和大数据创业创新平台；"十大工程"即实施数据资源汇聚工程、政府数据共享开放工程、综合治理示范提升工程、大数据便民惠民工程、大数据三大业态培育工程、传统产业改造升级工程、信息基础设施提升工程、人才培养引进工程、大数据安全保障工程和大数据区域试点统筹发展工程。

此外，贵州省将计划通过综合试验区建设，探索大数据应用的创新模式，培育大数据交易新的做法，开展数据交易的市场试点，鼓励产业链上下游之间的数据交换，规范数据资源的交易行为，促进形成新的业态。

贵阳大数据交易所GBDEX是经贵州省政府批准成立的全国第一家以大数据命名的交易所，于2014年12月31日成立。

贵阳大数据交易所交易的并不是底层数据，而是基于底层数据，通过数据的清洗、分析、建模、可视化出来的结果，彻底解决了数据如何保护隐私及数据所有权的问题。贵阳大数据交易所将成为永不休市的交易所，将实行7×24小时的交易时间。贵阳大数据交易数据的定价将由数据卖方与交易所进行协议定价，最后交易给买方。贵阳大数据交易所的买方对数据的需求可以是一家或者几家、几十家、几百家供应商提供的数据。而数据与数据之间的碰撞会产生一个核聚变的过程。这就是贵阳大数据交易所的价值。

贵阳大数据交易所，积极发挥贵阳在大数据领域的政策优势、数据清洗建模优势、数据金融衍生品设计的优势等,连通大数据的供需双方,让数据互相碰撞,产生聚变结果,让数据变成政府决策、企业经营的第一决策要素。大数据交易所经营范围是:大数据资产交易、大数据金融衍生数据的设计及相关服务、大数据清洗及建模等技术开发、大数据相关的金融杠杆数据设计及服务、经大数据交易相关的监督管理机构及有关部门批准的其他业务。

未来的 5—10 年内,随着物联网、工业 4.0 等新兴概念的发展和应用,大数据将起到信息工业化的依托作用。届时数据交易将成为常态,作为全国第一个数据交易所,其力争发展 10 000 家与大数据相关的机构成为交易会员,其数据清洗交易量年达 1 万 PB,相当 100 个阿里,日均交易金额突破 100 亿元,年总额 3 万亿。交易所旗下的会员至少 200 家,围绕交易所平台的创业公司超过 1 万家。

5.4 互联网金融的安全认证

5.4.1 我国信息安全认证的现状分析

从 2008 年以来,我国信息安全行业受需求以及政府政策推动,规模不断扩大,企业数量不断增加,市场规模增速远远高过国外。但是,在数量与规模增加的同时,我国信息安全市场整体发展水平仍然落后于欧美发达国家,信息安全方面的投入在 IT 行业总投入中占比较低,未来我国信息安全市场潜力巨大。行业当前特点为增速快、产品多、分类细、领域广,但产品集中度低。

手机 APP 支付、二维码支付等形式的移动支付已在国内盛行,用户通过手机转账、消费、理财、使用电子虚拟化的储值卡等需求不断上升,同时对手机端的隐私保护、版权保护、O2O 防范也提出了新的需求。

由于针对网银交易的安全保护手段已基本完善,USBkey,OTP 动态令牌的采购需求稳定,积累了大量用户基础。但是移动支付的安全工具仍然存在极大空缺。由此可见,在目前具有持续风险和威胁的移动互联网环境中,为移动支付用户提供有效的身份认证和交易保护,同时具备良好的适用体验,是实现大力发展手机银行应用和服务的发展战略。

5.4.2 国内外金融安全技术发展趋势

安全担忧当前已经成为人们适用网上支付工具的重要障碍,资金的安全性和个人隐私则是目前手机网民最迫切的诉求。

在自带设备办公（BYOD）成为流行趋势的当下，国外结合随身职能设备终端的全新认证技术正在发展形成，并已产生企业级的商业应用，获得包括风投、企业用户在内的市场认可。国内企业可以借鉴海外创新技术研发创新，并积极引导在市场中的推广运用，有效实现互联网身份认证以及交易安全保护，扩大客户的服务口径，并大胆将金融服务由实体柜台延伸到智能金融终端。当前的安全身份认证技术也呈现着新的趋势变化。

1. 从传统的双因素认证向多因素认证发展的趋势

双因素（2-factor）认证是指银行等金融机构广泛使用的身份认证方式，通过用户自己知道的因素（what-you-have），如 UKEY、动态口令牌、SIM 卡等由两个部分组成。随着移动互联网的发展，比如每个用户自由的移动终端携带的设备指纹、地理位置以及用户交易的时间、交易数据等，都可以作为用户身份认证的多因素（multi-factor）认证。

2. 从专有的认证工具向认证用户自由的随身设备发展的趋势

银行等金融机构向用户发放专有的认证工具，如 UKEY，动态口令牌等，这些需要经过硬件采购、物流、分发、客服各流程。但当下趋势则是每个用户都已经自带一个随身的智能手机，来进行身份认证，节约了银行成本，方便了用户。

3. 从认证工具被动更换向安全工具可以持续升级发展的趋势

传统的硬件认证工具，设计之初，安全级别固定，如果被新的欺诈手段攻破安全设计，则只能更换工具，如 UKEY 的换代是因为对中间人交易篡改的欺诈防范需求。银行等金融机构需要一种能够持续安全升级，无须更换认证工具的手段，像杀毒软件的工作模式，只需要病毒库的升级，就可以应对未来可能出现的安全风险，同时可以快速地进行响应。

5.4.3 国内安全认证领域未来的展望和建议

第一，国内的银行等金融机构绝大多数已经在应用 Ukey 之类的 PKI 解决方案。这种格局的形成是基于国家电子签名法引导形成。已有的这些基础建设资源应该尽可能在移动互联网上继续使用。将 PKI 技术与用户的随身设备 BYOD 结合，探索安全、快捷的创新身份认证。

第二，安全认证技术应该考虑可以持续升级的设计概念。避免安全工具需要更换而带给银行等金融机构的巨大采购成本和时间成本。

第三，生物技术的应用，应更注重个人隐私上的保护。防止出现个人生物特征数据泄露可能造成的灾难风险。

从事以身份认证为核心的信息安全产品经营，分别受信息产业与安全主管部门的监管，产品用于银行等金融行业时，同时受到金融主管部门监管。

案例导入　小微封移动身份认证解决方案

来谊金融公司的小微移动身份解决方案，基于银行等金融账户与用户随身设备绑定，通过对随身设备中的特征数据进行认证，实现对用户身份认证。小微移动解决方案包括后端的认证服务器系统和移动端的 APP 或 SDK 两部分组成。

小微封创新采用了双通道的方式，将业务通道与认证通道分离，从而从根本上防止了网络钓鱼、中间人等网络欺诈手段。系统的结构如下：

小微封可以与 KPI 的认证方式结合，让用户自带的智能手机成为银行的移动 U 盾。让数字证书与设备指纹绑定，从而从传统的防止数字证书、密匙被复制，转而防止被盗用的数字证书、密匙被非法使用。

小微封对目前的个人信息泄露的各类欺诈手段有天然的防范效果。因为黑客虽然可能使用户的个人信息，比如用户名、密码、短信等，但无法同时获得用户的随身设备。而用户手机的遗失，除了可以快速发现报失外，获得手机的人无法短时间获得用户的用户名和密码，从而无法对绑定的账户进行欺诈。

小微封方案的原理与特点：

第一，多因素双通道设备认证方式。

通过采集智能设备上的硬件信息、地理位置、操作系统、执行环节信息、应用程序特有数据、服务器注入信息（如：PKI 数字证书）以及用户可扩展的近场蓝牙设备指纹等因素，以移动端 APP 或 SDK 与认证服务器建立独立的安全设备认证通道的方式，对移动智能设备进行准确的识别。

第二，智能设备风险分析管理。

跟踪移动智能设备上的各类数据的更新变化，准确跟踪设备的正常使用变化，如部分硬件升级、软件持续下载更新等，给客户良好体验。同时以动态采集设备指纹的方式，有效防止设备指纹数据的复制重放攻击。

第三，PKI、数字证书整合。

改变了数字证书在移动端的应用方式：从单纯的防止数字证书被盗用，到将数字证书与设备指纹绑定，从而防止因数字证书的丢失而被非法使用的风险。同时自有专利的移动端密匙分发保护方式，进一步加强了移动端密匙和数字证书的安全性。

第四，兼容现有认证体系。

双通道的认证体系，与任何已有的安全体系架构均可兼容。

第五，可扩展、可选择、可升级。

（1）可以根据业务安全需求，扩展与各类蓝牙移动硬件的结合。可以与活体识别、生物识别等各类身份认证方式灵活扩展。

（2）可以根据业务安全需求，业务自主选择安全保护方式：设备指纹认证、PKI 数字证书认证，或者两者都需要。

（3）可以通过对服务器端算法和客户端 SDK 升级方式，快速的预防和应对未来可能出现的风险,而不必更换工具或手段。

第六,用户安全随意,有效防止各类个人信息泄露风险。

随身携带的智能手机为用户增加了一把随身的安全钥匙,不需要额外的工具,使得个人信息泄露的风险从根本上得以解决,黑客即使盗用了用户个人信息,也没有办法获得随身智能手机,没法完成账户盗用。

第七,多平台、多渠道兼容。

用户的手机作为移动U盾,业务平台兼容window、Mac、linux等系统,同时为PC、PAD、手机登录各渠道提供服务。

第八,解决短信钓鱼、短信木马等日益增多的安全风险,节省认证短信成本。

第九,无须认证工具的分发采购,时间成本,可快速被大量用户应用。

5.5 互联网时代的征信系统

5.5.1 金融依赖信用

金融的核心是跨时间、跨空间的价值交换。金融活动的主要表现形式包括货币的发行与回笼、存款的吸收和付出、贷款的发放与回收等,这些货币流转的过程与信用的发展是密不可分的。金融依赖信用,没有信用,金融体系便无法运转。国家财政短缺时,依靠国家信用发行国债筹集资金;企业积累的信用使其可以顺利融资,抢占商机;个人的良好信用有助于自身获得贷款,实现提前消费,提高生活质量。因此,信用是金融的根基,与我们的日常生活紧密相关。

传统金融体系中,银行信用是信用体系的核心。商业银行的负债业务把社会的闲散资金集中到银行,再通过资产业务投向社会各经济部门,银行充当了交易双方之间信用中介的角色,促进了资金的融通。然而,以银行为主导的间接融资成本较高,银行的管理成本最终都以手续费等形式转嫁给融资者。长期以来,小微企业都面临融资难和融资贵的问题。为了减轻小微企业融资成本,目前我国正在大力发展直接融资市场,优化信贷结构。在直接融资过程中,由于缺少信用中介,投资者需要自行判断资金使用者的信用状况,因此,建立完善的信用评价机制对于发展直接融资市场有着重要的意义。

5.5.2 互联网时代征信新视角

在传统金融中,商业银行主要依据融资人财务和信用状况对其信用进行评价。对于个人,主要审查其资金流入、信用记录等信息;对于企业主要审查其盈利能力、偿债能力、经营风险等方面。审查过程仍以线下为主，人力耗费巨大、成本较高、难以规模化。

在互联网时代，大数据技术使得对个体在网络上的微观行为进行整合分析成为可能。大数据主要应用的是网络和一些非金融征信的数据，既包括结构化数据，也包括非结构化数据。包括社交数据、物流数据、支付数据、交易平台的数据、点评的数据，都可以极大地丰富我们对于风险的准入、评估、定价以及监控、效率等方面的评估。通过机器学习来不断总结这些数据之间的内在关系，涉及变量可以多达几千万个。收集数据的质量可以不准确，也可以千差万别。而当有成千上万个数据时，一个完整、精确的对客户的描述就会逐渐呈现出来。通过大数据技术，可以从互联网的虚拟技术中还原出一个人的身份特征，并对其进行信用评价。互联网金融的发展，使征信除了从财务状况、信用记录的角度之外，还能从身份特征、行为偏好、人际网络等维度分析信用状况，为征信业带来了广阔的发展空间。

5.5.3 现行征信模式

依托互联网经营主体的不同，可以将现行征信模式划分为电商交易平台数据征信、网贷平台自主开发大数据征信以及同业信息共享征信模式三种。

1. 电商交易平台数据征信模式

该类型的征信模式主要以阿里巴巴、京东等电商平台为代表。阿里巴巴利用积累的用户交易数据，构建自己的信用数据库，应用于其他金融机构或自身小贷业务中。旗下的诚信通是一款企业信用量化产品，为会员建立一份诚信档案，包括企业资质认证、证书与荣誉、资信参考以及交易记录等。芝麻信用是针对个人和企业的信用评分，利用长年累积的用户相关信息以及外部合作机构提供的数据，从信用历史、行为偏好、履约能力、身份特质、人脉关系五个角度对用户的信用状况进行评价。经过近两年的信用模型研发设计及相关系统建设工作，芝麻信用于 2015 年 1 月 8 日在杭州成立，成为中国人民银行允许开展个人征信业务的首批试点机构之一。目前，芝麻信用已经实现接入的公共数据源包括公安部户籍人口、教育部学历学籍、工商企业登记、法院失信被执行人（司法判决）、车辆驾驶员等，将要接入的还有社保、民政婚姻登记等。

2. 网贷平台自主开发大数据征信

该类型的征信模式以宜信、陆金所、拍拍贷等较大型的网贷平台为代表，其特点是网贷平台为用户自建客户信用系统，并将所收集的数据信息服务于自身平台业务中。

拍拍贷在历经 8 年、依托 600 万在线用户、积累近 40 亿条数据的基础上，发布了基于大数据的核心风控系统"魔镜风控系统"，该风控系统增添了多渠道多维度的海量数据，包括用户在网上的信用行为、网络黑名单、相关认证、网上行为数据、社交关系数据以及第三方渠道及维度等。"魔镜风控系统"能够准确预测借款标的的风险概率，并且能够基于准确风控评级制定风险定价。系统自 2014 年 8 月上线以来，共处理了约 50 万笔借款，并对其中约 30 万笔借款作出了基于风险评估的定价，并对可能预期的概率作出了预测。

3. 同业信息共享征信模式

该类型的征信模式主要是以网络金融信息共享系统（NFCS）、小额信贷行业信用信息共享服务平台（MSP）为代表的同业信息数据库通过采集 P2P 平台借贷两端的客户信息，向加入该数据库的 P2P 平台等提供查询服务和相应的征信产品。信息共享平台的建立有助于整合借款人线上线下融资的完整债务历史，为网贷企业的风险管理提供支持，定制与传统征信服务不同的征信产品。

综上，互联网时代新型征信模式有着许多优点：第一，征信数据范畴更大且更为全面，易于通过这些数据判断征信对象的性格、心理等更为深刻的信息，以此来对其信用状况进行推断；第二，作为央行征信系统的有益补充，填补了企业之间、自然人之间、企业与自然人之间交易的信用状况空白。互联网企业建设的征信系统极大地降低了数据采集的成本，也主要运用于小额融资授信领域，市场化特征和服务实体经济特征显著。

5.5.4 征信存在的问题

尽管我国现有的征信实践活动为探索适合我国国情的征信模式发挥了重要的作用，但是要大力推进互联网金融背景下征信工程的进步和发展，其仍然面临着诸多挑战。

1. 缺乏针对互联网背景下征信的法律法规

目前，《征信也管理条例》为我国征信业的发展提供法律依据，对征信机构和征信业务作出了概括性规定，缺少具体配套落实的细则。此外，该管理条例并没就征信业在互联网背景下发展的特殊要求作出针对性的规定。

2. 个人信息严重泄露

由于互联网企业会自动记录个人交易和信用信息并永久保存，这就与管理条例中规定的"未经信息主体同意，不得擅自采集个人信息"的精神相违背。同时，在采集过程中，涉及大量的分散数据，很难采取行之有效的信息保护措施。再者，数据库保护网的建立往往外包给征信机构以外的企业，这就进一步加大了信息泄露的风险。

3. 缺乏统一的标准

就国家层面而言，我国尚无统一的信息分类和采集标准，也没有统一的行业、部门标准，这就导致了信息的良莠不齐。再加上不同行业、不同机构会采取各自的信用评价方法和标准，因此，对同一现象评价结果可能大相径庭，大大降低了征信的公信力。

4. 信息垄断现象严重

我国征信业的现状是有实力的企业均在努力加强自身的信用信息数据库的建设，考虑到自身商业信息的挖掘以及对客户信息的保护，信息不会大范围共享。这一方面加大了国家完善信息系统建设的成本；另一方面难以整合客户全方位的信用记录，直接影响到信用评估结果的精确性。

5.5.5 互联网征信模式的发展趋势

1. 建立健全征信数据库之间的信息共享机制

主要包括以下三个方面：第一，鼓励互联网金融龙头企业建立的符合一定标准的征信数据库和央行征信系统对接，扩大国家金融基础数据库的信息范围，从而突破央行征信系统仅依赖商业银行信用评价的困境；第二，建设互联网金融信息共享平台，促进各数据库的衔接与整合，实现全行业信息的流通；第三，辅以一定的利益激励机制增加实现信息共享的动力。

2. 加强对互联网征信的监管

互联网征信亟须完善的监管机制：第一，明确互联网征信数据采集方式、原则、使用范围等重要内容，建立互联网征信信息采集、授权机制；第二，健全身份认证、网站认证、数字认证等安全认证制度，加强对信息主体的保护；第三，变革传统的监管理念，由机构监管转变为行为监管，对互联网征信的全流程进行监督控制。

3. 加大失信惩戒力度

未来的征信行业将会不断应用互联网新科技技术加大对失信行为的惩戒，也可以考虑将互联网征信产品与经济社会某一方面对接。例如，芝麻信用和最高院的合作正是提高失信惩戒力度的手段之一，通过对失信被执行人的日常消费行为的限制，对于失信行为的发生有着极大的抑制作用，应线上线下合力共同惩戒失信行为。

4. 征信行业应强化民间参与

民间机构将目标市场定位于零售信用和小企业借贷，运用统计分析的大规模筛选技术使小额贷款申请的处理符合成本—受益原则，能契合小额借款需求，同时也便于贷款人更好地了解借款方信用，迅速作出授信决策，并提高机构信用风险管理水平。民间征信系统的建设对于发展我国的普惠金融体系大有裨益。此外，民间征信除了提供信用报告和信用评分外还可以提供投资组合的监控应用等增值服务。因此，在征信行业未来的发展中应充分利用民间资本，并结合互联网企业积累的大量用户数据，打造互联网时代征信的新模式。

总结

本章介绍了互联网基础设施建设现状，金融设施建设的原则，包括第三方支付、大数据技术、安全认证、征信系统等。通过介绍基础设施建设，阐释了基础设施在互联网金融中的重要作用，以及未来基础设施的发展趋势。

关键概念

基础设施　征信系统　安全认证　大数据技术　移动支付

习题

1. 传统金融基础设施现状怎样?
2. 互联网金融基础设施的重要作用是什么?
3. 安全认证的方式有哪些?
4. 征信的模式有哪些?

第6章
互联网货币

2009年2月11日晚上10点27分，名叫中本聪（Satoshi Nakamoto）的人在P2P基金会（P2P Foundation）网站上发了一个帖子，称自己开发出一个电子现金系统，叫作比特币的开源P2P（点对点），它完全去中心化，而且没有中央服务器或者托管方，所有一切都是基于参与者。由此中本聪发明了比特币，并且在一篇论文里详细阐述了比特币系统原理。比特币是由一套密码编码通过复杂算法生成的；任何人都可以下载并运行比特币软件而参与铸造。这样一来，比特币就成了一种去中心化的点对点电子货币，铸币权下放给个人，而且总量一定可以避免因通货膨胀而贬值。说白了，比特币与腾讯Q币、网游里边的游戏币一样，都是一种虚拟的电子货币。但是比特币区别于Q币游戏币的地方在于，比特币不用谁来发放，总量也是固定的。

另外有意思的是，比特币的发明者——中本聪在2010年年末"人间蒸发"了，完全退出了网络世界，践行了自己提出的去中心化。现在唯一可以找到的关于中本聪的信息是在P2P Foundation上的信息：中本聪，男，39岁，来自日本。当然现在谁也无法确认这个信息是否真实，有人甚至猜测中本聪不是一个人而是一个极客团队。

按照中本聪的设计，铸造比特币不是很复杂，只需要下载一个比特币客户端，点击"运算"即可，然后让计算机自己去解答应对密码编码程序。更形象地说，比特币系统自己会放出一道道类似于数学题的程序，系统自行参与其中的一台计算机就要靠各自的性能去抢答，哪台计算机最先解出这道数学题，谁便能获得比特币系统提供的一定数目的比特币。不过比特币系统会自动控制数学题的难度，来保证比特币的生成速度，防止通货膨胀。所以参与抢答的计算机越多，就越难抢到比特币。

2013年比特币的火爆引起了网络上对虚拟货币概念的热炒，一个比特币的兑换价格从2013年年初不到人民币100元一路狂飙至现在6 000元左右，越来越多的人开始相信这个虚拟世界里的造富梦，开始了自己的网络淘金生活，但是更多的人觉得这只是一个荒诞得让人无法理解的游戏，其间必然充斥着对货币体系的无知和贪婪带来的风险。

资料来源：根据新华网资料，作者整理而成

本章学习目标

1. 掌握互联网货币概念和分类；
2. 了解互联网货币对经济的各种影响；
3. 了解互联网货币的代表——比特币的发展情况和风险。

6.1 互联网货币

互联网货币目前的普遍定义是以公用信息网（Internet）为基础，以计算机技术和通信技术为手段，以电子数据（二进制数据）形式存储在计算机系统中，并通过网络系统以电子信息传送形式实现流通和支付功能的货币。更具体地说，互联网货币就是通过一系列经过加密的数字，使其可以在全球网络上传输的，同时可以脱离银行实体而进行的数字化交易媒介物。现今主要形式为电子钱包、数字钱包、智能卡、在线货币、电子支票、电子信用卡、数字货币等。

6.1.1 互联网货币的萌芽阶段

1915 年，随着商品经济的发展和科学技术的进步，产生了一种现代支付工具信用卡，它是起源于美国的一些百货商店、饮食业。这些商家为了招揽生意，把信用筹码分发给在一定范围内的顾客，顾客可以用信用筹码在这些发行筹码的商店赊购商品，这种方法为笼络顾客、方便顾客购物、扩大销售额都起到了很积极的效果。随后，美国的一些石油公司发行了跟信用卡作用很像的"优待券"，顾客可以到所属的加油站使用，然后定期结账。1946 年，美国狄纳斯俱乐部以及美国运通公司等机构发行了用于旅游、娱乐的信用卡。1950 年，狄纳斯俱乐部发行的信用卡可以在全国组织联营的各旅店、餐馆通用，随后的结算款项通过银行办理，这样的做法扩大了信用卡使用地区，这就是早期商业信用比较好的信用卡。1952 年，美国加州富兰克林国民银行进入发行信用卡领域，成为首家作为金融机构发行信用卡的机构，随后又有多家银行相继发行信用卡，1959 年年底，美国大概有 60 家银行发行信用卡。

银行是买卖双方以外的第三者发行的信用卡，信用卡从过去仅限于买卖双方使用的信用工具发展成为一种银行信用形式，从此信用卡的使用范围、使用地域迅速地扩大，信用实力也进一步加强。因为银行发行信用卡是允许持卡人先消费然后再付款的，付款方式既可以选择一次付清，也可以选择采取分期付款的方式，这样就方便了买卖双方。从 20 世纪 60 年代以后，信用卡快速地受到了社会各界的欢迎，信用卡发展迅速，在美国、英国、日本、加拿大和西欧各国都盛行起来，从购物消费到公用电话再到公共汽车，都普遍使用信用卡支付。到了 20 世纪 80 年代以后，亚太地区的信用卡业务也得到了快速发展，信用卡在很多国家和地区都得到了普及，其取代现金成为交易中介，而且这种趋势已经成为必然的发展。随着现代科技的快速发展和信用卡的普及，信用卡的功能日益加强，逐渐广泛使用，信用卡成了电子货币时代的重要标志和主要表现形式。

这种通过互联网进行连接的电子货币是现在互联网货币的雏形。电子货币是通过电脑或储值卡进行金融交易、支付活动，如信用卡、储值卡等。到目前为止，发达国家采用的电子钱包是由金融机构发行的金融卡，它既可以在自动取款机（ATM）上提取现金，也能从银行账户的存款金额中拨出一部分资金转入随身携带的卡片中储存。

6.1.2 互联网货币的发展阶段

随着电子货币的发展，互联网货币的种类逐渐丰富起来，广义的互联网货币是只要基于互联网，与互联网相关的货币即为互联网货币，狭义的互联网货币目前大致可以分为三类。其中第一类是游戏币。通常单机游戏时代，主角是靠打倒敌人、进赌馆赢钱等方式积累货币，用这些来购买草药以及装备，但是这些只能在自己的游戏机里使用。在那个时候，游戏玩家之间没有所谓的"市场"。从互联网建立起门户和社区以及实现游戏联网以来，互联网货币就开始有了类似的"金融市场"，游戏玩家之间可以随意交易游戏币。

第二类互联网货币是指门户网站或即时通信工具服务商发行的专用货币，这些货币用于购买本网站内的服务。当前使用最广泛的是腾讯公司的Q币，可以用来购买会员资格、QQ秀等增值服务。

第三类互联网货币是近些年发展比较火热的，如比特币（BTC）、莱特货币（LTC）等，比特币是一种由开源的P2P软体产生的电子货币，也有人将比特币意译为"比特金"。主要用于互联网金融的投资，同时也可以作为新式货币直接在生活中使用。表6-1是当今全球主要活跃的数字货币的一些概况。

表6-1 全球主要活跃数字货币

货币	符号	发行时间	作者	活跃	官网	市值
比特币	BTC	2009	SatoshiNakamoto	是	bitcoin/org	243亿美元
莱特币	LTC	2011	Coblee	是	litecoin/org	36亿美元
无限币	IFC	2012	Ifccion	是	Ifccoin/org	2 000万美元
夸克币	QRK	2012	Qrkcion	是	cgbcion/org	1 000万美元
泽塔币	ZET	2012	Zetcony	是	zet/org	1 000万美元

数据来源：华尔街见闻网

互联网货币发展到今天，与传统货币还是存在很大不同的，主要表现在以下方面：

第一，发行机构的多元化。一个国家的货币是由央行或者特定机构垄断发行的，央行对发行的成本与收益负责。但是互联网货币的发行机制和它不同，发行机构不仅包括中央银行，也包含一般的金融机构和非金融机构，而且以非金融机构居多。

第二，风险比传统货币大。传统货币是以央行和本国信誉作为担保的法币，然而互联网货币则是不同机构自行开发设计的，其担保是依赖于各个发行者其自身的信誉和资产。

第三，都具有存款特性。由于互联网货币是按照客户指令在不同账户上转账划拨的，互联网货币能随时成为各种存款的产生利息的资产，这与纸币是无法比拟的。

第四，打破了传统地域的限制。通常来说互联网货币只要双方之间认同，可以用于多国货币交易，不过传统货币一般都只能在一定地域内流通。

第五，互联网货币节省了本国和央行的造币成本以及发行费用。

第六，用户使用互联网货币进行交易结算的成本，也远远比使用纸币的交易结算费用要低。

随着互联网货币的发展，互联网货币在多年后可能会代替纸币在市场上流通，但就现阶段而言，线下支付难以对日常经济活动实现全方位覆盖，且不能实现个人之间的支付结算。互联网货币主要有两种形式：一种是基于互联网环境将代表货币价值的数据保存在银行系统里的电子账户，即我们的网上银行和手机银行账户；另一种是将货币价值保存在 IC 卡内并可脱离银行支付系统流通的电子钱包（即保存在我们的金融 IC 卡里的 IC 芯片里的电子现金）以及以比特币为代表的有价值的虚拟货币。前者主要用于线上支付、电子汇款，已经高度成熟。而后者使用环境尚未成熟，只能用于在特定商家的消费，不能用于个人之间的支付。且由于线下支付终端（带闪付功能的 POS 机）成本高、便携性差、交易门槛高难以普及小额交易的小商小贩。

无法满足通货的全部条件，也是最本质的问题。互联网货币不具备作为通货的纸币所具有的价值尺度、流通手段、贮藏手段。互联网货币没有自己独立的货币价格标准，完全依附于现实货币价值尺度职能和价值储藏职能，买家通过电子货币交易支付，商家还需要去银行取得实体纸币货币后，才算完成了对款项的回收，可见现阶段互联网货币只是完全基于现有纸币真实价值的另一种支付形式。

2013 年大热的比特币，由于它具备自己独立的价值，可以对其他商品完成价值衡量，基本具备了货币的价值尺度、流通手段、贮藏手段、支付手段的职能，但由于各国政府对比特币的态度皆不置可否，存在相当大的法律风险，尚不能实行广泛的商业运用，所以另当别论。电子货币将使得央行货币政策失效的风险加大。由于互联网货币对流通中现金的替代作用，流动中现金 M0 的直接下降将影响到 M1，基础货币和货币供应量的可测性下降，另外使得盯住基础货币制定的货币政策效力下降。央行一般通过公开市场操作对利率进行调整，但由于互联网货币对传统纸币的替代作用，央行的资产负债规模减小，公开市场操作的资金规模有限，使得对利率进行控制的难度加大。

货币政策中介指标应具备可测性、可控性、相关性、抗干扰性良好，但是互联网货币使得利率、货币供应量、超额准备金、基础货币这些指标的不稳定性增加，增大了央行货币政策实施的难度和失效性的风险。基于以上三个原因，电子货币在短时间内难以取代纸币成为唯一通货，但随着科技的发展，互联网货币的使用环境成熟不会花费很长时间。随着相关法律和央行相关政策的制定，互联网货币独立发行、具备通货职能也不会遥远；而关于互联网货币的经济学理论也会逐渐成熟，到时候也将使得货币政策的中介指标可控可测，货币政策也稳健有效，那个时候，互联网货币将会替代纸币。

6.1.3 人民币国际化与数字货币

2008 年金融危机后，美元开始贬值，使中国持有的巨额美元资产的实际价值不断缩水，巨大的外汇风险倒逼国内各界对加快人民币国际化步伐进行思考。与此同时，中国经济仍在高速发展，2010 年，中国赶超日本成为全球第二大经济体；2013 年，中国成为全球第一大货物贸易国。但是，人民币的国际地位未能随着贸易地位的崛起而"水涨船高"。货币地位和贸易地位的极度不匹配削弱了人民币对国际大宗商品的定价权和结算权，影响了贸易的进一步发展。近年来，全球经济低迷，美元进入加息倒计时，资金又开始回流至美国，美元国际货币地位再度被加强，这对中国而言，无疑是雪上加霜。因此，在新的背景下，人民币国际化显得尤为迫切。

人民币国际化的含义包括三个方面：第一，是人民币现金在境外享有一定的流通度；第二，也是最重要的，是以人民币计价的金融产品成为国际各主要金融机构包括中央银行的投资工具，为此，以人民币计价的金融市场规模不断扩大；第三，是国际贸易中以人民币结算的交易要达到一定的比重。这是衡量货币包括人民币国际化的通用标准，其中最主要的是后两点。当前国家间经济竞争的最高表现形式就是货币竞争。如果人民币对其他货币的替代性增强，不仅将现实地改变储备货币的分配格局及其相关的铸币税利益，而且也会对西方国家的地缘政治格局产生深远的影响。

美国欧盟等限制人民币国际化，但是在电子领域它们无法限制，中国应推行数字货币。从2014年起中国人民银行就成立了专门的研究团队，对数字货币发行和业务运行框架、数字货币的关键技术、发行流通环境、面临的法律问题等进行了深入研究，已取得阶段性成果。中国人民银行还表示，发行数字货币可以降低传统纸币发行、流通的高昂成本，提升经济交易活动的便利性和透明度，减少洗钱、逃漏税等违法犯罪行为，提升中国人民银行对货币供给和货币流通的控制力。

6.2 互联网货币对货币供需体系的影响分析

6.2.1 互联网货币对需求体系的影响分析

对货币需求的分析在传统的货币需求理论中是从货币的不同用途来分析的，主要分析货币需求的影响因素。互联网货币对货币需求方面的主要影响表现在，互联网货币替代流通中的通货，加快了货币流通速度，因而影响到人们对货币需求减少。这部分主要从理论角度分析了互联网货币对货币需求方面的影响。

1. 对货币需求函数的影响分析

经济学家凯恩斯把货币需求分为了三个动机：交易性动机、预防性需求动机以及投机性需求动机。前两个动机统称为消费性货币需求，因此总的分为两类，分别为消费性货币需求和投机性货币需求。用需求函数形式表示为

$$\frac{M_d}{P} = L_1(Y) + L_2(Y) \tag{6-1}$$

式（6-1）描述的 L_1 为消费性货币需求（包括交易性和预防性动机），它与实际收入是成正向关系，L_2 为投机性货币需求同利率是成反向关系。

互联网货币流通和使用后，因为不同用途的货币之间转换费用几乎为零，货币的周转

期将会大大缩短。具体分析的话，一方面，人们为交易和预防动机所持有的货币量 L_1 的比例将会少很多，大量资金会从原有状态流向资金回报率更高的部门和行业，L_2 的比重将会增加；而另一方面，各种交易动机分类将会变得不明显，在这样的情况下，L_1 不仅仅受收入 Y 的影响，同时也会受利率 i 的变化而变化，同时 L_2 也会受到收入的影响。

经济学家弗里德曼通过资产需求理论得出货币需求是持有的货币的机会成本以及恒久收入的函数：

$$\frac{M_d}{P} = f(Y, W; r_m, r_b, r_e, \frac{1}{p} \times \frac{dp}{dt}; U) \tag{6-2}$$

其中 Y 是实际收入，W 是物质财富占总财富比例；r_m 是预期货币名义收益率，r_b 是固定收益的债券收益率，r_e 是非固定收益的债券收益率，$\frac{1}{p} \times \frac{dp}{dt}$ 是预期物价变动率；U 是货币的效用和影响效用的因素。有了互联网货币后，r_m、r_b、r_e 彼此间的预期收益率的差异将会少很多。

2. 对货币流通速度的影响分析

美国经济学家费雪的交易方程式是

$$MV = PT \tag{6-3}$$

把互联网货币考虑进去后，上式我们可以分解为

$$M^* V^* + M_e V_e = PT \tag{6-4}$$

其中，M^* 是传统纸币数量；V^* 为其流通速度；M_e 是互联网货币的数量；V_e 是互联网货币的流通速度。

互联网货币在逐步的普及，随着发展和更多人的使用，M^* 将会逐步减少，V^* 也会趋向减少，在互联网货币发展的初期，因为纸币仍占绝对的比例，货币流通速度是会以 V^* 为主的，且呈下降趋势。同时，M_e、V_e 会一起增大，当发展到一定的阶段，M^* 会快速地向其他各层次货币转化，整体上货币流通速度将会以 V_e 为主而且呈上升趋势。所以，货币流通速度是会随互联网货币的发展而呈现 V 字形走势的。

凯恩斯和弗里德曼的货币需求理论都同时摒弃了货币流通速度是固定不变的观点。在凯恩斯看来，货币流通速度是不断的发生变化的，所以应该根据人们不同的流动性偏好以及利率来确定货币需求。而弗里德曼，他认为尽管货币流通的速度不是常数，但是可以预测的。不管他们持有怎样的观点，我们都可以看出互联网货币的发展对货币的流通速度已经产生了重要影响。根据货币数量理论，互联网货币的替代作用使得通过现金来交易的次数减少了，因此对传统货币的需求减少了。这一方面表明流通中通货的减少加速了货币的流通速度；另一方面也说明了互联网货币对信用创造很有作用，使得对货币的需求会处于不稳定状态，从而导致利率的波动。由凯恩斯的货币需求理论可知，货币需求与利率是直接相关，利率的波动反过来会导致货币需求的不稳定。因此，无论认为货币流通的速度是否稳定，现代化的网络支付体系以及互联网货币的出现都会加快货币的流通速度，同时也会加剧利率的波动。所以，计量货币需求量的难度增大了。

6.2.2 互联网货币对货币统计的影响分析

货币各层次之间的界限正一步步减弱。客户通过网络和输入电子指令,可以在储蓄、定期与活期之间相互转化。变现速度的快捷意味着货币存在的方式(现金或储蓄等)存在高度的不稳定性。现金流动的本质已经成为从一个银行的存款账户转到另一个存款账户,或者是银行间账户的转换,现金已经很少流出结算体系或清算系统。可见货币各个层次之间的流动性的差别正逐步缩小,界限正逐渐不明显。

货币层次,M_0,M_1,M_2,M_3,…,M_n 将逐渐沿脚码序号升高的趋势转化。这一点可以用鲍莫尔的交易性货币需求的平方根定律来解释。流通中所需的现金量为

$$M_d = \sqrt{\frac{T \cdot b}{2i}} \tag{6-5}$$

T 为可预见的开支总额,b 为每次将生息资本转换为现金的交易费用,利息 i 是持有现金的机会成本,互联网货币的使用很明显地减少了将生息资产转变为现金的交易费用,b 的下降会引起整个现金需求的下降。这就解释了互联网货币的使用是可以促使现金往更高层次的生息货币转换的,其他层次货币的转化道理是相同的。

但是互联网货币交易存在地域的模糊性,这给货币计量带来了一些困难。客户通过网络进行电子商务交易,能够使用多国的货币交易。而且来自国外的智力收入、服务收入等也可以直接存放在其网络银行账户。因此,统计货币量时需要考虑居民手中持有的但是未存在本国银行的货币。

6.2.3 互联网货币对货币供应量的影响分析

在现行的银行体系之下,货币供给量主要通过两个因素决定,分别为基础货币和货币乘数。用 M 表示货币总量,用 B 表示基础货币量,m 为货币乘数,那么一国的总的货币供给量可以用公式表示为:

$$M = m \cdot B \tag{6-6}$$

发行互联网货币替代了现金,节省了交易成本。所以互联网货币的出现将会直接影响到中央银行将会发行基础货币的数量,并且会通过货币乘数对货币供应量产生非常大的影响。

1. 互联网货币对基础货币的影响分析

加入互联网货币后,基础货币公式变为

$$B = C^* + E + R^* \tag{6-7}$$

其中 B 时基础货币,C^* 是现金通货,E 是网络货币,R^* 是准备金。根据前面分析可以知道 C、E 通货将因为向更高层次的货币转化而会减少。

而因为互联网货币的存在,如果央行监管严格,垄断互联网货币的发行,设法定准备率不变,各家商业银行会因为互联网货币的便捷性,减少其在央行的超额准备金,从而 R 会减少,基础货币 B 会减少;但如果央行放松管制,互联网货币可以通过非银行金融机构

发行，则会出现互联网货币的存款准备金漏掉的可能，R 会减少，使基础货币 B 会减少。总的来说基础货币总额是逐渐减少的。

2. 互联网货币对货币乘数的影响分析

货币乘数（m）主要是受活期存款准备金率（R_d）、定期存款准备金率（R_t）、定活期存款比率（t）、超额准备金率（R_e）、现金漏损率（k）等因素影响。在互联网经济时代，互联网货币使影响货币乘数的各种因素都发生了变化。但是该分析的前提是准备金率为恒定不变的静态常量，接下来对其逐一分析。

商业银行的超额准备金将会减少。互联网货币的出现会使商业银行资金的给付，更多地表现为一种虚拟的、账面的划拨。所以超额准备金会失去其作为对外支付现金准备的意义。对于商业银行由于出于经营的目的，自然会降低超额准备金率。

现金漏损率 k 会下降。互联网经济时代，人们用互联网货币取代现金结算，这表现为各种账户间资金的转移，会引起数字的增减，但是资金并不出整个银行体系，所以现金漏损量是趋向减少。

定期存款以及活期存款比率 t 会先是逐渐减小，然后逐渐增大。互联网货币拓宽了金融服务的范围，增加了金融服务方式。很多原有的银行的定期存款将会选择投资到其他领域，如证券、期货等。随着互联网货币的发展，如前面所述货币层次向生息资产转化，t 就又会逐渐变大。

通过以上分析，可以说明互联网货币的出现，将会在整体上让货币乘数变大。从另一方面也可以说明该变化，如前面所说的基础货币会萎缩，因为央行会控制货币供给量在一定水平，这也就意味着货币乘数变大了。

货币的演进总是沿着降低交易费用、提高经济效益的路径去运行的，在货币创造过程中表现出竞争机制加强的趋势。从供给方面来说，互联网的革命使得非银行非金融机构可以参与货币发行，银行体系对货币的垄断发行被因此打破，中央银行的货币发行权将会随着互联网货币的流通使用而会有很大的削弱。

通常来说，各国的货币都是由其本国的中央银行代表国家垄断发行的，中央银行对货币的垄断发行权是一个国家货币主权的最重要的内容之一。由中央银行垄断货币发行权，本质上就控制了基础货币的量，进而会影响长期利率和短期利率等其他的经济指标，正因为货币发行权的垄断，才会使中央银行有可能成为商业银行的银行，并对国民经济产生决定性的影响。而互联网货币的出现打破了中央银行的货币垄断发行权，传统货币在流通中会被互联网货币部分替代，未来可能会完全替代。目前绝大多数的互联网货币产品并不是由中央银行发行的，而是由商业银行、其他金融机构甚至是非金融性的经济实体所发行。这种多元化的发行主体将使中央银行作为"发行的银行"地位受到挑战，这一挑战的直接影响是因发行权的分散而导致铸币税的损失。

6.2.4 互联网货币下货币政策的选择

回顾近几年央行的货币政策，主要存在以下特征：第一，我国央行主要运用数量型货币政策工具，而以价格型工具为辅。例如，在高通胀预测和流动性不足的情况下，央行主要通过调整法定准备金率来改变市场现状；第二，央行经常性进行公开市场操作，如频繁的通过债券回购、现券交易和央行票据来进行人民币业务操作，但我国债券市场发展不够完善，可操作性品种有限，所以人民币公开市场业务发展有限；除此之外，央行还通过外汇冲销来缓解人民币升值压力，这就使国内流动性过剩，随后央行通过提高准备金率或者发行票据来收回流动性，使中国出现了人民币对外升值、对内贬值现象；第三，目前，央行都是把货币供应量作为调控主要目标，但是从调控效果看，效果不尽如人意，因为政策的延时性或其他因素，我国货币政策难以达到预期。

随着互联网货币的发展，其对货币政策的影响肯定是毋庸置疑的，因此我国央行的货币政策在这一大环境下也应该做适时调整。具体而言，要做到以下几个方面。

第一，对于货币政策工具，继续积极推进利率、汇率市场化，从以数量型工具为主要调节方式转变为依靠以价格型工具为主。因为随着这些货币的发展和支付方式的改变，数量型货币政策工具的作用将越来越小，而且实施过程中会遇到各种因素干扰而产生偏差。

第二，逐步从控制货币供给总量为目标转变为调节市场利率为主要政策目标。随着互联网货币发展，货币不同层次划分界限已经越来越模糊，央行很难控制货币的供给量，但是当市场利率化之后，利率是市场作用的结果，央行通过调整利率可以达到更好的调节效果。

第三，加强金融市场的全面健全发展，为货币政策在新环境的实施提供更好的条件。目前我们利率市场没有完全放开，资本市场发展也严重不足，融资方式基本都为银行融资为代表的间接融资，这严重阻碍着央行货币政策的选择和实施效果。

6.3 互联网货币的代表——比特币

6.3.1 比特币概述

2008 年，全球金融危机爆发，名叫"中本聪"的人发表了一篇论文，描述的是比特币的模式。与法定货币相比较，比特币并没有一个集中的发行方，而是通过网络节点的计算生成的，谁都有可能参与制造比特币，而且可以在全世界流通，也可以在任意一台接入互联网的计算机上进行买卖，无论身处何方，任何人都可以通过挖掘、购买、出售或收取比特币，而且在交易过程中，其他人无法辨认用户的身份信息。2009 年，不受央行和任何金融机构控制的比特币就此诞生。比特币就是一种"互联网货币"，是由计算机生成的一串串复杂代码组成的，新比特币通过预设的程序自行制造，随着比特币总量的不断增加，新币制造的速度会减慢，直到2140 年将会达到 2 100 万个总量上限，目前被挖出的比特币总量已经超过了 1 200 万个。

比特币主要有以下特点：

第一，去中心化。传统的虚拟货币如 QQ 币，其发行机构腾讯公司，受到本国的中央银行和政府虚拟货币管理政策及法规的约束。但是比特币不同，没有任何政府和机构可以控制比特币的发行和使用，而是由比特币网络所有节点集体进行管理。并且，比特币的发行将以预定的模式持续发行，从而避免被中央银行的不良决策所影响，杜绝了因为人为决策因素而导致的货币危机。

第二，交易成本低廉。比特币的交易是免费的，也不需要中间人，也就是说，比特币的交易可以不通过任何金融机构。同时，由于比特币的匿名性，政府和其他机构没有办法了解比特币的交易状况，因而比特币的交易可以不用纳税。

第三，不会通胀。通胀是由于政府超量发行货币导致的，而比特币的发行量是受到控制的，仅有 2 100 万个。这就避免了由于中央银行的错误决策或者人为的干预而造成的通货膨胀。

第四，交易便捷。比特币是在全世界流通的，可以在任意一台有网的计算机上操作。任何人都是可以挖掘、购买、出售或收取比特币的，无论你在哪里，交易是非常便捷的。

第五，是有专属的所有权。想要操控比特币是需要私钥的，它是可以被隔离保存在任何存储介质中的，除了用户自己之外无人可以获取，相对安全。

6.3.2 比特币的经济学解释

目前，经济学家们对比特币 2 100 万的固定总量的货币能否成为主流货币，呈现两极分化态度。其中凯恩斯学派的经济学家觉得政府应该积极的调控货币总量，用货币政策的松紧来调控经济，适时的加油或者刹车。所以他们认为比特币固定总量货币没有可调控性，而且不好的是将会不可避免地导致通货紧缩，进而伤害到整体经济。而奥地利学派的经济学家们的观点却是完全不同的，他们持有政府对货币的干预是越少越好的，货币总量固定导致的通缩不会有太大影响，而且是社会进步的标志。

比特币网络通过"挖矿"来生成新的比特币。所谓"挖矿"实质上是用计算机解决一项复杂的数学问题，来保证比特币网络分布式记账系统的一致性。比特币网络会自动调整数学问题的难度，让整个网络约每 10 分钟得到一个合格答案。随后比特币网络会新生成一定量的比特币作为赏金，奖励获得答案的人。

2009 年比特币诞生的时候，每笔赏金是 50 个比特币。诞生 10 分钟后，第一批 50 个比特币生成了，而此时的货币总量就是 50。随后比特币就以约每 10 分钟 50 个的速度增长。当总量达到 1 050 万时（2 100 万的 50%），赏金减半为 25 个。当总量达到 1 575 万（新产出 525 万，即 1 050 的 50%）时，赏金再减半为 12.5 个。

首先，根据比特币的设计原理，比特币总量会持续增长，直到 100 多年后达到 2 100 万的那天。但是比特币货币总量在后期增长的速度将会非常缓慢。事实上，87.5% 的比特币将在前 12 年内被"挖"出来。因此，从货币总量上看，比特币并不会达到固定的量，货币总量实质上是不断膨胀的，尽管速度会越来越慢。因此比特币似乎应该认为是通胀货币。

然而判断处于通货紧缩还是膨胀，并不依据货币总量是减少还是增多，而是看整体物价水平是下跌还是上涨。整体物价上升即为通货膨胀，反之则为通货紧缩。长期看来，比特币的发行机制决定了它的货币总量增长速度将远低于社会财富的增长速度。

凯恩斯学派的经济学家们认为，物价持续下跌会让人们倾向于推迟消费，因为同样的一元明天就能买到更多东西。消费意愿的降低又进一步导致了需求萎缩、商品滞销，使物价变得更低，步入"通缩螺旋"的恶性循环。同样，通缩货币哪怕不存入银行本身也能升值（购买力越来越强），人们的投资意愿也会升高，社会生产也会陷入低迷。因此，比特币是一种具备通缩倾向的货币。比特币经济体中，以比特币定价的商品价格将会持续下跌。

6.3.3 比特币在我国的发展及问题

到目前为止，我国已经初步形成以交易平台为核心，从比特币的生产（挖矿）、存储（比特币钱包）、兑换（按一定汇率兑换各种法偿货币或其他虚拟货币）、支付到消费较为完整的产业生态链，也已经出现了相关衍生性金融服务，主要表现在以下四个方面。

第一，截至 2013 年 5 月，挖比特币的人数已达到 8.5 万人，人数在世界位于第一。

第二，比特币平台交易量激增，排名也是世界第一。在我国，从事比特币交易的主要平台有比特币中国、OKCoin、火币网等。有数据显示，比特币在中国的注册用户已经超过了 3 万人，而在 2015 年 5 月，全球比特币交易平台排名还只位列第五，但到 11 月的时候已成为全球交易量最大的交易平台，每天的交易量超过了 10 万比特币。

第三，接受比特币来购买商品和服务的商家数量也日益增多。车库咖啡是国内第一家接受比特币支付的实体商户。芦山地震后，壹基金也宣布了接受比特币捐赠，共收到了 233 个比特币，折合人民币接近 22 万元。到目前为止，淘宝网越来越多的网店也接受比特币支付。

第四，一部分金融机构开始提供以比特币为基础资产的金融服务。例如，光大银行福州分行铜盘支行为福建中金在线网络管理公司推出的"中金在线比特币私募基金"提供托管服务。比特币在快速发展的同时，也暴露出了两大风险：一是国内比特币交易的投机性非常强。当前比特币的最大风险是由于价格暴涨暴跌引发的投机风险。2013 年以来，比特币的价格已经上涨了 100 多倍。由于比特币市场容量不是很大，交易 24 小时连续开放，也没有涨跌幅限制，价格容易被投机分子控制，产生剧烈的波动，风险非常大。普通投资者盲目跟风容易遭受重大的损失。

比特币近期价格情况如图 6-1 所示，图 6-1 是比特币一个月的短期价格走势，可以看出截至 2015 年 11 月，比特币价格在 2 000 元左右，价格波动较大；图 6-2 是比特币三个月的中长期价格走势，可以看出比特币价格波动剧烈，投资风险还是比较大的。

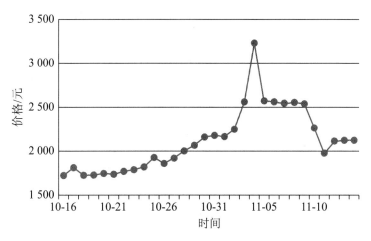

图 6-1 比特币短期价格走势图（2015.10—2015.11）

数据来源：新浪财经

图 6-2 比特币长期价格走势图（2015.8—2015.11）

数据来源：新浪财经

6.3.4 加强对比特币的监督

近期比特币在中国的快速发展，一方面反映了流动性过剩背景下中国投融资渠道狭窄的现状，尤其是缺乏合格的金融投资工具。在互联网金融整体被看好的情况下，投资者盲目赋予比特币资产增值的预期；另一方面也表明当前中国比特币产业生态链缺乏监管，鱼龙混杂、畸形发展的现实。

1. 与别国监管相比

去年发布的《关于防范比特币风险的通知》，明确了比特币的性质和现阶段的主要监管措施，主要围绕以下三个要点。

一是明确性质，将比特币界定为"特定的虚拟商品"，认为其"不具有与货币等同的法律地位"，因此"不能且不应作为货币在市场上流通使用"；二是沿袭此前对网络游戏虚拟货币的管理思路，卡住比特币社区与实体经济的联系通道，强调现阶段"金融机构和支付机构不得开展与比特币相关的业务"，防止比特币投机风险向金融体系传导；三是明确要求比特币交易平台在电信管理机构备案，并应切实履行反洗钱义务，对用户身份进行识别并报告可疑交易；四是与泰国央行的做法不同，没有完全禁止公众参与比特币交易，在充分提示风险的前提下，强调公众在自担风险的前提下自由参与。

关于比特币的性质，中国和其他国家一样，都不承认比特币为国家法偿货币。区别在于，由于中国迄今没有关于电子货币和虚拟货币的法律法规，五部委援引《人民银行法》和《人民币管理条例》的规定，从狭义上定义和理解货币的概念，因此将比特币认定为"虚拟商品"，这种做法是可以理解的。美国、法国和欧洲央行则从货币功能入手，基于互联网时代货币形态的变化，从广义上理解货币，将比特币界定为"虚拟货币"，这种做法更为合理。

关于比特币的监管措施，一是在明确提示风险的前提下，承认比特币作为一种商品，民众可以在自担风险的前提下自由买卖，有助于监管部门尽职免责；二是现阶段禁止金融机构、支付机构提供与比特币有关的服务，实际上在比特币社区和金融体系之间设立了栅栏，有助于防止风险外溢传染；三是对比特币交易平台重点实施准入管理和反洗钱监管，可以在规范经营行为、保护比特币交易参与者合法权益的同时，防止比特币被犯罪分子作为工具用来危害社会。

2. 借机重新设计网络金融监管体系

《关于防范比特币风险的通知》出台后，央行又采取措施落实相关要求，进一步强化监管措施执行力度。

总的看来，现阶段五部委对比特币的定性和采取的监管措施是实事求是和适度的。未来可考虑从以下几方面进一步加强研究，完善现有政策措施。

（1）中国宜在相当长时间内否定比特币等虚拟货币的货币属性，但需要高度关注并认真研究。当经济交往越来越无国界时，货币、国家和政府的分割却仍然广泛存在。比特币既是社会网络化的一个产物，也是经济生活无国界后对货币、国家和政府分割的一种抗拒。我们仍有必要高度关注并积极研究这一经济现象。尤其需要认真研究非主权货币存在并发挥作用的可能性。

（2）适时调整货币统计口径。网络社会的发展，事实上已存在电子虚拟货币。在货币调控中，除了应越来越重视价格型工具的使用外，还有必要拓宽货币口径，将这些具有高度流动性的支付工具纳入货币监测范围。

与此同时，在动态把握互联网时代货币形态演变规律的基础上，立足中国实际，借鉴国外立法经验,适时立法,明确中国电子货币和虚拟货币的含义、范围、属性、管理部门及职责,确认虚拟财产的合法地位、虚拟财产交易的合法性以及各方主体的权利和义务。

(3)充分借助比特币以及网络金融带来的机会,重新设计网络支付工具和网络金融的监管、司法保护体系。中国宜借助比特币快速发展、网络金融方兴未艾的时机,重新思考货币、金融的本源含义,跳出原有的宏观调控和监管框架,设计适合中国国情的监管和司法体系。

一方面,中国宜承认在互联网金融迅速发展的背景下,货币形态不断拓展的现实,在五部委联合下发通知的基础上,在国务院层面成立由人民银行牵头,工信部、公安部、高法院、高检院、银监会、证监会、保监会、外汇局等多部门共同参与的电子货币和虚拟货币协调管理机制。

另一方面,应当看到比特币作为虚拟物品,如同网络上的其他虚拟财产一样,在买卖过程中可以参照民法通则、合同法、刑法进行保护。在此基础上,公安机关和司法机关应当前瞻性地开展调查研究,更好地维护国家安全、保护当事人的合法权益。

6.4 区块链技术

6.4.1 区块链定义

区块链(block chain)是指通过去中心化和去信任的方式集体维护一个可靠数据库的技术方案。该技术方案主要让参与系统中的任意多个节点,通过一串使用密码学方法相关联产生的数据块(block),每个数据块中包含了一定时间内的系统全部信息交流数据,并且生成数据指纹用于验证其信息的有效性和链接(chain)下一个数据库块。

实现区块链的方式也有很多,目前常见的包括工作量证明(proof of work,POW),权益证明(proof of stake,POS),股份授权证明机制(delegate proof of stake,DPOS)等。

6.4.2 区块链的技术原理

关于如何建立一个严谨数据库的问题,区块链的办法是:将数据库的结构进行创新,把数据分成不同的区块,每个区块通过特定的信息链接到上一区块的后面,前后顺连来呈现一套完整的数据,这也是"区块链"这三个字的来源。主要的技术原理包括"区块+链"、分布结构和可编辑脚本。

1. "区块+链"

区块结构(block structure)。区块中会记录下区块生成时间段内的交易数据,区块主体实际上就是交易信息的合集。每一种区块链的结构设计可能不完全相同，但大结构上分为块头（header）和块身（body）两部分。块头用于链接到前面的块并且为区块链数据库提供完整性的保证，块身则包含了经过验证的、块创建过程中发生的价值交换的所有记录。

区块结构有两个非常重要的特点：第一，每一个区块上记录的交易是上一个区块形成之后、该区块被创建前发生的所有价值交换活动，这个特点保证了数据库的完整性；第二，在绝大多数情况下，一旦新区块完成后被加入区块链的最后，则此区块的数据记录就再也不能改变或删除。这个特点保证了数据库的严谨性，即无法被篡改。

区块链就是区块以链的方式组合在一起，以这种方式形成的数据库我们称为区块链数据库。区块链是系统内所有节点共享的交易数据库，这些节点基于价值交换协议参与到区块链的网络中来。

由于每一个区块的块头都包含了前一个区块的交易信息压缩值，这就使得从创世块（第一个区块）到当前区块连接在一起形成了一条长链。由于如果不知道前一区块的"交易缩影"值，就没有办法生成当前区块，因此每个区块必定按时间顺序跟随在前一个区块之后。这种所有区块包含前一个区块引用的结构让现存的区块集合形成了一条数据长链。"区块+链"的数据存储结构如图6-3所示。

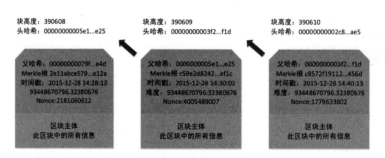

图6-3　区块链的结构

资料来源：根据36Kr资料，作者整理而成

区块（完整历史）+ 链（完全验证）= 时间戳。"区块+链"的结构为我们提供了一个数据库的完整历史。从第一个区块开始，到最新产生的区块为止，区块链上存储了系统全部的历史数据。区块+链=时间戳，这是区块链数据库的最大创新点。区块链数据库让全网的记录者在每一个区块中都盖上一个时间戳来记账，表示这个信息是这个时间写入的，形成了一个不可篡改、不可伪造的数据库。

2. 分布式结构——开源的、去中心化的协议

我们有了"区块+链"的数据之后，接下来就要考虑记录和存储的问题了。我们应该让谁来参与数据的记录，又应该把这些盖了时间戳的数据存储在哪里呢？在现如今中心化的体系中，数据都是集中记录并存储于中央计算机上。但是区块链结构设计精妙的地方就在这里，它并不赞同把数据记录并存储在中心化的一台或几台计算机上，而是让每一个参与数据交易的节点都记录并存储下所有的数据。

关于如何让所有节点都能参与记录的问题，区块链的办法是：构建一整套协议机制，让全网每一个节点在参与记录的同时也来验证其他节点记录结果的正确性。只有当全网大部分节点（或甚至所有节点）都同时认为这个记录正确时，或者所有参与记录的节点都比对结果一致通过后，记录的真实性才能得到全网认可，记录数据才允许被写入区块中。

关于如何存储下"区块链"这套严谨数据库的问题，区块链的办法是：构建一个分布式结构的网络系统，让数据库中的所有数据都实时更新并存放于所有参与记录的网络节点中。这样即使部分节点损坏或被黑客攻击，也不会影响整个数据库的数据记录与信息更新。

区块链根据系统确定的开源的、去中心化的协议，构建了一个分布式的结构体系，让价值交换的信息通过分布式传播发送给全网，通过分布式记账确定信息数据内容，盖上时间戳后生成区块数据，再通过分布式传播发送给各个节点，实现分布式存储。

从硬件的角度讲，区块链的背后是大量的信息记录储存器（如计算机等）组成的网络，这一网络如何记录发生在网络中的所有价值交换活动呢？区块链设计者没有为专业的会计记录者预留一个特定的位置，而是希望通过自愿原则来建立一套人人都可以参与记录信息的分布式记账体系，从而将会计责任分散化，由整个网络的所有参与者来共同记录。完全去中心化的结构设置使数据能实时记录，并在每一个参与数据存储的网络节点中更新，这就极大地提高了数据库的安全性。

3. 可编程的智能合约——脚本

脚本是区块链技术中一项非常重要的创新，脚本可以理解为一种可编程的智能合约。如果区块链技术只是为了适应某种特定的交易，那脚本的嵌入就没有必要了，系统可以直接定义完成价值交换活动需要满足的条件。然而，在一个去中心化的环境下，所有的协议都需要提前取得共识，那脚本的引入就显得不可或缺了。有了脚本之后，区块链技术就会使系统有机会去处理一些无法预见到的交易模式，保证了这一技术在未来的应用中不会过时，增加了技术的实用性。

一个脚本本质上是众多指令的列表，这些指令记录在每一次的价值交换活动中，价值交换活动的接收者（价值的持有人）如何获得这些价值，以及花费掉自己曾收到的留存价值需要满足哪些附加条件。通常，发送价值到目标地址的脚本，要求价值的持有人提供以下两个条件，才能使用自己之前收到的价值：一个公钥，以及一个签名（证明价值的持有者拥有与上述公钥相对应的私钥）。

脚本的神奇之处在于，它具有可编程性：

（1）它可以灵活改变花费掉留存价值的条件，例如脚本系统可能会同时要求两个私钥、或几个私钥或无须任何私钥等；

（2）它可以灵活地在发送价值时附加一些价值再转移的条件，例如脚本系统可以约定这一笔发送出去的价值以后只能用于支付中信证券的手续费或支付给政府等。

6.4.3　区块链技术的特点

从上文中可以看出，区块链技术说到底是一个记账系统，是互联网世界中一种P2P、去中心化、集体维护的可信任数据库，其特点有：纯数学方法建立信任关系，去中心化结构——高运作效率、低运营成本。

区块链技术的信任机制建立在数学（非对称密码学）原理基础之上，这就使得区块链系统中的人们可以在不需要了解对方基本信息的情况下进行可信任的价值交换，信息安全的同时保证了系统运营的高效率与低成本。这样的体系可以让人们在没有中心化机构的情况下达成共识，将价值交换过程中的摩擦成本几乎降为0。

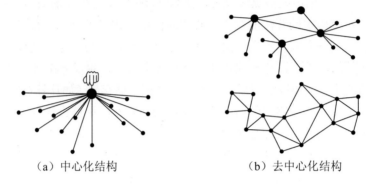

（a）中心化结构　　　　　　（b）去中心化结构

图6-4　中心化结构与去中心化结构的对比

资料来源：根据Ioptio资料，作者整理而成

1. 数据信息完整透明——符合法律和便于追踪

由于区块链将从创世块以来的所有交易都明文记录在区块中，且形成的数据记录不可篡改，因此任何交易双方之间的价值交换活动都是可以被追踪与查询到的。这种完全透明的数据管理体系不仅从法律角度看无懈可击，也为现有的物流追踪、操作日志记录、审计查账等提供了可信任的追踪捷径。

2. 分布式记账与存储——高容错性

由于区块链的记账与存储功能分配给了每一个参与的节点，因此不会出现集中模式下的服务器崩溃风险问题。分布模式使得区块链在运转的过程中具有非常强大的容错性功能，即使数据库中的一个或几个节点出错，也不会影响整个数据库的数据运转，更不会影响现有数据的存储与更新。

3. 智能合约可编程——没有负担的进化模型

区块链技术基于可编程原理内嵌进了脚本的概念，这就使得今后基于区块链技术的价值交换活动变成了一种智能的可编程模式了。我们可以限定捐赠出去的这笔钱只允许用于购买急救设备，也可以限定打给大学生的钱只允许用于交学费，诸如此类的想法都能编程进区块链中，形成一个智能的未来合约。

4. 全球一个数据库——高包容性业务模式

基于区块链技术建立起来的数据库是一个全球范围内的超级大数据库，我们所有的价值交换活动（包括开户、登记、交易、支付、清算等）都可以在这个数据库中完成，业务模式具有极高的包容性。

5. 透明世界背后的匿名性——保护隐私

区块链的信任基础是通过纯数学方式背书而建立起来的，能让人们在互联网世界里实现信息共享的同时，不暴露自己在现实生活中的真实身份。区块链上的数据都是公开透明的，但数据并没有绑定到个人，交易背后的现实主人是谁我们并不知道，透明世界的背后具有匿名性特点。这些特点极大地保护了参与者的个人隐私。如图 6-5 所示。

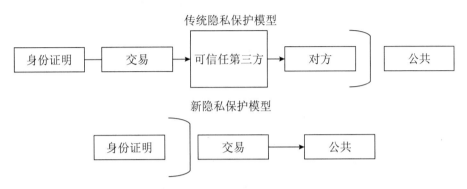

图 6-5　传统隐私保护模式与区块链下的新隐私保护模式

资料来源：《Bitcoin：A Peer-to-Peer Electronic Cash System》

6.4.4　区块链技术的应用

由于区块链技术拥有去中心化、方便快捷、高安全性、记账速度快、成本较低、互相监察验证和资料公开透明等优点，因此，区块链技术可以利用于以下多个领域。

1. 数字货币

区块链技术最广泛、最成功的运用是以比特币为代表的数字货币。近年来数字货币发展很快，由于去中心化信用和频繁交易的特点，使得其具有较高交易流通价值，并能够通过开发对冲性金融衍生品作为准超主权货币，保持相对稳定的价格。

数字货币建立了主权货币背书下的数字货币交易信用，交易量越大，交易越频繁，数字货币交易信用基础越牢固。一旦在全球范围实现了区块链信用体系，数字货币自然会成为类黄金的全球通用支付信用。

2. 支付清算

现阶段商业贸易交易清算支付都要借助于银行，这种传统的通过中介进行交易的方式要经过开户行、对手行、央行、境外银行（代理行或本行境外分支机构）。在此过程中每一个机构都有自己的账务系统，彼此之间需要建立代理关系，需要有授信额度；每笔交易需要在本银行记录，还要与交易对手进行清算和对账等，导致交易速度慢，成本高。

与传统支付体系相比，区块链支付为交易双方直接进行，不涉及中间机构，即使部分网络瘫痪也不影响整个系统运行。如果基于区块链技术构建一套通用的分布式银行间金融交易协议，为用户提供跨境、任意币种实时支付清算服务，则跨境支付将会变得便捷和成本低廉。

区块链技术在支付清算上的应用并非遥不可及，SWIFT作为一个链接了数万家银行的通信平台，已经被新兴崛起的区块链技术所威胁，一些区块链初创企业和合作机构开始提出一些全新的结算标准，如R3区块链联盟已经制定了可交互结算的标准，截至目前全球已有42家大型银行和金融集团加入R3。

3. 数字票据

数字票据是结合区块链技术和票据属性、法规、市场，开发出的一种全新的票据展现形式，与现有的电子票据体系的技术架构完全不同。数字票据既具备电子票据的所有功能和优点，又融合了区块链技术的优势，成为一种更安全、更智能、更便捷、更具前景的票据形态。

数字票据的核心优势主要表现在：一是实现票据价值传递的去中介化。在传统票据交易中，往往票据中介利用信息差进行撮合，借助区块链实现点对点交易后，票据中介将失去中介职能，重新进行身份定位；二是有效防范票据市场风险。区块链由于具有不可篡改的时间戳和全网公开的特性，一旦交易，将不会存在赖账现象，从而避免了纸票"一票多卖"、电票打款背书不同步的问题；三是系统的搭建和数据存储不需要中心服务器，省去了中心应用和接入系统的开发成本，降低了传统模式下系统的维护和优化成本，减少了系统中心化带来的风险；四是规范市场秩序，降低监管成本。区块链数据前后相连构成的不可篡改的时间戳，使得监管的调阅成本大大降低，完全透明的数据管理体系提供了可信任的追溯途径，并且可以在链条中针对监管规则通过编程建立共用约束代码，实现监管政策全覆盖和硬控制。

4. 权益证明

区块链每个参与维护节点都能获得一份完整的数据记录，利用区块链可靠和集体维护的特点，可对权益的所有者确权。对于存储永久性记录的需求，区块链是理想解决方案，适用于土地所有权、股权交易等场景。其中股权证明是目前尝试应用最多的领域，股权所有者凭借私钥，可证明对该股权的所有权，股权转让时通过区块链系统转让给下家，产权明晰，记录明确。整个过程无须第三方的参与。

在伦敦举办的2015年欧洲卓越贸易技术金融新闻奖的主题演讲中，纳斯达克首席执行官BobGreifeld宣布，该交易所打算使用区块链技术管理代理投票系统。代理投票本来是由一家上市交易所使用的一项重要而又费时的操作，区块链技术的应用可以让股东们不必出席公司周年大会就能参与投票，人们用自己的手机就能投票，并且永远保存投票记录。区块链技术被视为股权交易领域能够在更短时间内确保透明交易的先进技术。

5. 银行征信

目前，商业银行信贷业务的开展，无论是针对企业还是个人，最基础的考量是借款主体本身所具备的金融信用。各家银行将每个借款主体的还款情况上传至央行的征信中心，需要查询时，在客户授权的前提下，再从央行征信中心下载参考。这其中存在信息不完整、数据不准确、使用效率低、使用成本高等问题。

在这一领域，区块链的优势在于依靠程序算法自动记录海量信息，并存储在区块链网络的每一台计算机上，信息透明、篡改难度高、使用成本低。各商业银行以加密的形式存储并共享客户在本机构的信用状况，客户申请贷款时不必再到央行申请查询征信，即去中心化，贷款机构通过调取区块链的相应信息数据即可完成全部征信工作。

6.4.5 区块链技术的未来发展

第一，从底层技术的角度看区块链：作为互联网领域的底层技术，区块链有望促进数据记录、数据传播及数据存储管理方式的转型；区块链本身更像一种互联网底层的开源式协议，在不远的将来会触动甚至最后彻底取代现有互联网的底层基础协议。

第二，从市场应用的角度看区块链：区块链能成为一种市场工具，帮助社会削减平台成本，让中间机构成为过去；区块链将促使公司现有业务模式重心的转移，有望加速公司的发展。

第三，从整个社会结构的角度看区块链：区块链技术有望将法律与经济融为一体，彻底颠覆原有社会的监管模式；组织形态会因其而发生改变，区块链也许最终会带领人们走向分布式自治的社会。

互联网将使得全球之间的互动越来越紧密，伴随而来的就是巨大的信任鸿沟。目前现有的主流数据库技术架构都是私密且中心化的，在这个架构上是永远无法解决价值转移和互信问题。所以区块链技术有可能将成为下一代数据库架构。通过去中心化技术，将能够在大数据的基础上完成数学（算法）背书、全球互信这个巨大的进步。

区块链技术作为一种特定分布式存取数据技术，它通过网络中多个参与计算的节点开共同参与数据的计算和记录，并且互相验证其信息的有效性（防伪）。从这一点来看，区块链技术也是一种特定的数据库技术。互联网刚刚进入大数据时代，但是从目前来看，大数据还处于非常基础的阶段。但是当进入区块链数据库阶段，将进入真正的强信任背书的大数据时代。这里面的所有数据都获得坚不可摧的质量，任何人都没有能力也没有必要去质疑。

6.4.6 区块链应用面临的挑战

从实践进展来看，区块链技术在商业的应用大部分仍在构想和测试之中，距离在生活、生产中的运用还有很长的路，而要获得监管部门和市场的认可也面临不少困难。

第一，发展受到现行制度的制约。一方面，区块链去中心、自治的特性淡化了国家、监管等概念，对现行体制带来了深刻冲击。比如，以比特币为代表的数字货币不但对国家货币发行权构成挑战，还影响到货币政策的传导机制和效果，削弱央行调控经济的能力，导致货币当局对数字货币的发展保持谨慎态度。另一方面，监管部门对这项新技术也缺乏充分的认识和预期，法律和制度建立可能会十分滞后，导致与运用区块链相关的经济活动缺乏必要的制度规范和法律保护，无形中增大了市场主体的风险。

第二，将该技术整合至金融机构现有制度的成本较大。对于任何金融创新，金融机构都要确保既能创造经济效益，又要符合监管要求，还要与传统业基础设施衔接。特别是当部署一个基础系统时,耗费的时间成本和人力物力都非常大,内部遇到的阻力也不小。

第三,在技术层面,区块链仍需要解决诸多问题。比如网络安全问题,数字货币发展至今,丢失和失窃等安全事故时有发生,不仅暴露出其安全使用的弊端,也打击了市场主体进一步持有和使用的信心。又如区块容量问题,即在一些应用程序上,区块链还无法承载数百万用户的使用。此外,缺少可以被广泛使用的程序,较高的技术门槛和相当的专业知识可能降低市场主体对区块链应用的认知和接受程度。

总结

本章阐述了互联网货币的概念,比较了与传统货币的不同。在此基础上对互联网货从货币需求函数、流通速度、货币统计和供应量方面进行分析,介绍了互联网货币对货币供需体系的影响,以互联网货币的典型代表比特币为例对其的经济学解释、发展以及监管方面都进行概述,最后对区块链技术的定义、特点、应用及发展面临的挑战也进行了论述。

关键概念

互联网货币　比特币

习题

1. 什么是互联网货币?比较互联网货币与传统货币的不同。
2. 阐述互联网货币对货币供需体系的影响。
3. 结合国际对比特币的监管谈谈我国应该如何监管比特币。

第 7 章
互联网金融风险分析与风险控制

2015年12月8日，知名互联网金融P2P平台公司e租宝被宣布接受调查，在投资者中引发轩然大波。当晚7时许，e租宝的官网就不能登录；12月9日，e租宝位于广东东莞，佛山，安徽，上海等地的多处办公地点接连被警方查封，e租宝母公司安徽钰成集团还被拆牌。

资料显示，e租宝，2012年成立，注册资金1 000万美元，主要以安徽钰成融资租赁为主体，于2010年7月增加至3 000万美元，2014年认缴增资至近6亿美元。该平台有400万注册用户左右，购买理财产品的大约在100万人。截至2015年12月8日，e租宝总成交量745.68亿元，总投资人数90.95万人。e租宝的投资模式与大部分P2P一致：投资人通过第三方支付易宝支付或银行将投资款打给e租宝，拍标完成后再由e租宝将此笔款打给借款人。

关于董事长丁宁被警方控制，关于e租宝涉嫌非法集资的问题，该公司代表表示请投资人稍安勿躁，等待调查结果。从多位银行人士处获悉，钰成集团及相关关联公司，一共牵涉银行贷款100多亿元，而银行账上的可用资金余额不足10亿元，保证金不足20亿元，这一数字为各家银行的总和，包括中信银行的10.71亿元人民币风险备用金。而中国银行为其主要债权行。

e租宝不是第一个也不是唯一出现问题的P2P公司。P2P网贷在我国爆发性增长的核心因素是因为理财市场和小贷市场有效对接与监管真空，促使行业规模高速增长。高利差和监管套利保证行业的高盈利，不断吸引着新的进入者。但P2P行业有着与银行类似的风控模式，来做银行不愿意放贷的客群，这样的模式必然十分脆弱。

除掉那些专为制造庞氏骗局，赤裸裸的骗取投资跑路的，更多是凭着热情，没有金融背景，没弄清风险，仅因为这个行业暴富机会大而盲目进入的，最终会承受不住高风险而垮台。

资料来源：《信托周刊》，2015年9月

本章学习目标

1. 掌握互联网金融风险的特征和种类；
2. 掌握互联网金融典型风险成因；
3. 了解互联网金融不同风险控制方法。

作为互联网和金融的结合物，互联网金融同时具有二者的属性。不过互联网金融的核心及本质还是金融，而互联网仅仅是手段和方法。也正是因为这个原因，使得互联网金融不仅面临着传统金融所具有的风险，同时也面临着基于网络技术这个平台而产生的特有风险。总的来说，有如下几个显著特征。

一是金融风险的扩散速度较快。无论第三方支付还是移动支付，包括P2P网贷、大众筹资平台、大数据金融、信息化金融等在内的互联网金融，都建立了在具有高科技特点的网络技术基础之上。这使得互联网金融业务能够在最短时间内得到处理，也为简单快速的金融服务提供了强大的信息技术支持。然而，任何事物的任何特点都具有两面性。从相反方向来说，高速的数据传输也意味着高速风险传输，一旦金融风险发生了，便会很快扩散开来。

二是金融风险监管比较困难。信息高速运转的时代，大部分的互联网银行或手机银行都可以在互联网或移动互联网上完成交易和支付。与传统的金融机构不同的是，互联网金融采用的是电子记账和电子化处理业务，采用的也是电子货币。众所周知，互联网金融活动都是在网上进行的，从而使这样的交易有了虚拟性。不仅失去了地理方面和时间方面的限制，而且整个交易过程也显得很不透明，包括交易对象都变得极其模糊，这些无疑都使得互联网金融风险的形式变得更加多样化。方式和金额的不可预料，使得风险的防范和化解显得尤其的困难。一旦某个步骤中产生交易风险，将会给客户和提供互联网金融服务的那一方造成难以想象的损失。

三是金融风险之间传染的概率提高。在传统意义上的金融活动中，当人们认为有可能会有风险发生时，他们可以采取一系列的措施将那些可能导致风险的不同源头阻隔开来。可以采取分业经营、或者特许经营等，尽可能地减少他们之间接触的机会，也就使这些风险相互传染的概率大大的降低了。这些风险都在常年的经营中得到预测和分析，并且在监管部门的量化下，可以将这些风险划分确定其归属。从而将其定义为某一类风险并制定控制措施，以防再一次的发生。而在互联网金融中，物理隔离的有效性相对减弱，当这些金融机构之间推进的网上的业务之间的相关性增强时，矗立在他们中间的防火墙就要具备更强的防护能力。现阶段，整个社会的金融活动呈现出一幅穿梭往来的局面，各大金融机构之间展开了许多综合的金融业务。在现有产品体系内，他们之间的相关性日益增强。同时，机构与机构之间，乃至国家与国家之间的沟通也越来越频繁。这些改变都极有可能引发金融风险的交叉传染。

7.1 互联网金融风险类别

互联网金融是金融与网络技术全面结合的产物，其内容包括大数据、众筹、第三方支付、P2P 和各种互联网金融产品等。在互联网金融的发展过程中，安全性和便捷性始终是一对矛盾，两者相互制约，这使我们面临着不同于传统金融的新的金融风险。认识互联网金融风险产生的原因和特点，对于健全和完善互联网金融风险的防范和管理机制，发挥金融对经济发展的良性促进作用是十分必要的。

互联网金融风险可分为两类：基于网络金融业务特征导致的平台风险和基于网络信息技术导致的技术风险，其中平台风险已成为最主要的风险，关注平台风险会从市场、流动性等方面考虑。

7.1.1 平台风险

1. 信用风险

信用风险指互联网金融交易者在合约到期日不完全履行其义务的风险。互联网金融服务方式具有虚拟性的特点,即互联网金融业务和服务机构这两者都具有显著的虚拟性。互联网技术在金融业中的应用可以实现在互联网上设立银行等互联网金融机构,如美国安全第一网络银行就是一个典型的网络银行。虚拟化的金融机构可以利用虚拟现实信息技术增设虚拟分支机构或营业网点,从事虚拟化的金融服务。互联网金融中的一切业务活动,如交易信息的传递、支付结算等都在由电子信息构成的虚拟世界中进行。

与传统金融相比,金融机构的物理结构和建筑的重要性大大降低。互联网金融服务方式的虚拟性使交易、支付的双方互不见面,只是通过网络发生联系,这使对交易者的身份、交易的真实性验证的难度加大,增大了交易者之间在身份确认、信用评价方面的信息不对称,从而增大了信用风险。对我国而言,互联网金融中的信用风险不仅来自服务方式的虚拟性,还有社会信用体系的不完善而导致的违约可能性。因此,在我国互联网金融发展中的信用风险不仅有技术层面的因素,还有制度层面的因素。我国目前的社会信用状况是大多数个人、企业客户对网络银行、电子商务采取观望态度的一个重要原因。

2. 流动性风险

这是指互联网金融机构没有足够的资金满足客户兑现电子货币的风险。风险的大小与电子货币的发行规模和余额有关。发行的规模越大,用于结算的余额越大,发行者不能等值赎回其发行的电子货币或清算资金不足的可能性越大。因为目前的电子货币是发行者以既有货币(现行纸币等信用货币)所代表的现有价值为前提发行出去的,是电子化、信息化了的交易媒介,尚不是一种独立的货币。交易者收取电子货币后,并未最终完成支付,还需从发行电子货币的机构收取实际货币,相应地,电子货币发行者就需要满足这种流动性要求。当发行者实际货币储备不足时,就会引发流动性危机。流动性风险也可由网络系统的安全因素引起。当计算机系统及网络通信发生故障,或病毒破坏造成支付系统不能正常运转,必然会影响正常的支付行为,降低货币的流动性。

3. 支付和结算风险

由于互联网金融服务方式的虚拟性,金融机构的经营活动可突破时空局限,打破传统金融的分支机构及业务网点的地域限制;只需开通网络金融业务就可能吸引相当大的客户群体,并且能够向客户提供全天候、全方位的实时服务,因此,互联网金融有 3A 金融(即能在任何时间、任何地点、以任何方式向客户提供服务)之称。网络金融的经营者或客户通过各自的电脑终端就能随时与世界任何一家客户或金融机构办理证券投资、保险、信贷、期货交易等金融业务。这使互联网务环境具有很大的地域开放性,并导致互联网金融中支付、结算系统的国际化,从而大大提高了结算风险。基于电子化支付系统的跨国跨地区的各类金融交易数量巨大。这样,一个地区金融网络的故障会影响全国乃至全球金融网络的正常运行和支付结算,并会造成经济损失。20 世纪 80 年代美国财政证券交易系统曾发生只能买入,不能卖出的情况,一夜就形成 200 多亿美元的债务。我国也曾发生类似情况。

4. 法律风险

这是针对目前互联网金融立法相对落后和模糊而导致的交易风险。目前的金融立法框架主要基于传统金融业务，如银行法、证券法、财务披露制度等，缺少有关互联网金融的配套法规，这是很多发展互联网金融的国家普遍存在的情况，我国亦然。互联网金融在我国还处于刚起步阶段，相应的法规还相当缺乏，如在网络金融市场准入、交易者的身份认证、电子合同的有效性确认等方面尚无明确而完备的法律规范。因此，利用网络提供或接受金融服务，签订经济合同就会面临在有关权利与义务等方面的相当大的法律风险，容易陷入不应有的纠纷之中，结果是使交易者面对着关于交易行为及其结果的更大的不确定性，增大了网络金融的交易费用，甚至影响网络金融的健康发展。

5. 其他风险

如市场风险，即利率、汇率等市场价格的变动对网络金融交易者的资产、负债项目损益变化的影响，以及金融衍生工具交易带来的风险等，在网络金融中同样存在。

7.1.2 技术风险

1. 安全风险

互联网金融的业务及大量风险控制工作均是由电脑程序和软件系统完成，所以，电子信息系统的技术性和管理性安全就成为互联网金融运行的最为重要的技术风险。这种风险既来自计算机系统停机、磁盘列阵破坏等不确定因素，也来自网络外部的数字攻击，以及计算机病毒破坏等因素。根据对发达国家不同行业的调查，系统停机对金融业造成的损失最大。网上黑客的攻击活动能量正以每年10倍的速度增长，其可利用网上的任何漏洞和缺陷非法进入主机、窃取信息、发送假冒电子邮件等。计算机网络病毒可通过网络进行扩散与传染，传播速度是单机的几十倍，一旦某个程序被感染，则整台机器、整个网络也很快被感染，破坏力极大。在传统金融中，安全风险可能只带来局部损失，但在网络金融中，安全风险会导致整个网络的瘫痪，是一种系统性风险。

2. 技术选择风险

互联网金融业务的开展必须选择一种成熟的技术解决方案来支撑。在技术选择上存在技术选择失误的风险。这种风险既来自选择的技术系统与客户终端软件的兼容性差导致的信息传输中断或速度降低的可能，也来自选择了被技术变革所淘汰的技术方案，造成技术相对落后、网络过时的状况，导致巨大的技术和商业机会的损失。对于传统金融而言，技术选择失误，只是导致业务流程趋缓，业务处理成本上升，但对互联网金融机构而言，则可能失去全部的市场，甚至失去生存的基础。

谈到P2P，它有着很高的技术风险。因为小额信贷是一项严重依赖征信体系、诚信环境和数据技术的业务。在欧美发达国家，个人的征信数据相对全面、准确，标准化的FICO分数通常可作为筛选借款人的第一道门槛，高昂的违约成本也在一定程度上制约着借款人的违约行为。即便如此，欧美的P2P借贷平台还会对FICO模型进行改进，通过精确调试的模型，精准测算借款人的单笔借款违约概率，而非简单评估其整体信用情况。

我国的小额信贷业务本身开展的并不充分，技术和人才储备有限，加上征信数据缺失、诚信环境不佳，对 P2P 借贷平台开展的小额信贷业务造成较高压力。甚至一些经营者本身并无小额信贷业务经营经验，仓促上线平台，盲目扩张业务，带来了较高的信贷技术风险。

为应对这一风险，许多平台不得不承担繁重的线下尽职调查任务，从搜集信用数据开始，经历初审、终审、复核多个环节以便尽可能准确的确定借款人的信用状况，评估其还款能力、还款意愿和违约成本。这些工作大多由人工完成，造成极高的人力成本。一般而言，线下销售和尽职调查费用占到 P2P 借贷平台运营费用的 50% 以上，也是构成综合借款费率居高不下的重要因素。

另外一些注重数据审贷的平台则参考国外的主流信用评估模型（如 FICO），或者直接引进银行的评估模型。但是我国的小额信贷情况特殊，受地域、行业、民风、文化习惯的影响很大，使得统一的信用模型很难构建，需要根据复杂的具体情况进行优化、改进，更需要长时间的观察和反馈，因而暂时仍然难以摆脱繁重的人工操作。

信贷技术不足带来的后果就是坏账率的居高不下，大多数 P2P 借贷平台不愿披露坏账数据，在我们重点分析的 20 家平台中只有半数以不同口径公布了借款逾期情况。行业内普遍流行的说辞是坏账率介于 2%～3%，但一些行业人士认为常见的坏账率应为 5%～8%。由于缺乏普遍的统计，上述数据难以考证，但以美国主要的 P2P 借贷平台 Lending Club 和 Prosper 为例，其坏账率都曾高达 10% 以上，只是到近两年方才有明显下降。这也从一个侧面说明了小额信贷业务需要长期积累，技术的改善并非一朝一夕之事。

小额信贷技术的困难不仅仅表现于征信和审贷环节，实际上涵盖了整个风险控制的流程。从用户定位开始，到用户筛选、需求审核、风险定价、贷后管理、逾期催收等，形成完整的链条，其中任何一个环节的缺失，都可能导致灾难性的后果。例如，在风险拨备和损失覆盖方面，P2P 借贷平台经常与银行进行对比，但是我国银行体系具有特殊的先后天条件，在相同坏账率的情况下，银行可能安然无恙，而 P2P 借贷平台已经无法支撑。

7.2　互联网金融中的主要风险分析

传统金融机构所面临的风险，比如信用风险、流动性风险、利率风险和市场风险，在互联网金融机构的经营中仍然存在，只不过在表现形式上有所变化。这里将讨论的是互联网金融机构所特有的风险：网络安全风险、操作风险、信用风险、金融业务风险和法律及声誉风险。

7.2.1　网络安全风险

对于互联网金融而言，网络是其存在的平台。在当前情况下，因为网络安全问题导致的互联网金融损失比比皆是。对于网络安全而言，最常见也是最重要的几种风险问题分别是：网站被篡改、网站挂马、网络钓鱼和网站后门。

1. 网站被篡改风险

通常来说，就是黑客向网站植入不易被网站管理员和用户发觉的黑链，这些大多是各种商业广告的链接。广告对象可能是出售广告位，又或者是为了谋取经济利益提供所谓的网站排名优化，也有可能是当作跳板来发起网络攻击。近年来，随着网络技术的日益发达，网络被篡改风险也日益增加，会给互联网金融消费者的财产安全造成重大威胁。

2. 网站挂马风险

在网页中嵌入恶意链接或程序，一旦用户计算机在访问该页面时，便会迅速被植入这些恶意程序。如果用户主机的某些应用软件或者相关操作系统有漏洞，安全防护又没做好的情况下，黑客安放的这些程序就会由此侵入主机。在控制用户主机之后，便可以窃取用户的个人信息。

3. 网络钓鱼风险

当前钓鱼网站比较多，通常采用的方式是通过微信，QQ 或者 MSN，也有手机短信、微博的方式，给用户发送一个链接。大多是提示中奖之类接到信息的人如果按照提供的链接点击进去，极有可能面临机器中毒或者个人账户信息被泄露的风险。

4. 网站后门风险

当网站服务器被黑客入侵后，他们会留下后门程序。通过网站后门，网站服务器上的文件可以被查看、修改、上传等。不仅如此，甚至连网站服务器的命令都可以被重新定义。

7.2.2 操作风险

由于不同用户使用不同终端引发的操作失误、金融服务提供商员工操作违规、内部控制失误、不完善等由于操作问题而引发潜在损失的风险，称为操作风险。现实中，互联网金融行业中尚未形成统一、规范的操作流程，行业协会还处于弱势地位，缺乏行业规范形成并推广的权威性，这使得互联网金融服务提供商所提供的业务流程必然存在差异。本节借鉴张松等的研究，从三个角度来考虑互联网金融的操作风险。

1. 支付方式创新带来的风险

当前的支付方式渐渐地走向移动支付这个潮流，不管是依托于红外、蓝牙的近场支付，还是以网银、电话银行和手机支付为代表的远程支付，在给人们带来一系列便利的同时，也暗藏着技术和业务的风险。

2. 行业间关联性风险

作为金融创新的互联网金融，它所面临的风险不仅仅来自自身，也有来自与其相关的其他金融企业，甚至有可能是其他相关行业。当前形势下，金融企业间关联业务越来越多，风险交叉感染的可能性也越来越大，需要加以更多的关注。

3. 消费者操作风险

很多用户对于存在于互联网金融中的风险认识不足，对可能诱发风险的源头也辨识不清。3G、无线网络的快速普及，使得越来越多的用户始通过 WiFi 在二些网络终端设备中进行金融交易。而大多数消费者都对 WiFi 安全性认识不足，使得黑客极有可能乘虚而入。比方说，当用户登录黑客设立的假冒 WiFi 站点时，银行账号和密码很有可能会被套取。

7.2.3 信用风险

信用是金融产品定价的依据，对于以金融为核心的互联网金融而言，同样如此。一般来说，不同参与方确定利用互联网开展金融交易的前提是，他们对互联网所提供的金融平台及其信誉持有认同的态度。由于互联网金融平台的介入，两方交易演变成三方交易，这为交易流程带来了新的风险，虽然也一定程度上弥补了社会信用体系的不足。

1. 内部欺诈风险

内部欺诈风险指的是企业内部员工故意骗取、盗用财产或违反监管规章、法律的行为。一般分为两类，有未经授权的活动和项目，以及盗取和欺诈等行为。表现形式有故意不报告交易，交易品种未经授权，假存款，勒索，挪用公款等。

2. 外部欺诈风险

外部欺诈风险指第三方故意骗取、盗用财产或逃避法律责任而导致的损失。包括盗窃、抢劫、伪造和存在资金损失的盗窃信息。

近期多家 P2P 破产、跑路，信用风险表现愈发强烈。随着市场竞争的加剧，信用风险逐渐暴露，其中一个值得警惕的现象是"借款人包装"行为，即不满足条件的借款人通过虚假性或误导性资料"美化"自己的信用，制造"合格"假象。这种包装若无专业人士的"指导"，不难被识破，并不会给 P2P 借贷平台带来太多风险。但若有专业人士的"配合"，其欺骗能力则大大增强，平台将难以识别。"专业化"的借款人包装通常有两种实施形式：一种是小贷公司或 P2P 借贷平台的从业者辞职后专职或兼职从事此项业务，由于熟稔信用评估流程和审贷要求，"专业包装人"可为借款人提供大量指导意见，帮助后者"美化"其贷款申请材料；另一种是 P2P 借贷平台的在职员工与借款人相配合，除了给其"指导"之外，还利用职务之便或内部消息，帮助其获得借款。

对于第一种实施形式，由于专业包装人已经脱离了借贷机构，其身份更像是独立"贷款顾问"，只要不故意引导借款人造假，其行为有积极价值；即使存在不规范行为，在目前的环境下亦难有有效的外部制约措施，主要依靠平台切实进行尽职调查、加强贷款审核。第二种实施形式则要求平台必须加强内部监督，对重点岗位予以经常性检查和总结，设定预警条件和应急措施，在发现"骗贷"事件后进行快速响应和严肃处理。

目前，一些平台正在尝试通过行业组织建立"从业人员黑名单"机制，互相共享有"不端"前科的 P2P 借贷从业人员，以在更大范围内约束专业包装等行为。这一机制能否顺利建成并有效发挥作用，值得关注。值得注意的是，平台若界定某个从业人员行为不端，应有充足的事实依据，并给予从业人员申诉的权利。

7.2.4 业务风险

互联网金融的本质还是金融,只不过是交易模式有所创新。传统金融业务所面临的业务风险,在互联网金融中同样存在。比如,流动性风险、市场风险和利率风险。

1. 流动性风险

流动性风险是指互联网金融服务商无法提供足额的资金来支持流动性而导致损失的风险。流动性风险广泛地存在于各类企业当中,是在资产和负债的差额与期限不能完全对接时所发生的损失。互联网金融企业的流动性不足会对企业的生产、经营等活动产生不利甚至负面的影响,进而影响其通过互联网金融的多种支付方式;致使营利水平有下降的可能。

那么 P2P 中专业放款人的资金流动性风险表现突出。在债权转让模式中,专业放款人先以自有资金放贷,然后把债权打包,以理财产品的形式转让出去,利用收回的资金重新进行放贷,快速循环,支撑业务的高速扩张。

在此过程中,一般都会有一个信用评估或贷款审核公司(以下简称辅助公司)与专业放款人配合,对借款人进行审核乃至对贷款进行管理,并因此向借款人收取一定的服务费、管理费。这笔费用多由专业放款人代收,以约定的周期与辅助公司结算(例如月结或季结)。结账周期之内,这笔资金沉淀在专业放款人手中,其可以接着用于放贷。通过账期的设置,扩大专业放款人的可放贷资金,再通过快速债权转让保持资金快速流动、加速膨胀,是许多线下 P2P 借贷平台维持高速规模扩张的重要路径,也是其超高净资产收益率的来源。

这一中间账户模式给关联的辅助公司带来了资金风险。如果专业放款人使用沉淀资金放出的贷款,在结账周期之内未能及时转让债权,这笔费用将无法及时支付给辅助公司而只能延期处理。在投资人资金充裕、债权开发速度较慢的情况下,这种风险实际发生的概率较低。但是一旦投资端出现停滞,债权转让困难,辅助公司将承受越来越严重的资金压力,账期的设计预计会越来越短。

即使资金供给充足,专业放款人也需要确定合理的放贷速度,使其与债权转让速度相匹配,避免中间账号中的资金量出现大幅波动。资金量过大,将造成资金浪费,增加寻找借款人的压力;过小则难以满足借款人的需求,对平台声誉造成不利影响。在代收费用之外,有的专业放款人还采用"砍头息"预收全部或部分利息,加快资金回笼。但是根据《合同法》第 200 条的规定"借款的利息不得预先在本金中扣除。利息预先在本金中扣除的,应当按照实际借款数额返还借款并计算利息"。因此,"砍头息"并不受法律保护,若借款人因此主张重新计算利息,也会影响专业放款人中间账号资金量的变化,带来流动性风险。

2. 市场风险

互联网金融服务提供商的资产价格因包括商品价格、利率、股票价格、汇率等在内的市场价格的变动而变动,由此而导致可能损失的风险称为市场风险。

市场风险是传统金融体系固有的风险。作为互联网技术与金融领域结合的产物,互联网金融的市场风险有其独特的一面。《互联网金融蓝皮书》指出,由于便捷性和优惠性,互联网金融可以吸收更多的存款,发放更多的贷款,与更多的客户进行交易,面临着更大的利率风险;互联网金融机构往往发挥资金周转的作用,沉淀资金可能在第三方中介处滞留两天至数周不等,由于缺乏有效的担保和监管,容易造成资金挪用,如果缺乏流动性管理,一旦资金链条断裂,将引发支付危机;网络交易由于交易信息的传递、支付结算等业务活动在虚拟世界进行,交易双方互不见面,只通过互联网联系,交易者之间在身份确认、信用评价方面就会存在严重的信息不对称问题,信用风险极大。

我国的互联网金融发展程度不高,大数据资源和大数据技术都没有跟上模式创新与仿照,现有多种模式偏离"互联网金融"核心。社会信用体系还处于完善阶段,较难依靠外界第三方力量对交易双方的信用状况进行准确评价。

以 P2P 为例,P2P 平台一般强制要求借款人提供基础资料,自愿提供财产证明、学历证明等详细信息。一方面,此类信息极易造假,给信用评价提供错误依据,交易者也可能故意隐瞒不利于己的信息,导致 P2P 平台在选择客户时处于不利地位;另一方面,P2P 平台所获取的资料存在滞后性、片面性,不构成"大数据资源"。美国有完备而透明的个人信用认证体系,个人信用记录、社会保障号、个人税号、银行账号等材料可以充分验证借款人的信用水平;有多家独立、权威的信评公司通过高科技技术手段,提供信用评分和信用管理服务,广泛地服务个人贷款客户、小贷公司、银行等金融机构。因而美国的 P2P 平台真正属于互联网金融模式,极具发展优势。

蓝皮书认为,我国金融业要真正迈入互联网金融时代,必须依赖数据的大量积累和大数据处理能力的不断提升,解决信息不对称和信用问题,实现交易成本的大幅下降和风险的分散,提供更有针对性的特色服务和更多样化的产品,提高金融服务覆盖面,尤其是使小微企业、个体创业者和居民等群体受益。此外,信用体系建设是互联网金融机制体制创新的重要配套措施和组成部分,应完善社会信用体系,弥补互联网金融现有大数据资源的不足。同时,互联网信用体系是我国社会信用体系的有机组成部分,也应当成为社会信用体系建设的一个不可缺少的环节。

3. 利率风险

利率市场化是中国金融改革的下一个目标,互联网金融的出现无疑撕开了利率缺口。随着互联网金融的普及率越来越高,未来市场利率的不确定性势必会给其造成较大的风险。

7.2.5 法律及声誉风险

互联网金融作为一种创新的金融模式,并没有专门的监管部门和专门的法律条规,仅仅是按照现有的相关法律法规进行监督和约束。显然这些法律不能很好地适应发展迅速且模式复杂的互联网金融。相应政策的缺乏和法律的滞后,使得无论是投资者还是金融平台都面临着不确定的风险。另外,对于央行来说,这部分资金也不在监管的范围内,极有可能面临着洗钱的风险。具体来说,有以下几个方面。

1. 法律滞后风险

鉴于互联网金融出现的时间短以及发展的速度快,我国的相关法律法规处于一种滞后的状态,不能及时有效地实施相应的监管。现实中,当互联网金融服务提供商具有一定的实力后,会向客户承诺一系列保障措施。然而,由于网络交易环境自身的特征,一旦用户发现在互联网金融服务交易发生过程中出现资金损失或遭受欺骗、诈骗等行为时，必然会引发网上合同效力、网络纠纷诉讼，还有网络交易责任承担、电子证据认定等一系列法律责任问题。因此，互联网金融在我国发展，首先要关注宏观及金融政策和法律制度，切实防范法律风险，避免踏到红线。

2. 主体资格风险

当前，我国并未出台与互联网金融有关的法律、法规，这使得该行业一直游离于金融服务行业与网络运营行业的"灰色地段"。主要表现为：第一，互联网金融企业从事的金融业务与传统金融机构极其相似；第二，该类企业并未得到证监会的正式认同和批准。由此看来，互联网金融服务的经营主体资格是否合法仍然在法律上存在很大的争议。

3. 虚拟货币风险

现实中，一些金融服务平台提供的电子货币在线上买卖交易中承担着"硬通货"的角色。支付宝的"财付通"下面的 Q 币，就是其中最典型的例子。以前是作为游戏币来使用，信息支撑是各个游戏网站的联盟，现在也可以在财付通支付平台中完成支付相关的功能。当前，蓬勃发展的互联网金融服务平台纷纷推出其自行设计并发行的虚拟电子货币，伴随着日渐增多的互联网金融服务应用，这在一定程度上促使其虚拟货币具有现金替代能力及广泛的支付能力。由此，必然引发国家、金融监管机构对虚拟电子货币更为严格的法律监管。不管最后的结果是怎么样，虚拟货币风险首当其冲的是对用户造成相应的损失。由于虚拟电子货币与实体货币并未发生关联，它的发行主体——各类金融服务平台，也必然会如实体银行一样，受到"大众挤兑"等金融风险。由此引发的直接后果是，虚拟电子货币的合法性亟须得到金融监管部门乃至政府的认可。

4. 网络洗钱风险

由于互联网金融系统的不完善，尽管实施了实名制规则，一些图谋不轨的分子仍然有可能将互联网发展成洗钱的重要渠道，并会为网络赌博等违法行为提供必要的资金需求。互联网金融服务具有虚拟性特征，这一方面为不法分子通过非法手段窃取用户在互联网上的金融账户信息提供了便利。另一方面在互联网金融平台上，不法分子还可以伪装成交易中的任何一方，从另一方那里购买或售卖商品，从而给互联网用户造成可能的损失。

由于互联网金融服务商利用各类充值卡工具，为交易双方提供虚拟账户，并让其将资金打入该账户，从而为交易完成后的支付或转账做好准备。这为不法分子提供了活动的空间。如利用该方式，将资金的源头隐匿，从而达到转移资金、洗钱的目的。国家、金融监管机构应对如何在互联网金融服务中防范洗钱风险要给予高度的重视。

5. 声誉风险

民间舆论可能对互联网金融机构相关联的业务、客户等方面产生不利影响。此即为声誉风险。它在一定程度上影响互联网金融服务中的业务交易往来，同时造成存量和潜在客户的损失的风险。由于金融服务平台在互联网上建立并运行，一旦发生信用或技术等风险问题，必然会在互联网上迅速蔓延与传播开来。这意味着，互联网会加速并加剧声誉风险以更便捷、更快乃至更大范围的传播，从而对互联网金融机构造成根本性的伤害乃至破产。

7.3 互联网金融风险控制

7.3.1 互联网金融的核心是风险控制

目前我国在金融、互联网以及互联网金融方面的宏观环境中呈现出如下特点。

第一，金融进入互联网时代是不可逆的历史潮流。不可否认传统金融机构有其不可替代的优势，但因此就判定互联网的某些特质无法替代传统金融，也为时尚早。

互联网给金融行业带来的不是"冲击"而是变革的力量，是传统金融行业工作效率的提高，是原有金融产品模式创新的动力，也是普通金融用户追求优质金融服务的道路。不同以往，这种变革源自传统商业模式的改变，是一种自下而上的过程。在这一特殊的历史时期，金融与互联网并非互相竞争的对手，而是相互渗透，相互补足的合作对象。未来呈现出的格局将是，互联网与金融共同挖掘自身潜力，挖掘对方潜力互相促进的时代。金融植根于实体经济，而实体经济因用户行为的变化产生变化，用户行为因互联网转变，所以金融行业也必然跟随互联网转变。

第二，越来越多的金融行为将通过网络完成。2014 年以及 2015 年，我国各类互联网金融子行业交易规模均呈现快速发展态势。2014 年我国网上银行交易规模达到 1 304.4 万亿，同比增长 40.2%，手机银行 32.8 万亿，同比增长 157.1%。2015 年仅第三季度网上银行交易规模就达到 433.6 万亿，环比增长 15.3%。网银与手机银行交易规模的上升，说明越来越多的金融行为选择网络媒介进行。而 2014 年基金网销规模达到 127 674.44 亿元，2015 年第三季度合计基金网销 50 487.35 亿元；同期，2014 年保险网销规模为 89 亿元，同比增长 124.6%。基金保险的网络销售规模的上升，也说明越来越多的金融企业开始在互联网上展开业务。图 7-1 列举了 2014 年第一季度到 2015 年第一季度网上银行客户交易规模，仅一年多时间即从 291.1 亿升至 353.5 亿元。图 7-2 列举了 2014 年第三季度到 2015 年第三季度手机银行客户交易规模，同样仅仅一年多时间便从 85 115 亿元升至 174 337 亿元。

第三，中国金融机构境内贷款稳步增长。2011 年至 2013 年，我国金融机构境内贷款规模稳步提高，如图 7-3 所示。2011 年境内贷款总规模为 570 862.6 亿元，2012 年为 659 210 亿元，同比增长 15.5%，到了 2013 年，我国境内贷款总规模超过 75 万亿元，达到 750 433.1 亿元，同比增长 13.8%。2014 年人民币贷款增加 9.78 万亿元，同比多增 8 900 亿元。由图 7-4 可知，住户贷款增加 32 900 亿元，其中，短期贷款增加 10 600 亿元，中长期贷款增加 22 300 亿元；非金融企业及其他部门贷款增加 64 800 亿元，其中，短期贷款增加 14 000 亿元，中长期贷款增加 38 300 亿元，票据融资增加 9 574 亿元。总体看来，我国信贷市场整体呈现稳步增长态势，未来前景看好。

第 7 章 互联网金融风险分析与风险控制

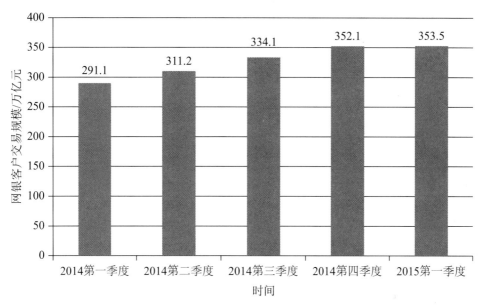

图 7-1　2014 第一季度—2015 第一季度网上银行客户交易规模

图 7-2　2014 第三季度—2015 第三季度手机银行客户交易规模

资料来源：根据艾瑞统计模型，作者整理而得

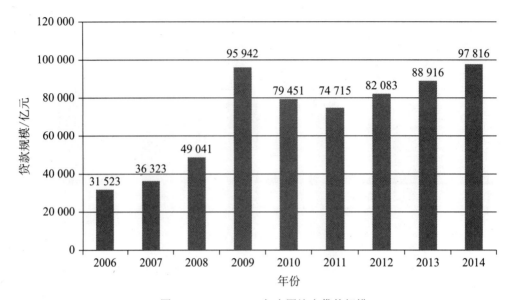

图 7-3　2006—2014 年中国境内贷款规模

资料来源：根据中国人民银行数据，作者整理而得

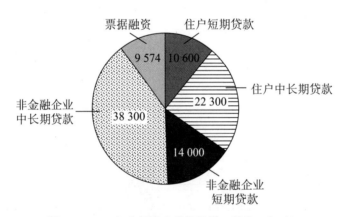

图 7-4　2014 年中国境内贷款结构（单位：亿元）

资料来源：根据中国人民银行数据，作者整理而得

第四，金融机构贷款发展趋势：期限缩短，形式多样。2011 年至 2013 年，传统的中长期贷款虽然金额最高，但是月度平均复合增长率仅有 0.86%，而短期贷款月度平均复合增长率高达 1.54%，票据融资 1.09%，融资租赁和各项垫款比较高，达到 2.80% 和 4.79%。短期贷款、票据融资、融资租赁和各项垫款月度平均复合增长率均高于中长期额贷款。这种现状反映出，我国信贷市场需求正在向短期和方式多样两个趋势发展，而由于更多非金融机构以及互联网金融向信贷领域渗透，更加速了这两大趋势的进展。

第五，互联网信贷增速高于传统金融机构。2012 年，P2P 贷款在争议中爆发，同年即实现了 228.6 亿元的交易规模，同比增长高达 171.4%。2013 年，交易规模更是暴增至

975.5 亿元，同比增速提升到 326.7%。2014 年仅上半年 P2P 贷款总额即为 964.46 亿元，较去年下半年增加 60.57%，如图 7-5 所示。同样是从 2012 年开始，阿里小贷以其完善的电商金融生态位基础，在小额信贷领域异军突起，成为市场广为关注的对象。截至 2014 年上半年，阿里小贷累积贷款规模突破 2 000 亿元，贷款余额为 150 亿元左右，坏账率不足 1%。图 7-6 列举了 2014 上半年网贷平台平均利率，图 7-7 列举了 2014 年上半年网贷行业贷款余额，呈现出可观的增长。

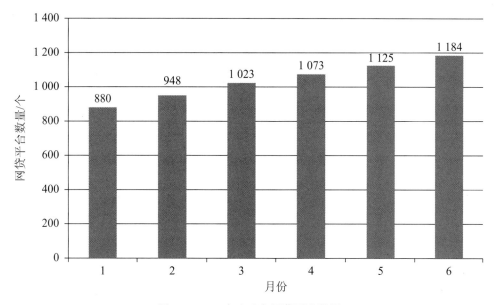

图 7-5　2014 年上半年网贷平台数量

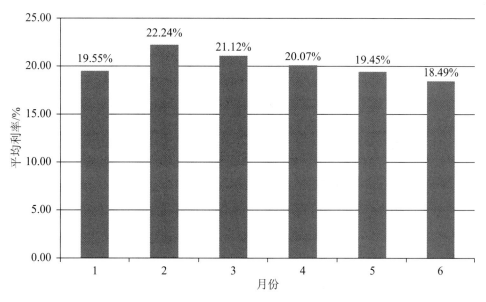

图 7-6　2014 年上半年网贷平台平均利率

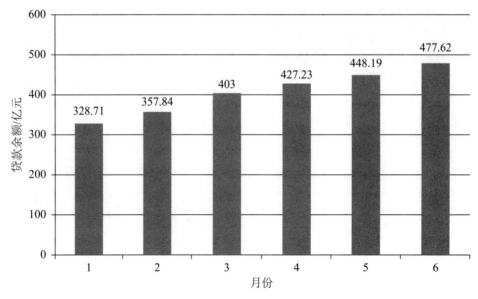

图 7-7　2014 年上半年网贷行业贷款余额

资料来源：根据艾瑞统计模型资料，作者整理而得

第六，商业银行不良贷款率水平连续 4 年维持在 1% 左右。图 7-8 列举了 2008—2014 年中国商业银行不良贷款余额数目及变化量。2008 年，我国商业银行不良贷款余额为 5 602 亿元，不良贷款率为 2.4%；2009 年不良贷款余额降低至 5 067 亿元，不良贷款率也下降到 1.59%；之后连续两年实现不良贷款余额、不良贷款率双降。2012 年后，随着互联

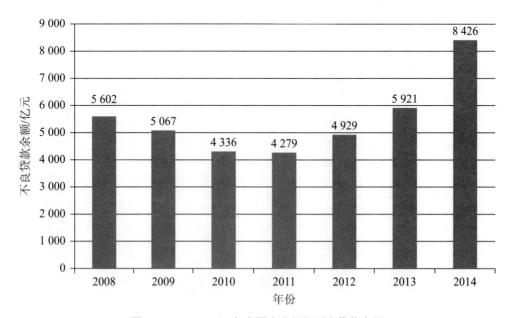

图 7-8　2008—2014 年中国商业银行不良贷款余额

资料来源：根据银监会资料，作者整理而得

网金融的崛起，以及中小微企业贷款问题的突出，我国政府及监管机构提出大力解决中小企业融资难的问题，在这一轮政策刺激下，商业银行贷款规模开始增多，同期不良贷款余额也上升至 4 929 亿元，但是不良贷款率降低了 0.01%。直到 2014 年 12 月末，不良贷款余额 8 426 亿元，较年初增加 2 506 亿元，不良贷款率仍维持在 1.25% 的水平，较年初增加 0.25 个百分点。这说明现阶段我国商业银行风险控制方式比较优秀，但是目前我国中小企业融资难问题依然没有有效解决，而不良贷款已经有抬头趋势，未来如果银行贷款全面下沉，向中小企业渗透，那么这将对我国商业银行现有的风险控制体系形成考验。

第七，P2P 用户投资结果不容乐观。如图 7-9 所示，2013 年中国网民 P2P 用户投资结果可知，2013 年我国网民 P2P 用户中，全部投资成功的用户占比为 37%，而另有 29% 的用户曾经有过投资失败的经历，还有 34% 的用户资金尚未到期，投资成功与否尚不明确。

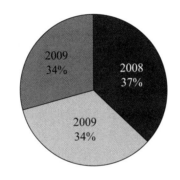

图 7-9 2013 年中国网民 P2P 用户投资结果

资料来源：样本186；iClick社区联机调研；2014.05

如图 7-10 所示，在所有遭遇失败投资的人群中，13% 的人因为有担保而没有遭受实际的资金损失，另外 7% 的人损失资金正在追缴，其余 80% 的人都有实际的资金损失。

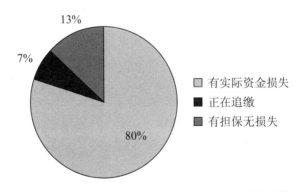

图 7-10 2013 年中国遭遇坏账的网民 P2P 用户资金损失情况

资料来源：样本186，iClick社区联机调研，2014.05

因此，新环境下对金融机构风险控制要求更高。随着互联网金融行业的逐渐渗透，以及中小微企业融资难问题的发酵，使得传统金融环境已经产生了很大变化。未来无论是传统金融还是互联网金融，目标市场虽有一定差异，但所服务的对象都是我国旧有的金融环境没能覆盖的领域、行业和个人。而且在互联网与金融结合更加紧密的趋势下，未来传统金融与互联网的关系会更加紧密，而金融最为核心的风险控制也将因这种趋势，逐渐加大对互联网的依赖。艾瑞分析认为，在互联网时代，客观环境对金融领域中风险控制的高要求，主要体现在以下三个方面。

首先，传统金融在风险控制长期的运作过程中，形成了一套成熟的体系，对应这套体系所需求的数据主要集中在企业运营数据、担保物的估值及央行个人信用数据等。对于更加广阔的用户投资行为，消费行为以及互联网使用轨迹等新数据都没能及时覆盖，这势必导致未来风险控制关注领域向更多维度扩展。其次，传统风险控制对于数据的时间周期要求普遍较长，在我国现行的会计准则下，企业财报也只有季报，年报的价值更高，加之数据获取与统计难度，致使传统风险控制在同一维度下的数据获取相对粗糙。而随着电子商务的普及，用户在互联网上的资金流转数据都可以被同步记录，而且造假难度和成本较高，而未来随着贷款周期和额度的缩小，对于用户更细致数据的掌握，也将直接决定贷款规模和质量。最后，传统金融机构在信贷领域具有绝对的话语权，因此其在风险控制过程中，数据收集与获取并不积极，属于提出需求后，被动等待提交的状态。而互联网环境下，信贷用户的地位得到了有效的提升，而其信贷需求也呈现小额、高频的特性。在这种环境下，风险控制的数据获取必须提高效率，因此势必要转变态度，主动进行数据获取和数据积累。

7.3.2 风险要素：传统与网络信息同等重要

风险控制中重要的风险要素主要还是个人贷款、企业贷款。个人和企业贷款依然是能够帮助降低风险的重要因素，在信贷与互联网结合之前，传统风险控制过程中着重收集和考察的信息，在互联网金融时代依然有效。这些信息的收集从企业与个人的角度，分别分为三类信息：基本资料、财务信息及资金用途，如表 7-1、表 7-2 所示。

表 7-1 个人角度的三类信息

个人信息	信息内容	获取方式	验证方式	信息用途
基本资料	姓名、性别、年龄等基本信息，以及教育背景、联系方式、居住信息、婚姻状况、职业履历等	用户主动提交金融机构已有资料	当地公安机构、居委会、民政部门、教育机构信息二次确认	确认借款人的个人信息
财务信息	央行个人征信信息，信用卡还款记录、个人资产信息（房产、汽车、股票债券等投资品）、个人月收入来源及金额，已有信用卡额度	用户主动提交金融机构已有资料；央行征信系统	工商管理部门，公司实地调查，相关金融机构联合验证（如与证券公司确认交易记录，与其他银行确认信用卡额度）	确认用户信用水平；通过以往投资行为，确认用户风险承受能力；确认用户经济来源及还款能力

续表

个人信息	信息内容	获取方式	验证方式	信息用途
资金用途	使用方向行业基本信息：当地房屋基本价格，对应车型二手车折价率，旅游目的地消费水平及成本，以及其他相对应行业消费成本	金融机构平时积累，各行业协会尽职调查结果	地产商，汽车以及汽车金融公司CRM系统对接，不同行业内代表企业信息沟通，用户大额消费对标企业信息确认	确认贷款风险；确保资金用途与贷款用途一致；根据资金用途确认授信额度

表7-2　企业角度的三类信息

企业信息	信息内容	获取方式	验证方式	信息用途
基本资料	企业工商基本注册资料，企业发展历程，企业高管对行业的认知，企业生产经营状况，企业销售情况	企业提交材料；研究机构报告；中小微企业甚至需要借助报纸杂志的报道以了解行业信息；金融机构已有资料	经营环境实地考察，设备运行状况，工艺水平，销售人员KPI核对，以往销售合同校验	确认企业基本信息和经营状况，评估企业在行业中所处的地位
财务信息	企业经营数据，财务报告，库存规模，公司股权结构，知识产权，专利信息，企业债务关系，投融资历史	企业提交材料；金融机构已有资料	企业实地考察，贷款企业客户及供应商访问，相关注册机构信息确认	了解企业财务实力，债务债权关系，盈利能力，现有资产变现能力，有些信息是隐性担保物（如库存、专利等），综合评测企业偿还能力，以及贷款是否真正出于经营需要
资金用途	企业所处行业信息，企业生产产品或提供服务；服务在区域内的公允价值，产业链情况（尤其上游供应商及原材料市场变动情况）	金融机构以往同行业企业的贷款经验，尽职调查结果；金融机构对贷款企业所处行业产业链的掌握	上下游企业信息对接（原材料供应，销售渠道，物流企业等）	确认贷款风险；确保资金用途与贷款用途一致

在目前阶段，并没有明确的法律法规对互联网信贷进行约束，因此从监管约束的角度来看，互联网信贷在信用收集过程中，有了更多的创新机会，在数据与信息收集的过程中，所采用的方式方法更多，所收集到的信息更广泛，并且在对信息的应用和处理上，受到的限制也会更少，虽然这套完整的体系，并不被传统金融机构认可，但从电商小贷以及P2P贷款的发展情况来看，其是具备可行性的，未来在互联网与金融逐渐融合的大背景下，这种独特的风控体系和风控思想将是传统风控手段的有效补充。

从数据种类来看，网络环境的丰富和多变，也使互联网金融可以通过更多传统金融机构无法触及的方式和角度，对贷款客户进行多维度的数据收集。其中以下信息种类是传统金融罕有涉及的：电子邮箱，包括用户过去的视频，手机号码及清单，固定电话及清单，个人或公司网银流水，电子商务物流送货单等。

从获取方式来看，相对于传统金融，网络信贷在征信过程中所需求的数据种类多是原生于网络环境中的数据，因此数据收集和获取也会采取不同于传统金融机构的方式方法，最大的区别主要体现在以下两个方面：一方面，对网络渠道依赖性增强。无论是用户电子邮箱的确认，还是手机号码甚至视频资料的确认，网络信贷都倾向于通过成本更低廉的线上渠道，并且线下资料（如户口本、身份证等）的获取，也更愿意用网络手段传输电子照片，因此整体上看互联网在征信过程中起到的作用更大；另一方面，平台主动获取。传统风控对数据的要求多集中于某一时点，或硬性规定为过去某段时间内，而互联网金融对数据的需求是延续性的，尤其在电子商务大环境下，用户的交易记录、投资记录、物流记录都会自然产生，并被长期保留，在使用时不用用户提交，贷款机构可自行调取。

通过前文总结，传统风险控制手段与互联网风险控制都具备自己的优势，同时也存在自己的短板，传统金融机构只依赖固有的风险控制手段，必然无法适应新的环境。而互联网金融机构仅凭互联网的风控方式，也无法完全保证数据的真实性。因此在面对未来更多变的金融环境时，需要将传统风控手段与互联网风控方式综合运用。一方面，互联网金融企业将因为更深刻的了解传统金融机构的运营，而利用互联网技术实现传统风控的做法和模式，大大提高信贷审核的效率以及资金使用效率。另一方面，传统金融机构也会因互联网金融在风控过程中的创新点，互联网市场的广阔，互联网信贷的独特视角，进而对自身业务进行补足，最终实现双向促进。

7.3.3 风控方式：消费闭环促进互联网金融发展

对于不同的金融机构，我们采取不同的风控方式。接下来对不同的金融机构的风控方式进行概述。

第一，银行机构。通常来说，银行贷款审核过程分为八个步骤，分别为：贷款申请、信用评估、尽职调查、贷款审批、签订合同、贷款发放、贷后检查及贷款回归。不同的银行在部门职能上可能存在一定差异，但总体来说，都会将这八个步骤融合进去。

第二，P2P 公司。由于 P2P 贷款所服务的对象，绝大部分都无法通过银行等专业金融机构的资质审核，所以这导致 P2P 平台不可能完全沿用银行的风控体系。在欧美等金融及个人征信体系较为发达的地区，P2P 平台可以依靠第三方机构完成资信的审核。但在中国无法实现，因此在中国 P2P 发展过程中，衍生出了一套独特的风险控制体系。相比银行，这套体系所收集的信息更加丰富，更加电子化，过程也相对简单，比较重视贷后操作和用户在平台内的活跃度，如图 7-11 所示。

P2P 用户，尤其是贷款用户的信用几乎无从查起，而传统金融机构对于某一时点的信用数据要求又过于苛刻，很多贷款人无法提供，甚至都没有具备法律效用的财务报表。基于此，小而具备持续性和延续性的数据，更能体现出 P2P 贷款用户的财务稳定性，在无法获取用户交易信息和长期信用卡账单的状态下，P2P 平台普遍采用的方式是鼓励用户在本平台内增加活跃度，反映在风控体系上，就是将平台内成功完成项目这一用户行为赋予高分值，再将分值转换为等级，从而完成平台内的信用积累。如表 7-3 所示。

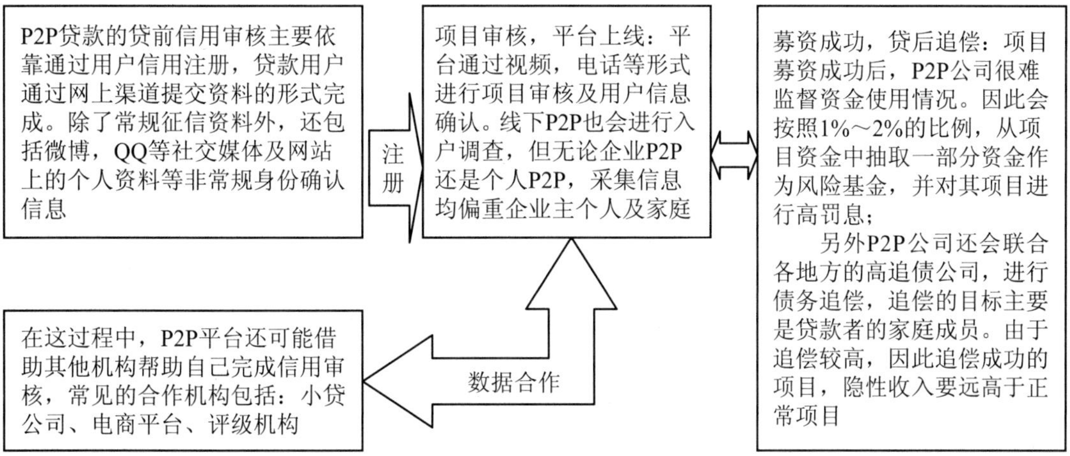

```
┌─────────────────────┐         ┌─────────────────────┐         ┌─────────────────────┐
│ P2P贷款的贷前信用审核 │         │ 项目审核，平台上线：平│         │ 募资成功，贷后追偿：项│
│ 主要依靠通过用户信用 │         │ 台通过视频，电话等形式│         │ 目募资成功后，P2P公司│
│ 注册，贷款用户通过网 │         │ 进行项目审核及用户信息│         │ 很难监督资金使用情况。│
│ 上渠道提交资料的形式 │   注    │ 确认。线下P2P也会进行│         │ 因此会按照1%～2%的比│
│ 完成。除了常规征信资 │   ──→  │ 入户调查，但无论企业 │  ←──→  │ 例，从项目资金中抽取一│
│ 料外，还包括微博，QQ │   册    │ P2P还是个人P2P，采集 │         │ 部分资金作为风险基金，│
│ 等社交媒体及网站上的 │         │ 信息均偏重企业主个人 │         │ 并对其项目进行高罚息；│
│ 个人资料等非常规身份 │         │ 及家庭                │         │ 另外P2P公司还会联合各│
│ 确认信息             │         │                       │         │ 地方的高追债公司，进行│
└─────────────────────┘         └─────────────────────┘         │ 债务追偿，追偿的目标主│
                                          ↑                      │ 要是贷款者的家庭成员。│
┌─────────────────────┐                   │                      │ 由于追偿较高，因此追偿│
│ 在这过程中，P2P平台还│                   │                      │ 成功的项目，隐性收入要│
│ 可能借助其他机构帮助 │   ──────→       │                      │ 远高于正常项目        │
│ 自己完成信用审核，常 │    数据合作                              │                       │
│ 见的合作机构包括：小 │                                          │                       │
│ 贷公司、电商平台、评 │                                          │                       │
│ 级机构               │                                          │                       │
└─────────────────────┘                                          └─────────────────────┘
```

图 7-11　P2P 公司风控模式

表 7-3　P2P 用户的信用积累方式方法

信用评定	评 估 项 目	计 分 方 法	信 息 用 途
低权重区	邮箱、手机、视频、本人及家人户口本、本人及家属身份证、结婚证、工资流水单、收入证明、手机固话清单等	一次性提交加分，每项分值1—5之间	用户基本资料的获取都只是为了确认用户的真实身份，并根据基本社会常识，评估用户信用。资料提交更多，用户造假成本越大，所以这些资料本身并无太大价值，但集中在一起就可以发挥作用。其中对家人基本信息的索取，主要是处于防控风险的考虑，一旦借款人跑路，其债务可由家人承担
高权重区	平台 VIP 认证，或其他需要付费项目的注册及信息提交	一次性提交加分，每次分值10以上	主要目的是增加平台的收入，无法对用户增信起到太大作用。但通常来讲，肯付费的用户，忠诚度略高，造假可能性也越小
	提前还款：按提前天数，越早加分越多；每个成功项目提前还款都加分（同理延迟还款扣除更多积分）		每一笔成功的交易，都证明用户在 P2P 平台上完成了一次完整的借贷行为，在这一过程中，用户的所有行为都能被平台记录。这些用户黏性和信用都有所提高，在高级分的鼓励下，用户等级随之提升
	项目成功：按还款金额，金额越高加分越多		

　　第三，电商平台。在传统金融和互联网创新金融模式之外，电商平台也在消费金融领域有所建树。在电商平台所做的信贷过程中，采取了一种不同的风险控制方式。电商平台主要参考了供应链融资的理念，把平台自身当作供应链融资中的核心企业，而电商产业链上的个人用户，及中小企业作为上下游企业，利用其在平台内积累的交易数据，以及交易数据背后透露出来的信息，为企业授信，完成信贷业务。艾瑞分析认为，电商平台的消费金融风险更小，主要有以下两方面原因：一方面，贷前风控，由于电商平台掌握用户历史交易记录，因此其对用户信息的掌握更加稳定，并且通过数据分析，电商平台可以将大量风控工作放在贷前，因此能够从平台上贷款的用户，实质上已经满足了风控的要求，这样不仅可以严控风险，而且也大大优化了用户体验；另一方面，贷物不贷钱，对于普通用户

来讲，通过电商平台贷款的主要原因就是在资金短时紧张的情况下，提前购物消费，因此他们的目标是商品而非资金，所以电商平台所贷出的不是资金而是商品，变相地把握了用户贷款资金的用途。如表7-4所示。

表7-4 电商平台风控方式方法

用 户	电 商
个人信息	电商平台利用用户注册的个人信息，确认用户的基本信息
物流信息	通过物流信息的分析，能够侧面勾勒出用户的成长轨迹，比如学校，家庭和工作地址的变化，并根据地区和公司情况，推测出用户的收入水平
购物信息	通过对用户购物信息和习惯的分析，可以看到用户的品牌偏好，并根据同类商品价格比对，确认用户消费水平。并根据用户支付习惯，获取用户银行卡信息

7.3.4 未来互联网金融风控发展方向

无论是传统金融还是互联网金融，都无法脱离金融的本质，即资金的有效分配。在这一过程中，风险控制是最核心的环节。因此，随着互联网金融的火热，以及普惠金融的推广，传统风控和互联网风控的有效融合，将促使风险控制成为行业发展的热点，并且将导致全社会对风险控制领域的重视程度增多，主要体现在以下三个方面。

首先，随着电子信息及个人隐私重要性的提升，用户个人电子资料、网络使用行为、痕迹等信息的法律地位，以及金融机构利用互联网获取这些资料的合法性，都将通过相关监管机构以立法的形式，予以确认，为之后互联网金融，互联网风控以及征信行业的发展奠定基础；其次，风险控制以及互联网征信将作为一个独立的行业，从金融体系中分离出去。在市场上将会有越来越多的公司，将风险控制作为主营业务，或直接从事征信，或以技术支持的形式，帮助金融企业完成新形势下的风险控制；最后，互联网金融与传统金融并非颠覆或替代的关系，因此传统风控与互联网新型风险控制方式，均会在不同领域发挥作用。在这一过程中，双方的优势及理念会相互渗透，互相改变和融合。未来能够综合运用传统风控手段和互联网风控手段的金融机构，才能最大程度地提高资金使用效率。

由于互联网的出现，数字技术的长足发展，以前无法被记录，或者记录成本很高的信息，在互联网环境下都可以被记录下来。在拥有更准确，更稳定的数据来源下，效率的提升，会促使原有的风控理念进一步发展，得到升级。艾瑞分析认为，传统风险控制理念的提升，主要体现在以下三个方面。

首先，互联网金融环境下的风控，将越来越重视数据的精准度，不但数据收集更广更细，对于企业或个人数据的获取，也逐渐摆脱了由企业提供这种单向传播的方式，金融机构更倾向于自己获取数据，这样掌握的数据更真实，精准；其次，由于数字技术大大降低了信息获取、储存、调阅及审查等多项内容的实现成本。因此，以往以某一时期，或某一时点的用户数据作为审核依据的风控方式，将被能够抓住延续性数据的风控方式所替代，金融机构将更加重视具备延续性的用户信息，并在赋值上给予更高权重；最后，由于现阶段以及未来5—10年内，互联网风险控制的标准难以统一，不同金融及互联网金融机构对于信息的征集，加权和分析都会根据自身企业特点及优势予以侧重，这将导致不同数据库之间存在信息兼容的问题，能够妥善解决这一问题的方法就是金融机构之间的合作，在未来风控过程中，要在结构设计上包容其他机构的信息。

在互联网风险控制实践的初始阶段，依然还是需要用户提交一定数量的用户个人信息，而这势必增加用户获取金融服务的门槛，在互联网时代，用户体验的优劣对于用户忠诚度具有绝对影响力，因此过多的信息录入，以及过多的操作，将会使用户放弃金融服务，放弃产品。

艾瑞分析认为，这一问题的解决方式主要有以下两个方面：一方面，贷前风控，由于互联网具备主动获取数据和大数据运用基础，因此对于用户信用的审核可以提到贷款前，当用户需要贷款时，只需要极简单的操作即可完成；另一方面，风控产品化，不同信贷产品所需要的用户数据也不尽相同，所以在数据获取和权重赋予等方面，也有不同的侧重。因此，对于信贷产品和不同目标用户群来说，并不一定需要完全提交所有个人信息，只需要把核心信息提交完成即可。

7.4 从 P2P 平台公司跑路事件进行风险分析

"嘿～今天你跑路了吗？"这成了 P2P 网贷行业流行的一句话。

2014 年全年才 122 家 P2P 跑路平台，2015 年 6 月一个月就完成了去年一年的跑路数字！经梳理发现，跑路和停业，且注册资本金在 5 000 万元以上的问题平台就有 112 家之多。2015 年 10 月，新增问题平台 47 家；9 月，新增问题平台 55 家；8 月，新增问题平台 81 家；7 月，新增问题平台 109 家；6 月，新增问题平台 123 家，5 月 59 家、4 月 54 家、3 月 50 家、2 月 49 家、1 月 57 家……截至 2015 年 10 月底，累计问题平台达到 1 078 家。

对于行业发展而言，最主要的还是政策风险。2015 年 7 月，《关于促进互联网金融健康发展的指导意见》正式出台，之后还会出台关于 P2P 监管的细则，比如业内传言的提高实缴资本到 5 000 万元，目前在银行进行资金托管的门槛也是注册资本在 5 000 万元以上。业内人士表示，随着监管部门的压力，P2P 网贷行业将会迎来大洗牌，目前平台死亡率高达 30%，未来可能还会上升。

7.4.1 万钧财富：上线时间很短即跑路的纯诈骗平台

因为门槛低等原因，一批 P2P 平台直接奔着骗钱而来，公司信息、办公场所、投资标的等全部是假的。

网贷之家平台档案显示，万钧财富上线时间为 2015 年 5 月，上线后活动不断，而大部分标的年化收益率都高达 22% 左右。其宣传，单笔投资 1 万元奖励现金 188 元、单笔投资 5 万元奖现金 1088 元。

事实上，在全国企业信用信息公示系统里，根本查不到这家公司的注册信息。而其公司地址为硚口区解放大道某大厦的 10 楼，该地址属于一个培训学校所有。该平台留的 400 个服务电话，与其域名注册的 400 个电话为两个电话，后者经核实为厦门一家公司所有。该平台上线当月即跑路。

经调查发现，纯诈骗平台有以下几大特征：

第一，信息造假。注册信息、合作公司、管理团队履历、办公地址照片等造假，甚至有些诈骗平台网站页面都是直接复制过来的。

第二，办公地址偏远。因为绝大多数纯诈骗平台无实际办公场所，为防止出借人实地考察，这些诈骗平台在网上公布的办公地址都异常偏远。

第三，极高的收益率。这种远远超出传统借贷市场利率的情况，很大可能性为诈骗平台。

7.4.2　里外贷：自融自用的问题平台

P2P 平台承担信息中介的职能，本是负责撮合借贷双方进行合理交易，但一些有问题的平台资金没有流向真实借款人，而是平台本身或股东借款自用，即自融自用。

这种模式自然不可持续。选择自融平台，省去中间环节，这就相当于投资者自己要对平台自有项目做风控。爆发自融问题的里外贷就面临 9.34 亿元兑付账款。

里外贷是业内有名的高息 P2P 网贷平台，2013 年 5 月上线运营，由北京众旺易达网络科技有限公司投资运营。该平台多个投资标的年利率接近或超过 40%，多款项目借款年利率甚至高达 45.2%。事实上，高息吸储也早已为其埋下了"定时炸弹"。

孙友卫是里外贷的法定代表人，自然人股东包括张文堂、孙友卫，以及法人股东山东省万军投资有限公司。业内人士称，平台的实际控制人为高琴，系孙友卫的姑姑，平台的钱主要用于拿地。知名的网贷投资者金钱豹曾到济南考察该平台的资金流向，平台的钱基本全用投在房地产项目上，仅留了少部分资金用于支付投资者利息。

2015 年 1 月，孙友卫对外发布消息称，由于借款人未能归还款项并失联，该平台已无力继续垫付。

除里外贷外，P2P 行业内的老平台之一盛融在线也被爆自融，该平台于 2010 年 10 月正式上线，成交量一度在全国排名第一。值得一提的是，目前问题平台中约有四分之一都涉嫌自融。

自融分成两种：一是自己本身有项目，受限于融资渠道，所以自建平台融资；二是平台融资再找项目端。前者存在一定的道德风险；后者存在巨大的经营风险。现在平台自融一般属于前者。一旦面临逾期、能支付利息而本金拖欠、短借长还等现象时，平台就通过一期、二期、三期的覆盖将风险推后，如果收益最终不能覆盖风险，雪球越滚越大，最后平台倒闭。

7.4.3 中祥金融：没有第三方托管，平台经手资金

众所周知，采用第三方资金托管的平台是无法直接转走投资人的资金跑路的，企业要跑路必须发布虚假的借款标才行，但虚假的借款标很可能被投资人看出来。

但在 P2P 问题平台中，有一种是采用资金模式，将资金直接打入他们公司账户或是私人账户，他们鼓励投资者线下充值，直接在银行网点将钱汇入到他们提供的账户，而不经过第三方支付。

比如，线下充值的投资者会得到 0.2% 的奖励，这奖励就是将欲支付给第三方支付平台的手续费转给投资者。因为直接打入他们的账户，所以平台更方便动用这笔资金，随时都有跑路的危险。据报道，出现问题的广州通融易贷，其投资者的资金就是直接打入该平台法人代表赖宗琰的私人账户，通融易贷于 2012 年 4 月上线。

网贷之家平台档案显示，中祥金融并无资金托管。投资人也表示，在该平台注册后，并未提示要跳转到资金托管方开立资金托管账户。

通融易贷 CEO 赖宗琰曾坦言，"不做资金池是不可能的"。一方面，如果在初期，某个项目出现问题，就向投资人宣布，不承担责任，也许在刚上线，通融易贷就没法做下去了。另一方面，2014 年之前，投资人基本上不投 3 个月以上期限的项目，而融资方一般都是 6—12 个月的项目，平台不得不通过超标的方式进行。在其看来，做 P2P 要想不做资金池，几乎不太可能，这是行业问题。

业内人士透露，由于成本增加等一些因素，虽然不少网贷平台选择到银行存管资金，但仅仅是在银行设立账户，银行并不能实时监控资金流向。有些平台虽然打出口号，但是尚未与商业银行进行系统对接。

目前绝大多数银行没有做好为网贷企业实现资金存管或者托管的准备，现状是规范运营的网贷企业均选择第三方支付公司进行资金托管。

7.4.4 银钱树：经营不善而清盘停业

银钱树于 2014 年 8 月 22 日开业，是一个车贷平台，由于平台经营不善、获客成本高昂等问题，选择主动清盘，提前归还投资人本息。

事实上，在 P2P 问题平台中，清盘停业要比跑路更容易被投资者接受。这类平台本来也想做好，但因为各种原因，导致资金链断裂，无法继续经营。前期多数平台倒闭是因为不规范运营或欠缺优质领导层，导致不能很好地把控平台资金流，最终不得不清盘歇业。

但清盘停业也不是立刻就能拿到投资本金，而是根据平台制定的提现规则而定。除银钱树案例外，清盘还有几种方式。

一种是分期清盘，平台会限定投资人单笔提现金额、延期提取、提现门槛等。如中信速贷是从 2015 年 7 月 14 日起，每月的 14 日为提现日，14 日当天可以提现。

一种是投资者转为股东、债转股的方式，根据投资者的投资金额，换算为平台的股份。如宝筹网就是渝商创投宣布经由投资人债转股完成股改。

一种是打折回购债权。对于平台来说，这是低成本、低风险清除债务的方式，但很低的回购折扣也是让投资者吐血割肉。比如，安徽省的宿州易贷公布了清盘方案，平台对不同投资金额的投资人按照 3 折、2 折、1 折的等级进行债权回购。

这种清盘方式在行业内尤其对中小平台会产生恶劣的影响，中小平台本身缺乏信用背书，平台强行低价收购投资人债权，规避法律责任，将导致中小平台道德风险进一步放大。

2015 年 7 月以来，已经连续三个月每月停业的平台超过 10%。2015 年 10 月，停业平台数量占比出现了明显的上升，为 29.79%。"停业的平台上升，表明小平台由于其资金实力较弱，在网贷行业总体仍处于亏损状态的情况下难以长久坚持，导致其在经营不善的情况下选择停业。"

7.4.5　国湘资本：经侦介入，问题平台提前暴露

2015 年以来，问题平台爆发还有一个表现为经侦介入，这也意味着 P2P 问题平台的监管从事后监管转变为事前监管，将风险降低。而且，提前由经侦介入对投资者而言也是一件好事。

2015 年 8 月 27 日，深圳龙岗经侦突击检查，国湘资本的 31 名员工就被以涉嫌非法吸收公众存款为由带走调查，由于平台人员空缺和姑且外调的人员不熟悉业务，该平台 2015 年 9 月 1 日晚上发布公告称该平台从 9 月 2 日起暂停所有业务。

国湘资本是深圳 P2P 平台，平台总成交额超 8.7 亿元，风险准备金近 640 万元。经网贷之家论坛网友曝料，不少投资人上万元款处于未回款状态。国湘资本官网页面，点入后每次都跳转到别的页面，无法进入。

两周后，融金所被爆出 18 名高管被经侦带走调查。第二天，融金所八名被刑拘高管已"取保候审"回到工作岗位中。2015 年 9 月 25 日，团贷网联合其股东九鼎投资、久奕投资完成了对融金所的战略控股。融金所于 2013 年 5 月上线，截至并购的时候，平台累计成交量达 49.8 亿元。据统计，截至 2015 年 9 月底，仅深圳市陆续有 11 家平台被经侦介入调查、查封。

7.4.6　P2P 网贷平台倒闭、跑路原因分析

综上，我们可以大概得出，导致 P2P 平台倒闭以及跑路主要有以下两个原因：第一，技术漏洞。2008 年以来，全球共有 1 100 多家 P2P 网贷平台宣布破产倒闭，损失超过 300 亿美元。这里面超过 95% 都是因为黑客攻击引起系统瘫痪，数据被恶意修改洗劫一空，最终导致投资者疯狂提现被迫关门。目前，国内 99% 的网贷平台都存在技术漏洞，安全性脆弱，极易被黑客攻破，其系统安全性亟待升级和加强。第二，资金安全性。目前 P2P 的市场求大于供，加上监管机制不完善，很容易出现恶意诈骗。一些非法的 P2P 网贷平台以融资为目的，将募集的资金进行高风险的投资。倘若经营不当，则会出现血本无归的惨淡景象，投资者投入的资金自然无法得到收回。P2P 公司在无力偿还资金的情况下只能选

择逃逸跑路。

7.4.7 从跑路事件看如何甄别平台风险

普通投资者在缺乏专业知识、实地考察受时间和空间限制等因素制约下，能否从一个平台提供的信息里及时发现一些问题的苗头，从而找出平台的风险所在，为判定是否投资和投资的资金匹配，以此来寻求适合自己的风险收益的最佳匹配就成了关键。

我们从里外贷平台借款标的说起，浅述识别、评估、预防和控制网贷平台风险的方法。先说它的"里"，即关键的实质性信息，再说它的"外"，即平台的外观表现、形式。

1. 融资者人气，即不同借款人数的多少

很吃力地浏览里外贷平台 100 页的"成功的借款"标的，只看到有 3 个人在反复借款（绝大多数标的只有 2 人）；据网贷之家统计，超 9 亿元的待收金额仅有 8 人借款，最高待还达 3.2 亿元，平均 1.17 亿元。说明平台借款人数极其匮乏，高度集中，一旦违约会酿成巨大风险。与投资需分散相对应，融资也需分散。

2. 重要性

投融资者各自关心的利益，形式上是一样的，无外乎考虑金额的利率、期限、还款方式、逾期得失等，但内容上正好相反。投资、融资者的人气，均表示对平台的看好程度，但前者往往会过多的受收益而非风险以及从众心理等的影响，而后者过多考虑的则是所借款的偿还能力，因此后者的人气更能考验平台的风险控制。分散、众多、小额的贷款者往往表示他们从自身的偿还能力考虑从平台借款的意愿，因为人数分散众多，从概率上讲，会更易趋向于一个合理的违约点，简单地理解，比高度集中借款减少了对平台风险的冲击。因此，考察平台的人气需对融资者人气格外重视。

3. 与自融的关系

自融平台自己融资，自己借款。本来平台定位于投资、融资的中介，如果自融，既当裁判员又当运动员，更为致命的是，原先融资者的风险约束作为平台来讲是最后的保险人，放弃了这道门槛，无意是放险出笼。

缺乏制约的自融资金常常被挪作逐利之用，如做些高杠杠的风险投资，因此偿还的能力打上几何级别的折扣，更为直接诈骗提供了极大的便利。更有甚者，平台的关键人物拿平台资金炒期货而血本无归。而自融的一个主要表现就是借款人数的高度集中、标额的巨大，常常反复出现相同账户的借款标的，多以短标或天标出现，甚至会出现 30 天标利率明显高于月标利率（均为到期还款）现象，令人匪夷所思。看看里外贷的借款标的，近期就只有相同一两个人反复借款，总计借款金额巨大，而且不断出现 1 月标、45 天标的短标，很难排除自融可能。

4. 借款人数统计方式

一般可从第三方平台直接获得，比如网贷之家；有些平台会提供相应的数据；也可浏览平台提供的"成功借款"的标的加以推算；再者，平时常浏览该平台，也可动态发现。有两种数据要加以综合考虑：一是集合资产，即以资产打包的方式发售，募集的资金再投入原始的借款标的；二是"黄牛标"，大多数发布"黄牛标"的本身为投资者，为了获利差而借款。对于前者，还是要看原始借款标的资料，对于后者，应加以剔除为好。

5. 借款利率

目前尚难以给出一个确定的借款利率作为标准，但有几点值得参考。

首先，是合理区间。2014年上半年曾经在网贷领域内有个大致的意见，即在18%以下为合理区间。

其次，目前一些优秀平台的利率多数在10%～12%，有些在12%～15%，但很少超过18%，且与借款期限相对应。

再次，是动态变化。在平台成立之初以高息吸引人气而抬高利率尚可理解，但一般不可持续，因随着逾期坏账的增加、企业营销等影响，持续的高息先不说提高了融资者的违约风险，对平台的赢利以及逾期坏账的兑付等抗风险能力是极大的考验，所以在一段时间后，必然出现不同形式的降息过程。

里外贷的综合投标利率平均约为40%，不但长期标很高，连近期的1月标、45天标都是超高利率。按照复利原则，本金不超2年就可翻倍，无法想象如此的高收益所对应的风险有多大；一个近两年的平台一直以这种高利率来吸引投资者，分析其原因，就是惧怕资金链的断裂，或已有资金链断裂而急需融资，结合借款人数等因素考量，极可能走上自融之路。正应验了"你要利息，他要本金"的经典老话。

此外，如何看待实际给借款人的综合利率也很重要。融资者的实际综合利率（包括各种费用的换算）目前也无确定的数字（一般为平台的核心资料）公布，根据P2P和一些小贷公司的报道，会在30%以上，与融资者的信用、还款能力、借款金额和期限、还款方式等有关。作为普通投资者，不必过多关心此利率，相信在市场经济下，随着时间的累积，会达成一个符合投融资和平台利益的合理利率。

最后，是收益和风险的匹配。高收益高风险、低风险低收益是投资理财界的共识，表现为正相关关系。作为投资者，首要考虑的是风险，但风险并不等于完全损失，正确的理解应是能获取收益的可能损失。风险是客观存在的，但通过一定的方法是可以减少发生的，其中一个非常重要的方法就是分散投资。里外贷的前十名待收金额平均高达3千多万元，最高者达一亿七千万元，显然在分散投资上有待商榷。

6. 标的真伪

仅从平台提供的借款资料很难辨别其真伪，如下两点可有帮助。

首先是资料的详尽：一个风控好的平台会尽量让投资者获悉借款者的各种资料，包括贷款目的、还款来源、信用状况、抵押担保措施，甚至出具公证的文件、借款人的照片、联系方式、平台的风控方法等。总之，尽量详细和透明化，而风控差的或者存在自融、诈骗现象的恰恰相反，提供信息遮遮掩掩、模糊化，似有尽量不让投资者知晓真实的意味，更有甚者，只能在投标时可以看到。

其次是资料内容的差异化：每份资料的内容各有差异，重点不一，比如房产借款资料，如有商铺出租的则会派人驻点查收；如大额融资的，则会说明专人查验银行流水、公布房产所在位置等。总之，根据不同的资料配以不同的风控方法说明。反之，则借款资料存在格式化、"拷贝化"现象，会有拷贝走样的表现。

里外贷一款 2015 年 1 月 21 日的"地产公司补充流动资金借款"标的中"借款详情介绍"一栏，在借款描述中内容空洞（可参考风控较好平台对借款房产的详尽描述和配以相应风控措施），只是泛泛描绘企业良好前景。蹊跷的是，在"三方借款补充协议中"标明，共计借款 1 个月的 500 万元，2 个月的 500 万元，三个月的 1 000 万元，6 个月的 1 000 万元，9 个月的 1 000 万元，12 个月的 1 500 万元，15 个月的 500 万元，18 个月的 1 500 万元，45 天的 1 500 万元。而上述委托借款期限均为 2014 年 8 月 13 日至 2014 年 9 月 13 日，并且发布标的中大多为 45 天、一个月的，可见该借款协议的众多疑点。

总结

本章阐述了互联网金融的风险特征和类别，并对互联网金融的各种风险成因进行分析，在此基础上，介绍了三种风险评价方法，并对互联网金融风险控制的风险要素、方式以及理念方面都进行了阐述。最后以里外贷跑路事件为例对其风险进行详细分析，可以更好地理解互联网金融风险在实际中的表现形式。

关键概念

互联网金融风险　行业间关联性风险　信用风险　操作风险　市场风险　法律风险　荣誉风险　风险评价方法

习题

1. 互联网金融风险的特征有哪些？
2. 列举互联网金融风险类别。
3. 阐述互联网金融的典型风险。
4. 概述互联网金融风险的宏观环境以及未来风险控制理念。

第8章
互联网金融监管与未来发展

2012 年美国出台的《促进创业企业融资法案》中，明确提出了中小企业可以通过众筹方式进行发行股权，筹资资金，标志着股权众筹取得了合法地位，同时在法案中要求SEC 制定股权众筹的监管细则。众筹平台需要做以下工作：（1）向 SEC 注册成为证券经纪交易商或融资平台；（2）相关信息披露，包括平台核心成员、董事和持有 20% 以上股份的股东信息、公司业务和募集资金使用情况等；（3）完成融资须向 SEC 提交年度报告，并针对众筹项目发起人和投资人有不同的要求。针对发起人，众筹交易前一年的融资总额必须少于 100 万美元；未上市公司的项目发起人只能向特定的，且净资产超过 100 万美元的投资者募集资金；发起人首次销售，需至少提前 21 天向 SEC 提交信息披露文件、风险提示、额外的财务信息（仅筹资额超过 50 万美元）等。针对投资人，单一投资总额需少于 10 万美元，而年收入或净资产低于 10 万美元的投资者年投资额须少于 5%；年收入或净资产高于 10 万美元的投资者年投资总额须少于 10%。

本章学习目标

1. 了解金融监管的理论基础；
2. 掌握互联网金融监管的理论知识；
3. 理解欧美互联网金融监管的现状；
4. 掌握我国互联网金融的现状和不足；
5. 掌握互联网金融下的机遇与挑战；
6. 了解互联网金融的未来发展方向。

8.1 金融监管的理论基础

8.1.1 金融监管理论依据

金融监管的定义分为狭义和广义，狭义的金融监管指中央银行或其他金融监管机构根据国家的相关法律法规对金融业进行监督管制的行为。而从广义上金融监管除了央行及其他金融当局的监管之外，还包括金融机构的内部控制和稽核、同业自律性组织的监管、社会中介组织的监管等。在金融监管体系中金融机构内部控制包括社会中介组织的监管，金融机构内部控制在整个监控系统的设计具有基础性地位。世界各国的金融监管体系大部分属于广义的金融监管。金融监管的依据可以系统地划分为以下四种理论：公共利益理论、政治理论、权衡理论和法律理论。

金融监管的公共利益理论是基于政府拥有充分信息、为整个社会福利服务以及完全信用三个假设的基础上。由于市场存在信息不对称和交易成本过高的情况，在不完全竞争下，搭便车的行为无法避免，因此金融市场存在一系列的问题，而私人部门由于资金不足同时有寻租的可能性，也无法充当金融监管的主体。只有通过政府监管的金融机构，才能够克服市场失灵的负面影响。提高金融机构的治理，以提高金融效率的操作，维护金融体系的稳定。金融监管公共利益理论的基本思想主要体现在以下两个方面：一方面积极鼓励政府对于银行的经营和管理的监管起到主导地位，成为银行的最后一道防线；另一方面通过增强政府金融监管的权力，发挥政府在金融监管中的作用，以弥补市场失灵所带来的问题。

金融监管的政治理论：一般情况下，人们认为政府金融监管在大多数情况下都不是很成功。这主要是由于政府自身的利益也是一个独立的市场主体，所以无法确保市场利益最大化。一方面，政府的金融监管政策受部分利益集团影响，因此这些团体通过各种各样的方式来确保自己的利益而影响政府的金融监管政策，最终导致金融监管机构不能独立决策；另一方面，政府对金融机构的过多监管将给金融机构增加更多的寻租机会，破坏了正常的市场竞争秩序，不利于金融的长远发展。金融监管的政治理论认为，要发挥竞争和开放机制在金融监管中的作用，防止既得利益集团在金融发展的影响作用。

金融监管的权衡理论：金融监督管理市场失灵和政府失灵的存在，需要人们在两者之间做出合理的权衡，以实现社会福利的最大化。通过一些金融监管机制设计权衡理论，一方面避免政府金融监管成为"掠夺之手"，维持其"援助之手"；另一方面发挥市场监督机制，避免政府的侵犯。在权衡理论中，金融监管主要体现在以下两个方面：一是提高金融监管机构的独立性，减少金融监管机构由政府和银行使用捕获的可能性；二是提高私人监管的能力和积极性。

金融监管的法律理论：在市场经济下，法律系统是保护投资者权益的主要途径，而金融监管的效率的关键就是有效的实现中小投资者受到法律保护的权利，只有在有效的保护投资者权益的法律条件下，建立有效的公司治理机制，金融业才能得以健康发展。主要思想是：首先，详细规定的权利对投资者和保护；其次，通过提高执法质量，提高执法的效率，使投资者的权利得到真正有效的执行。

8.1.2 金融监管模式与体制

1. 金融监管模式的比较

目前，各国金融监管体制安排主要有四种模式：机构型监管、功能型监管、综合型监管和双峰型监管。每种监管模式都有各自的优缺点，如表8-1所示。根据2009年在146个国家的国际监管体系中，国家分别有35部分行业管理和监督，全面监管的国家有49个，只有两个国家的双峰型监管。从国家金融监管体系的选择，分业监督仍是主流，越来越多的国家已经趋于综合型和双峰型监管。

表 8-1　四种不同监管模式的比较

监管模式	代表国家或地区	主要特征	主要优点	主要缺点
机构监管	中国、中国香港特别行政区和墨西哥	根据金融机构的牌照类型和法律属性来划分监管机构	监管机构分工明确、专业化强；有助于防止监管单点失效	对金融机构间的交叉业务易出现无人或过度监管；监管不一致问题；监管协调成本较高
功能监管	巴西、法国、意大利和西班牙	根据金融业务的类型来分别设置不同的监管机构	易保持监管一致性和专业化；有助于提高监管效率	难以界定监管机构管辖范围；协调成本大；易造成监管过度竞争；监管规则适用性低；难以有效防范系统性风险
综合监管	加拿大、德国、日本、卡塔尔、新加坡、瑞士和英国	由一家综合性监管机构对整个金融体系进行统一监管，此类监管涵盖防范系统性风险和维护消费者利益两个层面	确保监管的统一性；监管视角更为全面；避免监管机构过度竞争；强化问责制；更有效地配置监管资源	可能产生监管的单点失效；权力过于集中而造成监管效率下降；内部部门沟通困难；监管者易形成"团体思维"
双峰监管	澳大利亚和荷兰	两类监管机构并存：一类主要通过审慎监管确保金融体系的安全稳健，另一类主要通过行为监管维护消费者的权益	缓和监管目标内在矛盾；获得综合监管全部优点；给予消费者充分保护	优先考虑哪个目标主观性强，有时无法两者兼顾；金融机构管理成本上升

2. 我国金融监管现状

自加入世贸组织以来，中国已经形成了"一行三会"的金融监管模式，即保监会、银监会、证监会分业监管的主要监管体系，其他国家也设立了多个金融监督管理部门的银行、保险和证券进行分别监管。但目前的金融监管模式不能很好地适应中国蓬勃发展的金融产业结构，存在许多问题。

首先，交叉性业务监管重复或缺位。随着国内大量金融控股公司的出现和外资金融机构的不断涌入，我国传统的分业经营、分业监管模式已受到挑战。一方面越来越多的金融机构以及外资银行都实行将银行、投资、证券、保险等行业混合经营的模式，因此分业监管不能有效地适应这一混业经营模式，同时金融控股公司的兴起与发展使中国银行与其他实体经济市场间的界限变得越发模糊不清。而另一方面，我国"一行三会"的金融监管机构之间职责界限不够明确，虽然这些金融监管机构设立了一定的沟通机制，但该机制并没有起到有效的沟通与交流的作用。这两个方面相互作用导致我国金融监管模式出现了真空地带，而同时产生了不少的监管漏洞，并且同时出现监管过程脱节、监管重叠和分散监管等诸多问题。

其次，金融机构内部自律性较差。我国金融机构内部虽然存在一定的控制制度，但是其并没有起到应有的作用，甚至有些形同虚设。调查显示：银行由于管理不善形成的不良资产约占40%以上，因此，可以看到由于金融机构在金融风险监管不利的形势非常严峻。

内部自发监管行为具有监管成本低、监管效果好的优势,可以很好防范金融风险,所以有很大的发展空间。行业自律和监管财务管理相互合作,相互补充,以更好地维护金融系统的稳定和安全。

最后,缺乏有效的金融风险防范机制。金融行业在中国起步较晚,相关的监督机制不健全。这对我国的金融监管体制改革造成一定的阻力。为了确保银行业的安全,防范可能的风险,发达国家纷纷在银行业建立存款保险制度。目前,我国在这个制度方面仍然是空白。我国政府始终通过自身的信用和资金为商业银行进行隐性担保,从而起到了稳定金融行业、降低金融风险的作用。但整个担保机制的运作缺乏制度约束,运作过程也不透明,难以对银行和存款人形成有效的保护。同时,各监管主体对于自己监管的主体信息和数据不愿意进行合理的披露和共享。尽管我国已经有一个监管联席会议制度,但联合组织的性质,使其权威和效率不高。

8.2 互联网金融监管的理论基础

2008年国际金融危机后,金融界和学术界普遍认为,自由放任的金融市场监管的概念只适用于理想化的情况。互联网金融实现这一理想情况前,仍然存在信息不对称和交易成本等因素,使得自由放任的监管理念不适用,所以互联网金融监管十分有必要。

第一,在互联网金融中,个体行为可能是非理性的。比如,在P2P网络贷款中,投资者主要是针对借款者以自身信用证作为担保的借款进行投资。但信用贷款的风险无疑是具有相当的不确定性,而即使P2P企业能够识别到这一风险,投资者也不一定能充分认识到投资失败对个人的影响。

第二,个体理性不意味着集体理性。比如,在以余额宝为代表的"第三方支付+货币市场基金"合作产品中,投资者购买的是货币市场基金份额。由于投资者可以随时赎回自己的资金,但是货币市场基金的期限通常为中长期,因此存在时间上的不匹配问题。如果货币市场出现大幅波动,投资者为避免自身损失从而赎回资金,从个体行为来看,是完全理性的;但如果大部分投资者都进行资金赎回,货币市场基金就会遭遇挤兑,从而形成更大的损失,这一集体行为是非理性的。

第三,市场纪律可能无法控制有害的冒险行为。我国的隐性或显性的投资风险,保证比比皆是,如隐性存款保险,银行柜台的销售产品的隐性承诺,人们习惯于"刚性兑付",风险定价机制在一定程度上是失效的。

第四,互联网金融的模式涉及的客户群体小而分散,涉及资金规模较大,因此市场影响面较为广泛。如果该机构还有支付与结算业务,则一旦其破产可能会导致系统性风险。如支付宝和余额宝涉及业务规模大且人数多,已经具有系统风险性。

第五，互联网金融创新可能有一个主要缺陷。我国 P2P 网贷平台质量良莠不齐。P2P 平台客户资金和平台资金没有有效隔离，导致 P2P 网贷平台卷款跑路；P2P 平台的一部分营销激进，不是仅仅将高风险产品销售给合格的投资者。

第六，互联网金融消费中可能存在欺诈和非理性行为。互联网金融机构推销的产品存在高风险性，而其与投资者存在严重的信息不对称性。例如，网上销售的金融产品，一些产品除了整体披露预期回报，很少解释采取的投资战略以及投资中存在的风险。而部分消费者由于金融知识的局限性和对银行"刚性兑换"的依赖，因此不了解互联网金融产品的风险和违约的可能。

而之所以需要特殊讨论互联网金融的监管，除了以上的必要性外，也是因为与金融相比互联网金融具有以下两个特殊性。

第一，互联网金融具有信息技术风险。信息技术在互联网金融风险十分突出。如计算机病毒、黑客攻击、支付不安全、互联网金融诈骗、金融网络钓鱼网站、客户数据泄露、非法挪用或篡改。阎庆民（2013）提出，针对信息技术风险，根据风险的来源可分为四类：自然原因，信息系统风险，管理风险的缺陷所造成的风险，造成人员带来的操作风险；根据风险影响对象可分为三类：数据风险，运行平台风险，物理环境风险；根据对组织的影响可分为四类：安全性、可用性风险、性能风险、合规风险。主要方法包括：非现场监管、现场检查、风险评估和监管评级，潜在的风险控制措施，也可以用数学模型来衡量信息技术风险。

第二，互联网金融具有"长尾"风险。首先，互联网金融服务的人群是那些无法享受到传统金融服务的人。它们的风险识别能力相对比较欠缺，容易受到误导、欺诈和其他不公平的对待。其次，它们的投资小而分散，所以"搭便车"问题更加突出，针对互联网金融市场的监管更有可能失败。最后，个人非理性和集体非理性更容易出现。此外，一旦互联网金融出现风险，从涉及的数量来讲可能未必很大，但对社会负外部性很大。针对互联网金融的"长尾"风险，强制性的、以专业知识为基础的、持续的金融监管不可或缺，互联网金融监管对互联网金融消费者保护尤为重要。

8.3 欧美国家互联网金融监管

8.3.1 美国互联网金融监管

美国没有专门针对各类互联网金融业务模式的监管法律和框架，但这并不意味着互联网金融免监管。与传统金融产品相比，互联网金融不仅面临客户信息泄露风险、洗钱风险、欺诈风险、信用风险、流动性风险、IT 风险和声誉风险。而且部分风险还可能由于互联的原因而被放大。因此，除适用于相关的联邦法律和监管政策外，美国还针对可能存在的监管漏洞修订了相关法律和政策。

1. 互联网支付

互联网支付起源于美国。随着 2000 年以来电子商务的快速发展，以 PayPal 为代表的第三方网络支付机构也应运而生，并构建了高效迅捷的互联网支付体系。互联网支付企业在美国没有被确认为银行金融机构、政府部门没有设立专门法律，其被认为是从事"货币转移业务"的货币服务机构，主要是使用现有的法律框架来实施监督，主要法律法规包括《金融服务现代化法案》《电子资金划拨法》等。互联网支付企业的监管主体主要包括联邦和各州政府两个层面，其中准入及持续监管等职责集中在各州的监管机构。

（1）联邦监管。在联邦层面，目前美国尚未出台专门、统一的法律对互联网支付机构进行监管，在监管模式上采取功能性监管的方式，即各类监管机构分别在各自领域进行监管，如消费者保护、客户资金保护、反洗钱及金融反恐等。

第一，在消费者保护方面，美国对金融消费者权益的保护主要通过现有法律框架实现的。国际金融危机之后成立的金融消费者保护局（CFPB）将在这一领域逐渐扮演重要的角色。根据《多德—弗兰克华尔街改革与消费者保护法案》，CFPB 在消费者保护方面对 PayPal 等非银行类金融机构具有制定监管规则、实施检查及执法的权限，未来将在互联网支付机构的监管上发挥主要作用。

第二，在客户资金保护方面，美国联邦存款保险公司（FDIC）将客户在互联网支付机构账户中的沉淀资金定义为这些机构对客户的负债，而不是法定意义上的存款。但是，通过 FDIC 的存款延伸保险机制，互联网支付机构存放在商业银行账户上的客户沉淀资金可以享受其保险覆盖（保险金上限为 10 万美元）。

第三，反洗钱及金融反恐方面，"9·11"事件后颁布了《爱国者法案》，对原本关于反洗钱的相关条款进行了修订，加强对跨境洗钱和金融领域恐怖活动的监管。财政部金融犯罪执法网络（FinCEN）承担相关监管职责，互联网支付机构需要履行像 FinCEN 登记的程序，按规定提交现金交易报告和可疑交易报告等，记录并保存所有资金交易情况。

第四，关于其他方面的监管，互联网支付机构还需要接受美国联邦通讯委员会、联邦贸易委员会及美国国税局在移动支付、商业行为以及税务信息披露等方面的监管。

（2）各州监管。在各州层面，美国各州政府分别制定了适合本州货币服务发展的法律法规，但具体规则并不完全一致。为了促进各州立法的统一，美国统一州法国家委员会制定了《统一货币服务法》，这是一部关于货币服务行业的示范法规，本身并不具备法律效力。各州对互联网支付机构的监管在主要规则上具有一定共性。首先，互联网支付机构必须获得各州监管机构发放的牌照，不得从事银行的存贷业务。其次，支付机构还要符合各州关于投资主体、营业场所、资金实力、财务状况以及从业经验等相关自制的要求。

2. P2P 网贷

美国没有制定专门针对 P2P 网贷的相关法律，主要通过查找现有 P2P 相关法律，找到有用的监管措施。P2P 网贷行业受联邦政府和州政府双重监管。美国证券交易委员会

（SEC）的信息披露方式监控 P2P 贷款行业，主要是通过强制性信息披露以防止欺诈来保障债权人的利益的。此外，美国联邦贸易委员会不是监管机构，但对于不合规的 P2P 网贷可以采取强制措施。2008 年 3 月，SEC 认定 Lending Club 向投资人发行票据的业务模式属于证券范畴，标志着美国 P2P 网贷行业正式纳入以证券交易委员会为核心的监管体系。总体来看，美国对 P2P 网贷的监管有以下几个特点。

（1）形成了以证监会为核心的多头监管体系，监管职责分布在联邦和各州的监管机构以及大量的行业自律组织之间。美国的金融监管具有较明显的行为监管特征，监管机构主要根据金融机构所从事的业务进行执法。由于美国 P2P 网贷行业的业务模式具有比较明显的证券化属性，证券交易委员会自然成为 P2P 网贷平台的核心监管机构。此外，联邦存款保险公司、消费者金融保护局、联邦贸易委员会等也都在职责范围内对 P2P 借贷公司进行相关监管。美国政府问责办公室（GAO）于 2011 年 7 月发布了一份关于 P2P 借贷机构监管的政策报告，提出了由 CEPB 取代 SEC 的建议，而在州政府层面，各州监管部门也扮演了非常重要的角色。P2P 公司仍需要按照州一级证券法及相关法律取得经营相关业务的牌照，并遵守各州金融监管部门的一系列监管要求。

（2）重视消费者权益保护，不断完善相关法律法规，加强对投资人及借款人两方面的保护。总体来看，美国当前的法律框架主要包括联邦和州政府两个层面，体现了监管机构重视消费者保护的金融立法理念，而保护对象也同时覆盖了投资人和借款人两个方面。如表 8-2 所示。

表 8-2　P2P 网贷公司需满足的具体法律列表

法 律 名 称	监 管 要 求
联邦《1933 年证券法》及各州"蓝天法案"	要求任何未经豁免的、从事证券服务及销售的公司 SEC 及各州监管机构进行注册
联邦《诚信借贷法》《Z 法规》及各州类似法规	要求必须对借款人就有关贷款条款进行充分披露
联邦《公平债务催收法》及各州类似法规	对债务催收人的相关行为进行了规定，并对催收过程中的一些特定行为进行明确禁止
《隐私及信息安全法》及各州类似法规	限制了 P2P 借贷公司就关于消费者的非公开个人信息向无关第三方披露的行为，并要求公司制定关于消费者信息保护的具体政策和措施
《多德—弗兰克法案》	提出了一系列金融监管改革方案，其中多项措施对 P2P 借贷公司也有较大影响
《电子资金转账法》《电子签名法》	对客户进行了电子转账等行为提出了指引及限制
《银行保密法》	P2P 平台公司需符合有关反洗钱规定，公司需指定具体的反洗钱政策和措施

上述法律框架基本体现了以消费者保护为主，以及 P2P 网贷行业在市场准入、信息披露、业务限制等几个方面的监管模式。其中 2010 年 7 月颁布的《多德—弗兰克法案》对 P2P 行业已经产生了较大的影响。

（3）强调全面的信息披露与风险提示，确保投资人在进行证券交易决策时所需信息不存在错误、遗漏或误导的情况。作为在 SEC 注册登记的证券发行公司，P2P 借贷公司必须履行非常严格的信息披露责任，向投资人全面、及时和准确地披露与证券交易决策相关的重要信息。根据规定，P2P借贷公司需要在提交的年度报告等规范文件中进行相当翔实的信息披露。主要包括：与公司及网站平台有关的风险；与债务及其对应贷款有关的风险；与监管合规有关的风险。此外，P2P网贷公司需要在发行证券时向SEC提交募集说明书等发行文件。

3. 众筹融资

众筹并非一帆风顺，在美国的发展主要源于最初的监管机构融资模式不承认。根据美国1933年《证券法》，除非满足相关豁免条款，发行人或出售证券必须是授权SEC证券公司，否则将被视为非法。为了解决中小企业融资困难的问题，为了更高效和低成本的监督建议放松方式。2012年4月，美国总统奥巴马签署了启动援助（就业）法案，为如何参与交易，如何进一步完善券商，股票如何退出等问题找到解决的办法。平台必须在美国证券交易委员会（SEC）登记，此外，发行人的建议是至少在第一次销售的21天前向SEC披露文件和风险披露，如果募集了超过500 000美元，还需要额外披露财务信息，包括经审计的财务报表。

SEC监管规定主要包括以下几个方面：首先，关于发行者的规定。一家公司可以在12个月内通过众筹方式发行不超过100万美元的证券，相关交易只能通过由众筹公司或注册券商管理的网络进行；以下几类公司不得通过众筹方式发行证券，包括美国境外公司、已向SEC申报的公司、特定范围的投资公司、其他不符合条件的公司；发行者应向SEC提交发行文件，并按规定披露相关信息；其次，关于投资者的规定，SEC规定个人投资者在12个月内通过众筹平台投资的资金具有一定的上限，此外投资者所持有的、通过众筹平台获取的股票一年之内不得转卖；最后，关于众筹平台的规定，根据SEC监管草案，未来任何众筹交易只能通过在SEC注册的中介公司运行的平台进行。此外，SEC出台的规定草案，明确禁止了向投资提供咨询或投资建议、持有或处理投资者的资金或股票以及在网站上对证券销售、购买进行促销等。

4. 第三方金融服务

互联网第三方金融服务监管在美国遵循互联网支付、互联网融资一致的监管思路，即根据金融产品和服务的性质决定适用法律和监管机构。例如，货币市场基金，根据货币市场基金补充法案，2010年MMF必须获得美国证券交易委员会的代理许可证，必须遵守相关的银行保密制度和洗钱的法律规定，必须执行适当的程序，如登记、交易报告。在州一级，监管当局的监管必须获得国家特殊营业执照，不得从事类似的银行存款和贷款业务，交易资金不得保留或使用客户，保持贸易资本流动和安全的高度。SEC要求MMF及时披露基金投资组合，MMF的最大加权平均期限从60天至90天。

第三方支付问题：1999年，《英国金融服务现代化法》将第三方支付机构定义为非银行金融机构，由联邦存款保险公司和财政部负责监督。财政部为第三方支付公司注册，第三方支付公司接受联邦和州两级反洗钱监督报告可疑交易，记录和保存所有交易。第三方支付平台留存资金需要存储在联邦存款保险公司担保银行无息账户，并且每个用户账户高达100 000美元。

8.3.2 欧洲互联网金融监管

1. 互联网支付

与美国不同,欧洲对互联网支付机构具有较为明确的监管规定,其法律构架主要包括欧盟颁布的《电子货币指令》《支付服务指令》等一系列法律法规,欧盟各成员国则根据上述指令在国内予以立法落实。早在1998年,欧盟规定能够允许在线支付的媒体只有商业银行或电子货币机构。基于这种规定,互联网支付的监管机制是通过电子货币的监管来实现的。互联网支付机构只有在银行或电子货币机构营业执照的前提下从事相关业务。

总体来看,欧盟规范互联网支付机构主要采取的是审慎监管的原则。2000年9月颁布的《电子货币指令》是欧盟为规范电子货币而采取的一项重大立法措施。其对电子货币和电子货币业务从业机构的定义、范围均给予了明确规定,并对从业机构的初始资本、流动性资金以及公司治理等几个方面提出了要求。此外,监管部门对支付机构的合规检查、稳健与审慎经营审查等也在这项法规中有所体现。欧盟所引入的电子货币机构审慎监管机制主要是以支付业务监管架构为参考标准,并在《支付服务指令》的基础上产生的。

2009年9月,欧盟方面针对原《电子货币支付指令》对电子行业发展抑制作用的方面,对法规进行修改,从而形成了新一版的《电子货币指令》,但整体上延续了审慎监管的原则。此外,欧盟还颁布了《增进消费者对电子支付手段的信心》《反对非现金支付工具的欺诈和伪造行动框架》等通告。总的来说,欧盟对互联网支付机构的监管要求主要包括以下四个方面。

第一,关于支付机构资金方面的要求:《电子货币指令》对拟在欧盟成员国境内设立的电子货币机构提出了不少于35万欧元的初始资本要求。对于不发行电子货币的支付机构,主要根据支付机构的交易金额或营运资本等计算最低自有资金要求。发行电子货币的机构,其自有资金则不得少于发行货币总量的2%。

第二,关于支付机构的业务活动要求:根据2009年版《电子货币指令》规定的范围,提供相应支付服务;支付机构应严格区分自有资金和客户资金,并对客户资金提供保险或类似安全保证;未经许可,任何电子货币机构以外的自然人或法人不得发行电子货币。

第三,关于支付机构公司治理、内控机制及信息披露等要求:2009年版《电子货币指令》要求支付机构必须具备稳健与审慎的管理系统、行政管理和会计计算程序,以及适当的内部控制体制,同时机构应按时提交各种定期报告和临时性报告。

第四,关于支付机构的反洗钱及反恐融资要求:欧盟各成员国在要求互联网支付机构执行反洗钱及反融资要求方面具有一定的灵活性,其中大部分成员国采取了与银行类金融机构的监管一致的监管要求,其他一些国家的政策则相对比较宽松。

2. P2P网贷

欧洲方面,英国对于P2P网贷的管理是将其纳入消费者信贷管理范畴,通过行业自律引领行业发展。一是行业自律:英国的网络信贷在规模和成长速度上不如美国,但是行业自律性比较强,于2011年月5日成立了行业自律组织(英国P2P金融协会),协会包括英国最主要的3家网贷公司,并于2012年6月正式出台了"P2P融资平台操作指引",

提出 P2P 融资协会成员应满足的 9 条基本原则，从而在整个行业的规范发展和金融消费者保护方面起到很好的促进作用。二是政府管理：2014 年 3 月 6 日，英国金融市场行为监管局（FCA）发布了《FCA 关于网络众筹和推广不易变现证券的监管规则》，宣布自 2014 年 4 月 1 日起，对 P2P 借贷及众筹融资平台等实施监管。在新颁布的法规中，FCA 还提出了其他一系列防范网络借贷风险的要求，包括最低资金要求、客户资金保护规定、信息披露要求、产品推广要求以及危机处置安排等几个方面。

而欧盟方面则是没有出台专门法典约束，仅仅是细化监管要求、维护消费权益。欧盟对网络信贷相关的立法主要是消费者信贷、不公平商业操作和条件等指引性文件，这些指引对信贷合同缔约前交易双方提供的信息（如包含所有可预见税费在内的信贷成本）及各方义务进行了规定。具体包括五个方面的内容：只有注册的信贷提供者才有权通过网络发布信贷广告；对通过网络发布的信贷广告有额外的披露要求；对网络信贷规定了比其他信贷形式更严格的披露要求；消费者在签订信贷合同前应有充分的时间考虑合同信息及相关的解释说明，可以带走这些信息资料并与其他产品进行比较；规定了借款人在 14 天内享有无须说明理由的撤销权。

而欧盟方面则没有出台专门法典进行约束，仅仅是细化监管要求，维护消费者权益。在欧盟的网络信用立法主要包括消费信贷、不公平的商业行为和条件等指导性文件，这些文件提供了信息信贷合同前双方合同（如包含所有可预见的税费，信贷成本）和各方的义务规则。具体包括四个方面的内容：只有注册信贷，提供者有权通过网络广告释放信贷；释放信贷通过网络广告有额外的披露要求，比其他形式的信贷定义为网络信贷更严格的披露要求；消费者应该有足够的时间来考虑这份信贷合同信息和相关的解释，在其做出决定之前，可以带走信息数据和与其他产品比较；指定借款人享有 14 天内不需要说明理由撤销权。

3. 众筹融资

英国《金融服务与市场法》等现有法规已适用于股权类众筹融资。2012 年 7 月，Seeders 公司成为第一家由监管机构批准的投资类众筹融资平台。这一类型的公司不能从事常规投资义务，尽可以提供咨询服务或只接受和传递投资者的指令，类似于中介业务。可见，监管机构对投资类众筹融资平台的审批是根据现行的投资公司的相关规定进行的特例审批。经监管机构批准后，投资类众筹融资平台公司还将加入英国金融服务补偿计划，从而进一步维护网站消费者的权益。

此外，从消费者的角度出发，监管机构对个人投资者参与的投资类众筹融资平台上的投资项目进行了限制。FCA 于 2014 年 3 月发布的《FCA 关于网络中众筹和推广不易变现证券的监管规则》指出，新发布的法规希望可以将众筹平台面向更宽广但是经过更严格挑选的消费者，主要包括专业投资者和符合条件的个人投资者。FCA 对众筹平台向客户推广网站上的投资项目设置了严格的限制。其初衷是减少投资者在投资这类产品时所面临的流动性风险，因为这类金融产品通常较难定价且流动性较差。

4. 第三方金融服务

英国的金融业务集中在商业银行投资部门、投资银行和专业投资公司。民事法律法规统一将服务提供者作为受托人。受托人按照 2000 年法案获得报酬的第五段第二十八条受托人监管，金融服务指的是特定类型的"一般的特定种类的受托管理有关的服务"。受托人必须承担受益者和投资者赋予的责任，在存续期内依法并且在金融监管机构下从事业务。2013 年，金融市场行为监管局接手金融监管者的角色，并且开始着手修改和完善相关规定。

8.4 我国互联网金融监管

8.4.1 我国互联网金融监管现状

在中国互联网金融快速发展的过程中，风险事件也不断发生，必须不断优化和改进互联网金融风险控制，加强统合监管和功能监管。中国互联网金融发展的特点是以互联网企业为主体，充分运用互联网创新特点服务于过去未能得到金融服务的草根群体。由于互联网金融服务的行业主要是一些规模较小的、盈利不确定的小微企业。因此，对于互联网金融的监管面临着与传统金融不同的严峻挑战，必须充分认识到互联网带来的困难，并做好应对准备。

第一，互联网金融深化混合管理，必须加强统一监督，完善监督协调机制；加强监管功能，不仅对传统金融机构进行监管。互联网金融发展是基于技术升级、大数据、云存储、社交媒体、移动互联终端，其个性化发展的金融生态和形式将在很大程度上得以改变。金融领域实体商店将是一个大的变化，因为人们可以在任何时间和地点进行付款交易，各种跨界创新互联网金融产品的组合将层出不穷。

第二，行使监管权必须突破权力主导和机构监管的传统思维，防止行政权的滥用，要以金融消费者权益保障作为互联网金融立法与监管的基本宗旨。在互联网时代的金融，金融消费者权益是金融创新的出发点和立足点，互联网金融监管机构的主要任务，是平衡互联网金融运营商和消费者的权利与义务。消费者主权意识的崛起，将促进重建金融法律制度和金融监管方式的改变。

第三，施行软法治理和柔性监管，通过互联网金融协会、商会和其他社会创新的方法来促进互联网金融的健康发展。互联网金融行业需要一个社会组织，发挥相应作用，引导企业形成产品的规则，逐步形成行业标准，最终形成我们的社会组织自律规范和约定。

第四，金融监管机构应形成一定的监测和预警机制，做好应急处理预案，保证不发生区域性和系统性金融风险。目前还没有形成互联网金融行业自律规范。首先从信息披露和风险预警的角度，要求互联网金融企业加强信息披露和风险警告。同时，考虑到金融行业，大量的参与者和跨区域发展特点，一旦陷入非法集资的泥潭，可能会导致危害社会稳定的问题。只有在保持底线的基础上，鼓励创新，才能刺激创新潜力和全社会的创业动力。2014 年至 2015 年我国互联网金融监管政策如表 8-3 所示。

表 8-3　2014 与 2015 年度互联网金融监管政策时间排序表

文　件	时　间	出台部门	文　件　明　细
《关于清理规范非融资性担保公司的通知》	2014.01.05	银监会、发展改革委等八部委联合发布	要求各省、自治区、直辖市人民政府于 2013 年 12 月至 2014 年 8 月底，对本行政区域内的非融资性担保公司进行一次集中清理规范，重点是以"担保"名义进行宣传但不经营担保业务的公司。对从事非法吸收存款、非法集资、非法理财、高利贷款等违法违规活动或违规经营融资性担保业务的，要坚决依法查处和取缔
《中国人民银行支付结算司关于暂停支付宝公司线下条码（二维码）支付等业务意见的函》	2014.03.14	中国人民银行	总行有关部门将对该类业务的合规性、安全性进行总体评估。向支付宝公司提出监管意见，要求其立即暂停线下条码（二维码）支付、虚拟信用卡有关业务，采取有效措施确保业务暂停期间的平稳过渡，妥善处理客户服务按照属地监管原则，要求辖内商业银行、支付机构在推出创新产品与服务、与境外机构合作开展跨境支付业务时，履行提前报备义务，并督促指导辖内商业银行、支付机构严格按照有关制度规定和管理要求开展支付业务
《中国人民银行关于手机支付业务发展的指导意见》	2014.03.19	中国人民银行	鼓励商业银行、支付机构与银行卡清算机构等产业探索实现和推广"一卡多应用"的商业模式；支持商业银行与银行卡清算机构等产业相关各方紧密合作，改进客户体验，引导和培育客户手机支付消费习惯，扩大手机支付的普及率。鼓励支付机构基于银行卡（账户）开展手机支付业务，保障支付安全并采取有效措施核实与管理手机支付客户的相关信息
《支付机构网络支付业务管理办法》	2014.03.19	中国人民银行	个人支付账户的资金来源仅限于本人同名人民币银行借记账户、本支付机构按规定发行的预付卡充值和个人支付账户转入，资金只能用于消费和转账转出。个人支付账户转账单笔金额不得超过 1 000 元，统一客户所有支付账户转账年累计金额不得超过 1 万元。超过限额的，应通过客户的银行账户办理。个人支付账户单笔消费金额不得超过 5 000 元，同一人客户所有支付账户消费月累计金额不得超过 1 万元。超过限额的，应通过客户的银行账户办理
首次提出"互联网金融的 5 大监管原则"	2014.04	中国人民银行	《中国金融稳定报告 2014》中专门对互联网金融的发展及监管列出专题予以阐述，互联网金融创新必须坚持金融服务实体经济的本质要求，合理把握创新的界限和力度。央行认为，互联网金融创新应服从宏观调控和金融稳定的总体要求。要切实维护消费者的合法权益；要维护公平竞争的市场秩序；要处理好政府监管和自律管理的关系，充分发挥行业自律的作用

续表

文件	时间	出台部门	文件明细
对互联网金融差别化监管	2014.09.19	中国人民银行调查统计司副司长徐诺金	2014年互联网金融企业社会责任峰会中国人民银行调查统计司副司长徐诺金表示，对互联网金融应差别化监管，目前有两种监管思路：一种是坚持线上线下一体化监管，另一种是体现差别监管
第十四次会议表决通过了新修订的《广告法》	2015.04.24	第十二届全国人民代表大会常务委员会第十四次会议	新《广告法》颁布实施后，规定广告中不得含有"国家级"、"最高级"、"最佳"、"首个"、"首选"、"最好"、"最大"等极限词用语。一旦发现使用极限词，将处广告费用三倍以上五倍以下的罚款，广告费用无法计算或者明显偏低的，处二十万元以上一百万元以下的罚款。《广告法》明确规定广告代言人在广告中对商品、服务作推荐、证明，应当依据事实，符合本法和有关法律、行政法规规定，并不得为其未使用过的商品或者未接受过的服务作推荐、证明
《关于促进互联网金融健康发展的指导意见》	2015.07.18	中国人民银行、工业和信息化部、公安部、财政部、国家工商总局、国务院法制办、中国银行业监督管理委员会、中国证券监督管理委员会、中国保险监督管理委员会、国家互联网信息办公室	《指导意见》规定对互联网金融的监管分工和基本业务规则，遵循"依法监管、适度监管、分类监管、协同监管、创新监管"的原则，在监管职责划分上，明确一行三会监管职责此外，《指导意见》还规定了互联网支付、网络借贷、股权众筹融资、互联网基金销售和互联网信托、互联网消费金融应当遵守的基本业务规则
《互联网保险业务监管暂行办法》	2015.07.22	中国保监会	2015年7月26日中国保监会已印发关于《互联网保险业务监管暂行办法》的通知，暂行办法首先对互联网保险进行了定义，互联网保险业务是指保险机构依托互联网和移动通信等技术，通过自营网络平台、第三方网络平台等订立保险合同，提供保险服务的业务。在风险管控上，暂行办法提出，不能确保客户服务质量和风险管控的保险产品，保险机构应及时予以调整。此外，在经营条件、经营区域、信息披露、经营规则、监督管理等方面也都有提出明确的要求
《非银行支付机构网络支付业务管理办法（征求意见稿）》	2015.07.31	中国人民银行	规范非银行支付机构网络支付业务，防范支付风险。《办法》包括总则、客户管理、业务管理、风险管理与客户权益保护、监督管理、法律责任、附则七章，共五十七条。《办法》明确，支付机构应当遵循"了解你的客户"原则，采取有效措施核实并依法留存客户身份基本信息，建立客户唯一识别编码。《办法》指出，支付机构不得为客户办理或者变相办理现金存取、信贷、融资、理财、担保、货币兑换业务。《办法》明确，中国人民银行及其分支机构依法对支付机构的网络支付业务活动进行监督和管理

续表

文　件	时　间	出台部门	文　件　明　细
《关于审理民间借贷案件适用法律若干问题的规定》	2015.08.06	最高人民法院	《规定》明确，法律保护的固定利率为年利率24%。年利率在24%以内的，当事人起诉到法院，法院都要给予支持。24%的利率也是长期以来在审判实践中所确立的一个执法标准。《规定》同时明确，年利率36%以上的借贷合同为无效，即超过36%以上的利息是无效的。《规定》明确，企业之间为了生产、经营的需要相互拆借资金，或者企业因生产、经营的需要在单位内部通过借款形式向职工筹集资金的，法律予以保护
《关于对通过互联网开展股权融资活动的机构进行专项检查的通知》《关于商请规范通过互联网开展股权融资活动的函》	2015.08.07	证监会	此次《通知》依据7月18日央行等10部委的《指导意见》的规定，进一步详细界定了股权众筹的概念，把市场上那些开展的冠以"股权众筹"名义的活动，是通过互联网形式进行的非公开股权融资或私募股权投资基金募集行为剔除出股权众筹的概念
《网络借贷信息中介机构业务活动管理暂行办法（征求意见稿）》	2015.12.28	银监会会同工业和信息化部、公安部、国家互联网信息办公室	征求意见稿重申，网贷机构应当选择符合条件的银行业金融机构作为第三方资金存管机构，对客户资金进行管理和监督，实现客户资金和网贷机构自身资金分账管理
《非银行支付机构网络支付业务管理办法》	2015.12.28	中国人民银行	对网络支付的账户分类与监管及法律责任等进行了明确的规范。根据新规，网络支付管理基本参照银行账户管理，也分为三类账户，分别规定限额。其中，个人消费者的单日累计余额支付限额，可有条件地由5 000元提高至1万元。另外，在满足一定条件的情况下，个人卖家账户可以视同单位账户管理，不受每年20万元限额约束。该办法2016年7月1日起正式实施

1. 网络支付与结算

我国网络支付监管系统建设过程和支付环境优化是互补的过程，在线支付和新兴市场力量为电子支付提供了广阔的发展空间。由于网上支付是电子商务的刚性需求，在开发的早期阶段，政策部门仔细观察其发展。一方面，避免行政干预影响其正常的创新，发挥重要作用填补空白的支付系统；但另一方面，在互联网环境下管理行为的定义和规定，立法和执法的模糊区仍然存在。由于缺乏统一规定的行为性质，在线支付系统建设的监管在中国仍然是一个探索性的进化阶段。下一阶段在线支付系统的发展将受到监管部门和政策部门的指导，明确了对于代理支付业务要有许可牌照，另外，支付领域的现状与金融体系中混乱的收购是分不开的。出台的这一政策将受到互联网企业出于商业利益目的的挑战，所以是一个渐进的过程。

（1）人民银行启动非金融支付业务的登记备案：2009年4月16日，中国人民银行发布公告，宣布对第三方支付企业进行登记备案。公告声明目的是为掌握非金融机构从事支付清算业务的情况，完善支付服务市场监督管理政策，维护公众合法权益。公告首次将第三方支付机构定义为"非金融机构"，即将第三方支付业务主体性质与金融业务相区分，同时公告界定的支付清算业务包括：网上支付、电子货币发行与清算、银行票据跨行清算、中国人民银行批准的其他支付清算业务。

（2）人民银行非金融机构支付业务的市场准入和监管建议：2010年6月14日，人民银行发布《非金融机构支付管理办法》，自2010年9月1日起施行，正式确立了非金融机构支付业务的监管主体、行为规范和监管规则。这一办法明确了业务范畴和外延、设定了准入程序和门槛、提出了展业规范要求和监管措施；而为配合《办法》实施，人民银行于2010年12月1日发布公告，制定实施《非金融机构支付服务管理办法实施细则》，对一系列具体问题予以进一步解释；中国人民银行于2013年6月7日发布公告，制定实施《支付机构客户备付金存管办法》。这是主管部门强化支付机构突破许可范围涉足甚至违规涉足资金业务的警惕性和担忧；中国银监会和中国人民银行联合下发《关于加强商业银行与第三方支付机构合作业务管理的通知》，它首次提出对网上支付客户的适应性要求，尽量避免客户因专业经验欠缺导致的操作风险及资金安全，同时强调了限额管理在支付安全管理中的应用，也进一步强化了客户利益保护和信息通知。

（3）我国网络支付的自律体系建设：2011年5月23日，中国支付清算协会在北京发起成立。中国支付清算协会是经国务院同意、民政部批准成立的非营利性社会团体法人，对支付清算服务行业进行自律管理，维护支付清算服务市场的竞争秩序和会员的合法权益，防范支付清算服务风险，促进支付清算服务行业健康发展。

（4）非金融支付领域的监管：中国银行支付结算司于2013年3月14日下发通知，要求暂停部分支付机构的新型业务。这是近年来从公开渠道可以了解到的主管部门较为严厉的监管行动。人民银行于2014年3月陆续向部分支付机构发送《关于银行卡预授权风险事件的通报》。通报显示，10家收单机构存在未落实特约商户实名制、交易监测不到位等问题。其中8家支付机构从4月1日起，全国范围内停止线下收单介入新商户。

（5）网络支付行业监管细则正式提上日程：2015年7月31日，央行向社会发布了《非银行支付机构网络支付业务管理办法（征求意见稿）》。《征求意见稿》通过"客户管理、业务管理、风险管理与客户权益保护、监督管理、法律责任"等七章共57条对非银行支付机构网络支付业务做出了详细规定。《征求意见稿》要求支付机构不得为金融机构，以及从事信贷、融资、理财、担保、货币兑换等金融业务的其他机构开立支付账户，即央行基于支付机构业务许可范围和审慎监管原则，对支付机构的业务范围提出禁止性规定。这一办法的出台将互联网支付定位于小额、便捷的小微支付领域，即互联网支付不得从事银行业等金融机构间的资金转移，而相关业务不得参与货币创造的流程，从而有效控制互联网的网络外部性可能形成的风险外溢。

2. P2P网贷

在标准模型中，P2P网贷本质上是民间借贷的网络化，不属于政府行政干预范畴，但对中国的具体国情而言，一方面，是我国刑法未设定明确的约束其带来的非法集资方面的风险；另一方面，P2P网贷呈现出强化中介责任，弱化借贷关系，从规范"集资"行为的角度引发了监管层的高度关注。

（1）中国银监会办公厅《关于人人贷有关风险提示的通知》：2011年8月这一通知颁布，这是政府部门首次对P2P网络借贷模式表达看法。通知总体上对P2P业态高度审慎，主要关注点在于防范民间融资行为向金融体系的风险传导和民间借贷向非法集资的异化。

（2）刘士余对P2P网贷的法律边界阐述：刘士余在2013年8月出席"互联网金融峰会"时表示，人民银行充分尊重互联网金融的发展，不会把"看得见的手"伸到正常的、健康发展的有机体里，但同时也强调，希望从事互联网金融业务的企业能够在不违法的"底线"上寻找业务模式和空间。

（3）2013年12月，浙江省经济和信息化委员会《关于加强融资性担保公司参与P2P网贷平台相关业务监管的通知》：这一通知对辖内机构提示风险并禁止P2P网贷担保业务。通知认为P2P网贷担保引发的系统性风险，同时也指出P2P网贷机构借款成本高，担保业务风险大。借款利率越高，违约可能越大，担保业务风险也越大。基于各种风险的考虑，主管部门严禁辖内融资性担保机构控股或参股P2P网贷平台，禁止融资性担保机构以任何名义从事P2P网贷业务，严禁融资性担保机构为股东或其他关联方的P2P网贷平台业务进行担保。

（4）2014年4月21日，刘张君在介绍防范打击非法集资有关工作情况新闻发布会上答记者问时表示：P2P网络借贷平台为新兴的金融业态，尽管可以给予一定程度上的鼓励和支持，但是也需要进行一定的限制：第一，应将其业务的范围限定为中介性质；第二，明确P2P平台不可提供担保；第三，不得非法吸收公众资金；第四，不得将归集资金形成资金池。

（5）2015年8月6日，最高人民法院公布《关于审理民间借贷案件适用法律若干问题的规定》，明确了关于互联网借贷平台的责任。为了更好地保护当事人的合法权益，进一步促进我国网络小额借贷资本市场良好发展，该《规定》分别对P2P涉及居间和担保两个法律关系时，是否应当以及如何承担民事责任做出了规定。按照该《规定》中的条款，借贷双方通过P2P网贷平台形成借贷关系，网络借贷平台的提供者仅提供媒介服务，则不承担担保责任；如果P2P网贷平台的提供者在任何媒介中以明示或者其他方式表明其为借贷提供担保，则根据出借人的请求，人民法院可以判决P2P网贷平台的提供者承担担保责任。

（6）2015年12月28日，银监会会同工业和信息化部、公安部、国家互联网信息办公室等部门研究起草的《网络借贷信息中介机构业务活动管理暂行办法（征求意见稿）》（以下简称意见稿），正式向社会公开征求意见。这也是继7月《互联网保险业务监管暂行办法》印发后，又一个"重磅"的行业监管细则。根据意见稿，网络借贷（以下简称网贷）是指个体和个体之间通过互联网平台实现的直接借贷，即大众所熟知的P2P个体网贷，属于民间借贷范畴，受合同法、民法通则等法律法规以及最高人民法院有关司法解释规范。而网络借贷信息中介机构（以下简称网贷机构）则是指依法设立，专门经营网贷业务的金融信息服务中介机构，其本质是信息中介而非信用中介，因此其不得吸收公众存款、归集资金设立资金池、不得自身为出借人提供任何形式的担保等。根据意见稿，银监会将对业务经营范围采用以负面清单为主的管理模式，明确了包括禁止发放贷款、禁止从事股权众筹、不得吸收公众存款、不得设立资金池、不得提供担保或承诺保本保息等十二项禁止性行为。同时在政策安排上，允许网贷机构引入第三方机构进行担保或者与保险公司开展相关业务合作。与此同时，为了保障投资者的资金安全，意见稿要求网贷机构对客户资金和网贷机构自身资金实行分账管理，并选择符合条件的银行业金融机构作为第三方资金存管机构。事实上，早在此前《关于促进互联网金融健康发展的指导意见》发布后，P2P平台已纷纷开始寻求进行银行资金存管、托管，而银行也已开始布局。目前，已有至少6家银行推出了此类业务，并形成了银行资金账户体系＋支付、银行资金账户体系＋第三方支付两种模式。此外，意见稿对信息披露进行了较为详细的规定，"网贷机构需向出借人披露借款人基本信息、融资项目基本信息以及风险评估和可能产生的风险结果等"，并要求网贷机构对自身撮合的所有项目的相关情况，包括交易金额、撮合的借贷余额、最大单户借款余额占比等在其官网上进行充分披露。

3. 众筹融资

相对于其他互联网金融形式，众筹融资处于"萌芽"状态，还有待市场检验，从监管层面上看难以建立专业和完整的体系，更适合外围观察和原则性规范。我国《证券法》和《司法解释》都对于发行证券有着十分严格的规定。众筹平台直接引进外国模型，在筹集资金的过程中面对的不是一个特定的对象，并且经常超过200人，他们的行为已经违反了在"证券法"的规定。因而国内众筹模式需要规避这一法律风险，采取不以现金回馈的方式回报出资者，将投资行为演变为团购、预购行为。同时，股权制众筹平台采取设立有限合伙企业的方式，即由众筹出资者成立有限合伙企业，再由合伙企业对众筹项目发起者进行投资。

2014年3月28日的中国证监会新闻发布会上，新闻发言人张晓军表示，众筹是一个非常新的概念，包括多种形式，如捐款表格并返回表单，包括提高股权仍有许多争论。证监会认为股权众筹对于完善多层次资本市场体系，扩大微、中小企业融资渠道，支持创新创业活动和帮助信息技术产业化等，具有积极的意义。证券及期货事务监察委员会目前股票研究的建议，及时将发布有关指导、促进股市健康发展和建议，保护投资者的合法权益，防范金融风险。

为拓展中小微企业直接融资渠道，促进创新创业和互联网金融健康发展，提升资本市场服务实体经济的能力，保护投资者合法权益，防范金融风险，中国证券业协会起草了《私募股权众筹融资管理办法（试行）（征求意见稿）》。该征求意见稿就股权众筹监管的一系列问题进行了初步的界定，包括股权众筹非公开发行的性质、股权众筹平台的定位、投资者的界定和保护、融资者的义务、自律管理以及证券经营机构开展股权众筹业务。

2015年7月29日，中国证券业协会网站正式发布了《场外证券业务备案管理办法》，自9月1日起施行，私募股权众筹业务也被纳入并实施备案管理。近期中国证券业协会发公告称，将《场外证券业务备案管理办法》第二条第（十）项"私募股权众筹"修改为"互联网非公开股权融资"。

2015年8月3日，中国证监会发布《关于对通过互联网开展股权融资活动的机构进行专项检查的通知》。文件指出"股权众筹融资主要是指通过互联网形式进行公开小额股权融资的活动，具体而言，是指创新创业者或小微企业通过股权众筹融资中介机构互联网平台（互联网网站或其他类似的电子媒介）公开募集股本的活动。由于其具有"公开、小额、大众"的特征，涉及社会公众利益和国家金融安全，必须依法监管。未经国务院证券监督管理机构批准，任何单位和个人不得开展股权众筹融资活动。

4．网络销售金融产品

从国内形势、政策部门的中间地带网络渠道销售金融产品，底线是，坚持物理风险监管的原则和标准的一致和统一。监管面临新的问题，在线销售金融产品的过程中，网络支付机构与网络销售机构的合作使双方的界限越来越模糊，有的支付机构超越了自身定位。

（1）针对余额宝类产品的基本态度：针对余额宝等新型网络直销产品，监管部门对其持谨慎观察、适时规范的相对开放态度，从一般性合规角度要求其完善相关手续，但没有其他干预性政策。2013 年，证监会提出支付宝余额宝业务中有部分基金销售支付结算账户并未向监管部门提交监督银行的监督协议，违反了《证券投资基金销售管理办法》等规定。此后，证监会表示市场上的一些互联网金融产品层出不穷，对具体的投资产品不作任何评价，但必须遵守两个底线：第一，不能损害基金持有人利益；第二，不能引发区域风险。此后还提出，余额宝是支付宝给用户提供的一项便捷性账户增值服务，本质上属于第三方支付业务与货币市场基金产品的组合创新。

（2）《证券投资基金销售机构通过第三方电子商务平台开展证券投资基金销售业务指引（试行）》：证监会允许证券投资基金除实体机构销售外，增加电子商务平台为销售的电子渠道。这一文件规定，第三方电子商务平台是指在网上基金销售活动中为基金投资人和基金销售机构之间的基金交易活动提供辅助服务的信息系统。在程序上，基金销售机构通过第三方电子商务平台开展基金销售业务应当事先向中国证监会备案。同时，该指引对第三方电子商务平台进行了约束。经营者和相关服务提供商应当保证基金投资人身份资料及交易信息的安全。除法律规定的情形外，第三方电子商务平台经营者和相关服务提供商不得泄露任何相关信息。

（3）《证券投资基金销售管理办法》中有关基金销售支付结算的规定：证监会于2013 年 3 月公布这一办法，允许互联网支付机构为基金销售提供网上支付结算服务，为互联网参与销售过程中提供政策空间。基金销售支付结算机构应当确保基金销售结算资金安全、及时、高效的划付。在监管实践中，支付机构从事证券投资基金支付结算业务必须经过证监会有关部门的许可。

8.4.2 互联网金融行业协会

互联网金融协会已获国务院批准成立。互联网金融协会，以公约的形式颁布自律规定，由各成员自愿遵守；协会并不隶属于政府的管理机构，是介于政府、企业之间，为其服务、协调的中介组织。2016 年 3 月 25 日，中国互联网金融协会在上海黄浦区正式挂牌成立。

1．协会定位

为鼓励金融创新，促进互联网金融健康发展，明确监管责任，规范市场秩序，2015 年 7 月 18 日，经党中央、国务院同意，中国人民银行等十部委联合印发了《关于促进互联网金融健康发展的指导意见》（银发〔2015〕221号，以下简称《指导意见》），明确提出"人民银行会同有关部门，组建中国互联网金融协会"。随后，人民银行牵头，各金融监管部门参与，组建了协会筹建工作领导小组，在民政部的指导下，加快推进协会筹建工作。经过半年多的筹建，中国互联网金融协会正式挂牌成立。中国互联网金融协会作为全国性互联网金融行业自律组织，将认真贯彻党中央、国务院关于规范发展互联网金融的决策部署，在人民银行的指导下，按照国家金融监管法规的要求认真履行互联网金融行业自律职责，充分发挥行业自律机制在规范从业机构市场行为和保护行业合法权益等方面的积极作用。

2. 主要职能

按照《指导意见》要求，协会主要职能为按业务类型制定经营管理规则和行业标准，推动机构之间的业务交流和信息共享；明确自律惩戒机制，提高行业规则和标准的约束力；强化守法、诚信、自律意识，树立从业机构服务经济社会发展的正面形象，营造诚信规范发展的良好氛围。

3. 协会与监管部门间关系

互联网金融的健康、规范发展，既离不开政府监管，也离不开行业自律。政府监管和行业自律相互支撑，有利于降低监管和市场运行的成本，提高监管效率和促进市场创新，也有利于提升互联网金融市场整体运行的安全性和有效性。中国互联网金融协会将在人民银行的指导下，积极配合监管部门开展工作，推动互联网金融规范发展。

4. 协会首批单位会员的遴选原则、行业情况

协会首批单位会员共有四百多家。筹建组按照行业代表性、广泛性、正面引导性原则，对前期申请入会的机构进行资质审查，产生首批单位会员名单。会员包括银行、证券、基金、期货、保险公司、信托机构、资产管理公司、消费金融公司等金融机构，也包括其他互联网金融从业机构，以及征信服务机构、融资担保类机构、金融业基础设施机构、互联网企业、互联网金融研究机构、检测认证机构和金融综合服务机构等。按照协会章程，副会长、常务理事、理事会员将由会员选举产生。今后，将按照章程要求，逐步吸收符合条件的会员，同时建立会员退出机制。

8.4.3 我国互联网金融监管的不足及建议

1. 我国互联网金融监管的不足

作为互联网技术与金融业相结合的产物，互联网金融不仅面临传统金融活动中存在信贷、流动性和市场风险，还面临着网络信息技术引起的技术风险，引起的虚拟金融服务业务风险和法律风险由法律、法规滞后等风险。首先，互联网金融使用标准技术不规范。目前，大量的金融业务依赖在线操作，而在我国互联网金融快速发展的同时，没有匹配的规范或标准，金融系统平台在设计和使用的过程中，未进行充分测试，导致"后门"与漏洞的出现。其次，金融监管体系和互联网金融的发展不适应互联网使用金融混合管理模式，我国采取的是"分业经营、分业监管"的监管模式。缺乏外部监管和法律规范，导致互联

网金融行业自律不足，增加了网络财务管理的风险。

2. 在中国互联网金融监管的对策

第一，建立互联网金融风险防范体系与互联网金融保障体系，降低技术风险。硬件方面，增加在计算机物理安全措施的开发，提高系统的保护能力，确保安全的硬件环境、网络操作，实现门户的安全访问，应用程序登录身份验证和分级授权方式，限制非法用户登录网站。在互联网金融业务风险管理系统方面：加强互联网金融业务的内部控制，从制度建设，制定计算机安全管理办法和互联网金融风险防范体系与操作程序；完善社会信用体系，降低信息不对称的风险，减少市场选择；加强防范互联网金融风险的法律制度建设、加强立法，禁止使用计算机犯罪立法，明确数字签名的有效性，明确网络银行业务的权利和义务的交易主体，明确互联网金融风险应当承担法律责任。

第二，严格控制第三方支付机制。使用欧洲的经验，金融监管要求我国第三方支付机构、电子支付服务提供商必须具有非银行营业执照方可从事第三方支付业务。同时，第三方支付平台应按规定在商业银行设置专门账户并且受到严格监管。

第三，互联网金融监管体系的建立。为了加强市场准入管理，应掌握关键技术，设计严格的内部控制制度和各种各样的事务过程作为互联网进入金融市场的条件，如根据互联网的主体金融服务和操作，实施灵活的市场准入，在防范金融风险过度集中的同时，加强对金融创新的支持。互联网的发展使得金融机构之间独立运营的可能性越来越低，商业银行、证券和保险之间的合作越来越深。因此，我国应协调过渡和混合两种监管模式对于互联网金融风险进行全面的监管。

第四，建立中国版的互联网金融"巴塞尔协议"。目前，我国互联网金融正处在如火如荼的发展趋势下，因此仅仅借鉴其他国家的监管法律和规范，不足以满足我国的特殊性，也无法促进其保持优势的进一步发展。2012年中国银监会根据我国商业银行的发展情况，发布了《商业银行资本管理办法（试行）》，这一文件被称为巴塞尔新资本协议。我国银行业稳步实施新的资本监管标准，不仅符合国际金融监管改革的大趋势，也有助于增强中国银行业抵御风险的能力，加快商业银行经营管理的战略转型。借鉴银监会的监管办法，相关监管部门也应针对我国的互联网金融的现实问题，建立我国特有的互联网金融监管办法，从而在国际上形成示范效应。

8.5 互联网金融下的机遇与挑战

8.5.1 企业家对互联网金融的评价

网贷天眼副总裁袁涛表示，网贷天眼总结了2013年P2P网贷行业的一些数据：全国有 623 家 P2P 平台一个月内有超过两笔投资，其中也会存在一些僵尸平台。全国 P2P 网贷成交量接近 1 000 亿元，行业内的平均利率为 25.06%。因为很多投资人想尽快看到投资收益，因此行业平均的贷款期限仅为 3.95 个月。P2P 平台集中在民间借贷发达地区，广东、山东、浙江、上海、北京三省两市平台数量占全国 80%，他们也是民间借贷非常活跃的地方。2013 年共有 75 家问题平台出现——其中经营不善导致的提现问题占 80%，跑路平台和欺诈平台超过 15 家。2013 年 9 月开始，每天新上线平台约为 3 家，最多一天有 7 家平台上线。创业者大量涌入，而这个行业还没进入一个洗牌的时点。2013 年出现的 75 家问题平台，涉及金额超过 15 亿元，牵扯的投资者接近 1 万人。这些问题平台出现问题主要来源于自融，并且其平台寿命平均不超过 3 个月，利率高达 38%。

好贷网 CEO 李明顺表示，做好贷网将近 1 年时间，有很多互联网创业的体会。第一个感受就是很兴奋，第二个感受就是非常的焦虑。兴奋是因为看到最近一段时间，整体的资本市场，对互联网行业非常热衷。58 从上市到现在股价已经涨了快一倍。两周前 YY 的 CEO 说上市的时候是市值 7 亿美金，最近已经是 40 亿美元。唯品会从上市的市值 2 亿美元，现在也有 100 亿美元，增长了 50 倍。整个市场看上去很疯狂。以 VC 为代表的投资者对整个互联网，也包括互联网金融都是一个很看好的状态。所以说互联网的威力，不仅仅是技术的问题，而且互联网的思维模式改变了许多行业。

人人贷联合创始人杨一夫表示，现在的观念比较明确，互联网金融中"互联网"是定语，金融才是主语。但是"互联网"又不仅仅是一个定语，它提供的不单纯是一个载体，一种工具，它还提供了一种精神。互联网赋予了金融更多的点评、协助、透明、公平的特征。在互联网刚刚兴起的时候，很多人也不理解。

2013 年整个行业发展形成了一个爆发式的发展。阿里的余额宝推出应该是刺激了整个行业。中国确实是到了这样一个时间点——越来越多容易接纳互联网生活方式的年轻人开始掌握财富，同时他们也存在金融服务的需求。互联网在解决他们生活需求的同时，也培养了他们的习惯，他们也愿意接受这种方式。当第一批网民成长到这个年龄，他们已经开始掌握了一批财富，以及社会资源，他们有了接受金融服务的需求，所以以一个更加互联网的方式，为其提供金融服务是大势所趋。

翼龙贷网董事长王思聪表示，做 P2P 的人不仅需要有互联网基因，还需要拥有财富以及冒险精神，同时也需要有风险管理能力。小额信贷中全球性的难题即为如何解决成本和风险问题。有的企业风险管理做到了 1% 以内，有的企业做到了 0.5% 以内，但也有存在风险较大的互联网企业，这就是差别。现在的法律环境也不够健全，很多法院无法保护企业的利益，所以小额信贷非常难做。

8.5.2 互联网金融下的机遇

互联网金融模式前景广阔、潜力巨大，且能产生巨大的社会效益。金融机构在市场中最重要的作用在于融通资金。投融资双方资金能够对接的金融中介主要有两类：一类是商业银行，另一类是股票和债券市场。直接和间接融资模式都对资源配置和经济增长有重要作用，但交易成本巨大，主要包括金融机构的利润、税收和薪酬。而互联网金融模式可以达到与现在直接和间接融资一样的资源配置效率，并在促进经济增长的同时，大幅减少交易成本。互联网金融的最大优势就是技术和软件的便利性，从而使金融的专业化程度降低，其分工的界限也不断降低；同时，市场参与者更为大众化，互联网金融市场交易所引致出的巨大效益更加普惠于普通老百姓。而在获取客户能力方面，互联网金融比传统金融具有更强的集聚效应。

而互联网金融也使企业家与普通民众都可以参与金融活动，同时为金融的定价和流动性提供了便利。这也是一种更为民主化，而不是少数专业精英控制的金融模式。在成本方面，互联网金融同时具备成本优势，还不受限于区域界限。因此其更容易展开零售批发型金融业务，而互联网企业的流量入口优势比传统金融公司强百倍。

对政府来说，互联网金融模式可以用来解决中小企业融资问题，促进民间金融标准化，更可以用来改善金融普遍性，促进经济发展，但也随之带来了一系列的监管挑战。第一，中国的互联网技术在金融领域的快速应用使得互联网金融得到快速发展，但是许多金融基础设施跟不上节奏，导致暴露出很多潜在的风险。第二，相关人员的技能必须同步更新，由于金融业务的不断扩大，互联网管理项目由人工服务不断转换为电子服务，需要更多的技术操作人员指导客户，特别是在一些复杂的电脑阵营，相关人员需要继续增加他们的知识，提升操作技能和服务意识。就目前中国金融行业的员工结构而言，提高网络环境的工作水平是一个相当大的挑战。第三，互联网金融安全教育需要加强。一方面，金融机构应加强自律，严格遵守法律，遵守职业道德，坚持客户的个人信息；另一方面，政府也应该加强对互联网金融安全教育的普通人，指导互联网金融用户建立风险和安全意识的概念，理解各种各样的机密安全工具和手段。

互联网金融模型行业将会有一个伟大的商业机会，也有助于竞争格局的变化。支付学术革命将影响现有的货币理论，互联网金融模式在信贷市场、证券市场也会带来很多新的问题，相应的货币政策，金融监管和资本市场理论需要不断完善。

8.5.3 互联网金融下的挑战

首先，传统金融业会抵制这种新兴产业的发展。许多互联网金融的企业家在宣传时过于针对传统金融，因此在其发展过程中，传统金融由于市场竞争就会掣肘这一新兴行业的发展。从本质上来看，互联网金融与传统金融的相同点都是资金的交易，都存在风险，都需要掌握和控制风险的能力。在这方面，传统金融公司往往有更好的经验积累和团队优势。

其次，金融行业有另一个不可逾越的障碍——各类金融业务通常有特定的许可证和访问条件。这种限制性政策和互联网自由的创新特征的自然冲突，使得互联网公司在一定的法律框架下有限的从事这个行业，需要更灵活的适应性。毕竟，金融也是一个高风险的行业，在任何国家，财务控制很严格，门槛非常高。互联网金融如何克服进入壁垒的障碍，将是一个很大的现实问题。

除了金融本身的许多问题。此外，提供金融中介服务的互联网由于行业本身的不确定性以及处于"真空状态"下的规定，也成为了最大的风险。我国在这些领域缺乏相应的制度安排，金融发展面临着一系列问题。首先，外部监督缺乏法律规范。目前，我国互联网金融业务缺少相关的监管体系和法律规范。其次，信用信息交流困难，违约成本低。国内信用环境不利于互联网发展金融信用信息系统。目前，人民银行金融公司无法访问互联网信用报告系统，该公司不存在信用信息共享机制，借款人的信贷审计完全依靠公司自己的审计技术和策略，独立的信用信息收集、分析。最后，技术的潜在风险，需建立安全测试平台。尽管金融业务与互联网技术对接大大提高了业务的便利，但也带来了信息和资金安全问题，甚至在发达的正规金融网络平台，也有很多技术风险。

8.6　互联金融的未来发展方向

互联网金融未来的发展之路充满挑战。首先，发展规模难以与传统金融势力相抗衡。互联网金融的快速发展给我国金融业注入了新活力，同时对传统的金融业产生了影响。但目前我国互联网支付企业的支付总金额约 6 万亿元，仅占到整个支付总量的 0.5%，还远远不会冲击到目前的金融体系。其次，互联网金融发展面临着政策风险。刘士余在 2013 年中国互联网大会时指出："发展互联网金融，应注意防范法律、信用风险，两个底线不能突破。一是非法吸收公共存款，二是非法集资。"这说明互联网金融业务还不能延伸到银行的负债业务领域。最后，互联网金融还面临包括互联网授权机制的建设、隐私保护、身份认证机制的确立、计算能力的提升以及信用平台的搭建等问题。

虽然互联网金融在未来的发展存在一些问题，但是其发展仍然值得期待。首先，互联网金融大大降低了交易成本。在互联网金融模式下，资金供给和需求可以直接沟通互联网和移动通信网络，甚至可以处理多对多的交易。客户信用和风险管理也可以通过数据分析来完成，这是凭借互联网金融信息收集的成本低。其次，互联网金融可以减少信息不对称的问题，信息不对称此前是商业银行的主要问题之一。在金融模式下，网络信息充分、交易透明度、定价将完全以市场为导向，风险管理和信任评级完全数字化，在一定程度上，解决中小企业信息不对称的问题。再次，互联网金融将促进金融行业的更多探索，加快去中介化。互联网金融将加速金融非中介化，商业银行的资金中介功能逐渐被边缘化。在互联网金融模式下，互联网公司提供金融资本供给和需求搜索平台，作为货币信息中介的角色。第三方支付的出现，使得金融机构驱使金融业的发展服务于更多的行业。最后，互联网金融推动银行改变传统盈利模式，调整业务结构，改变客户基础，提高服务水平，建立和引入新的信息管理系统。

整体来说，我国的互联网金融将存在以下趋势。

第一，行业整合是大势所趋。当前，互联网金融各细分领域的发展存在差异，预计未来的行业发展态势，P2P个人借贷行业将进入整合阶段，行业竞争的加剧，大量实力较弱的企业将逐步被淘汰整合，行业集中度将进一步提高。第三方支付公司将逐步成为金融综合服务提供商。第三方支付公司除了提供支付解散等基本服务外，还将为各行业提供定制化的金融增值服务，未来将逐步向基金、债券、保险等行业拓展，形成多元化的业务发展模式。

第二，服务模式创新成为互联网金融发展的驱动力。互联网金融说到底是服务的竞争，在金融业同质化竞争明显的情况下，以用户为中心的服务模式将取代以产品为中心的旧模式。在互联网的平台下，必将会催生出更多创新的服务模式。

第三，互联网金融市场细分化。互联网金融市场巨大，互联网金融企业在资源有限的情况下，未来将有一批专注于某一个有发展空间的垂直领域企业。互联网金融市场未来将会越来越细化，互联网金融企业之间的竞争将更加激烈。

第四，移动互联网将成为融资、投资、支付结算的主要平台。用户消费习惯由PC端向移动端的迁移，互联网金融用户需求将呈现碎片化和场景化的特点。随着移动互联网安全技术和支付技术的优化，以及移动终端功能的丰富，未来移动互联网将成为互联网金融用户资金融通、支付结算的主要平台。

第五，大数据促进互联网金融快速发展。通过收集用户在互联网平台上的信用记录、消费行为、投融资情况等基础数据，以大数据分析为平台，可针对性地开发互联网金融产品并进行精准营销。

第六，互联网金融与投资机构合作。未来P2P公司逐步解决了不良贷款率的问题，将不良贷款率降到3%以下，其会吸引投资机构逐步入场，为P2P企业提供资金支持。随着投资银行，财富管理公司，各类基金，保险资金，企业家族资金，企业的财务公司、信托公司等具有雄厚资本实力等合作机构的加入，将促进互联网金融推出新的金融产品，并对私募基金进行销售，从而带来市场规模加速扩大。

第七，互联网金融逐步走向村镇，满足农民小额信贷需求。中国农村也是一个巨大的市场，互联网龙头企业现已走向了农村，P2P网贷行业未来也有可能走向农村，为农村提供短期贷款。

第八，逐步面向个人，为信用消费服务。进入信用消费年代后，P2P网贷行业将会面对巨大的信用消费市场，目前P2P平台上的借贷资金以企业经营为主，信用消费为辅。目前银行8%的个人消费贷款主要面向具有稳定高收入的人群，自我创业者、小工商个体户都无法享受到此产品。面对20万亿的信用消费市场，P2P网贷行业逐步面向个人，占领信用消费市场高地。

第九，互联网金融企业间逐步形成联盟。到2014年，P2P平台有1 500家，新增贷款为1 000多亿元，P2P网贷行业仍然处于高速发展期。P2P网贷行业大部分为小贷公司，具有地域化特征，导致难以形成一家独大。但是未来的P2P网贷行业在快速发展中，具有良好风险管理能力的公司将会成为龙头企业。

总结

本章首先介绍了金融监管的理论依据和金融监管模式以及我国的金融监管现状。其次说明了互联网金融监管的必要性和特殊性。在介绍欧美各国关于互联网支付、P2P网贷、第三方支付、第三方支付监管情况的基础上，分析了我国对于这四种模式的监管现状，并针对存在的不足提出了解决建议。

关键概念

金融监管　公共利益理论　政治理论　权衡理论　法律理论　机构型监管　功能型监管　综合型监管　双峰型监管　一行三会　互联网金融监管　互联网支付监管　P2P网贷监管　众筹融资监管　第三方金融服务监管

习题

1. 金融监管的理论依据是什么？
2. 中国金融监管模式是什么？
3. 互联网金融监管的必要性是什么？
4. 美国对于各种互联网金融模式的监管状况如何？
5. 我国互联网金融监管现状如何？
6. 我国互联网金融监管存在的不足和对策建议有哪些？

第9章

互联网金融模式之一：众筹

2015年3月27日（美国东部时间），Pebble Time 智能手表持续 1 个月的众筹活动结束。此次众筹活动在上线不到 50 分钟的时间就成功融资 100 万美元。并且一周内，Pebble Time 成为了 Kickstarter 上融资额最高的项目，获得的投资承诺突破 1 330 万美元，超过了此前的记录保持者 Coolest Cooler。这刷新了两项 Kickstarter 记录。目前，Pebble 获得了来自 78 463 位投资者的 20 336 930 美元投资。

Pebble Time 是 Pebble 的第二代智能手表，也是 Pebble 第二次在 Kickstarter 上启动众筹项目。Pebble 的第一代产品获得了来自 6.9 万人的超过 1 000 万美元投资，当时该公司设定的众筹目标是 10 万美元。Pebble Time 相对于第一代产品薄 20%，并采用了全新的彩色电子墨水屏。第一代 Pebble 手表仅提供了黑白屏。Pebble Time 的另一大卖点在于长达一周的电池续航时间。

Pebble 这一项目最初的目标是融资 50 万美元，如今他们取得了意想不到的成功。Pebble CEO 埃里克·米基科夫斯基（Eric Migicovsky）在一份公告中表示："对于 Pebble 社区给予的支持，我们已经无以言谢。我们将继续倾听支持者的声音，并从他们那里获得灵感。"Pebble Time 面向早期支持者的价格为 159 美元，面向其他人的售价为 179 美元。在正式开售后，这款手表的零售价将为 199 美元。

本章学习目标

1. 了解中外众筹的发展历程和主要运营模式；
2. 了解中外众筹的发展状况。

9.1 众筹的概念

9.1.1 众筹的含义

众筹（crowdfunding），又译为大众集资、众募或众融，是众包（crowdsourcing）的变体。众包是指一个人通过接受并协调来自多方的零散贡献达成自己的目标。可以将众筹理解为众包概念在筹资行业的具体形式——通过接受来自多方的零散资金为一个具体的项目或尝试提供资金。

众筹活动的主要过程可以做如下简单描述：

创意者或小微企业等项目发起人（筹资人）在通过中介机构（众筹平台）身份审核后，在众筹平台的网站上建立属于自己的页面，用来向公众（出资人）介绍项目情况，并向公众募集小额资金或寻求其他物质支持。

所筹资金起初由众筹平台掌握，并不直接到达筹资人手中：项目若在目标期限内达到募资金额，则项目筹资成功，所筹资金被众筹平台划拨到筹资人账户，待项目成功实施后，筹资人将项目实施的物质或非物质成果反馈给出资人；如果在目标期限内未达到募资金额，所筹资金就会被众筹平台退回至出资人，项目发起人则需要开始新一轮的筹资活动或宣告筹资失败。

众筹平台通过接受和审核筹资创意、整理出资人信息、监督所筹资金的使用、辅导项目运营并公开项目实施成果等价值活动，从所筹资金中抽取一定比例的服务费用作为收益。

9.1.2　众筹的几种类型

众筹融资的基本模式包括四种基本类型，即基于捐赠的众筹（donation-based）、基于奖励或产品预售的众筹（reward-based or pre-sales）、股权众筹（equity-based）、基于贷款或债务的众筹（lending or debt-based）。

1. 基于捐赠的众筹

基于捐赠的众筹是指众筹的过程中形成了没有任何实质奖励的捐赠合约。捐赠众筹主要用于公益事业领域，捐赠众筹模式下支持者对某个项目的出资支持更多表现的是重在参与的属性或精神层面的收获，支持者几乎不会在乎自己的出资最终能得到多少回报，他们的出资行为带有明显的捐赠和帮助的公益性质。很多非政府组织（NGO）都采用这种模式为特定项目吸引募捐。与传统的募捐活动不同，基于捐赠的众筹模式通常是为某一特定项目募捐或进行戴帽贷款（ear-marked），因此，捐赠者由于知道募捐的款项的具体用途，从而更愿意捐赠更高数额。同时，如果 NGO 对特定项目的运作过程持续进行跟踪并发布相关信息，捐赠者更愿意进行捐赠，且保持更高的忠诚度。总之，基于捐赠的众筹的捐赠者的主要动机是社会性的，并希望长期保持这种捐赠关系。通常，基于捐赠的众筹所涉及的项目主要是金额相对较小的募集，包括教育、社团、宗教、健康、环境、社会等方面。

2. 基于奖励或产品预售的众筹

基于奖励的众筹是指项目发起人在筹集款项时，投资人可能获得非金融性奖励作为回报。这种奖励仅是一种象征，也可能是由某投资人来提供。如 VIP 资格、印有标志的 T 恤等。通常这种奖励并不是增值的象征，也不是必须履行的责任，更不是对商品的销售。基于奖励的众筹通常应用于创新项目的产品融资，尤其是对电影、音乐以及技术产品的融资。

产品预售的众筹则是指销售者通过在线发布新产品或服务信息，对该产品或服务有兴趣的投资者可以事先订购或支付，从而完成众筹融资。该模式在一定程度上可以替代传统的市场调研和进行有效的市场需求分析。同时，投资者参与事前销售的动机除了希望产品或服务被生产出来外，在产品真实销售时获得折扣也是其中原因之一。

国内第一家众筹平台"点名时间"成立于 2011 年 7 月，主要业务方向就是产品预售。这与美国著名众筹网站 Kickstarter 业务类型非常相像。此后成立的追梦网也是产品预售类网站的代表。

3. 股权众筹

股权众筹的基本模式就是在互联网上兜售股份，募集资金，一般股权众筹的流程是：创业者在众筹平台上发布自己的创业项目——投资人通过平台投资项目并获取股权——投资人取得回报。天使汇、爱创业都是这类网站的典型代表。通常，股权众筹融资常用于初创企业或中小企业的开始阶段，尤其在软件、网络公司、计算机和通信、消费产品、媒体等企业中应用比较广泛。

4. 基于贷款（或债务）的众筹

与向银行借款不同，基于贷款的众筹主要是指企业（或个人）通过众筹平台向若干出资者借款。在这一过程中，平台的作用是多样的。一些平台起到中间人的作用；一些平台还担当还款的责任。同时，企业（或个人）融资可能是为自身发展，也可能是为某社会公益项目进行无利息的借贷融资。

此外，众筹融资在运作过程中还衍生出一些其他模式。如收益共享（revenue sharing）、实物融资（funding in kind）、混合模式（hybrid models）等。其中，收益共享指出资者将对公司未来收入共享或专利融资作为回报方式；实物融资是指出资者以产品或服务替代现金为融资者进行融资。除了慈善类众筹，国内众筹主要有两种模式：一种是产品预售，另一类是股权众筹。

9.2 众筹的起源与发展

9.2.1 起源与发展

1. 传统众筹

众筹在西方有悠久的历史。传统众筹具有一些典型特点，例如：主要集中于文学、艺术等创意类领域；项目发起人具有较高的声誉或拥有较强的信息传播途径；投资兼具商业与慈善目的，既有预付费性质，又常带有资助和赞助性质。下面几个案例可以体现这些特点。

1713年，英国诗人亚历山大·蒲柏着手将15 693行的古希腊诗歌翻译成英语。他花费近5年的时间完成了注释版的"伊利亚特"。蒲柏因此获得荣誉与经济的双丰收，荣登英国桂冠诗人的宝座。而这个项目得以实现的一个重要原因是正是采用了众筹的运作模式。启动翻译计划之前，蒲柏承诺在完成翻译后向每位订阅者提供一本六卷四开本的早期英文版的"伊利亚特"，这一承诺带来了575名用户的支持，总共筹集了4 000多几尼（旧时英国的黄金货币）去帮助他完成翻译工作，这些支持的名字也被列在了早期翻译版的《伊利亚特》上。

1783年，莫扎特想要在维也纳音乐大厅表演当时谱写的3部钢琴协奏曲，他去邀请一些潜在的支持者，表示愿意向这些支持者提供手稿。第一次寻求赞助的工作并没有成功。在一年以后，当他再次发起"众筹"时，176名支持者才让他这个愿望得以实现，这些人的名字同样也被记录在协奏曲的手稿上。

1885年，为庆祝美国的百年诞辰，法国赠送给美国一座象征自由的罗马女神像，但是这座女神像没有基座，也就无法放置到纽约港口。约瑟夫·普利策，一名《纽约世界报》的出版商，为此发起了一个众筹项目，目的就是筹集足够的资金建造这个基座。普利策把这个项目发布在了报纸上，然后承诺对出资者做出奖励：只要捐助1美元，就会得到一个六英寸的自由女神雕像；捐助5美元可以得到一个十二英寸的雕像。项目最后得到了全世界各地共计超过12万人次的支持，筹集的总金额超过十万美元，为自由女神像顺利竣工做出了巨大贡献。

2. 互联网众筹

世界上最早建立的众筹网站是ArtistShare，于2001年开始运营，被称为"众筹金融的先锋"。这家最早的众筹平台主要面向音乐界的艺术家及其粉丝。

ArtistShare公司的CEO创建这家公司时的想法是支持粉丝们资助唱片生产过程，获得仅在互联网上销售的专辑；艺术家则可以获得更加合意的合同条款。艺术家通过该网站采用"粉丝筹资"的方式资助自己的项目，粉丝们把钱直接投给艺术家后可以观看唱片的录制过程（在很多案例中，粉丝还可以观看"特别收录"的内容）。

2005年之后，众筹平台如雨后春笋般出现，例如：Sellaband（2006年）、SliceThePie（2007年）、IndieGoGo（2008年）、Spot.Us（2008年）、Pledge Music（2009年）和Kickstarter（2009年）。

Massolution研究报告指出，2013年全球总募集资金已达51亿美元，而在2011年只有14.7亿美元，其中90%集中在欧美市场。世界银行报告更预测2025年总金额将突破960亿美元，亚洲占比将大幅成长。成立于2009年4月的Kickstarter最具代表性，截至2015年，共融资20亿美元，2014年细分数据表明通过Kickstarter成功融资的项目为22 253个，参与众筹的用户数也增长至330万。

9.2.2 迅速发展的原因

中小企业融资难是一个全球普遍存在的问题。近年来，为解决中小企业尤其是初创企业融资困难，美国出现了众筹融资模式。美国的《JOBS法案》中有专门条款以促进众筹融资的良性发展。我国同样面临中小企业融资难和民间资本渠道不畅的问题，随着其他互联网金融形式的发展，我国也开始尝试众筹融资模式。

众筹在美国迅速盛行主要有三个方面的原因。

第一，后危机时代美国中小企业尤其是初创企业融资困难进一步加剧。虽然危机后美国采取了量化宽松的货币政策，但是美国银行业的借贷行为使大量中小企业无法从银行获得贷款。第二，众筹这一融资方式可以使企业更贴近和满足消费者的需求。HalVarian（2011）

认为，众筹非常适合于那些创造知识产权的行业。众筹与限制访问版权所有内容的途径不同，其做法是只要有足够多人承诺支付一定费用，创造者便同意提供内容。这种做法克服了"搭便车"的问题。长期以来在线内容制造商对"搭便车"问题特别头痛，因为在线内容的再生产有可能是无本生意。第三，互联网普及背景下金融资本的核心价值减弱也为通过众筹这一融资方式进行创业提供了可能。通信成本的日益低廉使得分散式网络的进入成本也随之骤降，越来越多的人可以成为广阔的、开放性的互联网潜在的企业家和合作者。

众筹在中国兴起的主要原因有三个。

第一，民间资金缺少合理的投资渠道，同时许多中小微企业拥有核心技术和创新能力，但是无法从银行和资本市场融资，众筹模式可以在一定程度上打破投融资双方的信息不对称，降低中小微企业的融资成本。第二，国外众筹平台发展良好，对于国内众筹的发展具有启示作用。第三，国内市场以宝类业务、P2P、电商小贷为代表的其他形式互联网金融模式的发展，使得市场效应日益明显，信息成本进一步降低，投融资双方对于众筹模式的接受度得到显著提高。

9.3　众筹模式的构建

众筹就某种意义而言，是一种 Web3.0，它使社交网络与"多数人资助少数人"的募资方式交叉相遇，通过 P2P 或 P2B 平台的协议机制来使不同个体之间融资筹款成为可能。构建众筹商业模式要有项目发起人、出资人和中介机构这三个有机组成部分。

1. 项目发起人

项目是具有明确目标的、可以完成的且具有具体完成时间的非公益活动，如制作专辑、出版图书或生产某种电子产品。项目不以股权（股权众筹除外）、债券、分红、利息等资金形式作为回报。项目发起人必须具备一定的条件，拥有对项目100%的自主权，不受控制，完全自主。项目发起人要与中介机构签订合约，明确双方的权利和义务。

项目发起人通常是需要解决资金问题的创意者或小微企业的创业者，但也有个别企业为了加强用户的交流和体验，在实现筹资目标的同时，强化众筹模式的市场调研、产品预售和宣传推广等延伸功能，以项目发起人的身份号召公众（潜在用户）介入产品的研发、试制和推广，以期获得更好的市场响应。

2. 出资人

出资人往往是数量庞大的互联网用户，他们利用在线支付方式对自己感兴趣的创意项目进行小额投资，每个出资人都成为了"天使投资人"。公众所投资的项目成功实现后，对于出资人的回报不是资金回报，而可能是一个产品样品，例如一块 Pebble 手表，也可能是一场演唱会的门票或是一张唱片。出资人资助创意者的过程就是其消费资金前移的过程,这既提高了生产和销售等环节的效率,生产出原本依靠传统投融资模式而无法推出的新产品,也满足了出资人作为用户的小众化、细致化和个性化消费需求。

3. 中介机构

中介机构是众筹平台的搭建者,又是项目发起人的监督者和辅导者,还是出资人的利益维护者。确保融资项目内容完整、可执行和有价值,确定没有违反项目准则和要求。其次,在项目筹资成功后要监督、辅导和把控项目的顺利展开。最后,当项目无法执行时,众筹平台有责任和义务督促项目发起人退款给出资人。

众筹模式的构建与流程如图 9-1 所示。

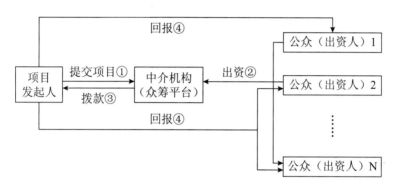

图 9-1 众筹模式的构建与流程

9.4 国外众筹的发展现状

近年来,全球众筹融资模式发展非常迅速。根据 Massolution 公司的研究报告,2009 年全球众筹融资额仅 5.3 亿美元,2011 年则快速上升至 15 亿美元;2007 年,全球不足 100 个众筹融资平台,到 2012 年上半年则有 450 多个。其中,美国的众筹融资占据了全球众筹融资的主要份额。下面将通过举例分别对一般众筹和股权众筹的发展状况进行分析。

1. 一般众筹

(1) Kickstarter

Kickstarter 是目前全球最大的众筹融资平台。它本身是一个网站,通过网络平台面对公众集资,让有创造力的人获得他们所需要的资金。2009 年该网站正式建立,刚成立时主要为图片、电影和音乐等项目融资,至今已发展为包括技术、戏剧、出版、设计等 13 类项目的融资平台。

该融资平台的业务流程为:在收到创意项目的简要说明后,该平台工作人员按指南对项目是否适合该平台进行评估。如果创意通过评估,工作人员将要求项目发起人对项目介绍进一步修改以适应市场的需求。完成修改后，该项目在 Kickstarter 网站上可以向广泛的投资者展示并募集资金，规定募集期限不得超过 60 天。Kickstarter 的一个显著特征是采取规定点机制（provision point mechanism）：融资者必须在规定时间内完成其事先设定的融资目标，对于没有达到融资目标的，融资者无法提取资金，所融资金必须返还给投资者。当在规定期限内实现融资目标后，融资者可以提取资金，同时按融资金额的 5% 付给 Kickstarter，为 Kickstarter 平台提供资金支付服务的 Amazon 支付系统则收取 3%～5% 的费用。在项目实施后，投资者可以从项目发起人那里获得 T 恤衫、明信片、CD 等相关产品回报，但目前还没有规定投资者可以获得股权作为回报。在短短几年内，Kickstarter 获得了巨大的成功。

截至 2015 年 12 月末，Kickstarter 一共为 9.6 万个项目融资 20 亿美元。一些项目借助于 Kickstarter 获得了数目可观的融资，如图 9-2 所示。

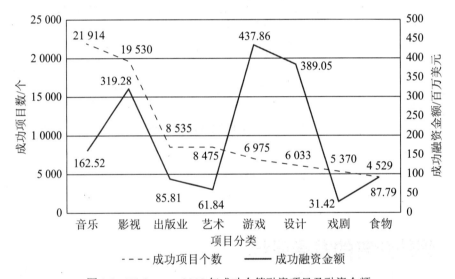

图 9-2　Kickstarter 2015 年成功众筹融资项目及融资金额

数据来源：Kickstarter
注：统计数据截至2015年12月28日

（2）IndieGoGo

IndieGoGo 创建于 2008 年，是美国目前最大的国际化众筹融资平台。

在基本业务流程方面，IndieGoGo 与 Kickstarter 具有很多相似点，如 IndieGoGo 通过自身平台向大众推介融资项目，但 IndieGoGo 也有许多不同于 Kickstarter 之处。

第一，与 Kickstarter 只限于为 13 类项目融资不同，IndieGoGo 对融资项目没有使用方向上的限制，包括可以为慈善事业融资。

第二，IndieGoGo 规定的融资最长期限为 120 天，融资者可以选择固定融资和有弹性融资。固定融资机制类似于 Kickstarter 的规定点机制，即如果没有在规定期限内实现融资目标则融资者得不到所融资金。选择有弹性融资时，即使没有实现预定融资目标，融资者仍然可以得到所融的部分资金，但是 IndieGoGo 要对所融得的部分资金收取 9% 的费用，而当固定融资和有弹性融资完全实现融资目标时，IndieGoGo 只收取 4% 的费用。此外，第三方收取的费用比例是 3%，国际融资每次还要收取 25 美元的费用。

第三，IndieGoGo 有税收减免系统。利用与 FracturedAtlas 所建立的伙伴关系，当支持者出于非营利动机为一些项目融资时，IndieGoGo 可以为这些支持者提供税收减免服务。

第四，IndieGoGo 不限制一定要使用美国银行的账户，这为跨国的众筹融资提供了便利。

总而言之，IndieGoGo 的模式比 Kickstarter 更有弹性，对融资者的监管相对较少。自成立以来，IndieGoGo 已经为全世界 212 个国家的 65 000 个项目提供了融资，但融资总额和单个项目的融资金额都少于 Kickstarter，如表 9-1 所示。

表 9-1　IndieGoGo 的部分众筹项目　　单位：美元

项目	项目所在国家	目标融资额	实际融资额
Atlantis Books	希腊	40000	40570
Big Mama Needs a Mower	美国	2500	2535
The First Crowdfunded Baby	美国	5000	7177
Satarii Star Accessory	美国	20000	24680
Compaign to Change Crowdfunding Law	美国	1099	1321
eMaker Huxley 3D Printer Kits	英国	30000	158658
Emmy's Organics	美国	15000	15326
Awaken Cafe	美国	3000	3538

资料来源：Rubin，Slava. The GrowdFunders：IndieGoGo's Most Extraordinary Campaigns [EB/OL].（2012-10-22）.http：//TheHuffingtonPost.com

2. 股权众筹

2008 年的全球金融危机对世界经济产生了巨大冲击，欧美银行业的借贷行为加剧了中小企业的融资困境。在这种背景下，融资门槛低、效率高的股权众筹模式应运而生，并迅速获得了市场认可，众筹平台不断涌现，其中英国的 Crowdcube、美国的 AngelList、WeFunder 最具代表性。

（1）Crowdcube

Crowdcube 于 2011 年 2 月正式上线，是全球首家股权众筹平台，主要为初创企业募集资金。截至 2014 年 7 月 10 日，Crowdcube 共为 131 个项目成功融资，筹资总额超过 3 000 万英镑，投资者达 8 万余人。

为提高融资效率，Crowdcube 制定了一套标准化流程：融资方首先提出申请，对项目相关情况进行细致描述，并制作融资计划书，主要说明拟转让的股权比例、目标融资金额、股权类型（A、B 两类，A 类有投票权）、筹资期限。Crowdcube 进行真实性审核后，安排项目正式上线。投资者根据偏好对项目进行筛选，并可通过 Crowdcube 以及 Facebook、Twitter 等社交网络，与融资者直接交流以做出投资决策。根据规定，投资者最低出资额为 10 英镑，无最高额限制。募集期满后若融资成功，Crowdcube 与其合作律师事务所将会同发起人完善公司章程等法律文件,并发送给投资者确认,投资者确认后,资金将通过第三方支付平台转账到融资方账户,投资者收到股权证明后即完成整个融资流程。若募集期未满而投资总额已达到融资目标,发起人可以增加目标金额,继续融资。目前,Crowdcube免收会员费、项目发起费,但融资成功后将向融资方收取500英镑的咨询管理费以及融资总额的5%作为手续费。

（2）AngelList

AngelList成立于2011年,得益于两位创始人对创业投融资的深刻理解而迅速成长,如今AngelList已经成为服务于创业企业的集投融资、求职招聘以及社交功能于一体的巨大众筹平台。目前在这个平台上注册了55万家企业,4万多个合格投资者,6千多家创投机构以及3千多家创业孵化器,正在成为创业创新体系的重要组成部分。截至2015年5月AngelList为7 395家公司完成融资。AngelList创建之初更像是一个连接初创企业和投资者的社交网站——企业通过AngelList在线展示创意和项目,如果投资者感兴趣,双方一般会选择线下接触和谈判,达成意向后,AngelList帮助双方生成融资所需的相关法律文件,除此之外,所提供的服务非常有限。2012年,美国股权众筹市场迅速膨胀,AngelList抓住时机完善了线上服务内容,使投资者可以一站式完成股权投资,良好的客户体验有效提升了AngelList平台的知名度。

2013年,AngelList在平台上推出"联合投资"（Syndicates）模式,由一名专业投资者作为项目领投人,并负责联合其他投资者跟投,项目筹资成功后,由领投人负责管理股权资金,监督项目实施,以帮助跟投人盈利。作为回报,领投人可以从跟投人最终的投资收益中提取5%~15%的佣金（Carry）,而AngelList则收取5%的服务费。这种"联合投资"模式与VC的机制颇为相似,不仅能够激励领投人发挥专业技能和人际资源,而且可以降低非专业跟投人对项目的顾虑,进而使得整个融资流程更加高效。"联合投资"上线不久,AngelList又推出"拥护者投资"（Backers）模式,该模式的运作主要是基于普通投资者对领投人的信任。具体而言,某个领投人公开表示愿意出资进行股权投资,但是投资项目不确定,如果其他投资者信任该领投人,即可进行跟投,筹资成功后,回报机制与Syndicates基本相同。

（3）WeFunder

WeFunder创立于2012年1月,主要为科技型初创企业提供融资服务。与一般股权众筹平台不同的是,WeFunder在整个融资过程的介入程度更深。

根据流程,WeFunder接到项目发起人提交的上线申请后,会组织专业人员对其进行深入调研,了解信息真实性和项目价值。这种严格的审核方式虽然限制上线速度,但却提高了项目质量和融资成功概率,在已经完成融资的项目中,多数筹款达到了数百万美元。项目被允许公开融资后,若投资者有意向,则将资金直接转入WeFunder专设的项目资金托管账户,并可在融资期限内随时要求撤回资金。在项目融资成功后,WeFunder会将所有投资该项目的资金集中起来成立一个专项小型基金"WeFund",通过该基金入股创业企业。基金成立后由WeFunder的专业投资顾问负责运作和管理,并代行所有投资者的股东权力。对融资方而言,所有投资者只相当于一个集体股东。根据WeFunder提供的法律合同，在项目实施过程中，投资者不能要求退出或转让，而是由负责"WeFund"基金的专业顾问自行决定何时转让集体股权以及向投资者分配收益。WeFunder 在融资成功后收取 2 000 美元至 4 000 美元的项目管理费，以支持"WeFund"基金的日常运作，如果最终成功退出项目，WeFunder 将再度分享投资收益的 10%。在"WeFund"模式中，对投资者专业知识要求不高，只需其足够信任 WeFunder 专业团队的管理水平和职业道德。这种模式创立以来受到了市场欢迎，为很多项目筹集了充裕的资金，其中，仅飞车（Flying Cars）项目就筹得 3 000 万美元。

值得注意的是，在众筹融资模式中，保护投资者相关权益也是一个突出的问题。以 Kickstarter 为例，许多人批评该平台缺乏对融资者欺诈行为的约束机制。融资者欺诈行为可以发生在实现融资目标之前和之后。在实现融资目标之前，虽然 Kickstarter 对项目进行了评估，并通过在互联网上向公众展示以接受检验，但仍然出现了一些融资者在创意项目中造假。例如，"同步"是纽约大学学生 Shimada 在该平台上推出的电影项目，在成功融资 1 726 美元并且所拍电影在校园电影节上获奖后，被发现该电影抄袭了法国一部动画短片"重播"。在融资之后，Kickstarter 也不对项目能否按时完成，甚至项目能否完成负责。项目的融资者在法律上有义务实现承诺，但如果未能实现承诺，Kickstarter 对投资者也没有任何退款机制。虽然，目前在 Kickstarte 上融资者挪用资金还比较少见，但不能按期向投资者提供所承诺的产品则较为常见。

Mollick（2012）曾对 Kickstarter 上成功融资的 471 个项目进行研究。471 个项目中有 381 个项目明确要给资助者某种形式的回报，381 个项目中有 3 个项目已经退款，11 个项目的筹资者没有给投资者任何反馈，因此总体的失败率为 3.6%，还是比较低的。但是在剩下的大部分项目中，都不能按期向投资者提供所约定的产品或服务。Mollick（2012）发现，在约定提供产品的 271 个项目中，平均延误的期限为 1.28 个月。

9.5 目前中国众筹行业的发展现状

零壹数据监测显示，在中国正常运营的 281 家众筹平台中，涉及股权众筹业务的有 185 家，占 65.8% 的比例；涉及产品众筹业务的有 119 家，占比 42.3%，兼有两种业务的平台则有 39 家。受相关政策影响，股权众筹备受亲睐，2015 年新上线平台涉及股权众筹业务的达到 128 家（包括 16 家停运或关闭的平台）。截至 2015 年年底，我国产品众筹累计筹款金额达到 30.7 亿元，迈上 30 亿元台阶。其中，2015 年筹款金额高达 27.0 亿元，是去年（2.7 亿元）的 10 倍。京东众筹、淘宝众筹和苏宁众筹稳居第一梯队，筹款金额均在亿元级别；众筹网、环杉众筹、青橘众筹、创客星球、DREAMORE 和开始众筹在 1 000 万～8 000 万元之间，位列第二梯队；其余平台中还有 15 家金额在百万元级别，可排在第三梯队。

1. 整体概况

（1）平台数量走势

据不完全统计，截至 2015 年年底，我国互联网众筹平台至少有 365 家，覆盖 21 个省市。其中 2015 年上线的平台有 168 家，较去年小幅增长 7.0%。一方面，最近半年新入场的机构呈大幅减少趋势；另一方面，至少已有 84 家平台停运、倒闭或转型做其他业务，约占平台总数的 23.0%。全国共有正常运营众筹平台 283 家（不含测试上线平台），同比 2014 年全国正常运营众筹平台数量增长 99.30%，是 2013 年正常运营平台数量的近 10 倍。如图 9-3 所示。

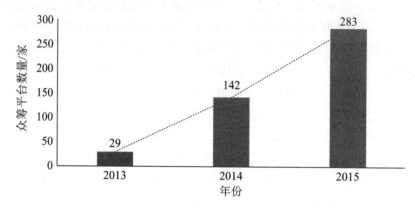

图 9-3　历年正常运营众筹平台数量

数据来源：盈灿咨询

（2）平台类型分布

2015 年全年共有 40 家众筹平台倒闭（平台网站无法打开时间超过 30 天），26 家众筹平台转型。倒闭和转型原因多为平台规模小，资源上无法与巨头平台竞争，且又未及时调整细分方向，做出自身特色业务以及在一系列监管政策出台后平台产生了迷茫，导致经营难以为继。在转型的众筹平台中，转型后的方向多为 P2P 网贷、众筹外围服务、创业人培训、社交论坛、团购、电商、彩票、供应商及理财产品导购等。截至 2015 年 12 月底，全国各种类型的众筹平台中，非公开股权融资平台最多，有 130 家；其次是奖励众筹平台，有 66 家；混合众筹平台为 79 家；公益众筹平台仍然为小众类型，仅有 8 家。如图 9-4 所示。

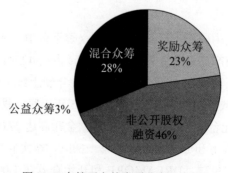

图 9-4　众筹平台的类型分布（占比）

数据来源：盈灿咨询

2. 交易数据

（1）项目数量

2015年全年，全国众筹行业共新增项目49 242个，其中，奖励众筹项目最多，为33 932个，占总项目数68.90%；其次是公益众筹，占比为15.80%，达7 778个；非公开股权融资项目数与公益众筹项目数接近，占到总项目数的15.30%，为7 532个。如图9-5所示。

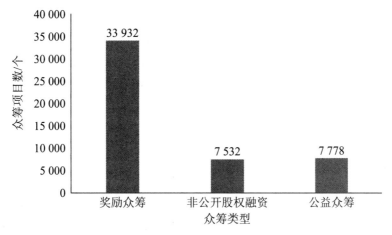

图9-5　2015年全国各类型众筹项目数

数据来源：盈灿咨询

（2）众筹预期筹款金额及实际完成率

2015年全年，全国众筹行业共预期筹资494.92亿元，其中，非公开股权融资预期筹资额最多，为271.19亿元，占总预期筹资额的54.79%；其次是奖励众筹预期筹资，占比为42.24%，达209.04亿元；公益众筹预期筹资金额最少，仅为14.69亿元，占全国总预期的2.97%。与三种众筹类型成功筹资金额对比，公益类众筹项目平均完成率最高，达42.95%；奖励类众筹项目平均完成率达26.80%排在第二；非公开股权融资项目平均完成率排在最后，仅为19.14%。如图9-6所示。

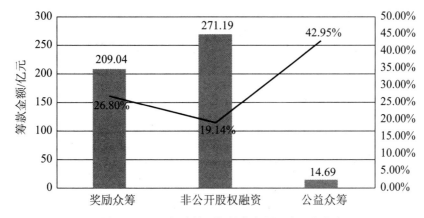

图9-6　2015年众筹预期筹款金额及实际完成率

数据来源：盈灿咨询

分析其中原因，公益型众筹与另外两类在项目实际完成率上存在一定的差异，因为公益型众筹不求物质回报，并且公益众筹项目中存在大量的长期捐赠项目，并不存在未达到预期筹资标准。奖励众筹与公益众筹一样，参与门槛均比较低，很多项目起投金额仅为1元，并且项目种类较为丰富，能吸引各阶层用户参与。而非公开股权融资类项目对投资人设有一定门槛，部分平台对跟投入有年收入、职业或职位的高需求，且起投门槛较高，均在万元以上，除此之外，非公开股权融资类项目时间跨度较长，在政策方面仍还没有十分明朗，对投资人来说有一定风险。

3. 众筹平台项目领域细分

2015年我国的奖励型众筹平台可以分为两大方向，一边是涉猎多个领域的综合类众筹平台，如京东众筹、淘宝众筹等；另一边是不断涌现出专注艺术、农业、影视、娱乐、汽车、房地产等细分领域且专业的垂直众筹平台。

据不完全统计，截至2015年12月底，全国奖励众筹平台总计66家，其中综合类方向最多，共有44家，占奖励型众筹平台总数的66.7%；其次是影视音类，出现10家，占比为15.2%；项目细分为房地产类位列第三，共有6家，占总数的9.1%；项目细分为农业类与汽车类平台数量一致，均为2家；酒类和艺术品类最少，各仅有1家，分别占奖励型平台总数量的1.5%。如表9-2所示。

表9-2　全国众筹平台项目细分

项 目 细 分	数量/个	占比/%
综合类	44	66.7
影视音类	10	15.2
房地产类	6	9.1
汽车类	2	3
农业类	2	3
酒类	1	1.5
艺术品类	1	1.5

数据来源：盈灿咨询

4. 2015年众筹行业创意项目

2015年可谓是众筹行业高速发展和关键的一年。各类创业创新企业以及转型拥抱互联网的传统企业都开始慢慢接受众筹形式，并将其视为孵化产品和品牌的重要手段。在三大众筹类型项目中选取了2015年度十大最具创意创新的高人气项目，它们各自具有鲜明的特色且对众筹这一概念在2015年有了全新的诠释。如表9-3所示。

表9-3　2015年众筹行业创意项目

平　　台	项目名称	项目点评
京东众筹	小牛电动智能锂电电动踏板车	2015年6月15日，小牛电动车在京东众筹上线，刚上线仅三小时四十分钟，筹集资金就突破2 750万元。小牛电动车依靠其充电可有效续航100公里的锂电池等技术创新优势，15天内募集7 200万元资金和114 159人支持

续表

平台	项目名称	项目点评
苏宁众筹	《叶问3》影视众筹	《叶问3》与2015年10月28日在苏宁众筹发起为期11天的众筹投资计划。截至止募集期结束，实际募集资金4 050万元，远超目标融资金额，获得5 100人支持
淘宝众筹	小米下一款手机新品	小米在"双11"期间在淘宝众筹发起奖励众筹项目，共获得15.5万人表示喜欢并有35 595人参与众筹投资。此次众筹实际募集资金3 559.5万元，是目标融资金额的35.6倍
京东众筹	三星S6钢铁侠定制版	三星于2015年6月在京东众筹发起"三星S6钢铁侠定制版"奖励众筹项目。这次众筹共获得35.95万人支持与参与，共成功募约981万元，成为当时京东众筹史上参与人数最多的众筹
个人微信众筹	《西游记之大圣归来》影视众筹	国产动画《西游记之大圣归来》上映62天，狂揽9.25亿元人民币票房。当时《大圣归来》出品人路伟在微信朋友圈发出消息，为影片募集宣发经费，最终89位众筹者参与投资，合计投入780万元，最终获得本息约3 000万元
淘宝众筹	赵薇梦陇酒庄	2015年10月，赵薇梦陇酒庄在淘宝众筹发起奖励众筹融资计划，共有72万点赞表示喜欢，6.1万人给予支持与投资。该项目共获得724万元募集资金，是目标金额的72.4倍
京东众筹	好妹妹工体万人演唱会	2015年6月3日，好妹妹乐队"自在如风"演唱会在京东众筹上线，众筹目标是198万元。该项目最终筹集资金236万元，好妹妹乐队的两个男孩，借由互联网新宠众筹成功登上了工体
淘宝众筹 京东众筹	700bike	700bike先在淘宝众筹发起盲订，这也是全国首个盲订众筹项目，此次项目获得1.3万人的支持和募集了67万元资金，后又于2015年11月在京东众筹平台上发起"无限筹"投资计划。截至目前，700bike在京东众筹平台共获得71.28万元募集资金
筹道股权	WiFi万能钥匙众筹	WiFi万能钥匙在2015年5月29日在筹道股权众筹平台向大众发起股权众筹投资计划，目标金额6 500万元人民币，实际获得认购金额77.142亿元
京东众筹	和谢霆锋一起做公益	"和谢霆锋一起做公益"项目于2015年6月在京东众筹上线。截至6月30日，项目共募集107.32万，获得3 261人支持

数据来源：盈灿咨询

5. 部分众筹平台简介

2015年，奖励众筹与非公开股权融资出现了几大走势，一方面监管思路渐明、项目多元化、领域更加细分；另一方面平台数量快速增加，筹资规模急剧扩张，投资人参与热度攀新高。对于2015年整个众筹行业的定义和重点，已不再局限于预售与营销。

判断及评价众筹平台的发展质量，也不再局限于平台之间交易规模、项目数量以及参与用户，众筹平台是否能为项目方提供孵化资源和成长指导，为用户提供品质生活以及对整个众筹行业的创新性影响程度，都逐渐成为新的评价标准。尤其是在国家政策扶持的背景下，众筹对于创业创新的孵化能力落地，已经越来越被市场人士所关注。

不管是目前的奖励型众筹，还是非公开股权融资，实际上，越来越多的平台开始意识到，通过与创业企业发生关联，进而通过合作联成资源连接型的生态，将是比现阶段赚取平台佣金更加务实的一种长期发展模式。越是有资源整合能力的平台，越能吸引创业创新企业的青睐，未来市场很有可能朝着"二八市场"的格局转变。

（1）京东众筹

京东众筹板块分为两类，第一类为奖励众筹，第二类为非公开股权融资，也就是"京东东家"。此外，京东金融的众创生态圈已经跟众筹深度连接在一起，目前已经形成"产品+股权+众创生态"三位一体的格局。这个格局目前在市场上还是非常独特的，京东众筹也一直强调自己的众创生态为其核心竞争力。且从市场表现来看，京东众创生态确实已经在众筹市场打出名声，目前很多众筹企业也更多是为了这个目标参与到京东众筹中去。

2015年京东奖励类众筹总成功筹资额超13亿元，历史累计成功筹资金额超14亿元，排名奖励类众筹平台成功筹资额第一。成功项目数超3 000个，千万级项目共18个，百万级项目共272个，项目成功率超80%。在非公开股权融资方面，京东过去的一年的成功筹资金额将超7亿元，在130家含非公开股权融资业务的样本平台中排名第一，在已完成的项目中，成功筹资金额在千万级以上的有18个，其他项目也均在百万级别以上。

京东的奖励众筹有着在国内3C渠道的领导地位，从而吸引了不少智能硬件公司的加入，涉及智能硬件的项目成功筹资额达千万级以上的有9个，其中"小牛电动智能锂电电动踏板车"这个项目的成功筹资金额更是高达7 202万元，投资人次超10万。在2015年度京东非公开股权融资前十的项目中，成功筹资金额均超过2 000万元，其中项目"乐禾"以3 962万元的成功筹资金额、150投资人次以及147%的完成率登顶京东东家年度最佳项目。

京东奖励众筹收取筹资额度的3%；在非公开私募股权融资方面，融资额1 000万元以上收取总额3%平台佣金，1 000万元以下收取总额5%佣金。非公开私募股权融资方面，为了减少融资企业现金流支出，京东众筹将佣金折算成股权，直接投入项目。

（2）淘宝众筹

淘宝众筹，总部位于浙江省杭州市，2014年3月1日正式上线。淘宝众筹项目均为奖励众筹。2015年淘宝众筹总共成功募集了10.70亿元，成功项目数超过3 000个项目，在2015年成功完成的千万级项目共有14个，累计获得617.44万人次支持。

淘宝众筹虽在诸多领域有所涉猎，但以科技类为主。2015年在科技类产品众筹优势明显，平台所有的千万级的项目均为科技类产品，其中名为"小米下一款手机新品"的项目更是成功筹资了3 559.5万元。

淘宝众筹不向项目发起人或支持者收取任何手续费或利润分成等费用。

（3）苏宁众筹

苏宁众筹是国内唯一一个实现同时在线上平台、线下实体门店同步开展众筹产品体验的O2O全渠道平台，截至2015年12月底，平台累计99.8万人次参与支持，累计筹集金额突破3.6亿。

苏宁众筹定位综合型奖励众筹平台在诸多领域有所涉猎，2015年在科技类产品众筹及消费场景化收益众筹优势明显，其中千万级项目12个，百万级项目29个，在百万级项目中，科技众筹占17个，情景化收益众筹占5个，其他农业众筹3个、设计众筹2个、文化众筹 1 个、公益众筹 1 个。

发起的项目收取 3% 的平台使用费。苏宁众筹的规则是在预定时间内众筹不成功的项目，筹集金额直接退回到支持者账户；而众筹成功的项目，则采用先拨付一部分项目启动金，随着项目的推进，根据项目的兑现情况来逐步分批发放资金，以确保支持者得到相应的权益。对于确不能履行承诺权益的发起人，根据苏宁众筹平台规则，除须返还支持者支持金外另行赔付 5% 的违约赔偿金。

总结

本章首先介绍了众筹的概念，其次介绍了众筹模式的起源和发展。随后对众筹模式进行了进一步分析，详述了其构建流程。通过举例并结合相关数据对国内外众筹发展的状况进行了介绍。

关键概念

众筹模式　传统众筹　互联网众筹　预售型众筹　股权众筹

习题

1. 众筹的概念是什么？
2. 众筹模式包含哪几种类型？
3. 简述众筹模式的构建流程。

第 10 章

互联网金融模式之二：P2P 网贷

谢平在博鳌亚洲论坛 2015 年年会的"互联网金融：自律与监管"分论坛上表示，随着金融管制放松，部分采用信息中介形式的 P2P 平台可以成为民间资本设立银行的一种模式，进一步推动传统银行市场化改革。

谢平指出，P2P 极大地扩大了金融交易边界，有效降低了金融活动的交易成本，最能体现互联网金融精神，促进金融市场化进程，加快金融脱媒的趋势。有三大因素促使 P2P 迅速发展，一是信息技术、移动互联、第三方支付等技术因素的大发展；二是金融监管的放开；三是细分市场的需求。目前中国的 P2P 更多地体现民间借贷的网络化。

他表示，目前中国 P2P 网贷发展还处在草莽时代，市场上出现鱼龙混杂的局面，跑路、倒闭情况时有发生，这主要是由于监管缺位、准入门槛低、征信系统尚待完善。P2P 平台缺少海量的大数据基础，制约了网络借贷的信用评估、贷款定价和风险管理，这是目前 P2P 发展的核心障碍。随着数据的积累，上述问题会得到改善。目前我国正在逐步完善社会征信体系，P2P 平台自身的数据也在不断积累。海量数据将支持 P2P 平台更加精准把握风险，走向正常运营，降低坏账率和运营成本，实现去担保化，成为完全的信息中介。P2P 网贷监管应采取类似直接融资的充分信息披露原则，关键是信息公开。监管部门要负责制定和不断完善监管规则，对相关从业人员的违法违规行为进行事后处罚，减少各类风险事故的发生。

根据 P2P 门户网站网贷之家统计显示，截至 2015 年 11 月底我国共有网贷平台 3 769 家，平均以每月 200 家的速度增长。中国网贷行业 2014 年累计成交 2 528 亿元，是 2013 年的 2.39 倍，成交量月均增长 10.99%。截至 2015 年 12 月底，中国网贷行业累计成交 8 400 亿元，是 2014 年的 3.32 倍。预计到 2024 年，中国 P2P 市场规模将由 2013 年的 270 亿元跃升至 2 万亿元，占社会融资存量的 0.9%。

本章学习目标

1. 了解中外 P2P 网贷的发展历程和主要运营模式；
2. 了解中外 P2P 行业的发展状况。

10.1 概述

P2P 网络借贷（peer to peer lending）指资金的个体供给者和需求者借助互联网平台实现的资金借贷。作为一种新型借贷形式，P2P 巧妙地将互联网、创新金融模式和小额信贷技术等相结合，借助其第三方网络平台的主要形式发挥联接信用借贷双方的作用。

与传统金融相比，该模式消除了借贷过程中的银行中介，由借款者和投资者直接进行交易，因而被称为 P2P——点对点或个人对个人借贷，与银行为中介的借贷活动相比，P2P 具有以下特点。

第一，目标客户不同。考虑风险和成本因素，传统商业银行更愿意服务资信情况良好，财务信息较公开的大中型企业。P2P 则主要为中小微企业提供资金支持，汇集社会零散资金，目标客户更大众。

第二，主要支付方式不同。作为互联网金融的重要模式之一，P2P 将线上支付作为其重要的支付方式。但随着线上支付尤其是移动支付的进一步发展，传统金融的许多服务得以通过线上方式实现，以 P2P 等为代表的互联网金融与传统金融在这方面的区别越来越小。

第三，速度快，门槛低。P2P 平台一般采用无抵押的信用贷款方式，不需要烦琐的抵押和线下信用审核过程，从需求发布到找到资金可在几天内完成。借款人仅凭信用记录便可获得贷款，投资者有少量资金就可以放贷，获得利息收入。

第四，风险因素不明确。因 P2P 服务的目标客户与传统银行借贷不同，资金零散，风险情况较银行借贷复杂。

形式上，P2P 借贷模式是传统民间个人借贷的网络化和公开化，互联网的信息处理能力使其优于一般传统民间借贷。相比传统民间借贷，P2P 具有以下特点。

第一，交易范围大。一方面，民间个人借贷多局限于熟人圈子，通常以借贷双方的社会关系为限，双方一般至少要认识才能实现资金借贷的交易活动；另一方面，从社会心理的角度来看，熟人之间存在借贷关系通常会影响双方交往心理，因而即使资金的需求方和潜在的资金供给者互相熟识，二者也会因为心理原因不愿意互相借贷资金，而更愿意积极地寻找其他的借方和贷方。P2P 网络借贷通过互联网可以扩大借贷的范围，实现陌生人之间的借贷，也为不愿进行相互借贷的熟人们找到可以进行资金融通的新渠道。

第二，风险分散。P2P 平台使单个投资人的投资对象选择增多，单个筹资项目面对的投资者增多。许多平台都限定投资人在一笔贷款上的金额，要求一笔贷款覆盖尽量多的投资人，在一定程度上实现了风险分散。

第三，信息成本降低。借款需求和贷款利率直接在 P2P 借贷平台上公开列出，借款人和投资者均可以详细的了解借、贷款信息与市场行情，在一定程度上避免由于信息不透明、不对称而导致的错误借贷行为，大幅降低了信息搜寻成本。

10.2 供应链金融

10.2.1 供应链金融的概念

供应链金融服务是银行专门针对产业供应链设计的，基于供应链核心企业的金融服务解决方案,将供应链核心企业的金融服务解决方案,将供应链核心企业和上下游中小企业捆绑在一起提供整体的金融服务。银行通过借助与中小企业有产业合作关系的大企业的信用,或者以两者之间的业务合同为担保,同时依靠第三方物流企业等的参与来共同分担贷款风险。具体来说,供应链金融所要做的就是使商业银行依靠某产业链中核心大企业"1"的资信和实力,以及其与银行之间长期稳定的信贷关系,对与该企业发生交易的其他企业"N"进行向上和向下的拓展,为这些企业提供贸易融资等全面的金融服务,从而形成"N+1"的金融服务模式;其也可以是银行从关注产业链条中主要中介商"N"入手,进而延伸到供应链上的核心大企业"1",从而形成"N+1"的金融服务模式。

目前为止,国内对涉及物流和金融的整合性服务并没有一个统一的名称和定义。从各自角度出发,第三方物流企业(3PL)称为物流金融,银行则采用链式融资或供应链金融。学术界普遍采用的定义有物流金融、融通仓、供应链金融等。供应链金融涉及五个角色:供应商、制造商、零售商、金融机构和第三方物流公司。金融机构向供应链条上的供应商、制造商和零售商提供供应链融资服务,第三方物流企业(3PL)提供货物质押及监管服务。

国内供应链金融业务最初源于1999年,深圳发展银行(现平安银行)最早提出了供应链金融的概念。供应链金融定义如下:供应链金融是对一个产业供应链中的单个企业或上下游多个企业提供全面的金融服务,以促进供应链核心企业及上下游配套企业"产—供—销"链条的稳固和流转畅顺,并通过金融资本与实业经济协作,构筑银行、企业和商品供应链互利共存、持续发展、良性互动的产业生态。供应链金融并非某一单一的业务或产品,它改变了过去银行对单一企业主体的授信模式,围绕某"1"家核心企业,从原材料采购到制成中间及最终产品,最后由销售网络把产品送到消费者手中这一供应链链条,将供应商、制造商、分销商、零售商、直到最终客户连成一个整体,全方位地为链条上的"N"个企业提供融资服务,通过相关企业的职能分工与合作,实现整个供应链的不断增值。如表10-1所示。

表 10-1 供应链金融与传统融资模式差异点

差异点	供应链金融	传统融资模式
授信对象	面向整条供应链	单个企业
信用评级要点	交易项下的资产	财务报表
贷款性质	资产性、封闭性、连续性	逐笔发放贷款
第一还款来源	交易项下的资产	企业营收
融资期限	短期	短、中、长期
服务方案	差异化	同质化
授信条件	动产质押、货权质押等	资产抵押或第三方担保

10.2.2 供应链金融的特点

供应链金融与传统银行金融的区别主要在于:首先,对供应链成员的评估不是孤立的。

银行首先评估核心企业的财务实力和行业地位，以及它对整个供应链的管理效率。对成员融资准入评价的重点在于它对整个供应链的重要性、地位以及与核心企业既往的交易历史。其次，对成员的融资严格限定于其与核心企业之间真实贸易背景，严格控制资金的挪用，并且以针对性的措施引入核心企业的资信，作为控制授信风险的辅助手段。最后，供应链融资还强调授信还款来源的自偿性，即引导销售收入直接用于偿还融资。具体来讲，供应链金融有以下几方面的特点。

1. 自偿性

自偿性是指企业通过银行支持做成贸易，该交易的销售收入能够为自己还清银行贷款。自偿性贸易融资是银行对企业的一种授信，这种授信根据企业的真实贸易背景和上下游客户的资信实力，以单笔或额度授信的方式，配合银行的短期金融产品和封闭贷款操纵，以企业销售收入或贸易所衍生的确定的未来现金流作为直接还款来源的融资业务。自偿性贸易融资业务其独有特点既保证了银行资金的安全，又缓解了中小企业本身的融资困难。

2. 参与主体多样化

金融供应链参与者包括银行和担保公司等金融机构、物流企业、核心企业以及上下游中小融资企业等。金融机构是供应链金融的直接授信者；物流企业在供应链金融业务中协助金融机构进行风险评估和监管；竞争能力较强、资金雄厚且信誉较好的核心企业则是供应链金融的间接参与者；上下游的中小企业是供应链金融的融资对象，也是金融机构的受信者。

3. 关注供应链背景

供应链金融重点关注贸易背景的真实性、交易的连续性、交易对手的履约能力、业务的封闭运作与贷款的自偿性。它将贷款风险控制前移到客户的生产、存储及其交易环节，以产业链整体或局部风险强化对单一企业风险的控制。与传统的额度授信考虑的因素不同，供应链金融授信侧重的因素是：信用记录、贸易背景、交易对手的实力、客户的违约成本、客户组织销售的能力和渠道、银行贷后管理的操作手续。

10.2.3 供应链金融的功能

在传统的融资下，供应链中主体企业凭借其强大的实力，常常会把本应属于自己的资金成本和管理成本转移到其配套的上下游中小企业上，这样容易造成上下游企业资金短缺、周转不灵，进而导致整个供应链资金流被迫中断。在这种情况下，资金充裕的主体企业融资意愿并不强，但却很容易获得金融机构大笔的放款；资金短缺的中小企业融资愿望强烈，但却很难获得金融机构放款的支持。在供应链融资中，金融机构不再面对单个的企业，而是面对整个供应链上的成员企业，此时的金融机构，主要依据供应链融资企业间交易的性质和交易的程度为供应链融资企业（中小企业）提供融资服务，有效缓解供应链中资金短缺的问题，促使供应链资金流运行的稳健和顺畅。供应链金融的功能主要有以下几点。

1. 提升供应链的核心竞争能力

供应链金融主义基于对供应链的结构特点和交易细节的把握，从核心企业入手研判其整个供应链，着眼于灵活运用金融产品和服务。一方面，将资金有效注入处于相对弱势的上下游配套中小企业，解决供应链失衡问题；另一方面，将银行信用融入上下游企业的购销行为，增强其商业信用，改善其谈判地位，使供应链成员更加平等地协商和逐步建立长期战略协同关系，提升供应链的核心竞争能力。

2. 弱化银行对中小企业本身的限制

供应链金融是围绕着一个产业链上的核心企业，针对其他多个中小型企业提供的全面金融服务。因而，银行服务的主体不再局限于中小企业本身，而是整个供应链；银行的信用风险评估也从对中小企业静态的财务数据的评估转到对整个供应链交易风险的评估。银行依靠核心企业的实力和资信，对与该企业发生交易的中小企业进行向上或向下的拓展，形成一个以大企业为核心的产业供应链。

3. 促进金融与实体经济的有效互动

银行等金融机构通过实施供应链金融，提供资金、信用、服务进入供应链，不仅有效地解决了中小企业融资问题，也促进了金融与实业的有效互动。供应链金融促使银行跳出单个企业的局限，从更宏观的高度来考察实体经济的发展，从关注静态转向企业经营的动态跟踪，这将从根本上改变银行业的观察视野、思维脉络、信贷文化和发展战略。

10.2.4 供应链金融的运作模式

供应链金融根据不同的角度可以划分不同的运作模式，比如根据银行参与程度的不同，可分为资本流通模式、资产流通模式和综合模式；根据物流企业参与程度不同，可分为代理模式、担保模式和自营模式；根据质押物在质押期间可否重复进出，可分为静态质押和动态质押两种模式，等等。本节从资金缺口阶段的角度对供应链金融进行分类。

根据企业运营过程和规律，资金缺口经常发生在采购、经营和销售三个阶段。在商品采购阶段，具有较强实力的供应商（核心企业）往往会利用自身的强势地位要挟下游购买商尽快付款。供应商的商品价格波动也会给下游企业采购带来巨大资金缺口风险。在企业经营期间，中小企业因为库存、销售波动等原因积压大量存货，占用大量流动资金，给企业造成资金周转困难。在销售阶段，如果面对的是具有较强实力的购货方（核心企业），货款回收期较长，也给企业带来流动资金短缺的风险。针对中小企业运营过程中的资金缺口特点和借款人在不同贸易环节中融资需求风险点的差异，供应链融资分为三类：保兑仓融资、融通仓融资和应收账款融资。

1. 基于预付账款的保兑仓融资模式的运作机理

保兑仓融资即银行在购买方支付一定比例货款的前提下向购买方发放的贷款，银行与购销双方及仓储、物流企业签署四方合作协议，确定预付贷款的支付方式，并将货物交由指定仓储、物流企业运输或保管，同时购买方在支付足额贷款之前货物权利归银行所有。这种融资方式的还款来源为采购方直接将货款付至银行指定账户，并首先用于偿还银行贷款。这种贷款方式下银行监控重点为货物，并不需要对采购方的认定。如表10-2所示。

表 10-2　保兑仓融资流程结束

编号	流程介绍
1	销售方与采购方签订购方签销协议，然后与银行和物流企业签订四方合作协议，协议中规定款项往来需通过银行指定账户，并且将相关货物权利让渡给银行
2	采购方以支付给销售方的预付款项下内容向银行进行质押
3	银行在销售方检验采购方预付款项下的质押货物
4	银行根据采购方的采购需求发放相应贷款，用于支付销售方的贷款
5	销售方将货物存放到指定仓库或指定的物流企业进行保管，物流企业向银行确认其拥有货物权利
6	采购方在货物销售后，将货物存至银行指定的监管账户
7	银行确认收到货款后向物流企业发出相关货物的放行指令，物流企业收到放行指令后向采购方发运货物
8	银行将收到的货款首先用于偿还贷款，然后将超出部分划归销售方

2. 基于存货的融通仓融资模式的运作机理

融通仓融资即买卖双方与银行协定将交易的货物存放在指定仓库或交由指定的物流公司运输，从而使得借贷人的物流置于银行可监控的范围之内；其还款来源为购买方直接将货款汇给借款银行。这种融资方式下银行监控的重点为货物，并不需要对购买方进行认定。如表 10-3 所示。

表 10-3　融通仓融资流程介绍

编号	流程介绍
1	银行与销售企业和物流企业各签订三方协议，协议规定销售企业将货物权利置于银行的监管之下，并由物流企业进行保管
2	销售企业把将要销售的货物存放到指定仓库或交给指定的物流企业进行保管
3	物流企业负责检验并管理收到的货物，保证银行对货物的权利
4	银行在取得货物权利后，向销售企业发放贷款
5	销售企业售出货物时，由采购企业将货款付至银行指定的监管账户
6	银行在收到货款后，向物流企业发出货物放行指令，从而将货物移交给采购方
7	银行将所收到的货款首先用于偿还贷款，然后将超出部分划归销售方所有

3. 基于应收账款的融资模式的运作机理

应收账款融资即在企业销售合同设定将销售款项汇入指定银行账户，并且以应收账款作为担保方式，其还款来源为购买方直接将货款汇给借款银行。这种融资方式中银行监控的重点为购买方的付款信誉，因此其购买方通常是银行认定的具备可靠的付款能力。如表 10-4 所示。

表 10-4　应收账款融资流程介绍

编号	流程介绍
1	销售企业与采购企业签订销售合同
2	融资银行对销售合同中的销售款回笼方式进行设定
3	银行在对回款完成监管设定的前提下，向销售企业提供融资

续表

编号	流程介绍
4	销售企业向采购企业发运货物
5	采购企业将货款付至银行监管的指定账户
6	银行自动从指定账户划拨款项偿还贷款,并将剩余的款项释放给销售企业使用

三种融资模式各有特点。从融资对象和参与方角度来看,融通仓融资可以独立于核心企业单独运作;保兑仓融资和应收账款融资都涉及供应链上下游买卖双方企业,也就是说,涉及对引入的核心企业的风险进行控制,是典型的供应链金融模式。融通仓融资可视作保兑仓融资的接驳性产品。从融资目的来看,融通仓融资实质是将存货变现得到经营的现金,减少存货对流动资金的占压,加速资金周转;保兑仓融资实质是借助核心企业供应商的信用实现购买商的信用增级,获得用于购买货物的大量资金,解决了购买商的杠杆采购和供应商的批量销售问题;应收账款融资实质上是将企业产品转化为现金的时间跨度缩短,加速资金周转。应当注意的是三种融资模式在实际运作中也有其灵活性,金融机构在向供应链核心企业及其上下游配套企业提供金融服务时,往往通过几种模式的有效组合,设计综合性及个性化的融资方案,从而达到提升供应链融资效率的目的。如表 10-5 所示。

表 10-5 三种融资模式对比

融资模式	质押物	质押物的控制权	融资的用途	第三方参与	融资风险承担者	融资企业在供应链中的位置
保兑仓融资	预付账款	银行	分批付货款、分批提货权	第三方物流企业	上游核心企业	核心企业的下游企业
融通仓融资	存货	银行、第三方物流企业	购买生产所需原材料或日常经营	第三方物流企业	上游核心企业、第三方物流企业	任何节点上的企业
应收账款融资	应收账款	融资企业	购买生产所需原材料或日常经营	无	下游核心企业	核心企业的上游企业

10.2.5 供应链金融的风险管理

1. 供应链金融的风险管理

(1) 供应链金融风险管理的原则

供应链金融风险管理的目标就是在资本、人力资源、风险管理能力和其他各种资源允许的范围内,结合企业自身可承受的风险范围开展供应链金融业务,稳妥地管理已经承担的风险,在风险和收益之间取得适当的平衡,以得到收益率的最大化。供应链金融往往是随着物品的质押融资所开展的,因而质押产品的风险管理特征差别很大,所有在具体执行某些产品的融资业务之前,必须预先对该项产品的风险管理成本和风险管理收益之间对比关系进行评估。一般来说,供应链金融服务产品的风险管理应考虑如下几个方面。

第一方面,应用系统化思想管理供应链金融服务风险。所有风险应通过定性分析或尽可能地进行定量测算。

第二方面,应用独立性和垂直性两个维度管理风险。风险管理部门要独立于业务体系,但要适应业务体系的结构特性。风险管理部门要在业务体系的各层级设立独立的风险管理委员会和评审制度，实行垂直管理。

第三方面，强调风险管理部门和业务部门之间要加强沟通。通常风险管理人员可能缺乏对业务的实践和市场意识，会对业务风险的认识出现偏差，这就尤其需要跨部门的沟通渠道和沟通机制去保障风险控制的有效性与高效率。

为更有效管理和控制供应链金融服务的风险，服务提供商应建立一个全方位、稳定的风险管理系统。一是提出风险投入预算，指定风险管理具体政策；二是建立风险管理运作流程；三是建立完善的风险报告制度。

（2）供应链金融风险管理的流程

供应链金融风险管理的基本流程可包括风险识别、风险度量、风险评估和风险控制等环节。

第一，风险识别。风险识别是风险管理的基础，是指对可能带来损失的风险因素加以判断，分析风险的性质并进行系统分类。供应链金融服务的对象往往涉及中小企业，因此信用风险是该业务的首页风险来源。在具体业务的运营中，涉及很多的审核、物流环节控制，以及物流仓库仓储配送等，于是就衍生了另一个重要风险：操作风险。除此之外，供应链金融服务还会涉及其他几种主要风险，包括商品价格波动的市场风险，进口业务中的汇率风险等。

第二，风险度量。风险度量就是在风险进行定量分析和描述，对风险事件发生的概率和可能造成的损失进行量化。供应链金融服务是一个创新的服务，发展时间较短，缺乏长期的风险管理数据积累，难以对不同类型的风险进行定量分析，从而建立组合的定量模型。根据国外风险管理的发展状况，提倡尽可能利用定量模型进行风险管理，这也是未来风险管理的必然发展趋势。

第三，风险评估和控制。风险评估就是在风险度量的基础上，分析企业对于风险的承受能力，以判断是否需要采取何种适合的风险控制措施。风险控制就是根据风险评估的结果而采取相应的措施，把风险可能造成的损失控制在可接受的范围内。通常可以采取如下一些风险控制措施：风险防范、风险抑制、风险分散、风险转移、风险补偿、风险保险和风险自留等。

（3）供应链金融风险管理的核心问题

根据供应链金融业务的特点，供应链金融应解决两个核心问题。

第一，建立新的信用评价体系。在新的信用评级体系中，要考虑哪些要素对于供应链是有价值的。首先，供应链金融注重企业未来的稳定现金流；其次，供应链金融主要考虑供应链贸易业务，这部分可能是中小企业的最优资产；最后，供应链金融注重考察企业所在供应链整体的风险。基于供应链融资业务具有的特点，必须对授信主体的风险评判进行根本性的改革，变以往的静态评估为动态评估，对单一的授信主体评级转变为"主体＋债项"合二为一的评级制度。

第二，寻找新的风险控制方法。对于银行来说，供应链金融风险控制要点取决于借款人将物流转化为还款的现金流的能力以及银行对借款人的掌控。这一般分为行业风险和操作风险。行业风险是银行几乎无法控制的，通常由供应链金融所涉及的行业本身决定。企业抵押给银行的是物权，银行取得货物控制权，完成一切手续之后，发放贷款，随后就要开始承担货物的变化所带来的风险了。一旦货品由于国家政策、行业变动、市场影响、本身质变等缘故导致价格下降，那么银行质押款将不再有原来的价值。如果抵押物价值价格下降过多，银行的资产就会受到较大威胁。正因如此，价格的稳定性是银行要考虑到的首要问题。一般来说，价值稳定的技术原材料是银行比较青睐的质押选择，钢铁、冶金、粮食、油品等行业价值相对稳定。相对来说，产成品如医药、服装、日常消费品等保值期短、规格品种过多、使用期限不长、价值容易发生变化、变现率容易下降，很少成为供应链金融中银行的授信对象。

（4）供应链金融风险控制的方法

第一方面，完善贷前对供应链金融企业的授信风险分析。

供应链金融风险是指商业银行在对供应链企业进行融资过程中，由于各种事先无法预测的不确定因素带来的影响，使供应链金融产品的实际收益与预期收益发生偏差，或者资产不能收回从而遭受损失的可能性。影响着供应链金融正常运作的风险因素包括：

① 自然环境风险；

② 政策风险；

③ 市场风险；

④ 信用风险；

⑤ 法律风险；

⑥ 企业文化差异的风险；

⑦ 信息传递风险；

⑧ 操作风险。

第二方面，对供应链企业实行贷中动态风险监控。

加强贷中风险监控是防范供应链金融授信风险的一个十分重要的环节，银行往往是在与客户发生信贷业务往来后，才能更深入全面地了解到该客户的实际情况，由于银行在贷款放出后即失去资金的直接控制，在与供应链企业的博弈中处于被动地位，信息不对称和地位的变化使得贷后管理难度更大。从信贷业务运行周期分析，贷前决策过程时间相对较短，信贷业务发生后直至收回却需较长的时间，不确定因素比前者更多，及时发现和处理风险信号对保证信贷资金安全的作用绝不亚于贷前决策。为此应赋予贷后管理部门相应的管理监督权限，强调贷中风险控制，这就要涉及信贷风险的持续监督问题。信贷风险的监督是指商业银行在授信业务的全流程中对风险因素进行全方位的检查、反映的行为过程，其目的就是要求商业银行对日常经营活动中可能产生风险的环境加强监督，充分、及时、全面、有效地反映和披露可能造成损失的风险。

第三方面，建立和完善贷后风险预警机制。

风险预警机制是指通过一系列技术手段对特定经济主体进行系统化连续监测，提早发现和判别风险来源、风险范围、风险程度和风险走势，并提出防范和化解风险信号处理方法方一种机制体系。风险预警机制可以加强风险搜索的系统性和准确性，提高风险分析的技术含量，提高商业银行风险管理工作水平。

风险预警主要是针对商业银行供应链上客户的预警机制。对客户风险的评价是商业银行外部预警机制的核心内容，而对客户风险的评价是以对客户的信贷资料的收集和分析为基础的，包括：供应链上各个客户尤其是核心企业的基本情况；供应链上各个客户的财务信息；审贷过程中各种审批证件；商业银行与供应链上各个客户的初步往来信函，同时还包括对第三方物流企业的及时调查和监控；供应链上各个客户以往的还款记录、贷款催收情况；贷款检查报告，包括定期和不定期的信贷分析报告、内审报告等。

（5）供应链金融风险管理发展趋势

在激烈的竞争面前，中国银行业逐渐认识到深度挖掘客户需求，有利于加强客户关系管理、提升风险管理水平，是打造银行核心竞争力的重要手段。发挥信息科技的强大计算和存储能力，有效利用数据分析和挖掘技术，已经成为近年银行业的共识。随着线上供应链金融的发展，一些银行正尝试与电子商务平台合作开展线上供应链金融，即企业间通过电子技术手段，交换整合各种数据资源，从而把产品带入流通领域的一种电子商务模式，这样大数据分析成为供应链金融风险管理的发展趋势。

目前一些银行正在尝试与电子商务平台对接，利用其大数据对供应链金融进行风险管理。电商平台积累了大量的交易数据，天然地成了信用评估的依据。银行主要缺乏的是中小企业的数据，而电商企业能充分掌握物流信息、消费者和中小企业的交易信息，以及发货记录、收货记录、贷款记录与企业其他方面的数据。电商平台利用这些数据可以建立自己独立的信用评级机制为企业评级。通过与电商对接，银行可更多地基于交易背景的真实性和过往的历史交易记录来为企业提供融资。利用电子商务平台，可以很好地解决供应链金融风险管理的两个核心问题（建立新的信用评价体系、寻找新的风险控制方法）。

2. 大数据技术在全面风险控制体系中的应用

（1）大数据技术在事前风险预判中的应用

一是外部环境风险预判。通过收集宏观经济运行数据，获取新闻、社交媒体所发布的新闻、博客等非结构化数据，分析得出当前外部环境的景气程度。

二是被监管企业风险预判。除了传统工作收集的被监管企业"三证"、财务报表外，还可以通过分析企业的"三表"（即水表、电表、纳税表）、企业投融资信息获取企业真实经营情况；通过企业过往的银行征信记录、法院或其他仲裁机构的纠纷处理记录、网络舆情等，实现对目标客户企业诚信与声誉的分析评价。通过分析得到被监管企业的综合风险等级。

三是银行自身风险预判。建立银行内部运营数据库，对银行相关分支机构的业务运营情况进行统计。在此基础上建立监管能力评估模型，对各分支机构的监管能力进行评价。

四是供应链金融项目事前综合风险预判。将上述3类主体的风险预判结果进行综合分析，得出供应链金融项目的综合风险。若该项目风险巨大且不可控，则应该主动放弃；若风险在可接受范围内，则根据分析结果给出监管意见，如协议修改意见、派驻人员建议、对监管场地采取的控制措施建议、项目操作中应特别关注的环节等。

（2）大数据技术在事中风险监控与识别中的应用

一是外部环境风险控制。首先建立监管物品价格波动模型、国家政策对行业影响模型、供应链相关性影响模型等，对不同的外部环境因素进行分析。在此基础上建立综合分析模型，对初级模型的分析结果进行二次加工，从而识别出当前存在的外部环境风险及未来的发展趋势。

二是被监管企业风险监控。被监管企业风险控制体系主要由两个核心数据库和一个三维分析模型组成。两个核心数据库分别为指标参照数据库和风险案例数据库。在监管过程中，将被监管企业的经营数据实时汇入三维分析模型，与两大核心数据库的信息进行对比分析，主要分析工作包括以下 3 个维度：①将企业当前经营数据与行业平均水平进行对照比较，如果企业经营数据超出参照数据库中记录的正常范围，则发出风险预警信息；②将企业实时的经营数据与其自身历史数据进行对照比较，如果数据出现异常波动，则发出风险预警信息；③将企业实时的经营数据与风险案例数据库进行对照比较，如果发现企业的某些行为符合风险特征的，则发出风险预警信息。

三是银行自身风险监控。对银行风险的事中控制主要包括异常数据的识别和监管控制手段的动态调整两个方面。异常数据的识别主要是通过抓取银行在监管过程中所产生的各项数据，发现其中存在的异常。监管控制手段的动态调整主要是通过项目风险实时评估，动态调整供应链金融项目的控制措施。

四是供应链金融业务事中风险识别。将各个风险监控模型发现风险征兆输入综合风险识别与预判模型进行跨维度分析，从中剔除误报的信息，识别出真实的风险，并按不同类型进行分类，包括政策调整与宏观经济下行的风险、高度关联企业出事的风险、被监管企业经营情况恶化的风险、被监管企业恶意欺诈的风险、物流企业员工操作与道德风险。

（3）大数据技术在事后风险处置中的应用

一是风险的化解与处置。利用大数据技术可以预测风险的发展趋势，模拟不同的处置措施对风险后果的影响，评估风险事件造成的损失，提供风险处置的最佳方案并根据事件发展情况不断对方案进行调整与修正，与银行化解风险、减少损失，提供有力的决策支撑。

二是事后总结与反馈。事后总结与反馈主要是在风险事件处置结束后，对案例进行梳理与总结，评估之前工作流程中存在的问题及漏洞，帮助银行修订操作流程与风险控制方案。同时，更新修正指标参照数据库、风险案例数据库及客户资信数据库，完成风险控制体系的自我更新。

10.3 国外 P2P 网贷平台的发展

10.3.1 发展状况简介

P2P 网络借贷最早于 2005 年诞生英国。2005 年 3 月，英国人大卫·尼克尔森（Dave

Nicholson)、理查德·杜瓦（Richard Duvall）、萨拉·马休斯（Sarah Matthews）和詹姆斯·亚历山大（James Alexander）共同创造了世界上第一家 P2P 贷款平台 Zopa。2006 年 2 月，借贷网站 Prosper 在美国成立并开始运营，2007 年 5 月，Lending Club 成立。此后，P2P 网络贷款平台迅速在国际传播。下面简要介绍国外几个典型的 P2P 网贷平台。

1. Zopa

2005 年 Zopa 成立，是全世界第一个 P2P 网络借贷平台，其创始人曾经参与组建了 Egg 银行。借款人在平台上发布自己的融资需求，网站根据借款人的资料对其信用进行评级，投资人看到公开展示的借款信息后以贷款利率竞标，利率低者胜出。借贷平台提供信息展现、交易撮合和信用评估服务，并不参与双方的交易。Zopa 主要针对个人之间的小额借贷，借款人可借入 1 000 ～ 15 000 英镑，投资人可贷出 500 ～ 25 000 英镑，贷款期限一般为 36 个月，最长 60 个月。由 Wellington Partners 和 Benchmark Capital 两家风投公司作为财力支持，Zopa 成立之后业务量增长迅速，其业务曾经拓展到意大利、美国、日本等多个国家。2008 年，美国证券交易委员会要求所有 P2P 借贷公司必须根据 1933 年证券法案，把他们的服务注册为证券，由于注册过程困难，Zopa 退出了美国市场，此后 Zopa 的其他国际业务也多数卖给了当地的 P2P 公司，目前其主要业务集中在英国本土。

2. Prosper

Prosper 于 2005 年上线，至 2008 年 9 月实现 1.76 亿美元贷款（平均每月超过 500 万美元）。2007 年 10 月，Prosper 向 SEC 提交了一份注册声明，目标是创建一个允许放款人交易收益权凭证的二级交易平台，但 2008 年 9 月，SEC 认为其出售未经注册的证券产品违反了证券交易法，向 Prosper 发出了暂停业务的通知。Prosper 在 2009 年 7 月重新开始运营。

3. Lending Club

Lending Club 在担保模式和定价模式上不同于 Prosper。Lending Club 于 2007 年 5 月 24 日以 Facebook 应用的形式，Facebook 平台给 Lending Club 带来了很多关注，但未实现预期的效果。2007 年 9 月，Lending Club 不再局限于 Facebook，开始对全体互联网用户开放。随后，Lending Club 迅速发展，一个月就发放了 37.3 万美元的贷款，六个月后贷款额达到 420 万美元。2008 年 4 月，Lending Club 面临和 Prosper 相同的监管问题，为了在 SEC 进行注册 Lending Club 暂停向放款人出售收益权凭证，这期间 Lending Club 只用自有资金向借款人发放贷款。2008 年 10 月 14 日 Lending Club 重新开始运营时，正值金融危机爆发，在银行借不到款的消费者将注意力转向了 P2P 平台，2009 年 Lending Club 业务开始复苏并持续增长，2012 年更是迎来了爆发式的快速增长，迅速超越 Prosper。截至 2014 年 3 月在该平台发行的贷款总额已经超过 40 亿美元，投资者获得的利息收入近 3.8 亿美元，从市场份额来看，Lending Club 在美国的市场占有率是 75%，已经成为全球最大的 P2P 借贷平台。

4. Kiva

Kiva 成立于 2005 年，主要业务是联系欧美出借人与发展中国家借款人（以企业为主）、提供跨境小额贷款服务，是以消除贫困为宗旨的非营利性 P2P。Kiva 同世界各地小额贷款机构的合作采取"批量出借人 + 小额借贷"的形式开展业务。各小额贷款机构通过多种形式获取贷款申请者的基本信息，公布在 Kiva 网站上。网站模仿网上商店的做法，根据偿还前期贷款的情况、经营时间和贷款总金额等把申请者分级。放款人选择放贷对象，然后将资金转移给 Kiva 网站，Kiva 则把资金以免息或很低的利息借贷给相应的小额贷款机构，然后这些机构再以一定利息将资金借贷给需要的穷人。Kiva 利用国际贸易支付工具 PayPal 实现跨国资金的贷方，放贷过程快速便捷。Kiva 生存发展的资金主要来源于社会捐赠、企业赞助、基金会等，其提供的贷款免息或利息很低；与世界各地的微金融组织、社会组织、学校和非营利组织建立伙伴关系，通过合作伙伴发放贷款、监督贷款使用情况、回收贷款，解决信息不对称问题。

10.3.2 国外P2P的特点

1. 风险控制和评估体系较完善

国外主流 P2P 平台都采用较为传统的风险管理和控制体系，在这一方面，他们认为银行是领先者，是应该学习的对象。多数 P2P 平台选用的是借款人公开可用的信用数据。

P2P 平台通常对贷款申请人的信用评分有最低要求，如美国市场的 Prosper 要求借款人的信用评分不低于 640 分，Lending Club 要求不低于 660 分；Zopa 的风险控制方法主要有三个：第一，对所有的借款者进行实名认证、信用记录审核，并让专门的信用调查机构 Equifax 进行风险评估，设定借款人的信用等级；第二，为了分散风险，每个出借人的出借金额按"10 英镑 / 份"被分为 N 份，分别借给 N 个借款人；第三，与其他银行等金融机构一样，Zopa 也雇用了专门的讨债公司的人员为出借人追讨不良贷款。在此基础上，各平台还利用其他信息及手段提高对客户的风险揭示能力。Funding Circle 正在酝酿如何将社交网络信息融合进自身的风险控制模型当中，Lending Club 也正在运用自己已经掌握的信息进行分析，完善自身的风险控制体系，如他们发现客户填写姓名时的停留时间与其违约率之间存在一定关系，停留时间越长，违约率越高。

2. 低廉的运营成本

Lending Club 的高层在 2013 互联网金融峰会中表示，该平台的运营成本能够控制在一般商业银行运营成本的一半以内。与低廉的运营成本相对应的是高效的风险控制模型和便捷的申请程序。在此类平台上实现贷款，最初只需要填写一些贷款的相关表格，由相关部门进行核实和审批，然后上线开始进行撮合，一般这一审核时间在 1～2 天之内，远高于普通商业银行，这主要缘于其前期风险控制模型的精确性、高适用性有效地降低了贷款审批时间，从而降低了运营成本。

3. 较强的客户黏性

多数 P2P 平台通过良好的客户体验、便捷的申请手续以保持客户黏性。但是在业务暂停期间，Lending Club 仍然用自有资金向借款人发放贷款，Prosper 则暂停了自己的全部业务。两家平台恢复业务之后，市场份额发生反转，Lending Club 的贷款量超越了 Prosper，并迅速成为全球最大的 P2P 借贷平台。

10.3.3 国外P2P的发展趋势

国际 P2P 平台未来将向着金融产品日趋专业性和复杂化的方向发展，将逐渐发展成为更加专业化的金融机构，所提供的服务不再仅限于将借款人与放款人需求进行撮合，而有可能通过平台发展出对投资人来说更加专业的投资服务。

第一，资产证券化及权证的流通。以 Lending Club 和 Prosper 为例，当放款人和借款人达成协议之后，双方并没有发生直接的借贷关系，而是由 Web Bank 进行审核、筹备、拨款和分发贷款至对应的借款人手中。Web Bank 在贷款完成后，会将收益权出售给 P2P 平台，之后 P2P 平台再将这些收益权凭证按照放款人最初在平台上认购的份额进行分割售卖。收益权凭证的分割和售卖过程实际上是一个产品标准化的过程，在此基础上，P2P 平台可以继续实现同类型风险产品的打包组合出售。这种资产证券化的过程将会为其带来更多的机构投资者，使平台的资金供给更加充足。

目前主要的 P2P 平台都向投资客户提供二级市场流通服务，放款人可以在平台上向其他会员出售其收益权凭证以换取流动性，平台对于收益权凭证的流转交易收取固定费率的手续费。收益权证的可流通为投资者在平台上进行投资决策提供了基础，也为未来发展更为复杂的证券化产品提供了基础及流通平台。二级市场流通服务对投资人和借款人来说都是非常重要的附加产品服务，二级市场流通服务既可以增加投资人项目投资的流动性，使投资者不必将收益权证持有到期，流动性风险的降低会增加投资者的资金供给，又能降低投资者的要求收益率，从而使借款人享受到更加低廉的融资成本。

第二，为投资者提供专业的资产管理服务。多数 P2P 平台都有一个简单的投资者资产管理工具，通过这个简单的工具，投资者可以根据自己的风险偏好建立自己的风险模型和投资组合，这个工具将自动为其在平台上选择出一组风险不同的借款需求，来满足投资者的风险偏好。不仅如此，P2P 平台还逐渐涉足高端资产管理业务，Lending Club 的全资子公司 LCA dvisor 就专门为高净值客户管理资产，其客户资产规模一般在 50 万美元以上，而 LCA dvisor 就利用 Lending Club 平台上的全部贷款需求，为其客户提供理财咨询及资产管理服务。未来 P2P 平台将依托其平台优势，同时随着其证券化产品的复杂化，将有能力为投资者提供更加多元专业的投资咨询和管理服务。

第三，日益专业的风险定价能力。一般 P2P 平台都会采取放款人竞标的方式对借贷双方进行撮合，价格是由放款人竞标形成的。但 Lending Club 的定价方式与其他几家平台略有差异，该平台不需要放款人对价格进行竞标，该平台根据自己所掌握的市场信息及市场调查对不同评级、不同期限的贷款进行定价，借款人和放款人都是这一价格的接受者。Lending Club 的这种定价方式随着其 2011 年以来的业务快速增长，正在逐渐成为一种具有影响力的定价方式。2013 年 4 月，Zopa 成立了 Safeguard 基金，这一基金能够确保在贷款发生违约的时候，放款人能收回本金，当借款人无法偿还贷款时，Safeguard 基金将接手这笔贷款的收益权，将贷款未偿还部分偿付给放款人，从而使放款人免受损失。Safeguard 基金放贷模式将要求放款人不能再对贷款进行自行定价，而是采用了类似 Lending Club 的定价方式，由 Safeguard 基金综合市场各类信息（诸如平台资金状况、央行基准利率、其他金融机构贷款利率等）计算出各笔贷款的跟踪利率（tracker rate）。2013年7月开始，Zopa停止了所有非Safeguard模式的信贷交易，全平台已经全部采用这种全新的信贷交易模式。

P2P平台未来可能将更多地采用这种定价模式，因为这种方式降低了借贷双方的撮合成交时间，放款人和借款人双方都不太可能具有非常专业的风险定价能力，他们在心中只能大概形成一个预期，但是平台可以通过其搜集的数据形成一个相对专业合理的直接借贷价格。这些数据不仅包括当前市场价格，还包括借贷双方客户的历史竞标价格以及他们当前的预期。

10.4　国内P2P网贷的发展

网贷门户网站网贷之家数据显示，截至2015年11月底我国共有网贷平台3 769家，仅2015年11月当月便新增171家。中国网贷行业2014年累计成交2 528亿元，是2013年的2.39倍，成交量月增长9.99%。截至2015年12月底，中国网贷行业累计成交8 400亿元，是2014年的3.32倍。据网贷之家联合盈灿咨询最新发布的《中国P2P网贷行业2015年11月月报》显示，仅仅2015年11月P2P网贷行业整体成交量达到了1 331.24亿元，环比10月上升了11.26%。其中网贷"双11"当日P2P网贷行业成交量达102.63亿元，同比2014年"双十一"成交量23.46亿元上涨了337%，P2P网贷历史单日成交量首次突破百亿元大关。随着10月网贷历史累计成交量突破万亿元大关，11月历史累计成交量再进一步，已经达到12 314.73亿元，与第一个万亿元相比实现下一个万亿元或许并不需要太久时间。2014年全年中国网贷行业总体贷款余额1 036亿元，是2013年的3.87倍。网贷之家预计，按照2015年以来网贷贷款余额增长速度，到2015年年底网贷贷款余额或将突破4 000亿元。预计到2024年，中国P2P市场规模将跃升至2万亿元。

中国由于以银行为代表的传统金融机构无法满足大量的社会性借款需求，并且存款利率严格管制，无法满足存款人更高的利息需求，从而形成一方面是大量的资金无处可去，只能获得远低于通货膨胀的存款利息；另一方面则是大量的实体企业缺钱，以极高的成本到处借钱。大量的需求是P2P网络借贷平台爆发式增长的根源。

10.4.1　国内P2P网络借贷平台发展模式分析

国内众多数量的P2P网络借贷平台按照不同的分类方法可分为以下几种。

1. 贷款利率高低不同

根据贷款利率高低分为盈利型与公益型P2P网贷平台，目前国内大部分网贷平台都属于盈利型的P2P网贷平台，判断盈利型还是公益型的网贷平台标准是利率的高低，投资者投资盈利型的 P2P 网贷平台为的是获取利润，通常国内盈利型网络平台的贷款利率在 8%～24% 之间。一般而言，安全性越高的网贷平台利率越低，风险越大的网贷平台利率越高，逾期和坏账数值也越大。

公益型平台国内以宜农贷为代表，类似平台有贷帮网。国际代表为美国的 Kiva。

2005 年成立的 Kiva 是一个非营利的 P2P 网络借贷平台，主要面对的借款人是发展中国家收入非常低的企业和个人。Kiva 的使命是通过全球互联网和小额贷款金融机构，借款人只要借款 25 美元，就有机会减轻贫困。贷款人无利息，借款人收很低的利率约 2% 维持借贷平台的正常经营。宜农贷是中国的 Kiva，通过与中国农村地区的 MFI 合作，为有资金需求的农民提供农业生产贷款，为农村金融输血。贷款者象征性的收取 2% 的年利率，网贷平台仅收取 1% 的服务费。贷帮网瞄准只做农村城镇化和农村农民创业发展的项目，从 2007 年开始筹备，2008 年正式上线，是国内最早以 O2O 模式来运行的互联网金融公司之一，在线下做贷款的管理，在线上对接投资人。后来贷帮网尝试新的业务，但在 2014 年因 P2N 项目偿付问题出现了千万坏账。

公益型平台的优势是：平台和贷款者的风险都较低，能为 MFI 提供大量资金，从而更好地支持农村金融发展，扶持农业。其缺点是，贷款者和平台的收益都很小。

2. 借款对象不同

网贷平台借款对象主要包括农村地区的农户、微小企业、小额商贸贷款、个人消费信贷、区域性或者全国性的个人或小企业，选取部分区域作为借款对象一般也是出于风控成本的原因，特定的区域内经营的网点集中，信息不对称的情况出现更少一些。一般网贷平台对贷款人没有限制，通过成立网贷平台的目的之一，就是想广泛吸收多方资金。

有些 P2P 网贷平台是为区域性的企业或个人提供融资渠道，如微贷网、开鑫贷、温州贷、安心贷等。有些是为全国主要城市的个人或者微小企业服务，如人人贷、第一 P2P。开鑫贷则为江苏省的"三农"和小微企业服务。微贷网是贷给浙江本地企业。只要申请成为 VIP 客户，便可获得本息全额保障。温州贷借款者的半径范围原则圈定在长江三角洲、海峡经济区。安心贷借出的范围限于北京地区的商户。陆金所业务开展范围有：上海、天津、成都、昆山、南通及广东的珠三角及附近的城市。爱投资平台是中国首个 P2C 互联网小微金融平台，并且得到民政部紧急救援促进中心控股公司中源应急投资有限公司的战略投资。

3. 提供担保与否及担保的形式不同

P2P 网络借贷平台分为有担保和无担保模式，国际上大部分 P2P 网络借贷平台采取美国的 Prosper 为代表的无担保模式。在国内以拍拍贷为代表，是国内首家 P2P 网络借贷平台以及行业内首家拿到金融信息服务资质的公司。拍拍贷将美国 Prosper 的模式成功复制，并且坚持只做信息服务平台，平台不参与担保，纯粹进行信息匹配，本质是直接融资的概念，是金融脱媒的一种表现形式。用户的借贷资金与本身公司的运营资金分开独立管理。在拍拍贷平台上进行投资，风险由贷款者自行承担。在逐渐发展的过程中，拍拍贷基于国内信用环境的实际情况做了一些改变，为部分贷款者提供了本金担保的服务，从而降低贷款者的资金风险。拍拍贷采用的是美国大数据大后台体系，这套风控模式建立的基石在于，美国的信用体系完善、数据体系健全，有独立于交易且具备相当公信力的征信局、非标准资产的有效证券化、有能力根据历史数据对风险水平进行正确计算的专业投资者，这一切在中国条件并不成熟，因此国内很少采用拍拍贷的模式。网贷平台为投资者提供本金甚至利息的担保模式出现以后，中国 P2P 网贷平台出现了爆发式的增长。

按照担保的形式和担保机构的不同，中国 P2P 网贷平台有以下几种类型。

（1）担保的形式不同

由于中国信用体系不健全，一些 P2P 网贷平台创新多种 P2P 担保模式，如担保人或者机构担保、抵押物、质押品等担保形式。典型代表如排队贷、仟邦资、安心贷、速贷邦等。

排队贷要求净资产抵押。排队贷服务平台隶属于深圳市排队金融信息服务有限公司，成立于 2011 年 8 月，首家纯抵押 P2P 模式平台，排队贷对有资金需求的融资方要求必须提供净资产抵押，融资金额为抵押物的 3 到 5 折，投资人可根据借款项目的融资额度、借款期限、收益率、抵押物说明、还款方式等情况自行决定借出金额，实现自助式借贷。

仟邦资只接受住宅类抵押。仟邦资为降低风险，厂房、办公楼因价值过大，用途专业化，导致变现能力弱，只接收住宅类抵押担保的 P2P 投资。例如，只接受上海房产，在快速变现房产的同时进一步保障房产价值的稳定，从而有效规避价值缩水的风险。

安心贷的借款人有三种选择：房产抵押贷、联保商贸贷、股票质押贷，通过房产、联保或者股票来降低信贷的风险。

速贷邦商业模式是借款人须有物权抵押（包括房产、汽车等）给出借人。如果借款人房产处于抵押状态，速贷邦将帮助其办理房产二次抵押，并办理他项权证。

此外，合众在线、红岭创投、陆金所等通过担保机构担保；有利网、开鑫贷等通过小额贷款机构担保；人人贷、证大 e 贷等采用提取风险备用金账户保障客户本金的安全。

（2）担保的机构不同

按照给投资者提供担保的类别分为：担保公司、小额贷款公司及平台采用风险备用金账户作担保。

第一，担保机构担保交易模式。

此类平台作为中介，平台不吸储，不放贷，只提供金融信息服务，由合作的担保机构提供双重担保。典型代表例如，合众在线、红岭创投、陆金所等。

合拍在线网站隶属于深圳市合拍在线电子商务有限公司。2012 年成立，为中小微企业提供融资新渠道，更为个人提供创新型投资理财服务。与上海、深圳等地的机构签署战略合作协议。合作机构将利用其遍及全国的营业网点开发优质的借款客户，并在审核完成后推荐给有利网平台。所有由合作机构推荐的借款客户的按时还本付息均由合作机构 100% 担保。此类平台的交易模式多为"1 对多"，即一笔借款需求由多个投资人投资。如果遇到坏账，担保机构会在拖延还款的第二日把本金和利息及时打到投资人账户。有利网也推出了债权转卖交易，如果投资人急需用钱，可以通过转卖债权，从而随时把自己账户中的资金取走。

江苏开鑫贷模式中，放款的核心环节在于小贷公司。而江苏省为开鑫贷业务特开了一个新政策：允许小贷公司做担保业务。在风险控制方面，开鑫贷平台设定三道防火线，以小贷公司为核心依次展开。第一道防火线是小贷公司为借入人提供担保。小贷公司则参考小额信贷风控标准对借入人进行贷款管理,借入人提供相应的反担保措施;第二道防火线是小贷公司主发起人(股东)承担连带担保责任,即如果小贷公司出现还款风险,由其股东承担连带责任。

第二,网贷平台风险备用金账户担保交易模式。

平台采用风险备用金账户保障客户本金的安全,此类平台典型代表有人人贷、证大e贷、豫商贷、温州贷、微贷网、808信贷、365易贷等。证大e贷作为上海证大集团全资子公司"上海证大投资咨询有限公司"全力打造的"互联网微金融服务平台",当借款人出现严重逾期(逾期30日以上),证大e贷微金融平台将在3个工作日内向所有与此笔借款相关的理财人发送《风险金代偿服务确认函》,待理财人确认后,将在1个工作日内垫付理财人当期应收本息(不含罚息)。

大多数信用类P2P平台会采用此类保障方式。缺点是间接增加平台的运营成本。以投哪网平台为例,如果坏账率为1%,则网贷平台必须每个月借贷总额超过1000万元以上才可能盈利。并且目前不少网贷平台注册资本并不多,用网贷平台自身做担保,其可信度值得去思考。

4. 开展业务与网络的关系程度

根据开展业务与网络的关系程度,国内网络借贷平台主要分为线下为主、线上为主及线上线下相结合三种模式。在国外,大部分的P2P网络借贷公司仅作为中介存在,主要业务流程都在线上实现。由于中国信用环境欠佳,且央行的征信系统不对非金融机构开放,纯线上的P2P业务因为坏账率高等问题发展并不顺利,大多数P2P网络借贷公司采取的是线上线下相结合的模式。

(1)线上为主模式

以拍拍贷、点融网、利融网为代表,借款人和投资人都来自线上,借款人线上提供借款信息和资信证明。借款人在网站上提交申请,经过平台自动化认证,接着通过打电话或者核对视频进行人工验证,审核通过后借款需求被挂在网上,投资人可以选择投资几百至上万元,满标后拍拍贷复核,交易最终达成。线上模式交易成本较低,充分发挥了互联网的优点,由于拍拍贷对于借款大部分不提供担保,因此对于借款人的审核也较松。贷款人贷出的资金风险较大,由于中国信用体系不完备,仅通过网络渠道对贷款风险的控制较困难,容易出现逾期及坏账率,造成投资者利益的损失。因此,虽然拍拍贷成立时间不短,但是总交易量7亿,远不及后来成立的新P2P网贷平台,如2012年成立的陆金所,目前每个月交易总额都达1亿元。

点融网是一家总部位于上海的本土高科技网络金融服务公司。引进全球最大网络借贷平台Lending Club的先进技术和管理经验,利用互联网的技术达到最低的审核成本,并把借贷份额进行拆分,将出借人和借款人进行自主配对,实现自助式借贷。

利融网纯线上模式广泛布局在消费金融及助学贷款领域,广泛发展与成人教育培训机构的合作。成人培训教育尤其是高端英语、各类证照考试培训市场巨大,但是由于教育培训都是一次性付款,部分学生无法全额支付学费。以考取美国注册会计师(AICPA)、美国医生执照（USMLE）为例，从开始备考到培训和考试通过，全程总费用接近 20 万元。利融网目前正广泛推进与培训教育机构的合作，将目标客户锁定在较高学历的用户上以降低风险。

（2）线下为主模式

以宜信为代表，业务主要是在网下进行，官方的网站主要是为宣传。类似平台有速贷帮等。成立于 2006 年的宜信累计贷款成交量早已超过百亿，宜信目前已经在 60 多个城市和 20 多个农村地区建立起强大的全国协同服务网络，为客户提供全方位、个性化的普惠金融与财富管理服务，为中国普惠金融提供了积极的探索。宜信首创了"债权转让"的业务模式，称之为"多对多"的 P2P 线下模式，宜信不单是 P2P 借贷的中介，而是直接参与到交易中。借款需求和投资都是打散组合的，然后获取债权对其分割，通过债权转让形式将债权转移给其他投资人，获得借贷资金。宜信对债权进行金额及期限的同时拆分，利用资金和期限的交错配比，不断吸引资金，一边发放贷款获取债权，一边不断将金额与期限的错配，不断进行拆分转让，宜信模式的特点是可复制性强，发展快。其构架体系可以看作是左边对接资产，右边对接债权，宜信的平衡系数是对外放贷金额必须大于或等于转让债权。此种模式优势是审核机制严格，贷款者风险低，缺点是平台中介服务费较高，交易成本高，金额及期限的过度拆分易出现"资金池"的风险。作为行内知名企业，宜信于 2012 年推出了旗下真正的 P2P 网络借贷平台宜人贷，以此来满足日益增长的网络借贷需求。

（3）线上线下相结合模式

以人人贷、陆金所等为代表，这是国内互联网 P2P 信贷最主流的方式，目前中国大部分 P2P 网络借贷平台都使用这种模式。如表 10-6 所示。

表 10-6 线上线下对比

分类	模式与案例简介及成本分析	风控体系	撮合交易
线上	模式：寻找贷款业务通过网络在线上实现 案例：拍拍贷、人人聚财 成本：约占贷款额的 0.5%	模式：依靠网络渠道所能获得的信息建立风控体系 案例：拍拍贷 坏账率：5%～8%	模式：建立网上平台，实现线上成交和资金交割 案例：人人贷、人人聚财、拍拍贷 成本：约占贷款额的 0.5%
线下	模式：通过线下销售人员寻找贷款业务 案例：宜信、人人贷 成本：约占贷款额的 3%～4%	模式一：线下网点搜集信息，总部集中审核 案例：宜信、人人贷 坏账率：3%～5% 模式二：终端审核，风控落地 案例：人人聚财 成本：占贷款额的 0.2%～1% 坏账率：1%～2%	模式：通过当面谈判签署文本协议 案例：宜信 成本：5%～8%

5. 推出机构不同

根据 P2P 网络平台出生不同可以分为：传统担保公司、小额贷款公司、大型金融集团、实体企业等。

(1) 大型金融集团

由大型金融集团推出的互联网服务平台，平安陆金所是此类模式的代表。陆金所4个亿的注册资本与其他网贷平台注册资金相比，显得格外亮眼。此类平台有大集团的背景，整合平安集团的银行、保险与投资力量，由传统金融行业向互联网布局，因此在业务模式上金融色彩更浓。在风险控制方面，陆金所的P2P业务依然采用线下的借款人审核，并与平安集团旗下的担保公司合作进行业务担保，还从境外挖了专业团队来做风控。严格的线下审核和全额本息担保吸引无数投资者，使得陆金所的项目通常只能"秒杀"。陆金所采用的是"1对1"模式，1笔借款只有1个投资人，需要投资人自行在网上操作投资，而且投资期限为1~3年，2012年年底推出了债权转让服务，缓解了资金供应不足和流动性差的问题。

据网贷之家数据，自2012年3月上线运营至2013年6月底，陆金所成交金额6.7亿元左右。其中，2012年总成交金额达1.5亿元人民币，2013年1~6月成交金额超过5亿元人民币，尤其是2013年5月和6月，陆金所成交量大幅上升，分别达1.24亿元和1.29亿元人民币左右。目前每月成交额都过亿元，成交笔数18 000多笔，单笔成交额约3.7万元，这样的投资和借款规模是真正的小微投融资。

(2) 国有企业

开鑫贷是这个新兴领域中纯国有企业。由国开金融有限责任公司（国家开发银行全资子公司，简称"国开金融"）和江苏金农股份有限公司（简称"江苏金农"）共同出资设立。金农公司是江苏省政府金融办直接监管的一家国有控股企业，业务是为江苏省境内的小额贷款公司提供含IT平台、资金池调节在内的"综合服务"，这种服务模式也是江苏首创，并在全国独树一帜。其"开鑫贷平台+小贷公司+结算代理行"的运作模式，也与其他P2P平台迥异。成立半年其融资交易额度已经迅速突破10亿。2012年第三季度末，江苏省凭借465家的小贷公司数目、766亿多元的实收资本规模，以及超过1 012亿元的贷款余额，成为全国小贷行业的第一名。而这些小贷公司全都是金农公司的"客户"。金农公司进军P2P平台后，借款客户主要来自这些小贷公司。

(3) 传统担保公司、小贷公司、典当行等金融服务公司

传统担保公司演变到网络借款平台公司以安心贷为代表。类似平台有3P银行、盛融在线等。位于北京的安心贷是一个从网下走到网上的金融服务公司。成立于2009年的君安信担保公司是安心贷的运营主体，安心贷作为一个从传统担保公司演变到网络借款平台公司的金融类服务公司，在运营安心贷之前，君安信是从事小额商贸贷款的担保公司，其主要管理层的背景主要是金融和法律，平台展现了更强烈的金融机构的特点。安心贷缺陷是没有用户之间交互的工具，没有好友功能，也没有论坛。这一设计方向会降低用户的访问量和使用点度。3P银行是中国第一个引入抵、质押担保体系的P2P在线借贷平台。3P银行上所有的借款需求均由担保方发布，借入者（个人、中小企业）无权发布借款需求。担保方只提供一种服务，就是为居住于广东省惠州市且拥有合格抵、质押物的借入者在3P银行上发布借款需求，并为借入者向所有投标给该借款需求的借出者（工薪阶层、中产阶级）提供连带责任担保。3P银行拥有多年的典当行运作经验，除了房产和机动车之外，

3P 银行将典当行业传统业务中常见的贵金属（黄金、铂金等）也纳入了担保方所接受的抵、质押物的范围。盛融在线其母公司是广州志科网络电子商务有限公司，2010 年志科网络成立时，盛融担保占 40% 的股份。

（4）实体企业

以证大 e 贷为代表，一些企业也投资于网贷平台，证大 e 贷作为上海证大集团全资子公司"上海证大投资咨询有限公司"全力打造的"互联网微金融服务平台"，证大集团创建于 1992 年，目前已发展成为拥有金融、房地产两大主业，及资源、互联网等辅助产业的综合产业投资集团，现有员工 7 200 人，资产总额近 300 亿元。

6. 是否获得融资

发展较好的平台通常会得到各方面的融资，如国际上的 Prosper 和 Lending club。国内不少著名的 P2P 网络借贷平台获得了各种渠道的融资。例如：2010 年 5 月，凯鹏华盈 500 万美元投资宜信。2011 年 5 月，凯鹏华盈、IDG 资本、摩根士丹利联合参投宜信 A 轮融资 3 000 万美元。2012 年 9 月，红杉中国 2 500 万美元投资上海拍拍贷，占股 28.5%。2013 年 5 月和 10 月，东方资产管理公司股权投资部、北极光创投分别投资点融网，金额也在数百万美元级别。2013 年 11 月，有利网获得软银中国 A 轮投资 1 000 万美元。2014 年 1 月，爱投资也获得了中援应急投资有限公司的首轮融资。2014 年 1 月，人人贷宣布完成 A 轮融资，金额高达 1.3 亿美元。

7. 注册身份不同

网络借贷平台一般注册身份为投资信息咨询公司或者网络技术类的电子商务公司。不论以何种方式注册，从事的工作性质相同，并且根据中国的国情调整自己的经营方式。例如，翼龙贷成立于 2007 年，隶属于北京同城翼龙网络科技有限公司，总部位于北京，是中国首家倡导 P2P、P2C、B2C 互联网电子借贷交易平台的高科技技术企业，偏重线下业务，更愿意从理财服务的角度来理解自身业务。温州贷隶属于温州网诚电子商务有限公司。红岭创投网站隶属于深圳市红岭创投电子商务股份有限公司。爱投资隶属于安投融（北京）网络科技有限公司，拍拍贷成立于 2007 年 6 月，公司全称为"上海拍拍贷金融信息服务有限公司"，是中国第一家 P2P（个人对个人）网络信用借贷平台。拍拍贷同时也是第一家由工商部门特批，获得"金融信息服务"资质。中国 P2P 分类情况如表 10-7 所示。

表 10-7 国内 P2P 分类情况汇总

分类标准	分 类		举 例
贷款利率不同	营利型 P2P 网贷		大部分
	公益型 P2P 网贷		宜农贷
借款对象不同	区域性		微贷网、开鑫贷、温州贷等
	全国主要城市		宜人贷、陆金所
提供担保与否及担保形式不同	不担保		拍拍贷
	担保	担保形式不同	
		担保机构不同：担保公司、小额贷款公司及平台采用风险备用金账户作担保	

续表

分类标准	分 类	举 例
开展业务与网络的关系程度	线上为主	拍拍贷、点融网、利融网
	线下为主	宜信
	线上线下相结合	人人贷、陆金所
推出机构不同	大型金融集团	陆金所
	国有企业	开鑫贷
	传统担保公司、小贷公司、典当行等金融服务公司	安心贷
	实体企业	证大e贷
是否获得融资	是	宜信、拍拍贷、点融网、有利网、人人贷
	否	略
注册身份不同	投资信息咨询公司	略
	网络技术类的电子商务公司	温州贷、红岭创投

10.4.2 存在的问题

近年来互联网金融在我国迅猛发展，仅2014年新上线的P2P平台就有1 228家，P2P年末贷款余额超过1 000亿元。这也意味着，去年平均每天会有超过3家新P2P平台上线。就参与主体来看，第一波主要是互联网企业，第二波平安银行等金融背景企业也陆续参与进来。相关数据显示，在2012年P2P平台交易量仅212亿元左右，2014年已增至约3 000亿元，三年增长率高达130%。然而，随着P2P行业的爆发式增长，坏账、跑路等负面消息也纷至沓来。2015年以来，里外贷、红岭创投、陆金所等先后出现对付危机陷入坏账风波，百银财富等P2P企业高层被曝携款跑路。

下面从借款人、投资人、网贷平台和监管状况四个方面对P2P行业坏账风波的原因进行分析。

1. 借款人

P2P平台上的借款人的主要来源有三类：一是政策上限制取得贷款的主体，例如抵押物为第二顺位抵押无法在银行贷款的企业及其控制人、产业政策限制的"两高一剩"企业及其控制人等；二是因信贷额度管制而难以获得银行贷款的私营企业；三是银行出于人力和运营成本考虑，无法或不愿顾及的中小微企业及个人贷款。

前两类是经过行政选择被淘汰的次优贷款人，第三类借款人资金需求零散、经营状况不稳定，因此，主要借款人的特征使得网贷市场的风险较高。

另外，不完善的信用体系导致违约风险转嫁给网贷平台。一方面，借款人对平台及投资者是信息不对称的，借款人提供的借款用途和归还方式不详尽，甚至会有意隐藏资金用途。然而，为防止坏账率导致的亏损，平台对借款人更关注的是以抵押、质押、担保等形式追索的第二还款来源，而不是以经营活动产生资金流入的第一还款来源。逆向选择进一步加剧借款人违约的可能性。另一方面，由于国内信用体系缺失，借款人即使违约也不会对其自身信用的使用造成损失。并且国内的网贷平台主要为有担保的线上模式，一旦借款人违约逾期还款或无法还款，网贷平台及相关担保公司需要承担相应支付义务，违约风险最终转嫁到平台身上而不是借款人身上。

2. 投资者

一方面，网贷平台投资者主体的特殊性和资金来源的短期性决定了投资者的激进投资行为，使得网贷平台通过高额回报诱导投资者投入资金；另一方面，投资者事发后态度偏向维稳，使网贷平台事发后以限制提现、续投提现等形式拖欠投资者的资金。

根据 2013 年《每日经济新闻》和网贷之家的调查，网贷平台投资者中，年龄在 20 至 40 岁之间的占比高达 80%，且分布地区主要在沿海地区。投资者具有一定积蓄但又积蓄不高，因此难以投入高门槛、长投资期的传统银行理财中去。同时，投资者属于当前网民的主力，容易接受互联网新鲜事物，勇于探索新平台，因此期限短收益高的网贷平台成为其绝好的投资选择。这些投资者往往"重仓"网贷平台。据调查，有 34% 的投资者将八成以上的资金投入网贷平台，而 55% 以上的投资者将一半以上的资产投入网贷平台。

由于投资者的部分资金来源于以贷款、票据、信用卡从银行套取的低息资金以及日常生活的闲散资金，其来源的短期性决定了投资者偏好的是短期标网贷平台。这类短期标网贷平台多为上线 3 个月以内的平台，其利率高，还存在各类秒标、红包、月度奖励等促销手段。而偏好这种激进方式的投资者被称为"网贷打新族"。

出于获取更高投资收益和保护心理的考虑，部分投资者还会组成类似电商的"团模式"，由团长牵线来对网贷平台进行投标，其中比较活跃的有包子团、咳咳团、布丁团、阳光团、红旗财经团、友情团等。"团模式"的大进大出增加了平台资金波动，而且事后挤兑的问题更加严重。同时，团长存在道德风险，会为了获取介绍费而帮助平台作弊、引投资者入局。以包子团为例，其相继在乐网贷、徽煌财富和保险贷三家平台踩雷，成员损失初步估计超过 4 500 万元，涉及成员人数 1 900 多名，而发生损失后团长消失，组团成员只能自己进行维权。

在事后维权上，投资者往往不够正面积极。首先，有些地区地方保护主义严重，投资者对公安、司法的处理效率缺乏信心，加上没有足够证据，很难追究问题网贷平台的法律责任；其次，网贷平台涉案人数众多、资金牵连广泛，投资者难以组织成维权团队并按照共同的方案进行集体维权；最后，投资者还对网贷平台抱有侥幸心理，不但希望平台能持续下去，而且希望有后续接棒投资的人为其解套。基于以上三个原因，投资者的不积极给网贷平台足够的时间进行资金腾挪。

3. 网贷平台

一方面，网贷平台为满足借款人和投资者的需求而选择了风险较高的运营模式，从经营不善的网贷平台来看，其主要存在自融、拆标、技术短板三大风险性的运作模式。另一方面，由于目前监管体系尚未建立，一些平台浑水摸鱼蓄意欺诈。

自融的网贷平台通过为自身融取资金，使平台的经营风险与实体企业的经营风险绑定在一起，一旦实体企业经营不善，网贷平台自身就会遭遇流动性风险。同时，自融本身已偏离P2P的定义，而且在法律上存在非法集资的嫌疑。

拆标的网贷平台则是通过"借短贷长"进行负债经营来转化期限和金额，使投资者投入金额的到期期限和贷款合约之间实现平衡。以宜信的债权转让模式为例，宜信把资金借给借款人，然后从金额和时间上拆细债权，通过理财产品的形式在线下转让给真正的投资者，从而使得期限和金额在借贷双方成功转化。而拆标需要非常过硬的后台技术团队，只有交易活跃，借贷业务的期限和金额才会有效转化。宜信虽然有100多名从事产品设计的员工，其投资者与借款人数量也较大，但问题是，其股东基本上为从事民间借贷或实业的背景，其技术拆分实力有限，无法精确设计以保证资金的流转，从而产生期限错配的问题，以致引发流动性风险。

相比银行体系的挤兑有中央银行作为最后的担保人，网贷平台仅能依靠自身或及其相关的小额贷款公司、担保公司进行偿付，从支付能力上本身就存在疑问。一旦借款人逾期还款或者投资者集体挤兑，以自融和拆标形式经营的网贷平台资金链条极易陷入断裂的困境中。除了自融和拆标，网贷平台还容易遭受黑客、病毒攻击，容易引致交易主体的资金损失、投资者资料泄密以及平台的运营失常等问题。如中财在线自己开发的系统遭遇黑客攻击，导致数据泄密，投资人恐慌，出现挤兑现象。

蓄意欺诈的网贷平台常常采用的方式有以下两种。

（1）平台独立进行的"庞氏骗局"。

其本身往往虚构运营资质，妄称持续经营，且以高回报的假标来诱揽资金，以新投资者的钱向老投资者支付利息和回报制造赚钱假象。例如，中欧温顿通过虚假的办公地点、虚假的法人代表、虚假的基金公司来装饰门面，卷款跑路高达4亿元；卓忠贷依靠复制其他平台网页内容来吸引投资者；天力贷则以"房地产公司借款"、"金属制造公司借款"等模糊的借款人信息来进行诈骗。鹏城贷则虚构以汽车为抵押的借款标的，投资者在平台拍下的借款标月息高达2分，为规避贷款利率上限，网站还设置月度奖励等，累计之后年化报酬率可以高达60%。此外，鹏城贷还安排制造舆论的马甲大户，利用百万资金在网贷平台上反复进出，来制造平台的人气和影响力，在诈骗得手之后携款上亿元潜逃。

（2）平台之间互相拆借。

除了平台独立性的诈骗外，由于网贷平台门槛较低，其市场准入标准没有特殊要求，因而平台之间多数存在利益关联，即存在组建新平台来偿还旧平台投资者的到期资金的情形。如徽煌财富、华强财富分别支援过安徽铜陵的铜都贷，属于平台之间互相拆借。而"一控多"现象也屡见不鲜，如江苏的保险贷、乾坤袋、都梁创投、世纪创投等9家"淮安系"网贷平台背后存在同一策划运营人；处于湖南怀化的及时雨、天标贷、怀民贷，其背后股东为同一人。此外，中贷信创、国临创投、逸锋创投分别处于深圳、杭州和上海，其背后股东也为同一人。

4. 社会环境和监管状况

国内金融市场僵化，融资难、缺少投资渠道，P2P的诞生是为了联接投资人和融资人，满足供需两端的需求；征信体系尚不健全，且央行征信不向P2P平台开放，平台只能以线下审核为主；在美国，P2P平台受SEC监管，有苛刻的信息披露机制和400万美元保证金要求，中国的互联网金融的监管尚在建设中，银监会负责监管 P2P 平台，但目前尚未出台监管细则，监管缺位，对于 P2P 平台只有普通企业的准入门槛；中国 P2P 尚处于法律空白期。野蛮的"价格战"，征信体系等基础框架缺失，以及行业监管不力等，是造促成 P2P 行业坏账、跑路频出的重要因素。而提高行业准入门槛等监督办法的拟定，将有助于改善互联网金融发展环境，减少行业乱象发生。

10.4.3 未来的发展

尽管关于 P2P 网贷平台的争议一直存在，但随着社会现实需求的增加和国家关于互联网金融的出台，网络借贷平台进一步规范，不少企业家甚至金融巨头开始进入互联网金融领域，P2P 未来的发展值得关注。

1. 监管

2015 年被业内认为是 P2P 网贷行业监管元年，随着监管政策的即将出台，银监会普惠金融部近期召集了各地监管部门和 P2P 机构代表召开闭门会，讨论 P2P 行业监管已形成的文件初稿。根据该文件内容，除了明确 P2P 平台中介职能、强化信息披露、注册资本金 3 000 万元、10 倍的杠杆限制外，还明确要求 P2P 平台上的融资项目标的要一一对应，不允许"拆标"，不能开展债权转让，并且对单笔融资项目额度还将设置上限要求。监管政策出台后 P2P 网贷平台或将面临新一轮清洗，一些不合规的平台受创巨大，或调整或退出，政策出台前后行业大量平台倒闭现象有可能成为常态。

2. 网贷平台评价体系建立

存款保险制度的出台，激发了民众的金融风险意识，也使资本市场进入一个活跃期。但投资者对于 P2P 的关注增加。至于可靠平台的方法，之前多数投资人的选择标准大多是看平台的经营规模、风控体系、财务状况等，但随着 P2P 平台挤兑现象，跑路的现象时有发生，这些常规的评测体系和甄别手段越来越失去可信赖性，更多的投资人开始挖掘 P2P 平台的背景，以此来判断投资的风险。

所谓的 P2P 平台的背景包括：第一，平台规模和运营市场以及是否有风投投资；第二，是否为国资系、银行系平台，有国企和银行的信誉做背书；第三，是否有第三方评级机构认证。从目前的数据来看，成立时间较久且获得投资的 P2P 平台尚无一家出现跑路现象，经营比较优秀的 P2P 平台甚至已经进入了 B 轮投资的发展阶段。目前国内 P2P 平台大多是在近两年才刚刚成立，而成立近 9 年的宜信所推出的宜人贷平台，依托于宜信多年服务和风控经验，在资质上相对来说更为可靠。此外，如果 P2P 平台有第三方评级机构认证或者有国资系、银行系的关系则会让投资人提高信任度，对业务的开展也极其有利。针对这种情况，目前国内众多的 P2P 平台都开始想方设法建立自己的信任体系，可以预见的是未来 P2P 网贷平台将越来越多的开始拼背景，以获得更多的投资者信任。

此外，一些第三方机构开始探索对 P2P 平台建立评级体系。

2015 年 4 月《中国网络信贷行业发展报告（2014-2015）》以第三方身份从信用风险、流动性风险、操作风险和法律合规风险四个风险维度对我国 P2P 网贷平台进行风险评级，并遴选出了该行业具有领先地位的 104 家 P2P 平台进行评级和分析，数据长度从 2014 年 1 月至 2014 年 12 月。类似评价体系的建立有利于今后 P2P 行业的规范发展。

3. 市场份额与竞争

从目前 P2P 网贷行业的情况来看，将会呈现三种不同类型的网贷企业领跑整个网贷市场。第一类是以陆金所、宜信为代表的早期网贷行业参与者，凭借背景优势和先发规模优势，领先绝大部分网贷平台。第二类是以人人贷、积木盒子等为代表的，凭借在资本市场上的良好表现，借助风投的支持能够快速占领市场份额。第三类是以上市公司国资背景或者产业优势的网贷平台，结合自身的优势，能够在细分领域快速扩张，使得小平台在细分市场上也难以有所作为。

此外，值得关注的是未来 P2P 平台在移动端的竞争。

近期多个完成融资的 P2P 平台，团贷网、麦子金服、众人贷等都将融资资金的用途指向了移动端。作为业内最早切入移动领域的 P2P 平台，宜人贷早在 2013 年 9 月便发布了首个借款 App，2015 年 4 月，宜人贷在移动端累计放款突破十亿元。在移动端互联时代全面到来的大背景下，互联网金融的移动化变革正悄然进行着。据悉，截至 2014 年年底，我国智能手机用户数量为 5 亿，平板电脑的用户数量为 3 亿，而且这个数字还在以几何倍数快速增长中。互联网金融服务，尤其是 P2P 平台最终的服务对象还是用户，产品必须紧贴用户需求和使用方式而调整。随着用户对手机和平板电脑等移动设备的使用黏度越来越高，移动端成为 P2P 网贷平台争夺的新高地。

4. 收益率下降，风险降低

目前大部分 P2P 网贷平台多以高收益为饵来吸引投资人，但高收益的背后往往蕴藏着高风险，投资人收益居高不下代表着借款人要承受巨大的还款压力，压力越大其还款逾期的风险就越大，同理平台产生坏账的可能就会增加，投资人的收益反而得不到保证。只有处在合理的预期年化收益率水平区间，才能兼顾借款和理财双方的利益和资金融通交易的合理性。像宜信宜人贷的预期年化收益率在 7% ~ 12.5% 之间，让借款用户无须承担过重的经济压力，同时也让投资人能够获得比较理想的收益水平，而这样的收益率也逐渐发展成为 P2P 平台业内的标准。

当收益回归合理范畴，P2P 平台的风险就相对降低，但 P2P 在因为缺乏央行征信、信贷数据有限，以及政策的不确定性和行业竞争力度的日益增加的情况下，其风险系数依然居高不下。值得庆幸的是，目前已有多家网贷平台正式发布基于大数据的风控模型。通过互联网，接触庞大的用户群，能够收集海量的碎片化数据。这样的数据非常适合对 P2P 风险进行进一步分析。未来随着行业监管的出台和征信体系的日益完善，基于大数据下的 P2P 网贷平台的风控能力的提升将使其风险程度有效降低，P2P 网贷蓬勃发展仍然可待。

类似社科院等机构推出的 P2P 评级，有望在今后发挥作用，使得收益与风险的匹配更加合理。

5. 关于平台融资和上市

2014 年 12 月 12 日 Lending Club 在纽交所纽交所上市，上市首日收盘价 23.43 美元上涨 56%。平台的建设离不开资金的投入，除了一轮又一轮的融资外，国内的 P2P 平台也将上市作为未来发展的目标。例如 2015 年 2 月末，拍拍贷 CEO 张俊曾表示，公司计划于 2016 年推进海外上市。未来中国 P2P 上市会面临估值、财务审计、风控能力、人才技术以及合规五个方面的困难。

一是估值，只依靠所谓的数据维度和业务规模做出的高估值，难以得到专业 VC 的认可。因为伴随规模增大的还有风险的聚集。产品的合规性、未来的弹性以及团队适应多变市场的能力都会影响到 P2P 的估值；二是财务审计，目前国内 P2P 的财务状况并不公开透明，对外公开的坏账率真实性有待证实，而要想实现上市目标，财务与审计必须要过关，这对 P2P 平台来说是个挑战；三是风控能力，美国 Lending Club 的大数据是基于已有的 80 个维度，结合在网上的行为数据，做成了现在 LendingClub 大数据风控的主要数据模型。在中国目前还没有 P2P 能够完全依据所谓的大数据，风控能力仍是挑战；四是人才和技术，P2P 作为行业交叉领域，对金融和互联网技术的复合型人才需求量大，目前存在人才缺口；五是合规，新的监管政策出台会对整个行业产生较大的影响。

总结

本章首先介绍了 P2P 网贷的概念，其次介绍了国外的 P2P 的发展状况，接着通过举例对国内外 P2P 平台的发展模式进行了详细的梳理。然后对国内 P2P 存在的问题进行了分析。最后提出了一些对 P2P 行业未来发展的思考。

关键概念

P2P　供应链金融　保兑仓融资　融资仓融资　应收账款融资

习题

1. P2P 的概念是什么？
2. 国外 P2P 的发展具有哪些特点？
3. 国内 P2P 的模式有哪些？
4. 国内 P2P 存在哪些问题？
5. 供应链金融的特点有哪些？
6. 供应链金融的功能有哪些？
7. 供应链金融有哪些运作模式？
8. 供应链金融风险管理的原则是什么？
9. 大数据技术如何帮助供应链金融进行风险控制？

第 11 章
互联网金融模式之三：第三方支付

以互联网支付、手机支付、预付费卡、POS 收单等为首的第三方支付业近年来在国内蓬勃发展，2014 年总交易量预计约 23 万亿元。专家认为，第三方支付已成为中国多层次金融服务体系的重要组成部分，线上线下融合、跨境支付、互联网金融等有望成为第三方支付业未来的新"蓝海"。

近年来，中国第三方支付交易量一直快速攀升。艾瑞咨询预测，2014 年中国第三方支付市场交易规模预计达 23.3 万亿元，2015 年将达 31.2 万亿元，2016 年将达 41.3 万亿元。

"中国的互联网支付，从 1998 年开始，经过 16 年的成长与创新，目前支付的各类玩法、产品种类以及客户群都已处于世界领先地位，在收单商户、个人用户、交易量上都远超美国。"第三方支付企业汇付天下总裁周晔称。

本章学习目标

1. 理解第三方支付的概念及其特征；
2. 了解我国第三方支付的发展现状。

11.1 第三方支付概况

11.1.1 定义

第三方支付，就是一些和产品所在国的国内银行和国外银行签约，并具备信誉保障和一定实力的第三方独立机构所提供的交易支持平台。

通过第三方支付平台交易，买家购买商品，通过支付支付的第三方平台账户的使用规定，由第三方通知卖家货款到达，交付。买方检验物品，就可以通知付款给卖家，第三方将钱转移到卖方账户。

中国人民银行在 2010 年制定下发了《非金融机构支付服务管理办法》（以下简称《办法》），对非金融机构支付业务进行了规范。根据《办法》规定，非金融机构支付服务，包括在线支付，预付卡发行与受理，银行卡收单及央行确定的其他支付服务。其中网络支付行为，包括货币汇兑、网上支付、手机支付、固定电话支付、数字电视支付等。

第三方支付之所以诞生，是为了迎合同步交换的市场需求。第三方提供安全交易服务和运作。第三方支付的本质就是负责资金在账户之间的收付转换，承担着中介保管和监督职能，不承担任何风险，所以确切地说，这是一个支付托管行为，通过托管实现支付保障金。

11.1.2 支付原理及流程

首先第三方机构必须具有相对较高的诚信度。在实际操作过程中,第三方机构可以出具信用卡的银行本身。在网络支付,信用卡号码和密码只在持卡人和银行中进行交换,这样就会减少企业转移带来的风险。同样地,除了银行以良好的信誉和技术支持某机构以外,持卡人第一方和第三方还可以用某种电子数据(例如邮件)的形式来传递账户信息,从而避免了持卡人将银行信息直接透露给商家的风险,也可以是每次登录都直接看到第三方机构熟悉简单的界面,而不用跳转至银行网页上进行支付。

第三方机构与银行之间又会签订有关协议,这样便使得第三方机构与银行可以进行某种形式的相关信息确认和数据交换。这样第三方机构也就能实现在持卡人或消费者与各个银行,以及最终的收款人或者是商家之间建立一个支付的流程。

在第三方支付的过程中,用户的资金通常先划到第三方支付在各个银行开设的收款账户,然后由第三方支付平台与商户进行结算。最后由第三方支付与银行进行二次清算结算,具体做法如下。

假设第三方支付平台在银行 B_1 和银行 B_2 均开设了中间账户,并存入了一定的结算备付金。当用户向商家付款时,平台通知 B_1 行将用户账户上相应的货款扣除并在平台的中间账户上增加相同金额;然后通知 B_2 行将平台中间账户扣除相同金额并在商家账户上增加相同的金额。这样,平台就分别通过预付款方和收款方的两次结算实现了一笔跨行支付。第三方支付平台要在各家参与银行都开设中间账户,并存入备付金。

我们现在以 B2C(business to customer)交易为例:

第1步,客户在网上选购完成商品后,与卖方联系表达买卖意向,并达成最终的买卖协议;

第2步,客户选择某一个第三方支付平台将付款金额支付给第三方支付平台;

第3步,第三方支付平台将收款信息告知卖方并督促卖方发货;

第4步,商家收到通知后按照订单的内容发货;

第5步,客户收到货物并验证后通知第三方支付平台;

第6步,第三方将其账户上的货款划入商家账户中,交易完成。

11.1.3 第三方支付的优势

在没有网上交易环境的有效的信用体系时,第三方支付模式的出现,在一定程度上解决了网上银行支付不能约束和监督双方的交易、支付方式比较单一的问题;以及在整个交易过程中,货物的质量,诚信交易,交易所要求不能可靠保证普遍的欺诈等。它的优势体现在以下几个方面。

首先,对商家来说,通过第三方支付平台可以规避无法收到客户货款的风险,同时能够为客户提供多样化的支付工具,从而提高了客户购买的积极性,也为一些中小商户提供了一种便捷的收款方式。

其次，对客户来说，不但可以使货物质量在一定程度上有保障，增强了客户网上交易的信心，而且也规避了无法收到货物的风险。

最后，对银行来说，通过第三方平台银行可以扩展业务范畴，同时也节省了为大量中小企业提供网关接口的开发和维护费用。

所以说，第三方支付平台为整个交易的顺利进行提供支持，也有效地保障了交易各方的利益。

11.1.4 发展历程

1999年，易趣网、当当网相继成立，为了适应网上支付需求，中国诞生了第一家第三方支付公司——首信易支付，但它实现的仅仅是指令传递功能，把用户的支付需求告知银行，转接到银行的网上支付页面。

2003年，当时的网络购物还处于萌芽阶段，支付形式单一，买卖双方互不信任的问题是网络购物停滞不前的主要原因。为了吸引更多的网购人群，将淘宝的规模做大，2003年10月，淘宝设立支付宝业务部，开始推行"担保交易"。2004年12月，支付宝开始正式独立上线运营，这意味着信息流、资金流和物流在阿里巴巴的电子商务圈中开始明晰起来。2005年腾讯旗下的支付公司"财付通"成立，随后全球最大的支付公司PayPal高调进入中国，而马云在当年的瑞士达沃斯世界经济论坛上首次提出了第三方支付平台的概念。

2005年中国第三方支付实现了飞跃性增长，规模152亿元。政策的不断完善和计算机的普及，中国第三方支付市场迅速发展的主要因素。2005年中国互联网用户超过1.1亿，宽带普及率超过44.5%，进入计算机终端超过4 000万台，中国电子商务基础设施条件相对成熟，电子商务安全认证体系基本形成。同时，《电子签名法》的实施使支付活动有法可依。伴随现代网络技术发展，以及企业信息化进程的推进，第三方支付向传统行业不断渗透，拓展其中的支付结算市场，第三方支付工具从单纯的网购走向了更多领域。2009年中国互联网支付市场规模达到5 766亿元人民币，大大小小的企业也达到300多家。而此时，整个支付行业也处于监管空白期，挪用沉淀资金、信用卡非法套现等乱象丛生。

2010年央行颁布《非金融机构支付服务管理办法》，确定了通过申请审核发放支付牌照的方式把第三方支付企业正式纳入国家的监管体系下。2011年9月开始，非金融机构如果没有取得第三方支付牌照，将被禁止继续从事支付业务。自2011年以来到2015年7月，央行已经分7批陆续发放250张第三方支付牌照。自此，第三方支付行业进入从量变到质变的突破，也日渐成为互联网金融行业发展的一种重要形态。对于第三方支付平台而言，支付手续费是其基本收入，不过相比而言第三方支付工具积累的大量用户信息将更具有社会价值和商业价值。

11.1.5 行业现状

从图11-1可知，近些年来我国第三方互联网支付交易规模增长十分迅猛。2014年中国第三方支付市场交易规模预计达 23.3 万亿元，2015 年将达 31.2 万亿元，2016 年将达 41.3 万亿元。随着第三方支付的业态逐步稳定，在现有格局下，全行业将进入稳定增长时期，预计未来三年均会保持 35% 左右的增速。

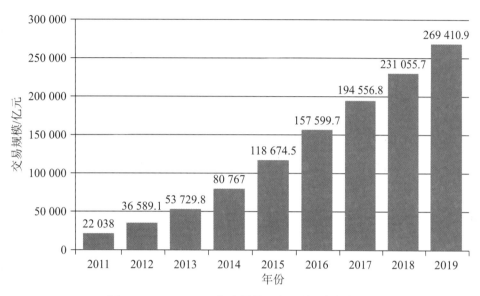

图 11-1　2011—2019 年中国第三方互联网支付交易规模

资料来源：根据艾瑞统计模型，作者自制

互联网支付竞争格局表现为核心企业市场份额保持稳定。从图 11-2 可知，2015 年核心企业市场份额中，支付宝市场份额为 47.5%，财付通为 20%，银商占比为 10.9%，其余支付公司均未超过 7%。

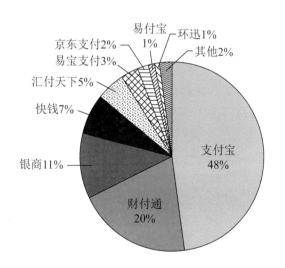

图 11-2　2015 年中国第三方互联网支付交易规模市场份额

资料来源：根据艾瑞统计模型，作者自制

一般分析认为，按照不同公司属性和业务发展方向来看，第三方支付行业呈现出三足鼎立的局面，首先以银联商务为首的银联系第三方支付公司，在交易规模上占有优势，它们的发展对于我国支付行业规则建立具有十分重要的意义；而以支付宝和财付通为首的拥有互联网巨头背景的第三方支付公司，无论从交易规模、创新支付模式，还是支付场景和基于支付数据的增值服务等方面，都对我国第三方支付行业的繁荣作出了巨大贡献；而以汇付天下，快钱为首的独立第三方支付企业已经找到不依靠集团资源优势的发展道路，对整个第三方支付行业的健康发展起到了良好的推动作用。未来这些独立第三方支付企业将以支付业务为基础，为企业客户提供全方面的财务与资产服务，使第三方支付这一概念在我国深化，对我国金融电子化和金融环境的健康发展、建设提供良好的助力。

11.2 第三方支付的运营模式

纵观当前第三方支付行业的发展，各家支付企业都在围绕客户需求进行产品创新和业务探索，但是每家支付企业的发展历程和资源优势不同，导致当前第三方支付市场的业务模式从不同的角度划分又有多种分类方式。

11.2.1 从资源及业务方向领域划分

首先，从支付企业资源优势和业务方向角度对整个第三方支付市场的业务模式进行分类，由于第三方支付企业的发展历程不同，发展过程中积累的资源优势不同，致使当前第三方支付企业的业务发展重点也有所不同。我们认为，从资源及业务特色角度可以把第三方支付市场划分为：账户类、银行卡收单类、便民支付类、预付卡类四大类别。

① 账户类：研究认为，账户类第三方支付企业是指第三方支付企业通过设立第三方支付账户，通过账户余额或者支付账户绑定银行账号等方式进行资金支付，支付企业通过第三方支付账户积累了庞大的用户规模，成为支付企业业务发展过程中的一种核心资源和能力。典型企业：支付宝、财付通。

② 收单类：研究认为，收单类支付企业是第三方支付市场中非常重要的一种业务模式，收单类企业主要指以从事线上、线下银行账户之间的支付结算服务为主的支付机构，包括互联网收单、线下银行卡收单、移动收单等。这些企业通过自建或接入卡组织的清算系统，为各行业企业客户提供付款人到收款人银行账户之间的支付和清结算服务。根据易观的数据统计，2011年各类收单业务的交易规模达到5.6万亿元的交易规模，2012年收单类第三方支付企业的交易占比将达到8.9万亿元。典型企业：线下银行卡收单——银联商务、通联支付、拉卡拉；互联网收单——快钱、汇付天下、易宝、环迅支付；移动收单——

联动优势、钱袋宝。

③ 便民支付类：银行卡刷卡消费出现以后，无论银行还是银联商务都主要为商户提供银行卡收单服务，但与个人用户生活密切相关的各种缴费类的服务同样面临缴费难题，比如各种公共事业缴费网点排队现象严重、信用卡还款银行网点较少等问题，给用户生活带来不便。随着拉卡拉、卡友等支付公司的成立，出现了专门针对个人用户刷卡缴费的第三方支付公司，这些公司通过在办公楼宇、各种社区便利店等门店安装便民自助终端，以及推广个人使用便民支付终端机具，让用户可以轻松刷卡进行各种支付服务。伴随政府不断加大城镇化建设的力度，三线、四线城市对金融信息化的需求越来越强烈，正在逐渐成为便民支付新的增长点。典型企业：卡拉卡。

④ 预付卡类：研究发现，截止到 2012 年 8 月央行共计发放的 197 家非金融机构支付业务许可证（支付牌照），119 家获牌支付企业申请到预付卡发行与受理的牌照，其中全国性预付卡企业 10 家（包括支付宝、盛付通、捷银、北京汇元网电子商务有限公司四家仅限线上实名支付账户充值的企业等），其余全部是从事地方性预付卡发行与受理的企业为主。易观在本报告中研究的预付卡企业，主要是由央行行使监管智能的多用途预付卡企业，即指专营发卡机构发行，可跨地区、跨行业、跨法人使用兑付商品和服务的信用凭证，包括磁条卡、芯片卡等载体的实体卡，以及以密码、串码、图形特征信息等为载体的虚拟卡。例如北京地区的资和信发行的"商通卡"、开联通发行的"连心卡"等。根据易观智库《中国预付卡市场专题研究报告》的数据统计，2012 年中国多用途预付卡的发卡量有望达到 1 250 亿元，同比增长 46.2%。

11.2.2 各类第三方支付企业交易规模对比

通过对以上根据资源和业务方向划分的企业类型的交易规模和发卡规模情况进行对比，从图 11-3 可知，2012 年全年账户类、收单类、便民支付类三类第三方支付企业的交易规模和预付卡企业的发卡规模共计将超过 12.6 万亿，其中收单类企业的交易规模最大，这类企业中又以银行卡收单的交易规模最大，收单类企业的交易占比预计将占 70.6%；账户类企业的交易规模位居第二，达到 20.9%；便民支付类达到 7.5%；预付卡类为 1%。

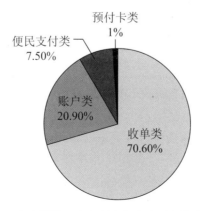

图 11-3 2012 年中国第三方支付市场各类型支付企业交易占比

11.2.3 从网络技术和终端载体的纬度划分

当前第三方支付市场除了可以从资源和业务方向上进行分类外，由于各家支付企业提供的支付产品和服务依托于不同的网络技术和终端载体，又可以划分为互联网支付、银行卡收单、移动支付、预付卡发行与受理、电视支付、电话支付等。各家支付企业以互联网支付、银行卡收单、移动支付、预付卡发行与受理这四类中的一种或几种业务为主营业务类型，电视支付属于起步探索阶段，电话支付由于应用行业领域有限且难以进行产品增值，所以主要属于支付企业的附属业务，并非主营业务。

首先是互联网支付：互联网支付指通过互联网线上支付渠道，从 PC 端完成的从用户到商户的在线货币支付、资金清算等行为。互联网支付业务从 20 世纪 90 年代末开始出现，发展至今已有十几年的时间，取得了较快的发展。根据 2011 年支付市场的统计分析，网上支付服务的第三方支付市场为 2.16 万亿元，在 2012 年到 3.8 万亿元。互联网支付业务的应用领域也从网上零售、个人生活缴费、游戏充值、电信和其他传统产业，渗透到越来越多的空中旅行、保险、市场营销、零售、物流、资金、跨境支付等新兴产业。支付公司除了提供基本的支付服务以外，支付公司在市场发展活跃，同时提供着金融管理和金融信用增值服务。第三方支付市场出现了一批像支付宝、财付通、银联在线支付、快钱、汇付天下等知名互联网支付服务企业。这些支付企业从其资源优势和企业业务发展方向上看，又大致可以分为以支付宝、财付通为主的具有庞大用户规模的支付企业，和以银联在线支付、快钱、汇付天下等为代表的走行业路线，以企业客户为主要服务对象的支付企业。

其次是银行卡收单：银行卡 POS 收单业务是签约银行（或机构）向商户提供的本外币的资金结算服务。收单机构主要分两类，一是经营银行卡收单业务的金融机构；二是经中国人民银行批准运营的特约商户收单业务的非金融机构。在此主要研究获得中国人民银行颁发的支付牌照的第三方支付企业。银行卡收单业务是指给金融支付企业通过各类 POS 机具以及自助终端等机具受理的银行卡刷卡消费、公共事业缴费、信用卡还款、转账支付类业务的交易金额。其中又包括两大类，第一类是以服务各种商户的商户银行卡收单企业，如银联商务；第二类为以拉卡拉为代表的主要为个人用户提供便利支付的支付厂商。

再次是移动支付：移动支付是指消费者通过移动终端（一般为手机）发出数字化指令为其消费的商品或服务进行账单支付的方式。移动支付包括近场支付和远程支付两种方式。近几年随着移动互联网、智能终端以及近距离通信技术的快速发展，移动支付产业受到社会各界的普遍关注。金融机构、电信运营商和第三方支付厂商也纷纷看好移动支付未来的发展前景，纷纷加大对移动支付的开发和探索力度。中国移动支付市场虽然经历了短信支付、WAP 支付等支付方式，但是当前移动支付市场的发展重点放在了基于移动互联网的远程支付，如支付客户端、应用内支付、手机近场支付以及音频刷卡器支付等支付方式。根据易观对移动支付市场的数据统计，2011 年中国移动支付市场交易规模达 742 亿元，预计 2015 年中国移动支付市场的交易规模将达到 7 123 亿元。

最后是预付卡：与上述预付卡类相同，就不再赘述。

11.3 第三方支付主流品牌

中国国内的第三方支付产品主要有微付通(微付天下)PayPal、中汇支付、支付宝、拉卡拉、财付通、微信支付、盛付通、宝易互通、宝付、腾付通、网银在线、通联支付、易宝支付、中汇宝、百付宝、环迅支付 IPS、物流宝、网易宝、快钱、汇付天下、国付宝、汇聚支付、乐富。

1. PayPal

其中用户数量最大的是 PayPal 和支付宝,前者主要在欧美国家流行,后者是马云阿里巴巴旗下产品,据称,截至 2009 年 7 月,支付宝用户超过 2 亿。拉卡拉则是中国最大线下便民金融服务提供商。另外中国银联旗下银联电子支付也开始发力于第三方支付,为银联商务提供相应的金融服务。

2. 支付宝

支付宝(中国)网络技术有限公司是国内领先的独立第三方支付平台,是由阿里巴巴集团 CEO 马云先生在 2004 年 12 月创立的第三方支付平台,是阿里巴巴集团的关联公司。支付宝致力于为中国电子商务提供"简单、安全、快速"的在线支付解决方案。

3. 拉卡拉支付

技术融合,即将银行严格的风险控制与支付企业的技术创新相结合。招行、广发等手机银行已经内置拉卡拉移动支付功能,解决了手机银行只能受理本行银行卡的问题。

4. 微付通(微付天下)

(1)支持银联标志的银行卡的信 X 卡和借记卡;(2)独立的管理后台让商户可以实时交易数据明细,随时随地轻松掌控;(3)移动 POS 机、拨号 POS 机,多重选择,其他收单机构很难申请到;(4)7×24 小时客户服务,随时在线咨询;(5)刷卡手续费更优惠。

5. 财付通

财付通是腾讯公司于 2005 年 9 月正式推出专业在线支付平台,致力于为互联网用户和企业提供安全、便捷、专业的在线支付服务。

6. Moneybookers(MB)

2003 年 2 月 5 日,MB 成为世界上第一家被政府官方所认可的电子银行。它还是英国电子货币协会 EMA 的 14 个成员之一。广泛地被赚钱公司列为仅次于 e-gold 的主要付款形式。更重要的是这家电子银行里的外汇是可以转到中国银行账户里的。

7. 宝付

宝付推出的"我的支付导航"主要分个人支付导航与商户支付导航两大版块。从网上交水电煤等基本生活需要,到旅行买机票火车票定酒店,再到网上购物、通信充值等各种类型"日常便民服务","我的支付导航"不仅为广大个人用户提供了便利生活支付服务,也给企业商户提供行业解决方案、一站式解决方案及增值服务等产品服务。

8. 国付宝

国付宝信息科技有限公司（以下简称国付宝）是商务部中国国际电子商务中心（以下简称 CIECC）与海航商业控股有限公司（以下简称海航商业）合资成立，针对政府及企业的需求和电子商务的发展，精心打造的国有背景的，引入社会诚信体系的独立第三方电子支付平台，也是"金关工程"的重要组成部分。

9. 迅银支付

迅银支付是由国内金融、支付、科技等领域资深从业人士组成，公司以自有创新技术，努力为国内企业、行业客户和投资者提供安全便捷稳定的互联网金融支付科技平台，拥有成熟而完善的管理经验及服务体系。

迅银支付以终端消费群体的需求为核心，其智能终端中还包括信用卡还款、话费充值、水电煤代缴等一系列便民服务，最大化地服务了消费者。除此之外，迅银支付加盟的审批也十分简单，办理较便捷，安装完即能使用。除此以外，迅银支付还拥有金融服务 T+0 平台、商盟生活服务平台、数据外包服务平台等。

11.4　第三方支付对金融业发展态势的影响

第三方支付的服务操作已成为金融服务业的重要组成部分，弥补了传统银行的空白，提高社会资金的使用效率。第三方支付业务的发展和增长给银行带来了一定的影响，但也为基金公司，保险业带来了新的机遇。付款是最基本的金融业务，第三方支付的出现从产业链前端的银行支付逐渐走向幕后，迫使银行不断探索新的金融改革和金融服务产品创新；同时，第三方支付的应用场景更丰富，支付平台可以简称为金融产品营销的重要渠道。与第三方支付机构走融资，这将进一步推动金融脱媒，挑战传统金融服务，改变当事人对金融行业的地位和权力的平衡。第三方支付对金融业的影响不仅是信息科技界的金融服务，同时也促进金融业务模式和服务理念的改进，更重要的是将全社会的金融功能作为一个整体。

11.4.1　促进金融行业服务变革

第三方支付客观上成为金融行业电子化的助推器，强化了金融业务重视客户体验的服务理念，使金融业的服务水平整体上升。

第三方支付出现的原因很简单，就是为了解决个人和企业跨行、跨地转账流程烦琐和到账时间长的问题。虽然银行已推出了网银，但因为其在支付结账领域的垄断地位及同业竞争问题，使银行没有动力联合起来推出多银行账户即时结算的平台。第三方支付的成功在于敏锐地发觉了市场的需求，并将需求和新技术、新模式相结合，在以电子支付形势满足人们支付需求的同时，也深刻改变了人们办理金融业务的习惯。当支付可以通过"账号＋鼠标"的方式安全、便捷地解决时，去实体店网点排队等候办理金融业务成为次优选择。

随着第三方支付的规模和影响力不断发展壮大以及电子支付普及率的上升，传统金融机构猛然觉醒，开始加速自身向电子化变革，意图后发制人。国内商业银行必须依靠先进的计算机网络技术，积极开展金融创新，推出了包括网上银行、电话银行、手机银行、自助终端、ATM、POS 机等多渠道的电子银行综合业务系统。中国银行从网上银行进一步发展出了移动钱包，抢占移动支付市场。中信银行与财付通合作，利用第三方支付平台开发出一系列集成产品。农、工、建、中四大行在 2013 年对第三方支付的研发投入高达 250 亿元，其中涉及移动金融服务、电子商务、远程柜员机、自助银行、网上银行等相关项目。2013 年 4 月，中国工商银行宣布推出 1 000 元以下的在线小、高效的支付服务支持，小额电子支付的交易与支付宝快捷支付也有异曲同工之妙。

由第三方支付引发的金融业变革正在加速，传统银行业正在向"互联网银行"迈进。这种金融电子化的核心和最终目的是围绕互联网时代客户的金融服务需求，以先进的信息技术优化金融业务流程，创新金融产品，为客户带来高效、满意的服务，而这正是第三方支付能够赢得市场的根本原因。

11.4.2 蚕食银行中间业务

第三方支付平台既是支付中介，又是金融产品的新型营销渠道，他们正在蚕食银行的中间业务，使金融业务的格局发生变化。

从收付款、转账汇款、机票代购到电费与保险代缴、手机话费缴纳等结算和支付业务，客户都能够通过第三方支付来解决。起初，第三方支付企业所针对的客户以及所提供的服务，主要集中在互联网支付，并且很大程度上是银行的一些死角，是一些银行不愿意做或者做起来性价比不高的业务。如今，第三方支付已成为规模庞大的产业，并以每年高达 100% 的增速发展。第三方支付企业不断创新突围，不仅扩大支付的应用场景还创新支付模式。移动支付、POS 机、预付卡等第三方支付已不局限于网上支付。网购、航空、游戏等传统的互联网支付细分市场已被第三方支付企业瓜分殆尽，基金、教育、跨境支付等支付市场成为新兴的掘金领域。这一切都表明以"免费"和"便捷"吸引用户的第三方支付机构的存在，在弥补银行网点不足的同时，也正在使商业银行的支付中介功能逐渐被弱化。

第三方支付的兴起，不可避免地会促使金融行业间结算费率的降低。如果说支付宝的出现代表第三方支付机构对银行传统支付业务发起冲击，那么余额宝的出现则进一步表明第三方支付机构剑指理财市场。基金公司也看到了第三方支付平台的营销潜力，也开始争抢与第三方支付平台合作。一些中小基金公司如浙商基金、纽银梅隆西部基金都开通了第三方支付渠道，为以后的基金营销铺路。

支付宝通过推出余额宝这一基金直销推广平台，彻底打通互联网和理财的分界线，开启了"碎片化理财"的新模式。余额宝用户人均投资额仅有 1 912.67 元，这跟传统基金理财户均七八万元的投资额相比非常小，但是，这在很大程度上分流了银行的活期存款的客户，以及理财产品客户。而且，支付宝和一些基金公司以直销渠道联合，这很有希望打破银行渠道独大的局面。实际上，国内基金行业管理资产规模将近 3 万亿元，而基金的直销比例只有大概 10%，网上电子商务比例甚至只有约 5%。虽然第三方支付并没有彻底改变整个基金行业的销售模式，但它们也变成了一种新的基金销售方式，这也能降低基金销售的费用，也能加大基金公司与银行的议价能力。以前基金公司都是针对机构客户开展直销，因为渠道建设不完善以及人员成本相对较高等问题，基金公司不容易针对散户开展直销。余额宝销售天弘基金的管理费、托管费和销售服务年费率仅仅为 0.63%，目前大部分第三方支付平台的股票型基金申购手续费率也仅为 0.6%，但是反观银行等传统渠道，其手续费能达到 1.5%。小基金公司和银行代销渠道之外开通网上直销，再搭配上第三方支付平台，争取覆盖到更多的用户，这也成为更多大型基金的不二选择。

第三方支付的触角还伸到了保险业，但远不如基金市场这么火爆，是待开发的"蓝海"。易宝支付就联合了数家保险公司和 15 家 4S 店推出了一项车险理赔的新模式；2012 年支付宝宣布为快捷支付用户免费投保，如发生资金被盗意外，平安保险给予 100% 赔偿，这是国内第三方支付首次引入保险机制。第三方支付和保险的合作蕴含了无限可能。

结算和基金代销付款是最重要的银行中间业务，扩大业务范围重叠的第三方支付机构和商业银行，对商业银行形成明显的替代效应，从而影响银行的中间收入。第三方支付机构以较低的利率和更方便的直接销售功能，逐步打破基金销售渠道模式的银行代销基金分配。随着第三方支付平台的支付流程的前端，并逐步设计基金，保险和其他私人银行与其他金融服务，第三方支付将使金融业务重组原有的模式，第三方支付机构可能承担更多中间业务的传统银行，小额、分散的业务需要企业高度的灵活性成为主要方向。

11.4.3 开创新的融资方式

第三方支付以开展个人信用支付和企业信用贷款的方式切入融资领域，引领金融系统进入依据用户支付信息进行金融服务的新时代。

越来越多的第三方支付公司开始从支付概念领域进入对风控体系要求更高的金融领域之中，第三方支付企业的金融属性日益显现。支付宝推出的信用支付，实际上相当于消费信贷，即支付宝向用户发行了虚拟信用卡，授信额度从 200 到 5 000 元不等。不同于传统信用卡业务中的抵押模式，支付宝通过对注册时间、网上消费记录、买家信用等级等长期积累的交易信息进行分析，对客户进行信用评级以提供相应的授信额度。

快钱、易宝支付等第三方支付公司则面向中小企业提供不需要抵押资产的信用融资服务。一方面，他们同银行合作，共同推出满足中小企业的贷款产品。第三方支付企业通过信息化的方式将企业的合同量、交易量、资金流等数据进行分析转化为银行认可的信用，并收取服务费；另一方面，第三方支付平台由于对产业链上下游的交易情况有清晰的了解，也会用一部分自有基金或从银行、小贷公司贷款，以"垫付"、"保理"的形势向中小企业提供融资便利。

第三方支付公司提供的融资服务，不需要中小企业提供大量的资金抵押，并且实现跨产业链的资金融合，在缓解中小企业融资难方面发挥了重要作用。

现在看来，支付公司开展融资业务是一个自然而然，水到渠成的过程。这种金融业务的开展是基于精准的客户信息，贯穿着互联网创新精神，与传统金融机构的授信基础全然不同，也正是因为这个原因第三方支付被称为互联网金融的源头。金融业竞争的本质就是信息战争，掌握一切有关资金流动和信用变化的信息，才能找到低风险的机会。第三方支付平台在运营支付业务的过程中，对客户和交易信息进行了积累，将成为其日后向其金融领域渗透的重要基础和利器。第三方支付企业积累的大量行业客户和个人用户的资料和交易行为信息，在数据规模和质量上要优于银行的支付流水以及信用卡还款记录等数据，而且单家企业的数据集中度很高，也可辐射多个行业。通过信息技术对数据加以整合分析，从而评价客户和用户的信用等级，提供信用融资。

为什么京东和支付宝分手，收购网银在线自建支付系统？为什么商业银行纷纷"触电"，建立电商平台？一切都是因为用户规模和交易数据。

股份制银行和国有大银行也都加大了电子商城的开发力度。建行已于2012年推出"善融商务平台"，为客户提供商品批发、零售和支付结算等全面金融服务，希望通过电子商务平台积累大量交易数据，开发不同的金融产品。据悉，工行"支付＋融资"的综合电子商务平台计划于2013年10月中下旬正式上线，将集网上购物、投资理财、网络融资、消费信贷于一体。由此看来，无论建行、工行的电商平台还是先前支付宝推出的余额宝，其最重要的功能就在于增加用户黏性，获得一批忠实的用户，而这些用户不仅在平台上留下了痕迹，提供可分析的数据，同时这些用户也会成为潜在的资金需求者。大型电商机构推出自己的支付平台不仅可以保证数据的真实性，也可深入了解行业客户所在产业链上下游的交易情况，交易对手的信用和商品自身的价值，为供应链金融提供坚实的基础。

第三方支付进行的金融创新，让金融机构意识到传统的信贷审核方法已渐渐退出主导地位，借助信息技术实现远程、非现场的审核是大势所趋；在信贷资源配置上，整个金融行业开始向小微企业和个人消费信用倾斜，突破了曾经的信用贷款难题。

总体来看，第三方支付对金融业的影响是积极的、正面的，推动了金融行业服务质量的上升，提高了资金利用效率，加速了金融业和信息技术的融合。但短期来看，第三方支付对银行业也会有一定冲击，这主要是源于二者部分业务的重叠行。第三方支付平台与商业银行的关系由最初的完全合作逐步转向了竞争与合作并存。支付公司将信息技术与支付清算服务结合，弥补了传统商业银行的支付清算服务在资金处理效率、信息流整合方面的不足。而随着第三方支付公司从结算、融资业务两条线介入银行业的传统领地，倒闭商业银行不断改革现有的服务模式。

但是，第三方支付不会对银行造成致命的威胁，二者还有更多的合作空间。一方面，银行处于增加存款等方面的考虑，会争取第三方支付公司的备付金；同时，支付公司掌握了用户的资金流水，便可以审定一个授信额度，将银行投资对接给商户，支付公司还可以与银行的零售银行部、金融市场部、投行部展开合作，尝试做融资中介类业务，以获取主营业务之外的收益。另一方面，银行是第三方支付公司的资金托管方，也是第三方支付公司的资金来源。毕竟，银行是中国金融体系无可置疑的主角，不管从支付市场的份额来看，还是从融资业务的规模和对象来看，第三方支付对银行的影响也是有限的。

11.5　第三方支付发展趋势

随着第三方支付应用领域的深化和拓展，未来带有金融属性的第三方支付将成为行业发展的一个重要方向，同时具备金融支付实力的企业将拥有良好的市场竞争力和发展潜力。目前在此领域形成较大交易规模的企业主要包括汇付天下、支付宝、快钱、财付通、银联在线、易宝支付等国内第三方支付行业佼佼者。

通过对第三方支付产业发展阶段进行研究发现，随着中国人民银行颁发首批非金融机构支付业务许可证（即第三方支付牌照），中国第三方支付产业正式受到国家法律认可，并纳入中国人民银行的监管体系。这一标志性事件使得2011年成为中国第三方支付产业进入到快速发展阶段，获牌支付企业纷纷加大资金、系统建设和人员储备等方面的投入，积极进行业务扩展，资本市场再次密切关注第三方支付产业，支付企业也开始做IPO的准备。当第三方支付产业进入快速发展阶段以后，由于主流支付业务逐渐走向成熟，这一阶段产业的推动力量不再是单纯的技术和产品驱动，用户需求推动作用明显，从用户需求出发，更好的解决用户的支付问题，提升广大用户的支付便利性和支付效率将成为推动产业发展的重要因素。在这一阶段，第三方支付产业也呈现出业务多元化、缔造差异化核心优势以及产业链延伸等发展趋势。

11.5.1　业务多元化趋势明显

支付牌照获批的支付业务包括互联网支付、电话支付、银行卡收单、预付费卡等6种业务类型。易观研究发现，近两年主要的第三方支付企业，虽然以某一种业务为主营业务，但是纷纷开始布局其他的支付业务，如在线支付企业纷纷布局线下，线下银行卡收单企业开展在线支付服务，各类支付企业积极布局移动支付等。从这些产业动态来看，第三方支付产业逐渐结束了以单一支付类型进行企业类型划分的时代，逐渐步入综合支付的发展阶段。

近两年第三方支付行业之所以出现业务多元化的发展趋势，与市场环境、用户需求两方面有重要关系：

①随着整个支付行业的发展，用户对于各种电子支付方式接受程度的加深，在多屏、全网、跨终端的大背景下，个人用户希望满足各种场景下的支付需求，获得随时、随地、

便捷、安全的支付体验；企业用户同样具有线上、线下支付的需求，为了提升支付效率和交易成本，希望支付企业能为其提供线上、线下综合解决方案；

② 随着支付行业的发展，第三方支付市场的竞争逐渐加剧，支付企业为了提升用户黏性，更好地服务用户，也在积极进行业务扩展，力求为用户提供更加便捷的支付服务的同时，还能够提供增值服务，进一步提升用户增值价值。

第一，布局传统金融理财行业。第三方支付的网上银行主要包括基金、保险（主要是人寿保险和投资连接保险）、信托、银行、投资和融资业务，券商集合理财等互联网支付结算业务。目前国内主流的第三方支付巨头已全部收到基金结算证，有助于突破传统金融产品销售渠道瓶颈，降低运营成本，提高客户的忠诚度和品牌的专业形象，促进传统金融行业业务的规范化；同时也为第三方支付企业拓展新的市场和利润空间，获取稳定的市场份额和市场定位提供了有利条件。

第二，转型 B2B 金融服务提供商。目前，国内的第三方支付企业部分已初步完成个人对个人的支付业务，正逐步将业务范围扩展到企业对企业流动资金管理方面，致力于成为一个提供供应链金融的第三方支付企业。

供应链金融主要包括产业链支付（信用）和供应链保理业务，其业务主要集中在第三方支付应用，具体集中管理资金流和物流的上下游中小企业。

第三，渗透 P2P 与小额贷款资金监管领域。P2P 信贷是指个体之间的个人与个人小额贷款交易，帮助借电商平台建立借贷关系并完成相关交易手续一般需要。关于资金安全普遍受到担心，部分 P2P 信贷平台，通过对合作的第三方支付平台的资格审核，通常需要中国人民银行批准，将资金完全隔离于网站和用户，对资金单独管理并形成封闭的支付环境，从而减少风险。

网络小额贷款是指互联网企业与金融机构以借款人的信用来发放贷款，债务人无须提供抵押品或第三方担保。以阿里巴巴小额贷款公司为例，其提供的贷款不需要抵押，虽然利息比银行高，但是高利息的部分可以随贷随还，按日计息，因此利息总额并不是非常高。同样以支付宝为代表的第三方支付充当了资金监管方，从而在平台商户、网络小贷贷款、第三方支付工具之间形成一个封闭体系，有效防止资金的挪用。

第四，第三方支付企业全力进军金融支付业务。随着当前第三方支付的迅速发展，未来会有更多的第三方支付企业将全力进军金融支付业务，致力于互联网金融理财和企业资金加速。据赛迪顾问相关资料显示，汇付天下、支付宝（含阿里系企业）、快钱依次位列中国第三方金融支付交易规模的前三位，主要包括在线理财、供应链金融服务、P2P 与小额贷款资金监管业务的交易规模。

11.5.2 价格战愈演愈烈，新业务和增值业务是创收关键

随着第三方支付深化产业内竞争程度，简单的支付服务，由于较低的竞争门槛，以及难度较低的副本，使得公司支付的先发优势最多只能维持 3—4 年，最终会演变为纯粹的价格战。目前网上购物、游戏、航空、电信充值等传统支付服务的细分领域的价格战已经

非常激烈。在这样的市场形势面前，第三方支付行业，一方面通过加快新的市场和新的产业开发来抢占先发优势，如跨境支付领域、基金和保险行业等；另一方面创新能力强的支付公司开始寻求在支付服务的基础上建立增值服务，构建竞争壁垒。

11.5.3 移动支付成行业布局重点

在产业发展过程中，新兴技术的出现往往成为推动产业变革的重要因素，有效利用新技术进行产品创新的企业有望改变现有的市场格局，所以在产业发展过程中，各家企业都非常注重新技术的发展和应用，支付行业也不例外。近几年移动互联网和智能终端发展迅速，截止到 2015 年第二季度末，移动互联网用户数已经达到 5.9 亿，预计 2016 年移动互联网网民将超过互联网网民规模。面对移动互联网的快速发展，各种移动应用开发非常活跃，特别是交易类应用的发展如网购、生活服务、移动理财等发展，为移动支付提供了迫切的市场需求。面对这种技术变革和市场变化，主要的支付公司都开始积极布局移动支付市场。从当前各类支付企业在移动支付领域的探索中我们不难发现，主要分为以下几种类型。

第一，以支付宝、财付通、银联为代表的支付企业，依托在个人用户市场的品牌、账户规模等优势积极开发移动客户端产品，实现基于移动互联网的在线支付服务。此外，还探索一些中间件的支付产品，为游戏、购物等企业客户进行在线交易支付服务。

第二，以拉卡拉为代表的支付企业布局手机音频刷卡器刷卡支付，通过银行卡刷卡完成移动支付服务，其中拉卡拉是个人用户使用的远程付款的典型代表。

第三，快钱、易宝等支付企业主要开发企业使用的移动支付解决方案，通过插件或中间件产品解决企业在线交易的支付问题。

第四，三大电信运营商旗下支付公司在移动支付领域除开发远程支付产品外，更多的优势在于探索近场支付产品，通过手机刷卡支付解决大量的小额现金交易和多张银行卡等便利性问题。

11.6 第三方支付风险分析

目前，第三方支付市场主要存在的风险类型包括：金融风险和宏观环境风险。其中，金融风险包括市场风险、信用风险和操作风险。

11.6.1 市场风险

市场风险是指由于市场价格水平波动引起的风险。市场风险经常包含流动性风险。第三方支付的市场风险是指由于第三方支付市场价格水平受第三方市场各因素变化影响而发生波动引起的风险。目前第三方支付的市场风险主要包括：银行拒绝合作的风险、客户流失的风险、潜在进入者的风险、替代品及其他企业竞争的风险、行业内现有企业的竞争风险以及流动性风险。

第一，银行拒绝合作的风险。第三方支付是连接平台与各大银行，为客户提供方便，快捷，低成本的支付平台和工具。在第三方支付的发展中，银行的支持与合作起着至关重要的作用。如果银行不合作，拒绝提供网络接口等一系列配套措施，则第三方支付产业将会遭受致命的打击。

第二，客户流失的风险。第三方支付的客户就是第三方支付平台的用户。第三方支付企业为了扩大市场份额，经历了价格竞争，甚至采取免费策略的阶段。目前，第三方支付企业和客户的议价能力是有限的，客户的忠诚度不高，一旦第三方支付服务失败会导致大量客户资源流失。

第三，潜在进入者的风险。目前，银行和部分有实力的电子商务企业已在开发自己的支付平台。这些企业的介入必然会给第三方支付带来威胁，所以第三方支付企业必须实现自身的创新和支付体系的完善以应付银行及电子商务企业的介入。

第四，替代品及其他企业竞争的风险。2010年年底的一年，新一代银行支付结算系统（即超级网银系统）在中国人民银行牵头下正式启动。该系统具有类似功能的第三方支付服务，可以为企业客户和个人客户提供24小时实时基金转汇款业务、扣除业务和账户查询等业务。另一方面，由于银行和电子商务企业的声誉比第三方支付平台更高，银行和电子商务企业提供直接支付，邮局汇款，现金支付服务将给新兴的第三方支付市场带来激烈的竞争。

第五，行业内现有企业的竞争风险。第三方支付行业内现有服务商较多，已超过400家，且出现严重同质化现象，同质化的产品和服务导致第三方支付行业"价格战"硝烟四起。激烈的竞争给第三方支付企业带来了很大的威胁，挤压第三方支付市场有限盈利空间的同时引发了恶性竞争，对客户服务也造成了一定的影响。

第六，流动性风险。第三方支付的流动性风险是指在负债递减或资产递增的时候第三方支付机构无法及时获得融资而导致资金损失或公司破产的风险。第三方支付的流动性风险主要分为以下三个方面。

首先是资金沉淀风险。第三方支付的网上支付模型将出现在付款方式沉淀资金风险。在对会计监管模式的支付方式，第三方支付机构，通过交易资金暂时保管，起到约束和监督作用，根据目前的规定，这部分交易资金可以在第三方支付机构停留3—7天。此外，随着客户数量的增加，这部分资金和临时存储在第三方支付平台客户端的资金构成一大笔资金沉淀。

一方面，在这样一个庞大的存款资金面前，出于对利益的追求，部分第三方支付机构可能将这部分资金用于风险投资。然而，一旦这部分资金因各种原因及时恢复将是第三方支付带来巨大的流动性风险。

另一方面，这部分的巨额沉淀资金存放在第三方支付平台会产生一笔可观的利息，以支付宝为例，据统计，月降水量在支付宝账户资金至少100亿元，这部分资金存入每天会产生金额高达 9.8 亿元的银行存款利息。然后这部分利益的分配在很大程度上会导致支付风险和道德风险。

其次是虚拟货币发行的风险。目前，一些第三方支付机构发行的虚拟货币，例如腾讯的 Q 币等，这些虚拟货币可以用来购买网上商品，继而经由第三方支付平台和其他渠道进行虚拟货币与实体货币之间的双向兑换，已经具备实体货币的职能。然而，若第三方支付机构用这部分发行虚拟货币的资金来投资有风险的项目，且无法迅速变现的时候，第三方支付机构将会遭受流动性风险。

最后是盈利能力不足的风险。由于目前第三方支付竞争相对较大，而它们的利润空间也相对有限，这就导致了第三方机构盈利能力和资金周转能力不强，这就构成了第三方支付的流动性风险。

11.6.2　信用风险

信用风险是指交易对手不愿或不能履行合同中的风险造成的风险，这通常被称为违约风险。1/3 的客户鉴于支付平台的实力，品牌和声誉，会选择第三方支付平台进行交易，第三方支付机构起着信用中介的作用。虽然在一定程度上，填补了信贷市场的制度缺陷，但同时也增加了信用风险。根据第三方支付市场的主要主体的不同，第三方支付市场的信用风险可以分为双方都违约的信用风险，以及第三方支付机构本身的信用风险。

第一，第三方支付机构本身的信用风险。从上述对沉淀资金风险的描述可知，目前，在第三方支付平台会形成数额巨大的沉淀资金，若在交易过程中，第三方支付机构本身由于擅自将这部分资金用于风险投资而无法履行约定，将会引发第三方支付机构本身的信用风险。

第二，交易对手风险。第三方支付市场的交易对手的风险主要是由于线上支付过程中买卖双方、第三方支付机构及银行各方之间没有完成义务而导致的风险。买方没有履行义务会增加第三方支付机构的运营和征信成本；卖方没有履行义务会导致买方资金、时间成本的损失，也会增加第三方支付机构运营过程中的运营成本和征信成本，使得机构本省的信誉度受损；银行违约会给第三方支付带来流动性风险。

11.6.3　操作风险

由巴塞尔协议的规定可知，操作风险是指由于不完善或者失效的内部流程、人力和系统以及外部事件所引发的风险。这里所指的第三方支付机构的操作风险主要指由于第三方支付机构内部流程不完善、系统失灵、人为错误、操作人员操作不规范、违规、控制失效等给第三方支付机构带来损失的风险。

第一，洗钱风险。目前，客户只需要在第三方支付机构注册和登录虚拟账户，就可以隐藏真实的资金转移状况。因为在这个过程中的支付和结算，可以通过第三方支付机构分为两个相互连接的交易过程，而这两个交易过程在银行系统不发生相互连接，所以银行没有办法掌握这两个交易之间的因果关系,从而为基金提供隐蔽通道的非法转让。另外,第三方支付平台具有简单、快速,无实名登记等违法违规行为,可以为赌博等违法行为提供资金渠道。

2014年2月18日,快钱公司和中国银行的上海分行、盛付通有限公司和工商银行的上海分行、银联电子支付有限公司和建设银行的上海分行、通联支付有限公司和招商银行的上海分行以及东方电子公司和民生银行的上海分行分别签署了有关合作协议,这标志着官方推出了人民币跨境结算业务自贸区。随着跨境人民币业务的开放,将有更多的第三方支付机构开展跨境支付业务。此外,由于一些第三方支付机构并未获得相关的批准或确认,因此在很大程度上对第三方支付机构将按照地下钱庄的形式,变相资本跨境转移。第三方支付机构可以人为地改变资金的流向,不发生实际的跨境资本流动实现跨境两平衡,其次是寻找外国合作伙伴和充足的外汇供给,实现资金人民币跨境转移。因此,在一定程度上,第三方支付机构的生存提供跨境洗钱犯罪,从而增加了洗钱风险。

第二,套现风险。2014年1月,在全国范围内有近600笔超额套现交易发生,涉及十几个第三方支付企业,包括汇付天下有限公司及易票联等。一方面,出现这一现象是由于第三方支付机构很多都急于抓住商户,他们的销售人员对相关企业的资质的认定缺乏充分的识别,这部分第三方支付机构亦没有建立长期的跟踪和监管机制。此外,某些第三方支付机构还出现了将低费率的MCC(商户类别码)发售给高费率行业的客户使用从而抢占市场的现象。

另一方面,第三方支付机构在保障交易安全性之外无法保障交易的真实性,这给很多不法分子提供了套现的渠道,不法分子通过第三方支付平台在线上购买虚拟商品并选择自有信用卡完成支付,根据线上支付流程,第三方支付机构将货款划转至卖家银行卡储蓄账户,卖家再通过储蓄卡取现完成整个信用卡套现过程。根据2006年中国人民银行和银监会《关于预防信用卡风险有关问题的通知》的规定,第三方支付机构给持卡人和商户的提供信用卡套现的行为给第三方支付本身造成了套现风险。

第三,技术风险。第三方支付的技术风险主要集中在网上交易,包括电子信息系统在线交易过程中出现技术故障,因故障而妨碍正常的支付业务,高效、有序地运作,所带来的损失。第三方支付的技术风险由硬件和软件两个方面组成,包括第三方支付平台,网上银行系统和商业业务处理系统的稳定性、安全性和可靠性。

第四,法律风险。目前,与我国第三方支付业务相关的法律主要有银行法、证券法、知识产权法、消费者权益保护法和隐私保护法案,此外还涉及货币银行制度和财务披露等相关规定。目前,针对以上各相关法律法规,第三方支付的法律风险主要体现在两个方面:企业性质不清晰和法律责任模糊。第三方支付机构提供的服务类似于一些商业银行,但这部分业务并没有像银行般通过相应的规制。

另外,由于我国没有对第三方支付服务有明确的法律法规,所以一旦相关纠纷出现,就很难得到法律保护。此外,虽然国家和政府已经意识到第三方支付监管的重要性,但由于第三方支付还是一个新事物,第三方支付机构的资格、监督活动、客户处理的义务、银行应承担责任的相关法律法规尚不完善,独立。一旦新的法律法规出台,将导致第三方支付机构的法律风险。

11.6.4　其他风险

第三方支付市场存在的其他类型的风险主要包括声誉风险和战略风险。

第一，声誉风险。第三方支付的声誉风险是指负面舆论导致第三方支付机构的资金或客户流失的风险。声誉风险会严重影响第三方支付机构客户关系建立和客户服务的能力，也有可能导致第三方支付机构面临诉讼、经济损失及声誉损害。第三方支付业务的声誉风险具有一定的特殊性，主要集中在以下两个方面：一是客户通过第三方支付机构购买网上商品时出现困难，而第三方支付平台无法及时解决相应问题时，会给第三方支付机构带来声誉风险；二是若系统存在重大的安全漏洞，会导致黑客或病毒入侵时无法做出控制，最终导致数据破坏或客户信息泄露等，上述情况的发生会严重影响客户对第三方支付的信心，从而造成信誉风险。事故发生后，可能使大批客户逃离该银行。网上一旦遭到破坏，无论这种破坏的原因来自内部还是外部，都会影响到公众对网上银行的信心。

第二，战略风险。第三方支付的战略风险是指因决策的失误或实施不当而给第三方支付机构收益或资本造成不确定性的风险。战略风险受诸多因素的影响，影响第三方支付的战略因素主要有：第三方支付机构战略目标的一致性、战略目标的实施质量、实现战略目标必须的有形资源、无形资源等。对于第三方支付的线上支付，如果与互联网技术相关的产品、服务等未能得到第三方支付机构相关管理部门的恰当管理，那么互联网技术的应用便会给第三方支付机构带来战略风险。另外，如果战略管理部门不能深刻地理解并利用好互联网技术，也会给第三方支付机构带来战略风险。

11.7　第三方支付风险防范建议

1. 第三方支付平台的法律约束

尽快出台相关的法律法规，明确第三方支付公司的法律地位，进一步规范其业务范围。通过一些措施的出台，进一步明确了第三方网上支付与结算的非银行金融服务属于支付清算组织。发展保护客户的利益和隐私的相关法律，明确客户与第三方支付平台的权利和义务，进一步加强对洗钱，信用卡套现，欺诈和其他网络犯罪法律约束。

2. 改进网上交易税收监控手段

网上交易所具备的交易隐蔽性、快速性以及交易主体的跨地域、全球性等特点，使网上交易税收问题对传统方式税收提出了挑战。在现有的税收制度下，税收按照属地管理原则进行，与网络交易的跨区域的难度将增加税收的主体。因此，网上交易这种新技术，需要用到新的监测手段进行税收研究。第三方支付平台作为网上交易的现金流的入口和出口，是买家和卖家的交易平台，所以它可以被认为是一个突破性的网上交易税的端口。在监管的同时还必须针对第三方支付制定税收法律法规，并惩罚逃税等违法行为。

3. 加强对第三方支付平台的监管

加强第三方支付平台的监管，首先，明确市场准入门槛。由于行业的准入门槛较低，从事第三方支付平台的服务商注册资金规模、资质参差不齐，容易引发风险。其次，加强对第三方支付平台沉淀资金的监管。应规定第三方支付服务商的自有账户与用户沉淀资金的账户相分离。禁止将用户沉淀资金进行放贷、投资或挪作他用，由银行对用户资金账户进行托管。中国工商银行每月将支付宝的托管账户，以及账户资金使用报告进行发布。最后，对第三方支付安全体系的建立。对于第三方支付服务商在银行存入一定金额或比例的交易，一旦第三方出现问题，银行可以立即冻结这部分用于抵御风险的资金，在一定程度上保护广大用户的资金安全，不能因为第三方机构的风险而遭受巨大的损失。

4. 加强内部监督和管理，规范信息披露制度

当前，一些第三方支付公司缺乏健全的内控机制，组织内部没有建立相关的管理规章。一些不成规模的第三方支付公司急于盈利或"抢地盘"，放松了对公司内部的制约与管理，容易造成员工道德风险，如延迟信息传递或泄密等类似现象的出现，使清算组织的信誉受损。而且，除了内部少数人之外，外界很难知道公司的经营状况，信息披露非常不充分。因此，按照产权清晰，权责明确，管理科学的要求，规范内部信息披露制度。通过内部责任分工体系，建立相应的激励和惩罚制度，提高金融系统的独立第三方支付公司的管理水平和绩效。

延伸阅读

2015年7月31日消息，央行发布了《非银行支付机构网络支付业务管理办法》征求意见稿（以下简称意见稿）。在这份意见稿中，央行对第三方支付账户的开立、支付限额、转账等都做出了严格的限制，堪称史上最严。随着意见稿的出台，互联网金融面临严峻挑战。征求意见稿将支付账户首次分为"综合账户"和"消费账户"，综合账户指"支付账户余额可以用于消费、转账以及购买投资理财产品或服务"的账户，消费账户"支付账户余额仅可用于消费以及转账至客户本人同名银行账户"。

意见稿要求综合账户要以面对面的方式核验身份，或者采用5种以上的验证方式进行交叉验证；消费账户需要3种以上的方式进行交叉验证。这也意味着今后如果要使用余额宝等理财产品，必须进行面对面开户，或者采用5个机构证明自己的身份；而如果要网购、发微信红包等，则至少要采用3个以上的机构证明身份。

此外，意见稿也对用户通过第三方支付账户消费的年度金额做出了限制。意见稿规定，个人客户拥有综合类支付账户的，其所有支付账户的余额付款交易年累计应不超过20万元。个人客户仅拥有消费类支付账户的，其所有支付账户的余额付款交易年累计应不超过10万元。超出限额的付款交易应通过客户的银行账户办理。

综合现在国内第三方市场的情况来看，也就是说，未来大部分用户通过第三方支付账户进行网络消费时，每日的累计消费金额总计不能超过 5 000 元，每年则不能超过 20 万元。

意见稿中还规定，支付机构不得为金融机构，以及从事信贷、融资、理财、担保、货币兑换等金融业务的其他机构开立支付账户。业内普遍认为，这份"史上最严"第三方支付管理意见的出台，将对支付宝、财付通、平安、京东金融等为首的互联网金融企业造成巨大影响，这样的第三方支付，将无法从事互联网金融业务。

总结

本章首先介绍了第三方支付的概念，其次说明了第三方支付的特点。随后，介绍了第三方支付的原理、流程、优势以及发展历程和行业现状。接着又从运营模式、主要品牌、对传统金融业的影响、发展趋势以及风险分析与防范等几个方面，着重并具体地描述了第三方支付，使读者对第三方支付有了系统的认识。

关键概念

第三方支付　支付平台　网上支付

习题

1. 第三方支付的概念是什么？
2. 第三方支付的优势是什么？
3. 第三方支付的发展趋势如何？

第12章

互联网金融模式之四：大数据金融

目前，大数据金融处于群雄逐鹿的状态，阿里集团等规模较大的电商率先占据市场有利地位，以积累的交易数据对中小微企业进行信贷服务；其他产业的企业依托其自身的产业数据链条，对产业内部进行整合，进行闭环的数据金融服务；银行依托其强大的资金实力，建立银行电子商务平台，以多种优惠条件吸引店家入驻，升级供应链金融系统，发展中间业务。

大数据金融作为一个综合性的概念，在未来的发展中，企业坐拥数据将不再局限于单一业务，第三方支付、信息化金融机构以及互联网金融门户都将融入大数据金融服务平台中，大数据金融服务将在各家机构各显神通的基础上，实现多元业务的融合。

本章学习目标

1. 了解大数据金融的基本含义；
2. 理解大数据金融的发展趋势。

12.1 大数据金融概况

12.1.1 大数据定义

根据维基百科定义，大数据或称海量数据，指的是所涉及的数据量规模达到无法通过目前主流软件工具，在合理时间内达到截取、管理、处理并整理成为帮助企业实现更积极有效经营决策目的的信息。大数据概念里的"大"，是指数据所具有的量级大以及数据的多样化。但是，需要指出的是，大数据是将数据类型的多样性、数据的价值性以及能够在短时间内让使用者发掘的特性结合起来。因此也就是说，大数据是在海量数据中，能够获取有价值信息的技术。其战略意义不仅是掌握庞大的数据，而更注重于对大数据专业化的处理，通过加工实现数据的增值。大数据从数据向能力的转变，使大数据具有从海量数据中发现规律，对未来投资者、消费者的行为趋势进行预测、融合结构化和非结构化、企业内部和外部数据、实现数据资产化的作用。

大数据最早起源于美国，由思科、威睿、甲骨文、IBM 等公司联合倡议。最早提出"大数据时代已经到来"的是知名的咨询公司麦肯锡关于《大数据，是下一轮创新、竞争和生产力的前沿》的专题研究报告。2012 年美国发布大数据政务白皮书《大数据促发展，机遇与挑战》，EMC、IBM 等跨国 IT 公司纷纷发布大数据产品。美国政府投资 2 亿美元启动"大数据研究和发展计划"，将大数据上升到国家战略层面。大数据成为席卷社会方方面面的技术浪潮。

大数据是一个不断演变的概念，迄今为止，IT技术的发展和数据的积累使得大数据从原来互联网企业管理人员中的专业术语演变成一股社会浪潮，影响了人类社会生活的方方面面，在金融、医疗、旅游、交通、传媒等领域得到重视和应用。

麻省理工学院，密歇根大学和一个家庭主妇创造了一个计算机模型，可用于心脏病患者的心电图数据分析和预测心脏病在下一年发作的概率。过去，医生花30秒观察患者的心电图数据，70%的心脏病患者无法被预测心脏病下一年发作的概率。现在通过机器学习和数据挖掘，该模型可以通过积累数据的分析，发现高风险指数，进而预测心脏病患者在下一年发作心脏病的概率。

在传媒领域，大数据生产出了电视剧——《纸牌屋》，Netflix是电视剧制作人。它不仅是美国最大的商业视频网站，本身就是一个大的数据运营商，其每天收集大量的用户数据，不仅包括人们喜欢看什么样的视频，通过何种设备等，而且包括当你快进、暂停的时候，所看到的整个画面。Netflix还拥有世界上最好的用户推荐系统，正是因为大数据这个武器，Netflix敢于花巨资推出《纸牌屋》。

12.1.2 大数据金融的特点

大数据，不仅有"大"这个特点，除此之外，它还有很多其他特色。在这方面，业界各个厂商都有自己独特的见解，但是总体而言，可以用"4+1"来概括，分别代表了多样化、海量、快速、灵活以及复杂这五个单词。

第一，多样化。大数据一般包括以事务为代表的结构化数据、以网页为代表的半结构化数据和以视频和语音信息为代表的非结构化等多类数据，并且它们的处理和分析方式区别很大。

第二，海量。通过各种智能设备产生了大量的数据，PB级别可谓是常态，笔者接触的一些客户每天处理的数据量都在几十GB、几百GB左右，估计国内大型互联网企业每天的数据量已经接近TB级别。

第三，快速。大数据要求快速处理，因为有些数据存在时效性。比如电商的数据，假如今天数据的分析结果要等到明天才能得到，那么将会使电商很难做出类似补货这样的决策，从而导致这些数据失去了分析的意义。

第四，灵活。在互联网时代，和以往相比，企业的业务需求更新的频率加快了很多，那么相关大数据的分析和处理模型必须快速地适应新的业务需求。

第五，复杂。虽然传统的BI已经很复杂了，但是由于前面四个特点的存在，使得针对大数据的处理和分析更艰巨，并且过去那套基于关系型数据库的BI开始有点不合时宜了，同时也需要根据不同的业务场景，采取不同的处理方式和工具。

12.1.3　大数据金融的发展

大数据的快速发展，使它成为 IT 领域的又一大新兴产业。据中央财经大学中国经济管理研究院博士张永力估算，国外大数据行业约有 1 000 亿美元的市场，而且每年都以 10% 的速度在增长，增速是软件行业的两倍。我国 2012 年大数据市场规模大约 4.7 亿元，2013 年增速将达到 138%，达到 11.2 亿元，产业发展潜力非常巨大。

1. 政府积极介入推动

2009 年，联合国发起的"全球脉动"计划，通过大数据来促进落后地区的发展。2012 年 1 月，世界经济论坛将大数据的影响作为一个重要的问题。美国开放政府数据，关键技术研究及推广应用大数据布局。美国通过 Data.gov 开放 37 万个数据集，以及开放的 API 和源代码，提供数以千计的应用程序数据。除了促进国民政府的数据，美国发起的全球政府开放数据运动，有 41 个国家响应。美国政府还投入 2 亿美元推动大数据核心技术的研究和应用，大数据在同等重要的位置与集成电路、互联网，在国家层面得以推动。

2. 资本市场也对大数据钟爱有加

2012 年 4 月，大数据分析公司 Splunk 高调宣传大数据，引发投资者关注。12 月初，为企业市场提供 Hadoop 解决方案的创业公司 Cloudera 获得 6 500 万美元融资，估值约为 7 亿美元。近期，高盛联席主席斯科特·斯坦福说："投资大数据及其运用回报率最高。"大数据领域的企业并购热度也在上升，在单笔平均并购金额方面，大数据超过云计算位居 IT 领域榜首，在总并购额上也位居第二。

3. 人才需求巨大

据一家国际咨询公司，盖特纳咨询公司预测大数据将为全球带来 440 万个 IT 新岗位和上千万个非 IT 岗位。麦肯锡公司预测美国到 2018 年需要深度数据分析人才 44 万—49 万人，缺口 14 万—19 万人；需要既熟悉本单位需求又了解大数据技术与应用的管理者 150 万人。中国是人才大国，但能理解与应用大数据的创新人才也是稀缺资源。

4. 国内情况

大数据的火爆，也引起了国内学术界、工业界和政府对大数据的热情。自 2011 年以来，中国计算机学会，中国通信学会已成立大数据委员会，科技部《中国云科技发展"十二五"专项规划》和工信部的《物联网"十二五"发展规划》等都把大数据技术作为支持重点，同时发布了工业和信息化部网络"十二五"规划，信息处理技术作为四个重点技术创新项目得以提出，包括海量数据的存储，数据挖掘，智能视频图像分析等。而其他三个重点技术创新项目，包括信息感知技术、信息传输技术、信息安全技术，也与大数据密切相关。

中国三大通信运营商积极推动大数据的应用，取得了良好的进展。阿里巴巴电子商务公司提出先做数据分析平台，通过对交易数据的掌握与数据的自动分析以确定是否给予企业贷款。据报道，截至目前阿里巴巴已经贷款约 300 多亿元，约 0.3% 的坏账率，明显低于商业银行。

目前，我国可以处理大数据的研发公司并不多。北京永洪科技公司在这方面做得很好。永红科技大数据在分布式计算、数据分析等领域拥有核心竞争力，拥有多项发明专利。

大数据的热潮引发了思想启蒙运动，使得"大数据是一种资产，而不是负担"，"以数据说话"的概念逐渐深入人心，改变了过去不重视数据积累，不相信数据分析的误解。这种思维方式的变革，使大数据的应用有了希望。

12.1.4 大数据与金融的融合

当金融遇到大数据会发生什么？金融大数据，是一种全新的跨界融合的力量。在由中国支付清算协会和工信部电信研究院共同举办的"金融大数据应用业务研讨会"上，来自金融产业、电信运营企业、行业组织以及研究院所的嘉宾汇聚一堂，共同探讨金融大数据的应用和发展。当前，大数据和传统金融业正在加快融合发展的步伐，利用先进的大数据分析技术，传统金融业正在展开一系列的业务创新。纵观全球，大数据正在引领传统金融业的变革。

金融业需要大数据。金融业的发展需要大数据技术的支持。马国光在研讨会上指出，金融业和行业人士的实际需要与大数据技术的采用密切相关。这主要体现在三个方面，即金融行为分析需求、风险控制的需求和互联网金融需求。

马国光认为，大数据可以帮助金融业拓展用户行为分析。通过大数据分析技术，金融行业可以掌握用户的信用、金融、消费习惯以及市场预测、资源配置、个性化的服务，为支付创新提供指导；大数据的风险控制也有利于金融业，基于目前传统的风险管理模式已无法适应网络时代发展的现状，其为开放的互联网提供了一个方便的环境，通过大数据建模与分析，可发现金融风险的行为模式，不断完善黑名单和可疑交易监控规则，加强金融风险管理。目前，互联网金融发展迅速，金融数据作为互联网金融的大力支持，不仅带来了金融服务和金融产品的创新和用户体验的改善，也创造了一个新的业务流程和管理模式，使金融服务提供商的组织结构产生了积极的影响。

"数据将在跨界融合中发挥最大价值"，工信部电信研究院副院长刘多认为，"金融和大数据的融合，将促进金融企业和互联网企业形成技术和数据上的互补，双方通过加强数据资源上的合作，将为大数据价值的发挥开辟新的空间"。

"大数据在金融行业的应用非常有必要"，中国电信集团市场部处长王兴刚表示，金融行业拥有对大数据应用的需求。在客户满意度的打造上，大数据的应用有利于优化产品，提供场景服务、精细关怀以提高客户满意度；在价值增长上，大数据可以针对客户群体进行针对性营销，提升业绩，实现价值增长；在风险控制上，大数据有利于实现风险监控，洞察行业及客户特征，多途径、实时对贷款业务进行风险把控；在合规监管上，利用大数据进行合规监管，可以实现对可疑事件提前预警。

大数据将助力金融业务发展。中国银联电子支付研究院助理院长何朔认为，大数据是发掘银行卡产业数据矿藏的首选工具。当前，海量的银行卡中隐藏了大量有价值的数据信息，大数据分析技术有能力将这些价值挖掘出来，推动银行卡业务的未来发展。近年来，银联就借助大数据技术展开了一系列创新实践，如发布银行卡消费信心指数（BCCI），围绕核心客户展开数据挖掘，为用户提供历史交易查询统计等。

12.1.5 大数据金融的优势

在海量的数据资产驱动下，以互联网企业为代表的来自不同行业的企业向传统金融业渗透，并发起冲击。拥有大量用户行为数据的公司，都在通过整合自己掌握的数据力图突破传统金融行业的势力范围。相对来说，大数据金融有着传统金融难以比拟的优势。互联网的迅速发展不仅极大地扩展着企业拥有的数据量，也使得企业更能够贴近客户，了解客户需求，实现非标准化的精准服务，增加客户黏性；企业通过自己的征信系统，实现信用管理的创新，有效降低坏账率，扩大服务范围，增加对小微企业的融资比例，降低了运营成本和服务成本，可以实现规模经济。以下通过两个例子说明大数据金融的优势。

案例导入　淘宝网掘金大数据金融市场

随着国内网购市场的迅速发展，淘宝网等众多网购网站的市场争夺战也进入白热化状态，网络购物网站也开始推出越来越多的特色产品和服务。

1. 余额宝

以余额宝为代表的互联网金融产品在 2013 年刮起一股旋风，截至目前，规模已超 6 000 亿元，用户近 1.5 亿，相比普通的货币基金，余额宝鲜明的特色当属大数据。以基金的申购、赎回预测为例，基于淘宝和支付宝的数据平台，可以及时把握申购、赎回变动信息。另外，利用历史数据的积累可把握客户的行为规律。

2. 淘宝信用贷款

淘宝信用贷款是阿里金融旗下专门针对淘宝卖家进行金融支持的贷款产品。淘宝平台通过以卖家在淘宝网上的网络行为数据做一个综合的授信评分，卖家纯凭信用拿贷款，无须抵押物，无须担保人。由于其非常吻合中小卖家的资金需求，且重视信用，无担保、抵押的门槛，加之其申请流程非常便捷，仅需要线上申请，几分钟内就能获贷，被不少卖家戏称为"史上最轻松的贷款"，也成为淘宝网上众多卖家进行资金周转的重要手段。

3. 阿里小贷

淘宝网的"阿里小贷"更是得益于大数据，它依托阿里巴巴（B2B）、淘宝、支付宝等平台数据，不仅可有效识别和分散风险，提供更有针对性、多样化的服务，而且批量化、流水化的作业使得交易成本大幅下降。

每天海量的交易和数据在阿里的平台上运转，阿里通过对商户最近 100 天的数据分析，就能知道哪些商户可能存在资金问题，此时阿里贷款平台就有可能出马，同潜在的贷款对象进行沟通。

案例解析：正如淘宝信用贷款所体现的那样，这种新型微贷技术不依赖抵押、担保，而是看重企业的信用，同时通过数据的运算来评核企业的信用，这不仅降低了申请贷款的门槛，也极大地简化了申请贷款的流程，使其有了完全在互联网上作业的可能性。

案例导入　Kabbage 用大数据开辟新路径

Kabbage 是一家为网店店主提供营运资金贷款服务的创业公司，总部位于美国亚特兰大，截至目前已经成功融资六千多万美元。Kabbage 的主要目标客户是 eBay、亚马逊、雅虎、Etsy、Shopify、Magento、PayPal 上的美国网商。

Kabbage 与"阿里小贷"的经营模式类似，通过查看网店店主的销售和信用记录、顾客流量、评论以及商品价格和存货等信息，来最终确定是否为他们提供贷款以及贷多少金额，贷款金额上限为 4 万美元。店主可以主动在自己的 Kabbage 账户中添加新的信息，以增加获得贷款的概率。Kabbage 通过支付工具 PayPal 的支付 API 来为网店店主提供资金贷款，这种贷款资金到账的速度相当快，最快十分钟就可以搞定。

Kabbage 用于贷款判断的支撑数据的来源除了网上搜索和查看外，还来自网上商家的自主提供，且提供的数据多少直接影响着最终的贷款情况。同时，Kabbage 也通过与物流公司 UPS、财务管理软件公司 Intuit 合作，扩充数据来源渠道。

目前，使用 Kabbage 贷款服务的网店店主已达近万家，Kabbage 的服务范围目前仅限于美国境内，不过公司打算利用这轮融资将服务拓展至其他国家。

案例解析：基于大数据的商业模式创新过程有两个核心环节：一是数据获取；二是数据的分析利用。在本案例中，Kabbage 与阿里金融的区别在于数据获取方面，前者是从多元化的渠道收集数据，后者则是借助旗下平台的数据积累，其中网上商家可自主提供数据且其数据的多少直接决定着最终的贷款额度与成本，这充分体现出大数据的资产价值，就如同传统的抵押物一样可以换取资金。

12.2　大数据金融运营模式分析

根据企业处于大数据金融服务中的环节及价值的差异，可以将大数据金融分为平台金融和供应链金融两大模式。在平台金融模式中，平台企业对其长期以来积累的大数据通过互联网、云计算等信息化方式对其数据进行专业化的挖掘和分析，通过研究并与传统金融服务相结合，创新性的为平台服务企业开展相关资金融通工作。例如现在大家熟知的阿里金融，以及未来可能进入这一领域的电信运营商等；在供应链金融模式中，核心龙头企业依托自身的产业优势地位，通过其对上下游企业现金流、进销存、合同订单等信息的掌控，依托自己资金平台或者合作金融机构对上下游企业提供金融服务的模式，例如京东金融平台、华胜天成供应链金融模式等。

12.2.1 平台模式

在采用平台模式的企业平台上聚集了大大小小众多商户，企业凭借平台多年的交易数据积累，利用互联网技术，借助平台向企业或个人提供快速便捷的金融服务。平台模式的优势在于，它建立在庞大的数据流量系统的基础之上，对申请金融服务的企业或个人情况十分熟悉，相当于拥有一个详尽的征信系统数据库，能够很大程度解决风险控制的问题，降低企业的坏账率；依托于企业的交易系统，具有稳定、持续的客户源；平台模式有效解决了信息不对称的问题，在高效的 IT 系统之上，将贷款流程流水线化。平台模式的特点在于企业以交易数据为基础对客户的资金状况进行分析，贷款客户多为个人以及难以从银行得到贷款支持的小微企业，贷款无须抵押和担保，能够快速发放贷款，且多为短期贷款。同时，这也使平台模式具有了寡头经济的特点，平台模式中的企业必须在前期进行长时间交易数据的积累，在交易数据的积累过程中完善交易设备和电子设备，以及进行数据分析所需的基础设施积累和人才积累。

说到大数据，典型代表应该是已经在数据海洋中耕耘已久并衍生出金融借贷业务的阿里系。首先从宏观上对阿里系进行分析。阿里系的基础是"三流"：信息流、资金流以及物流。信息流、资金流在这三者中是起到夯实基础的作用，物流则是未来阿里系壮大的必要保证和壁垒。信息流是依托于阿里集团 15 年来平台业务的积累发展而来。资金流，一方面是大家最为熟悉的小额信贷公司，小微贷款能在商家资金、资源运转上助一臂之力，帮助其扩大规模，促进买家增加消费，而这种金融创新将带动商业的蓬勃发展，商业的运转旺盛也会刺激金融的发展；另一方面则是引领"屌丝"理财风潮的余额宝，余额宝的诞生可以说是阿里力求将客户的资金留在阿里生态圈内部，是支付宝功能之外的拓展。从物流层面来说，马云自退休后专注于菜鸟物流，同京东的一日几送、节假日照送的强大的物流体系相比，阿里在物流上的弱势限制了阿里的交易量的增长空间，也直接影响了阿里在信息流、资金流上的积累，同时菜鸟物流的建立将使大幅提高阿里的竞争壁垒，实现阿里生态圈的闭环，在未来将有望对大企业进行融资。目前，阿里集团仍在积极探索"三流合一"：以信息流、资金流、物流来整合一个完整的阿里生态圈，以信息流支撑资金流、物流，以物流、资金流反哺信息流。

12.2.2 供应链金融模式

以京东为代表的供应链金融模式是以电商或行业龙头企业为主导的模式。在海量的交易数据基础上，作为核心企业，或以信息提供方的身份或以担保方的方式，通过和银行等机构合作，对产业链条中的上下游进行融资的模式。在此合作模式中，京东等龙头企业起到的对信息进行确认审核、担保或提供信息的作用，并没有实质上对用户提供资金的融通，这一职责仍旧由银行或别的资金供给方担任。笔者之所以将这一模式确定为电商或行业龙头企业为主导的模式，在于其能够为银行提供流量、数据或信息，而由于银行竞争的同质性，在这一模式中银行成为"附庸"。

供应链金融是供应链管理的参与者（核心企业）作为组织者，对供应链金融资源进行整合，为供应链的其他参与方的资金提供渠道的一种融资方式，能够通过整合资金、资源、物流等活动提高整个供应链的资金运用效率。供应链金融的具体产品，包括第三方金融机构对供应商的信贷产品和购买商的信贷产品。供应链金融作为一种创新产品，有极大的社会和经济价值，一方面，可以满足企业的短期资金需求，促进整条产业链的协调发展；另一方面，通过引入核心企业能够对资金需求企业以及产业链进行风险评估，可以扩大市场服务范围。以电商企业为代表的互联网巨头利用供应链金融模式，可以有效解决传统供应链金融发展过程中的一系列问题，增加对中小企业的关注度及实际服务效果。

京东的供应链金融是京东对供应商、银行的双向深度绑定，从供应商的角度来看，这主要是由于金融借贷需要信用凭证，其往往和支付、物流等供应链环节紧密对接，通过供应商在支付、物流上的数据和凭证进行抵押担保。

那么京东供应链金融的运营模式究竟是怎样的呢？

总体来说，京东向其供应商提供收账款融资、订单融资、供应商委托贷款融资、应收账款资产包计划等服务，解决供应商传统担保不足情况下的融资需求。供应商无须在银行拥有授信额度即可获得融资，降低融资门槛；利用委托贷款，可加速资金周转，提高资金使用率，增加业务利润。贷款来源为15家银行提供的100亿元授信额度，京东提供交易数据，进行贷款申请的审核，向银行提交申请。京东面向企业还推出小额信用贷款、流水贷款、联保贷款、票据兑现、应收账款融资、境内外保理业务等金融服务；面向个人推出保险、理财、黄金、信用交易等金融服务未来构想。然而京东并非首家运用供应链金融模式的电子商务企业，敦煌网和慧聪网等企业均早于京东推出了这项业务。

笔者认为，无论采用上述哪种运营模式，大数据分析的能力和数据来源的合法性、持续性能力对于企业来说必不可少。企业应根据自身发展特点选择自身适合的模式。

12.3 大数据金融的发展趋势

12.3.1 电商金融化，实现信息流和金融流的融合

电商金融化是电商企业在电子商务平台的长期发展中，数据积累和信用记录运用的必然趋势，是商业信用对接银行信用的表现。电商以网购起家，通过数据、流量获得销售，再通过销售积累数据、流量，聚集黏性，数据的结构化和层次化明显，对信息流的反应敏锐。

电商金融化的发展目前可以分为两个阶段，第一阶段为电商完成第三方支付，是对传统的银行所具有的支付和信用功能的创新和替代；第二阶段为电商羽翼渐丰后，开始寻求同银行的信贷合作，代表例子为京东商城的供应链金融模式。早在2007年，阿里巴巴展

开同工行、建行的合作，进行小额信贷的新尝试，但是由于信用审核、风控理念之间的差异等一些原因，双方最终分道扬镳。如今电商金融化可以说并未发展完善到下一阶段，但是发展方向出现了不同：一方是以阿里巴巴为代表的金融平台，在获取银行牌照之前，以资产证券化、信托计划等方式筹集资金；另一方是以苏宁云商为代表的金融平台，直指民营银行牌照，希望在成立银行后，将信息流和资金流收归己用。从本质上来说，二者殊途同归，都是在掌握商品流、信息流的情况下，高效、低成本的获得资金流，从而建立自身完整生态圈，对生态圈内商户提供一条龙服务，提高商户黏性，提升竞争对手进入壁垒，期待在激烈的互联网金融竞争时代拥有一席之地。

12.3.2　金融机构积极搭建数据平台，强化用户体验

在电商跨界金融的冲击波之下，以银行为代表的金融机构并没有坐以待毙，银行借道电商，打响反击战。银行步入电商领域的成绩以及基因融合是否良好暂且不论，单从数据拥有量来说，大型商业银行的数据均在大数据级别，尤其在金融数据方面有着电商无法比拟的优势。

自 2012 年开始，多家银行，如建行、交行、工行等都积极部署自己的电商平台，期待在留住老客户及扩展客户数量数据同时，使客户数据立体化，并利用立体数据进行差异化服务，了解客户消费习惯，预测客户行为，进行管理交易、信贷风险和合规方面的风险控制。如表 12-1 所示。

表 12-1　银行在电商领域的布局情况

分　　类	银行名称	事　　件
推出网上商城	建设银行	2012 年，推出名为"善融商务"的网上商城，提供可大额分期付款的综合网上购物及租买房中介信息
	交通银行	2012 年，推出名为"交博汇"的网上商城，提供可大额分期付款的综合网上购物及租买房中介信息
	中国银行	2013 年推出名为"银通商城"的网上商城，提供可大额分期付款的综合网上购物及租买房中介信息
在已有电商平台推出银行旗舰店	交通银行	2012 年，与阿里巴巴共同推出"交通银行淘宝旗舰店"定位于一个没有实体店的大型综合性银行网点，有专业银行客户经理为客户提供一揽子的金融服务
推出基于电商的银行卡	中国银行	2013 年，与京东商城合作推出中银京东商城信用卡，除人民币结算，存款有息，存贷一体等一般银行卡业务之外，申请即可成为京东金牌会员

数据管理和运用成为银行业面临的比数据收集更严峻和迫切的课题。各商业银行已经在此方面有所动作。中国民生银行计划在 2013 年建设数据标准和大数据基础平台，2014 年建设实时的数据集成平台，2015 年建立完备的企业数据服务，支持智能化的服务；中国交通银行则采用智能语音云产品对信用卡中心每天收集的海量语音数据进行分析处理，收集关于客户的身份、偏好、服务质量以及市场动态等方面的信息等。

12.3.3 大数据金融实现大数据产业链分工

毋庸置疑，大数据对时代的改变将越来越深刻。无论是 IBM、CISCO 这样的老牌 IT 公司，还是专注于大数据的"IT 新秀"都可以在短短的几年之内按照信息处理环节分为数据采集、数据清理、数据存储及管理、数据分析、数据显化以及产业应用。

在数据采集中，Google、CISCO 这些传统的 IT 公司早已经开始部署数据收集的工作。在中国，淘宝、腾讯、百度等公司已经收集并存储大量的用户习惯及用户消费行为数据。在未来，会有更为专业的数据收集公司针对各行业的特定需求，专门设计行业数据收集系统。

在数理清理中，当大量庞杂无序的数据收集之后，如何将有用的数据筛选出来，完成数据的清理工作并传递到下一环节，是十分关键的。除了 Intel 等老牌 IT 企业外，Informatica、Teradata 等专业的数据处理公司呈现了更大的活力。在中国，华傲数据等类似厂商也开始不断涌现。

数据的存储、管理是数据处理的两个细分环节。这两个细分环节之间的关系极为紧密。数据管理的方式决定了数据的存储格式，而数据如何存储又限制了数据分析的深度和广度。由于相关性极高，通常由一个厂商统筹设计这两个细分将更为有效。从厂商占位角度来分析，IBM、Oracle 等老牌的数据存储提供商有明显的既有优势，其在原有的存储业务之上进行相应的深度拓展，轻松占据了较大的市场份额。而 Apache Software Foundation 等新生公司，以开源的战略汇集了行业专精的智慧，成为大数据发展的领军企业。

在数据分析方面，传统的数据处理公司 SAS 及 SPSS 在数据分析方面有明显的优势。然而，基于开源软件基础构架 Hadoop 的数据分析公司最近几年呈现爆发性增长。例如，成立于 2008 年的 Cloudera 公司，帮助企业管理和分析基于开源 Hadoop 产品的数据。由于能够帮助客户完成定制化的数据分析需求，Cloudera 拥有了大批的知名企业用户，如 Expedia，摩根大通等公司，仅仅五年，其市值估计达到 7 亿美元。

在数据的解读方面，可将大数据分析的数据层面的结果还原为具体的行业问题。SAP、SAS 等数据分析公司在其已有的业务之上加入行业知识使其成为此环节竞争的佼佼者。同时，因大数据的发展应运而生的 wibidata 等专业的数据还原公司也开始蓬勃发展。

在数据的显化这一环节中，大数据真正开始帮助管理实践，通过分析得到的数据，结合行业实际发展，可以改变行业现状。

数据是企业最重要的资产，而且随着数据产业的发展，将会变得更有价值。但封闭的数据环境会阻碍数据价值的实现，对企业应用和研究发现来讲也是如此，因此我们需要合理的机制在保护数据安全的情况下开放数据，使数据得到充分利用。笔者认为，在大数据的未来发展中，建立数据交易平台，在相关法律法规允许的情况下，数据能够在统一的平台上进行搜索比价和交易，这不仅是企业在主营业务外的数据增值行为，也为解决封闭数据、数据割裂提供了有效的解决方法，实现了有关机构之间的协同合作，更为符合"数据即是资产"的精神。

12.4 大数据金融对金融业发展的影响

正在来临的大数据时代,金融机构之间的竞争将在网络信息平台上全面展开,说到底就是"数据为王"。谁掌握了数据,谁就拥有风险定价能力,谁就可以获得高额的风险收益,最终赢得竞争优势。

中国金融业正在步入大数据时代的初级阶段。经过多年的发展与积累,目前国内金融机构的数据量已经达到 100TB 以上级别,并且非结构化数据量正在以更快的速度增长。在大数据的应用中,金融机构具有天然的优势:一方面,在业务发展过程中,金融企业已经积累了大量数据,包括客户身份、资产、负债和资金交易等高价值的数据,以及通过专业数据挖掘和分析使用后的数据,这会产生巨大的商业价值;另一方面,与预算比较充足的金融机构可以实现大数据吸引高端人才,也有采用最新的大数据技术的能力。

总体来看,正在兴起的大数据技术将与金融业务呈现快速融合的趋势,给未来金融业的发展带来重要机遇。

首先,大数据推动金融机构的战略转型。在宏观经济结构调整和利率逐步市场化的大环境下,国内金融机构受金融脱媒影响日趋明显,表现为核心负债流失、盈利空间收窄、业务定位亟待调整。企业转型的关键在于创新,但目前国内金融机构的创新往往是减少监管套利,而不能基于挖掘客户的内在需求,提供更有价值的服务。而大数据技术正是挖掘现有数据的金融机构,找准市场定位,摆脱资源配置方向,促进企业创新的重要工具。

其次,大数据技术能够降低金融机构的管理和运行成本。通过大数据的应用和分析,金融机构能够准确定位内部管理的缺陷,制定改进措施,结合自身特点的管理模式实施,从而降低运营管理成本。此外,大数据也提供了一个新的传播渠道和营销工具,可以更好地了解客户的消费习惯和行为特征,及时准确地把握市场的结果。

最后,大数据技术有助于降低信息不对称程度,增强风险控制能力。金融机构可以摒弃原来过度依靠客户提供财务报表获取信息的业务方式,转而对其资产价格、账务流水、相关业务活动等流动性数据进行动态和全程的监控分析,从而有效提升客户信息透明度。目前,花旗、富国、UBS 等银行已经能够基于大数据,整合客户的资产负债、交易支付、流动性状况、纳税和信用记录等,对客户行为进行 360 度评价,计算动态违约概率和损失率,提高贷款决策的可靠性。

当然,也必须看到,金融机构在与大数据技术融合的过程中也面临诸多挑战和风险。

一是大数据技术应用可能导致金融业竞争版图的重构。信息技术的进步,金融业的对外开放和监管政策的变化,客观上降低了行业准入门槛,非金融机构更多的削减金融服务链,并利用自身的技术优势和监管盲区的一个地方,比如阿里巴巴和腾讯。传统金融机构局限于原有的组织结构和管理模式,不能充分发挥自己的潜力,但可能在竞争中处于劣势。

二是大数据的基础设施和安全管理亟待加强。在大数据时代,除了传统的会计报表,金融机构也增加了图片、音频和其他非结构化数据，传统的方法已经不能满足数据管理的需求，软件和硬件基础设施建设亟待加强。同时，对金融大数据的安全问题日益突出，一旦处理不当，它可能会遭受毁灭性的损失。近年来，国内金融企业已经增加了数据安全方面的投资，但业务链拉长，云计算模式的普及，进一步提高了数据的潜在风险。

三是大数据的技术选择存在决策风险。当前，大数据还处于运行模式的探索和成长期，分析型数据库相对于传统的事务型数据库尚不成熟，对于大数据的分析处理仍缺乏高延展性支持，而且它主要仍是面向结构化数据，缺乏对非结构化数据的处理能力。在这种情况下，金融企业相关的技术决策有选择错误的风险。大数据是一个总的趋势，但过早的大量投入，选择了不适合自己的实用的软件和硬件，或过于保守和不作为，有可能对金融机构的发展带来不利的影响。

尽管大数据在金融企业的应用刚刚起步，目前影响还比较小，但从发展趋势看，应充分认识大数据带来的深远影响。在制定发展战略时，董事会和管理层不仅要考虑规模、资本、网点、人员、客户等传统要素，还要更加重视对大数据的占有和使用能力，以及互联网、移动通信、电子渠道等方面的研发能力；要在发展战略中引入和践行大数据的理念和方法，推动决策从"经验依赖"型向"数据依靠"型转化；要保证对大数据的资源投入，把渠道整合、信息网络化、数据挖掘等作为向客户提供金融服务和创新产品的重要基础。

第一，推进金融服务与社交网络的融合。中国的金融企业大数据开发平台，必须打破传统数据源边界，关注互联网，社交媒体和其他新的数据源，通过各种渠道获得尽可能多的客户及市场信息。首先，我们应该结合新的客户接触渠道，充分发挥社会网络的作用，加强对客户的了解和互动，建立良好的品牌形象。其次是对新媒体客户服务发展的重视，利用论坛、微博、微信等网络工具将其服务渠道与手机创建一个并行服务。再次是积累企业内部数据和外部的社会数据，获得更完整的客户视图，实现更高效的客户关系管理。再次是创新和精准营销，利用社交网络数据和移动数据等进行宣传。最后是对舆情监测的新媒体渠道的重视，有效地事前处理事件的爆发风险，使声誉风险降至最低。

第二，处理好与数据服务商的竞争、合作关系。目前，主要的业务平台，每天都有大量的交易，但这些交易的支付结算大多被第三方支付机构垄断，传统金融企业在支付链的末端。因此，金融机构可以考虑建立数据平台，将核心的话语权掌握在自己的手中。另一方面也可以与电信、电商、社交网络和其他大数据平台开展战略合作，进行数据的交换和信息共享，全面整合企业信息，将金融服务与移动网络、电子商务和社交网络进行整合。从专业分工的角度来看，金融机构和服务提供商进行战略合作是比较现实的选择；如果自己经营，没有专业的优势，不仅费时费力，还可能丧失市场机会。

第三，增强大数据的核心处理能力。首先是强化大数据的整合能力。这不仅包括金融企业内部的数据整合，更重要的是与大数据链条上其他外部数据的整合。目前，来自各行业、各渠道的数据标准存在差异，要尽快统一标准与格式，以便进行规范化的数据融合，形成完整的客户视图。同时，针对大数据所带来的海量数据要求，还要对传统的数据仓库技术，特别是数据传输方式 ETL（提取、转换和加载）进行流程再造。其次是增强数据挖掘与分析能力，要利用大数据专业工具，建立业务逻辑模型，将大量非结构化数据转化成决策支持信息。最后是加强对大数据分析结论的解读和应用能力，关键是要打造一支复合型的大数据专业团队，他们不仅要掌握数理建模和数据挖掘的技术，还要具备良好的业务理解力，并能与内部业务条线进行充分地沟通合作。

第四，加大金融创新力度，设立大数据实验室。我们可以建立金融企业大数据创新实验室，统筹人才和资源方面的业务，包括管理、科学和技术、统计等，并建立专门的行政制度和激励机制。实验室统一负责大数据计划的制订，进行实验、评价，促进升级。在各大数据解决方案实施前，实验室应在单元测试之前，通过压力测试、回归测试。并对需要测试项目的收益和风险进行综合评价的数据支持。实验室的另一个任务是分析大数据，并不断优化模型算法，突破传统的美国 FICO 评分模式。针对非结构化数据的特点，依靠云计算和大量的分析工具，使得具有自学习功能的非线性模型得以快速发展。市场中的许多新技术，如蜂房或 MapReduce，如谷歌 Hadoop 框架，有较强的综合分析，它可以促进大数据价值资产的转换。

第五，加强风险管控，确保大数据安全。大数据能够在很大程度上缓解信息不对称问题，为金融企业风险管理提供更有效的手段，但如果管理不善，"大数据"本身也可能演化成"大风险"。大数据的应用改变了数据安全风险的特点，它不仅需要新的管理方法，也要将其纳入全面风险管理体系，进行统一的监测和控制。为了确保大数据的安全，金融机构必须抓住三个关键环节：一是协调大数据链条中的所有机构，共同推动数据安全标准，加强产业自我监督和技术分享；二是加强与监管机构合作交流，借助监管服务的力量，提升自身的大数据安全水准；三是主动与客户在数据安全和数据使用方面加强沟通，提升客户的数据安全意识，形成大数据风险管理的合力效应。

12.5　大数据金融的风险分析

大数据对于很多企业来说，并不都意味着机遇或者商业上的无限潜力，在其未能很好地了解大数据、管理大数据之前，大数据就如同"白雪公主的苹果"，只是看起来很美，实际上也意味着巨大的风险存在。对于像阿里这样已经在大数据服务平台操作上有了成功实践的企业，也必须关注大数据的风险，否则极有可能将到手的市场份额拱手让人。接下来将从技术风险、操作性风险以及法律风险三个方面来对大数据金融当中存在的风险进行全面的梳理与分析，并针对性提出防范建议。

12.5.1　技术风险

尽管大数据的产生多半是因为企业发展及数据产生的种类多元化这个"大环境"所致，

但是面对这些快速增长的大数据所暴露出的问题还是让企业管理者们不安。到底该如何管理这些大数据？如何进行安全有效的保护？出现问题时怎样进行恢复？这些都是企业需要解决的管理难题。

一个企业的数据信息决定着企业的生死存亡。但是今天，数据量的持续增长增加了备份和恢复的时间，企业面临着严重的合规和宕机风险，数据备份却越来越困难。用户数据量越来越大，备份时间窗口那么小，设备是有限的，怎样快速把大数据中的核心数据抽取出来，保障企业数据信息能够适时进行恢复，已成为企业管理大数据中必须考虑的问题。同时，在数据管理时如何能够更加节省空间、人力、电力也是必须考虑的问题。近几年企业在采购存储设备时，会发现存储硬件的成本在逐年下降。现在不管是传统的机械硬盘还是 SSD（固态硬盘）都开始降价，在价格更低的同时容量却更高了。但是，对于很多企业来说，整体的存储成本却不降反升，这主要是由于企业数据量猛增需要大量的人力、物力进行维护，使得数据储存的管理成本逐年上升。

12.5.2 操作性风险

1. 信息安全风险

随着虚拟网络的迅速发展，在线交易、在线对话、在线互动越来越多，社交网络、智能终端已经是人们生活中不可或缺的一部分。数据量的激增以及社会各个领域对大数据重要性的认识提升，使数据安全问题成为我们不得不关注的重要议题。

与以往一次性数据泄露或者黑客攻击事件相比，现在数据一旦泄露，对整个企业来说，不仅会导致声誉受损与巨大的经济损失，严重的还要承担法律责任。从数据的存储装备来说，数据的搜集、存储、访问、传输必不可少的需要借助移动设备，所以大数据时代的来临也带动了移动设备的猛增。随之而来的是 BYOD（bring your own device）风潮的兴起，越来越多的员工带自己的移动设备进行办公。虽然这的确为人们的工作和生活带来了便利，同时降低了企业的办公成本，但也给企业带来了更大的安全隐患。

大数据的信息安全问题也是数据的拥有者、使用者之间的平衡关系，以及数据的所有权和使用权之间的平衡关系。大数据时代强调全社会信息资源的开放分享和开发利用，而个人信息涉及个人隐私，但又具有社会经济价值，其信息保护的边界将面临调整。所以当前的核心问题是：大数据时代的个人数据信息应当属于谁？谁有权利用这些数据进行分析？个人是否可以对信息开发利用的程度予以选择？这些问题的答案都将对个人信息安全保护的主体、范围及手段等产生重大影响。在大数据时代，我们应当建立一个不同于以往的信息保护模式。这种模式应当着重于数据的使用者为其行为承担相应的责任，而不是将重点放在数据最初的获得以及征求个人同意上。未来的隐私保护应当区别用途，在保证不损害个人正当权益的前提下正当、合理地使用相关信息。

2. 数据分析风险

大数据平台的模式是依托于从前在交易中积累的海量数据进行的对用户的行为习惯、思维方式的总结，进而对其可能发生的行为的一个判断。也就是说，大数据分析方法依赖于大数据"过去决定未来"的特点。这一前提在大部分情况下都是成立的,但如果遇到需要突破性创新的情况就会暴露出弱点。企业通过分析用户的数据进行战略布局,金融机构通过分析数据进行风险的防范(对冲),一旦没能抓住转折点,将造成很大的经济损失。

而这种情况造成的原因不仅仅是数据依托于过去的分析基础,还在于数据封闭的问题。大数据分析是希望通过网络中虚拟的信息将个人实体化,对每个人从职业、喜好、人脉等方面进行全方位的解读。例如在电商平台上,对用户进行信用审核后进行贷款,这种数据审核的背后是希望通过数据了解企业的真实情况,通过了解雇用职工数目估算企业真实营业收入,了解企业的还款能力。在数据封闭的情况下,电商企业不能够接触到平台用户以外的客户群,也难以了解在平台之外用户的数据;经营社交网络的企业,如新浪等占有用户的大量非结构性数据,对于用户的交易数据了解甚少。二者的融合既是解决预测风险的方法,也是大数据服务平台的发展趋势。

12.5.3 法律风险

在大数据金融服务平台中,会涉及数据的采集、处理以及应用,也会涉及拥有大数据的企业跨界金融与金融监管的问题。在数据的采集、处理和应用的过程中,向客户提供金融服务的商业企业积累了大量客户的个人信息,隐藏的商业价值也被逐渐发现和利用。在利益的驱使下,越来越多的机构或个人采取种种手段获取他人信息,加之部分企业保护意识和保护能力不强,导致近年来对个人信息的侵权行为时有发生,已引起了社会的广泛关注。造成此种侵权行为发生的一个重要原因是,目前我国尚无一部专门的法律对个人信息数据特别是个人金融信息的收集、使用、披露等行为进行规范,立法散乱,呈零星、分散状态,不成体系,目前主要通过宪法和相关法律法规对个人信息进行间接保护。我国现行的关于个人信息安全保护的法律法规都过于原则化、抽象化,缺乏实际可操作性,并存在规制范围狭窄、公民举证困难等不足。

另外,大数据企业跨界金融,政府本着金融创新、加快金融改革的理念,对此在态度上表示支持,但是金融监管机构尚无明确的法律法规以及规章制度给予规范。而且大数据企业和金融机构从基因上的不同,使得二者的商业规范,运营模式都存在差异,这就要求大数据企业必须在认真学习传统金融机构的监管政策的同时,也积极关注政府出台的新的监管措施,对业务进行调整,不踩法律红线,不打法律擦边球。

12.5.4 大数据金融风险防范建议

1. 加快立法进程,加强行业自律

目前我国对个人信息安全保护的监管由公安部、工业与信息化部等部门管理,多头监管难免会导致监管不严或监管漏洞。对此,我们应明确监管机构与各部门之间的职责,只有权力分界清晰才能保证监管没有漏洞。从加强行业自律来看,要认识到行业自律机制是个人信息安全保护制度中不可缺少的一个环节。

2. 实现数据隐私保护和数据隐私应用之间的平衡

实现用户隐私和商业应用之间的平衡，从监管主体来说，必须制定专门应用于大数据用户隐私方面的法规，体现出监管主体对其的重视性和操作的规范性。从监管客体上来说，大数据企业对数据应用时，必须以保护用户隐私为基础对数据进行商业应用。

3. 数据资源的整合和分工专业化

将不同的行业数据整合起来，提供全方位立体的数据绘图，力图从系统的角度了解并重塑用户需求。但是，由于交叉行业数据共享需要平衡太多企业的利益关系，如果没有中立的第三方机构出面，协调所有参与企业之间的关系、制定数据共性及应用的规则，将大大限制大数据的用武之地。权威第三方中立机构的缺乏将制约大数据发挥出其最大的潜力。

4. 强化数据挖掘

数据挖掘是一种新的商业信息处理技术，主要特点是对大量数据进行抽取、转换、分析和模型化处理，从中提取出有助于商业决策的关键性数据。数据挖掘在风险管理和客户管理方面都有重要应用。在风险管理方面，可通过构建信用评级模型，评估贷款人或信用卡申请人的风险。

目前，银行业已逐步走向个性化服务和科学决策阶段，数据挖掘具有强大的信息处理和分析能力，可以为银行提供科学的决策依据和技术支持。

总结

本章首先介绍了大数据金融的概念，其次说明了大数据金融的特点。随后，介绍了大数据金融的发展、大数据与金融的融合现状。接着又从运营模式、对传统金融业的影响、发展趋势以及风险分析与防范等几个方面，具体地描述了大数据金融，使读者对大数据金融有了系统的认识。

关键概念

大数据　大数据金融

习题

1. 大数据金融的概念是什么？
2. 大数据金融对传统金融的影响是什么？
3. 大数据金融的风险来源是什么？

第13章

互联网金融模式之五：信息化金融机构

金融信息化是金融业发展趋势之一,而信息化金融机构则是金融创新的产物。目前金融行业正处于一个由金融机构信息化向信息化金融机构转变的阶段。信息化金融机构,是指在互联网金融时代,通过广泛运用以互联网为代表的信息技术,对传统运营流程、服务产品进行改造或重构,实现经营、管理全面信息化的银行、证券和保险等金融机构。目前,银行、证券和保险在我国的信息化进程都未进入成熟阶段,因此通过对比国际案例对本章进行学习,更有助于对我国金融机构信息化的了解与把握。

> **本章学习目标**
>
> 1. 了解信息化金融机构的概念;
> 2. 通过对比国外案例加深对我国信息化金融机构的了解。

13.1 信息化金融机构概况

13.1.1 信息化金融机构定义

金融信息化是金融业发展趋势之一,而信息化金融机构则是金融创新的产物。目前金融行业正处于一个由金融机构信息化向信息化金融机构转变的阶段。

信息化金融机构,是指在互联网金融时代,通过广泛运用以互联网为代表的信息技术,对传统运营流程、服务产品进行改造或重构,实现经营、管理全面信息化的银行、证券和保险等金融机构。

13.1.2 信息化金融机构的影响

相较于传统金融机构,信息化金融机构对金融业产生了很大影响。

第一,对于金融机构本身,传统金融机构以互联网技术为基础,进行基础性信息化建设,对传统运营流程、服务产品进行改造或重构,通过完整的IT建设将机构内部各管理系统全部整合到一个系统管理平台,实现各系统的互联互通,使工作效率大大提高。

第二,信息化使金融机构的核心竞争力的评价标准发生改变。对于传统金融机构来说,其核心竞争力在于机构本身的规模优势,包括机构的实体网点数目、资金实力、人才优势等因素。而在信息化时代,金融机构将更加注重信息化技术层面上的金融产品创新和业务创新,通过信息化手段充分挖掘客户信息,提升金融机构的全面性。

第三,信息化带来了盈利点和商业模式的转变。传统的金融产品和服务已经不能再满足金融机构对于盈利的追求，传统金融机构借助信息化推出了一系列新型产品，并从产品销售角色转而将自身打造成某种媒介的角色。这种新的改变能够为金融机构带来更多创新性的机遇和更为广阔的市场，同时也优化了其投资环境。

第四，信息化带来的金融创新提高了金融市场资金的运用效率，使得混业经营趋势更加明显。金融业混业经营是指银行、证券公司、保险公司、信托公司等金融机构在业务上相互融合、渗透与交叉。通过混业经营，可以更好实现包括客户资源、硬件资源和人力资源的共享及整合，同时可以精简人员，削减物理网点，降低经营成本，提高经营效率来增强竞争力。

第五，信息化为中小金融机构带来了巨大机会。虽然相对于大型金融机构，中小金融机构缺乏资金和人才，但是中小机构没有大型机构烦琐的流程，往往更加灵活、简化。这使得中小金融机构可以通过推出个性化创新金融产品，有机会占领大型金融机构还尚未涉足的市场。

13.2 信息化金融机构之银行业

13.2.1 银行业信息化现状

第一，传统支付正在被新型支付所代替，以支付宝为代表的第三方支付正在改变用户的支付方式，银行的传统支付结算服务因此受到巨大冲击。互联网支付业务从2007年起，保持高速增长模式，交易规模逐年攀升。2011年之后，有所放缓。增长情况如图13-1所示。

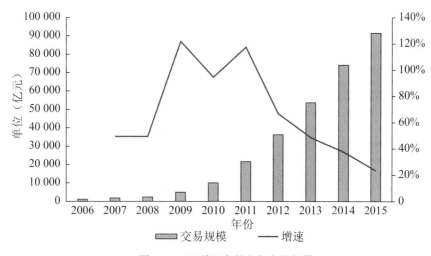

图 13-1　互联网支付业务交易规模

资料来源：2015年中国第三方互联网支付年度报告，艾瑞咨询

第二，传统银行的贷款服务一直无法解决中小微企业的贷款问题，而以阿里小贷为代表的网络贷款服务提供了一条新的解决思路。无抵押、快捷支付等特点使得该服务快速增长，该服务正在走向成熟。

第三，以人人贷为代表的 P2P 信贷模式试图打破银行间接融资在融资方面的垄断，通过直接融资的模式实现了小额存贷款的重新分配，提供了资金的使用效率。这类信贷平台家数不断增长，成交额与贷款余额在近两年增长迅猛。如图 13-2 所示。

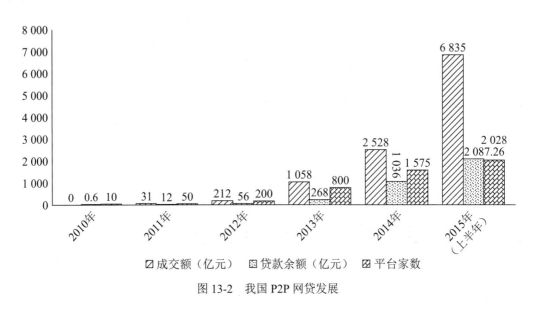

图 13-2 我国 P2P 网贷发展

资料来源：2015年中国网络借贷行业半年报，网贷之家

13.2.2 银行业信息化的存在模式

银行的信息化大致可以分为三个阶段：第一个阶段是银行业务信息化，银行开始采用信息技术代替手工操作，实现银行后台业务和前台兑换业务处理的自动化。第二个阶段是经营管理电子化，信息技术的快速发展使成本大幅下降，为银行广泛信息化提供了条件。第三个阶段是银行再造，即虚拟网络银行。人们普遍将美国安全第一网上银行（SFNB）作为网络银行的诞生标志。如表 13-1 所示。

表 13-1 信息技术与商业银行创新

时间	创新主题	相关技术
20 世纪 50 年代	信用卡	磁条
20 世纪 60 年代	自动转账	电话
	支票处理机	磁记录
	ATM 机	机电一体化技术

续表

时间	创新主题	相关技术
20世纪70年代	POS机	计算机和通信
	信用打分模型	数据库技术
	CHIPS	通信
	自动付款技术	通信、微机
	SWIFT系统	通信
20世纪80年代	衍生产品	高速运算计算机和信息通信技术
	家庭银行	计算机和信息通信技术
	企业银行	计算机和信息通信技术
	EDI	通信、安全控制
20世纪90年代	客户关系管理	数据库技术
	信用打分模型	数据库技术
	网络银行	信息通信技术和互联网

资料来源：姜建清. 金融高科技的发展及深层次影响研究[M]. 中国金融出版社，2000.

目前，银行信息化主要以两种模式存在：一种是在现有的传统银行的基础上，利用互联网开展传统的银行业务交易服务，即传统银行利用互联网作为新的服务手段为客户提供在线服务，实际上是传统银行服务在互联网上的延伸，这是网上银行存在的主要形式，也是绝大多数商业银行采取的网上银行发展模式；另一种是完全依赖于互联网的虚拟网络银行，这种网络银行一般只有一个办公地址，没有分支机构，也没有营业网点，采用国际互联网等高科技服务手段与客户建立密切的联系，提供全方位的金融服务。

1. 传统银行的延伸

中国网络银行的发展大致可以分为三个阶段：第一阶段，网银是银行的一个宣传窗口，银行网络服务单一，主要操作集中在单一账户上；第二阶段，银行致力于将传统的柜面业务迁移到网上，增加了转账支付、缴费等交易类功能，这个阶段的主要特征是多账户的关联操作；第三阶段，银行通过互联网提供包括电子商务在内的综合金融服务，网络银行功能齐全，并与线下业务结合，开始走向真正意义上的网络银行。如表13-2所示。

表13-2 四家传统银行发展情况

年份	传统银行的延伸进程
1996	中国银行在国际互联网上建立了主页，成为中国第一家在互联网上发布信息的银行
1997	招商银行开通了自己的网站
1998	中国银行开始提供网络银行服务，包括网上查询、转账、支付及结算等功能，并完成国内的第一笔互联网支付业务 招商银行推出"一网通"业务 中国工商银行建立自己的网站
1999	招商银行推出网上个人银行，并在全国范围内启动了较为完善的网络金融服务体系 中国建设银行推出网络银行服务

续表

年份	传统银行的延伸进程
2002	中国工商银行推出"金融e网通" 中国建设银行推出网络银行升级版，新版本的网络银行个人客户系统不但在查询、转账、缴费、网上购物等基本功能方面进行了优化，还新开通了速汇通、一卡通、债券基本等特色功能服务
2003	中国建设银行对网上银行进行了优化，个人客户不用下载证书即可享受更多服务
2008	中国银行推出全新网络银行平台 BOCNET

（1）传统银行的发展状况

中国银行业协会发布的《2014年度中国银行业服务改进情况报告》显示：截至2014年年末，中国银行业金融机构网上银行交易608.46亿笔，同比增加21.59%，交易金额同比增加17.05%。其中，个人客户数达到9.09亿户，新增1.5亿户，同比增加19.71%；交易笔数达608.46亿笔，同比增加21.59%；交易总额达1 248.93万亿元，同比增加17.05%。企业客户达到1 811.4万户，同比增加16.75%。

（2）手机网上银行

根据人民银行的口径，移动支付属于电子支付的一种，此外还有网上支付和电话支付。其中网上支付作为传统电子支付形式，市场占比依然是最大的，但在持续下降；电话支付的占比一直较小，也处于萎缩当中；移动支付作为新兴的电子支付形式，占比在快速提升。如图13-3所示。

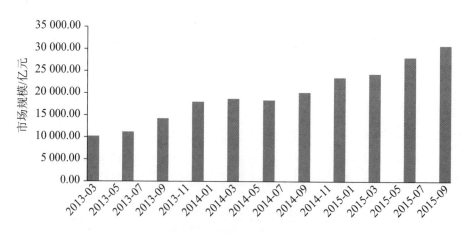

图13-3 第三方移动支付市场规模：当季值

资料来源：根据wind数据库数据，作者自制

移动支付市场的成长性主要取决于智能手机数量、移动支付App的普及度以及移动支付的实际使用率等三个方面的要素。其中，第一个因素是移动支付的硬件基础，近两年来智能手机用户数均保持较快增长。第二个因素是移动支付的软件基础，移动支付的手机App主要有手机网银、第三方支付手机应用、金融证券手机终端等。第三个因素是移动支付的实际使用率。如图13-4至图13-6所示。

第 13 章 互联网金融模式之五:信息化金融机构 253

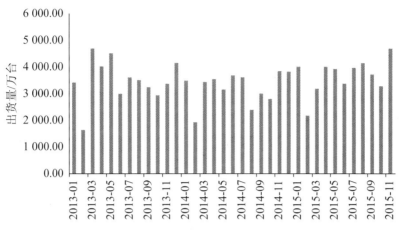

图 13-4 我国智能手机出货量

资料来源:根据wind数据库数据,作者自制

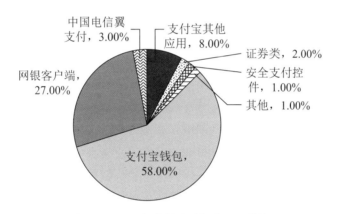

图 13-5 2014 年支付类手机应用下载情况

资料来源:根据360互联网安全中心资料,作者整理而成

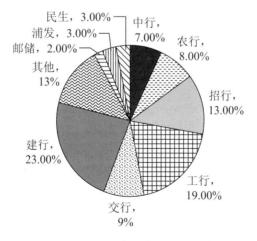

图 13-6 2014 年手机网银下载情况

资料来源:根据360互联网安全中心资料,作者整理而成

2. 虚拟网络银行

巴塞尔银行监管委员会认为网络银行通过电子化渠道提供零售银行服务、小额银行产品和服务、大额电子支付和其他批发银行服务。美国著名网络银行评价网站 Gomez 认为，只要提供以下五种业务中的一种，该机构就可以被称为网络银行：网上支票账户、网上支票异地结算、网上货币数据传输、网上互动服务和网上个人信贷。网络银行又被称为"3A 银行"，因为它不受时间、空间限制，能够在任何时间（Anytime）、任何地点（Anywhere）、以任何方式（Anyway）为客户提供金融服务。

进入 20 世纪 90 年代，西方发达国家在商业银行已经实现业务处理规范化、办公事务自动化和决策支持智能化。从地域分布来看，全球网络银行的发展总体上处于不平衡状态。北美（美国和加拿大）和欧洲的网络银行发展最早，具有区域性分阶段成熟的特点；亚太地区的网络银行发展迅速，日本甚至已经呈现出稳定、饱和状态。

（1）美国情况

网络银行通过消除实体分支机构来降低管理费用和运营成本，并将节约的这部分成本用来增加现存业务的单位收益或者增加市场份额，通过支付高利息存款或者收取低息贷款的方式吸引用户。因此从理论上，网络银行的成长会快于传统的实体银行。20 世纪 90 年代以来，美国的商业银行重点将外部集成服务与银行内部的信息技术处理相结合，对传统商业银行的流程进行改造和更新。据美国联邦存款保险公司统计，2000 年与 1993 年相比，传统分行业务从 42% 降至 22%，ATM 从 33% 降到 30%，电话银行从 23% 升至 35%，网络银行从无到有并上升到 13%。2003 年年底，美国上网家庭已经有 4 000 万户使用过网络银行服务，截至 2007 年 9 月，美国有 53% 的网络用户至少使用过一次网络银行服务，占到全美总人数的 39%。

美国网络银行在 21 世纪最初几年的经营业绩不尽如人意。Bancshares 在 2000 年的净损失达到 970 万美元，每股净损失 1.7 美元；CompuBank 在 2000 年损失 2 620 万美元，并于 2001 年 1 月解雇 10% 的员工；LighthouseBank 在 2001 年第一季度亏损了 75.1 万美元。纯网络银行发展到一定阶段，大多数被传统银行并购，成为传统银行延伸和拓展网络银行业务最快捷的手段，在技术、经营渠道和运营模式上都开始了重新构建。

富国银行于 1852 年诞生于美国加州，拥有全美排行第一的网络银行服务体系。富国银行的发展大概可以分为三个阶段：第一个阶段为成长期（1852—1992）；第二个阶段为快速扩展期（1993—2008），这段时间也是美国网络社会的崛起阶段；第三个阶段为整合发展期（2009 年至今）。1992 年，富国银行开始建立以网络银行服务为核心的信息系统。1994 年，富国银行建立资讯网站。1995 年，通过互联网提供在线服务。1996 年，提供不同账户之间转账、线上信用卡账单，以及线上规划各项缴款方式等服务。1998 年，试行自动账单明细功能。2000 年，在 weblogic 平台商构建和部署在线商务电子办公室。

（2）欧洲情况

虽然欧洲各国银行都提供网络银行服务，但由于用户使用习惯和安全意识等方面的差异，欧洲网络银行的发展在各个国家的差异比较大。截至 2009 年年底，北欧国家的网络银行普及率显著高于其他地区，荷兰、瑞典的网络银行普及率在已经分别达到 90%、

87%；西班牙、意大利相对落后，其网络银行用户仅分别为42%和24%；法国、德国、英国使用网络银行的用户比例分别为62%、58%、52%。总体而言，欧洲超过一半以上的网络用户已经在使用网络银行。

瑞士银行业闻名全球，但网络银行发展相对缓慢。直到2001年5月，瑞士才出现第一家完全在互联网上经营的银行——瑞士行情，这家网络银行位于沃州的格朗，每天的营业时间为18个小时。而作为传统银行的瑞士银行，到2007年还只能通过本行网络银行查询账户余额，或者在本行系统内的自动柜员机上查询余额，不能进行跨行查询。

欧洲第一家纯网络银行诞生于德国。1998年，7家斯巴达银行（Spada-Bank）发起创建的NetBank开启了欧洲网络银行业务之路。Netbank于1999年4月起正式为客户提供免费的活期账户，客户可以通过此账户进行投资理财、证券交易、信用卡结算等；2003年9月，NetBank推出的无障碍互联网银行服务，为德国超过65.5万的盲人及视力障碍者创造了便利条件。德意志银行是德国最大的银行，于1997年开始提供网络银行服务。德意志银行建立了专门的网络银行分部，并自2000年起每年投资10亿欧元发展网络银行业务。2003年2月，德意志银行获得了中国网络银行业务许可证，使该行能够向中国客户提供通过网络银行贷款、转账和进行与贸易相关的人民币及外汇交易。

英国最大的网络银行Egg由英国保险投资机构保证集团（Prudential）于1998年10月创立，成立3个月即吸纳60万客户，存款额逾130亿美元，占英国市场的1%。2002年，Egg在英国首次实现盈利，税前利润达到3 480万英镑；2003年，Egg拥有200万名顾客；2007年1月，美国花旗银行集团以11.3亿美元现金收购了Egg，当时Egg的客户超过300万。

（3）亚太情况

亚太地区的网络银行起步相对较晚，各国都是在1999年左右才开始，但是发展速度较快。经过10年左右的发展，到2009年，韩国、日本等国的网络银行都以接近稳定、饱和状态。

香港地区最早提供网络银行服务的港资银行是香港东亚银行，其在1999年9月推出东亚电子网络银行服务。2001年，东亚银行在全港推出全面理财服务项目mycyberworld，客户足不出户就可以通过东亚银行电子网络银行上的"我的账户"、"我的股票"、"我的账单"、"我的物业"、"我的贷款"及"我的信用卡"等管理个人财务和投资项目。2002年，该行的网络银行的业务量占其总业务量的比例就已超过20%。

日本第一家纯网络银行是JapanNetBank，其于2000年10月开始提供服务。JapanNetBank通过和网络拍卖公司合作等模式，成立仅半年就发展了25万个客户。2001年3月，日本的网络银行用户已经超过250万。截至2008年，日本使用纯网络银行eBANK的用户比例达到51.4%，居第二、第三位的传统商业银行的网络银行三菱东京日联银行、三井住友银行分别只占10%、7.4%。调查数据显示，2008年到2011年，日本网络银行的使用率波动不大，表明网络银行的用户稳定且成熟，并达到了较饱和状态。

我国目前还没有真正的虚拟网络银行，目前阿里金融已向相关金融监管部门提交拟设立阿里网络银行申请，拟成立阿里网络银行注册资本10亿元，提供小微金融服务，业务范围涉及存款、贷款、汇款等业务。阿里基于自有互联网业务的发展，提出主要服务在互联网上经营的小企业客户。阿里的方案将偏重于服务社区民众、小存小贷。第一，小存小贷模式设置了存贷款上限，特色清楚，符合差异化经营导向；第二，网络银行模式，利用互联网技术来开展银行业务，客户来自电商；第三，有承诺风险的责任自担问题。

3. 案例：美国安全第一网上银行（SFNB）

其成立于1995年10月18日，是美国三家银行AreaBank股份公司、Wachovia银行公司、HuntingBancshares股份公司、Secureware和FiveSpace计算机公司联合在Internet上成立的全球第一家无任何分支机构的纯网络银行。其前台业务在因特网上进行，其后台处理只集中在一个地点进行。

1995年10月美国安全第一网络银行在网上开业。美国安全第一网络银行的用户可以采用电子方式开出支票或支付账单，也可以从网上获得实时金融信息。开业仅仅几个月，浏览数量激增，引起了广泛关注。随即，网络银行风潮蔓延，走进了人们的生活。1998年1月，美国安全第一网络银行通过因特网为用户提供环球网（WEBINVISION）系统的服务。通过该系统，用户能够通过因特网访问自己最新的账目信息，获取最近的商业报告或通过直接拨号实时访问资金状况和投资进展情况，不需要在用户端安装特殊的软件。1998年10月，在成功经营了5年之后，美国安全第一网络银行正式成为拥有1 860亿美元资产的加拿大皇家银行金融集团（RoyalBankFinancialGroup）旗下的全资子公司。

4. 区块链技术在商业银行的运用现状

（1）商业银行积极参与研发区块链技术的动因

虽然区块链给商业银行的传统金融业务带来冲击，但带头开发应用这项技术的机构却不乏在国际资本市场上翻云覆雨的老牌银行巨头。一个典型的例子就是R3 CEV，截至2015年11月底，这个由金融技术公司R3创建的企业已有美国银行、巴克莱银行、花旗银行、汇丰银行和高盛等30家跨国银行集团参与，主要致力于金融领域区块链的开发应用以及制定行业标准和协议。而这些金融巨头真正感兴趣的首先是区块链技术如何提升经营效率并缩减成本。区块链具有创建大型、低成本网络的能力，可以简化并自动化大量手工金融服务流程，大幅缩短交易时间、降低交易成本。其次，在新的商业模式下，银行需要寻找途径创造利润。比如，由于区块链能低成本地实现小额支付，银行就可以针对大量无法获得银行账户但能接触到互联网的人群开发金融产品、开拓市场。

此外，面对激烈的市场竞争，各商业银行都不敢掉以轻心。竞争压力一方面来自同业，另一方面来自金融科技公司互联网金融业务的迅猛发展。随着交易便利化，未来每笔交易的收益或将下降，各商业银行只有抢得先机、争取更大的业务份额才能保持利润。而对于后者，现存商业银行研发区块链有两点优势：一是监管成本的优势，即相比资金紧张的初创公司，商业银行能更好地消化与监管部门打交道和获得、维护相关牌照的巨大成本；二是消费者信任的优势，即对于大部分不了解区块链技术的消费者来说，老牌商业银行长期积累的信誉可以减少他们使用这些金融创新产品的顾虑。

由此可见，商业银行利用区块链技术最主要的是对当前中心化银行系统的改进，使之成为改造银行后台、优化基础架构的工具，从而增强自身竞争力，为金融服务体系的现代化提供动力。

（2）区块链在国际大型商业银行的运用

目前，区块链技术最广泛也最成功的运用是以比特币为代表的数字货币。从理论上说，围绕区块链这套开源体系能够创造非常丰富的服务和金融产品。Melanie Swan 在新书《区块链——新经济的蓝图》中指出，如果说区块链 1.0 指货币，即应用中与现金有关的加密数字货币，如货币、转账、汇款和数字支付系统等，那么区块链 2.0 指合约，如股票、债券、期货、贷款、智能资产和智能合约等更广泛的非货币应用；未来还可能会进化到 3.0 阶段，即在政府、健康、科学、文化和艺术方面有所应用。

2014 年起，关于区块链的讨论逐渐从 1.0 过渡到 2.0，目前商业银行基于区块链的应用领域主要有：一是点对点交易，如基于 P2P 的跨境支付和汇款、贸易结算以及证券、期货、金融衍生品合约的买卖等；二是登记，区块链具有可信、可追溯的特点，因此可作为可靠的数据库来记录各种信息，如运用在存储反洗钱客户身份资料及交易记录上；三是确权，如土地所有权、股权等合约或财产的真实性验证和转移等；四是智能管理，即利用"智能合同"自动检测是否具备生效的各种环境，一旦满足了预先设定的程序，合同会得到自动处理，比如自动付息、分红等。

（3）国际上商业银行投资研发情况

除了之前提到的 R3 CEV，国际上许多大型银行也以各种形式在区块链领域开展一系列探索，归纳来看有三种途径：一是商业银行成立内部的区块链实验室，比如花旗银行、瑞银、纽约梅隆银行等已相继成立研发实验室，重点围绕支付、数字货币和结算模式等方面测试区块链的应用，有的还扩大到其员工内部系统测试中；二是投资金融科技初创公司，2015 年以来，许多跨国大型金融集团纷纷以创投形式进入区块链领域，比如高盛联手其他投资公司向比特币公司 Circle 注资 5 000 万美元，西班牙对外银行通过旗下子公司以股权创投方式参与了 Coinbase 的 C 轮融资等；三是与初创公司合作，例如巴克莱银行在技术孵化和加速器项目中与区块链初创公司合作，澳大利亚联邦银行和开源软件 Ripple 合作组队，创建了一个在其子公司之间互相支付转账的区块链系统等。

13.2.3 银行业信息化的风险暴露及控制

1. 我国网上银行目前存在的安全风险

（1）网银技术安全风险

网银业务操作的虚拟性和任意性使网银业务及其风险控制工作均由电脑程序和软件系统完成，这就需要网络银行设计多层安全系统，并不断进行安全技术的更新改进以确保金融业务的安全运行。但目前我国网银的安全系统仍是其最为薄弱的环节，现金支付、兑付、结算、网上证券等业务几乎都是通过密码来控制安全，一旦出现客户的密码被破译，则客户的损失很难追回。因此，银行在选择网上操作技术软件时，应分析软件的技术含量和可靠性，如通过指纹、照片、语音提示等多种方式确保客户操作正确，减少网银服务风险。

（2）网银信誉风险

网上银行信誉风险主要体现在：一是系统漏洞风险，主要表现为客户信息系统技术缺陷可能引发的挤兑行为事件，黑客或病毒侵入使顾客流失；二是人员操作风险。工作人员操作失误或违章操作造成人为的泄密事故损坏网上银行的信息系统导致风险发生或者银行内部人士利用职务之便偷窃电子货币等都会对银行的系统安全性产生产生影响，进而形成整个银行业系统的信任危机，威胁整个银行业的稳定。

（3）网银交易风险

目前各家商业银行的网银业务都是依据本行签定的合同格式进行，而这些合同是否具有法律效力，发生纠纷时如何明确当事人之间的法律责任，如客户资金被盗，电子汇兑纠纷等诸多问题需要通过法律形式确定下来并付诸实施，才能保障合约双方的利益不受非法损失。我国在2004年8月颁布了电子签名法，标志着中国真正意义上的信息化法律正式诞生，但其只涉及网银的部分业务，要使所有业务都合法进行，需要完善的法律体系。

2. 我国网上银行安全风险控制防范对策

第一，防范银行技术安全风险。"魔高一尺，道高一丈"，只有先进系统的网银技术才能确保银行业务的安全。一方面，加强防火墙技术、路由器技术、入侵检测技术、防病毒技术、数据的备份与隔离保护确保银行网上银行系统的安全；另一方面，建立全国性的用户信用管理信息系统，以供网银的身份识别鉴定，确保交易的安全性。此外，建立操作风险管理中心。规定网上银行的运行的基本程序、操作细则，规定网上银行的技术管理和风险管理、网银付账的时差等确保在技术上做到风险防范。

第二，建立全社会信用体系，降低网银交易的信誉风险。首先，银行应与工商、税务、公安、保险等部门联手，共建社会信用体系，对每个注册的企业法人、自然人都建立信用档案，在交易时可以对交易双方的信用进行系统性评估后给出交易信用公示和提醒。其次，在操作中，网络银行要有先进的技术作支撑，在硬件方面，需要有功能强大的服务器，有指纹鉴定功能的自动柜员机、可擦写的智能钱夹等先进设备；在软件方面，需要网络安全系统、语音鉴别系统、智能卡识别系统、管理信息系统等众多软件系统集成。从技术上保障交易者的风险尽量减少。

第三，增强公众网银交易的安全意识，杜绝不合理的网上交易。首先，客户在登录网银时应留意核对所登陆的网址与协议书中的法定网址是否相符，谨防一些不法分子恶意模仿银行网站，骗取账户信息。其次，妥善选择和保管密码，出现意外情况，应立即以银行联系，银行应设置交易转账时差，以避免因信息泄密给客户带来的损失。

第四，加快相关法律法规建设，加强网银业务监管。首先，完善网络交易法律制度，包括数据电文法律制度、电子合同法律制度、电子签名法律制度等。其次，修订现行法律，增添网银法律部分。在防范网银犯罪方面，要完善《刑法》、《商业银行法》、《票据法》、《公司法》、《消费者权益保护法》等基础法律重新修订，增加有关条款。最后，严格网上银行的市场准入。网上银行的虚拟性决定其高风险的特点。因此，就要加强法律对网上银行市场准入的监管。要求网银对每一个交易的法人和自然人交易的资质、交易的真实性有审查的能力，有防范黑客攻击的水平、有效杜绝欺诈交易的技术等来确保网银交易的安全性。

13.3 信息化金融机构之证券业

13.3.1 证券业信息化现状

第一,经纪业务佣金费率大幅下降。互联网其优势就是广泛的客户、低廉的成本以及快速的响应,这无疑首先要冲击价格敏感型零售业务——经纪业务。

第二,互联网业务对以机构投资者为客户主体的传统券商影响有限。相比个人投资者,机构投资者对价格相对不敏感,同时对投资服务有更多的需求。传统券商如美林证券,佣金收入始终是其收入的主要来源,从 2000 年定位为服务大客户以来,其佣金收入的比重基本稳定在 20% 以上。

第三,互联网金融模式加速了业务结构的变化,收入来源多样化。

13.3.2 证券业信息化的存在模式

1. 国内券商存在模式

国内证券业信息化主要以两种模式存在:一是网上商城模式;二是线上综合理财服务模式。如表 13-3 所示。

(1)网上商城模式

表 13-3 部分券商的网上商城

证券公司	互联网金融的模式	主 要 内 容
齐鲁证券	与阿里合作在互联网上建立网上商城——淘宝"齐鲁证券融易品牌店"	主打产品《消息红绿灯》由齐鲁证券荣誉出品,以多、空的投资眼光鉴别宏观政策、行业及公司信息,并提供专业、深度的投资点评,通过汇总挖掘市场公开数据,打造绿灯主题投资组合,资深分析师定期在线助客户健康投资
华创证券	引入第三方支付公司证联融通电子有限公司为合作伙伴建立华创证券网上商城	与其他券商网上商城专卖金融产品所不同的是,华创证券网上商城陈列的产品非常丰富,不仅包括服饰、家居用品,还包括白酒红酒、化妆品、珠宝首饰、数码产品等,各类商品一应俱全,甚至还销售 GUCCI 围巾、CALVINKLEIN 背包等奢侈品。该平台的金融产品屈指可数,最初只有同花顺两款付费软件上线。华创证券网上商城最大的创新,是其在支付方式里增添了"证钱支付"功能。通过证钱支付功能,用户可以将自己证券账户里的现金转移至电子钱包中,以支付商品所需费用
长城证券	与腾讯合作在互联网上建网上商城——"长城证券拍拍商城"	长城证券在腾讯的拍拍网上开了一间证券市场咨询产品旗舰店。主要提供金融理财产品销售与金融理财。商品包括研究报告、掌上资讯、投资组合等证券类服务产品。2014 年 3 月 28 日,"长城证券拍拍商城"当选"2013 中国互联网金融领军榜 100 强品牌"

续表

证券公司	互联网金融的模式	主要内容
方正证券	与阿里合作在互联网上建立网上商城——天猫"泉友会旗舰店"	方正证券"泉友会旗舰店"目前主要定位为业务展示及服务产品销售,此次上线了16款服务产品,包括泉量化投资决策软件、泉秘书、短信资讯、网页资讯、财富管理套餐、电话会议系列、套利工具等。客户除了通过阿里旺旺咨询店内产品,若有更深层次的理财需求,还可以通过在线客服人员预约方正证券专家级理财顾问量身定做理财计划,或是要求临近的营业网点的上门服务
长江证券	与阿里合作在互联网上建立网上商城——天猫"长江证券旗舰店"	长江证券天猫旗舰店的主要定位是向广大中小投资者提供资讯、策略等服务产品。主打四类产品,包括"专家财智汇"、"牛股大搜罗"、"长江大视野"以及"资讯抢鲜读",具体产品有投资顾问策略报告、短信资讯、投资组合、量化投资策略等

（2）线上综合理财服务模式

线上综合理财服务模式是指券商基于互联网平台构建的综合理财服务模式,主要功能包含网上理财、网上业务办理、网上开户、网上咨询等服务,这将促进支付、托管和交易功能的健全。目前,线上综合理财服务模式主要有券商自建。如表13-4所示。

表13-4 部分券商线上综合理财服务

证券公司	互联网金融的模式	主要内容
国泰君安	自主研发发展"一站式"金融管理服务,推出综合理财服务平台"君弘金融商城"	国泰君安证券精心打造的"君弘金融商城",为客户提供互联网综合金融服务,于2013年11月28日正式对外开放运营。作为行业内首个探索互联网综合金融服务的平台,"君弘金融商城"以一户通账户为基础,调整互联网企业操作流程,重视用户网络体验,倡导简单理财、轻松金融,为客户提供综合金融的一站式便捷服务。专业的一站式金融服务,让理财更专业。银行、证券、信托、保险等全市场金融理财产品应有尽有,可快速筛选比较,产品资料360度全景展示。丰富的理财产品线方便快速、即时、在线购买
广发	广发证券首推"易淘金"电商平台	广发证券旗下专为零售客户打造的线上综合服务平台——"易淘金"。"易淘金"网站推出的主要功能包含网上理财、网上业务办理、网上开户、网上咨询等服务,为客户提供全方位购物体验。"易淘金"已实现逾1 000个公募基金产品、29个广发资管产品、46款服务资讯产品的在线展示、导购、支付及结算,便于客户进行一站式购买。此外,"易淘金"建立了"广发通"统一账户体系,助推客户分类分级服务。对于广发证券交易客户,"广发通"统一账户实现了客户股基、信用等账户资产的全景查询,客户通过一个账户即能对自身资产交易等各类信息了如指掌,并可将自己关注的股票、产品通过"我的自选"记在云端,从而在手机证券端共享
华泰证券	与网易合作推出新一代移动理财服务终端"涨乐财富通","一站式"金融管理服务模式	华泰证券为广大投资者量身定制了新一代移动理财服务终端"涨乐财富通"。涨乐财富通提供全方位的证券投资服务,包括网上开户、行情查看、股票交易、产品购买、理财资讯、互动咨询、融资融券等。涨乐财富通整合了华泰证券强大的后台,更及时,更便捷,内含升级版的紫金理财服务体系,可以运用大量的数据分析技术,挖掘投资者的潜在理财需求,并通过动态跟踪投资者投资行为,在最适合的时点将投资者最为关注的重大信息、相关公告、交易提示、新产品推荐等服务内容传递给投资者

续表

证券公司	互联网金融的模式	主 要 内 容
中山证券	与腾讯合作推出自选股平台	该项目或将通过引导微信用户使用腾讯自选股平台，享受中山证券提供的投资组合或其他服务
上海证券	自主研发移动证券平台"指e通"、"速e融"	"指e通"投融资服务平台，涵盖App、微信、移动网站等主要互联网模式，通过移动互联网为投资者提供安全、高效、个性化的服务。其中，同步上线的首款产品"速e融"最具亮点，是业内首个"投融资功能一体化、全线上快捷操作"的移动证券App。即集"快速开户、快速交易、快速融资"为一体，并具有三大特点，7×24小时办理证券开户、后端对接快速交易通道、实现股票微质押业务。股票微质押直接在手机应用软件（App）上实现

2. 国际券商存在模式

国际证券业信息化主要以三种模式存在：一是以 E-Trade 为代表的纯粹网络证券经纪公司，二是以嘉信理财为代表的综合型证券经纪公司；三是以美林证券为代表的传统证券经纪公司。

（1）纯粹网络证券经纪公司：E-Trade

E-Trade 于 1982 年在纽约成立，早期主要作为信息技术服务提供商，为折扣经纪公司提供后台服务，1996 年重组为一家纯网络经纪公司。1996 年 2 月，E-Trade 设立自己的网络，直接向投资者提供在线证券交易服务，并于当年 8 月成功上市。

E-Trade 凭借网络运营的低成本优势，仅向投资者收取很低的佣金，用以吸引对佣金费率比较敏感的投资者。E-Trade 的交易界面具有快速、简洁、人性化的特点，而且可以根据投资者的特征进行个性化定制，抓住了自主决策、自主交易的这部分投资者的需求。互联网技术是决定 E-Trade 生存的重要因素。1996 年，在兰乔科多建立数据中心，提供系统支持、网络服务、交易和客户服务、交易备份服务等；1997 年，与 neural 公司合作，使行情能用 java 等应用程序开发语言技术显示；1998 年，与软件公司 criticalpath 合作，提升自身联系客户的能力。

在树立品牌后，E-Trade 进入扩张阶段。在海外布局方面，1999 年，合并了 TIR Ltd.，从而获得了额外的客户资源和互联网交易技术。由于 TIR Ltd. 可以提供 35 个国家的证券交易，这使得 E-Trade 成为全球售价提供跨境互联网交易的公司。在强化技术方面，E-Trade 在 2000 年推出了 OptionsEdge 服务，为客户提供实时期权行情和强大的分析工具。在布局活跃交易者方面，E-Trade 建立了 POWER E-Trade，为活跃投资者提供交易折扣和 DSL 服务，此外还通过合并来获取活跃投资者资源。在资产管理方面，E-Trade 在 2001 年并购了个人资产管理公司 PrivateAccounts，在 2005 年并购了 Kobren 和 Howard Capital。

（2）综合型证券经纪公司：嘉信理财

1971 年，嘉信理财公司作为一个很小的传统证券经纪商在加州注册成立。1975 年，美国证监会（SEC）取消固定佣金制度，开始在证券交易中实行议价佣金制，嘉信理财公司抓住机会，把自己定位成为客户提供低价服务的折扣经纪商。1979 年，公司投资建立了自动化交易和客户记录保持系统。20 世纪 80 年代初期，嘉信理财公司开始把和经纪业务高度技术关联的基金业务纳入公司的主营业务。1987 年，嘉信理财公司的股票在纽约证交所上市。20 世纪 90 年代中期，嘉信理财公司在业界率先对互联网在线交易系统进行重投资。1995 年，嘉信理财推出 eSchweb 软件，使投资者可以进行网上交易。1998 年嘉信理财又根据客户的不同需求，推出一系列附属服务，如 Analyst Center，Positions Monitor，Stock Screener 等。

嘉信理财利用投资者投资股票后的账户余额，设立了货币基金 Schwab Fund。投资者可以选择将账户余额投入到该货币基金，从而获得收益。嘉信理财开设了两个购买基金的渠道，成为名副其实的"基金超市"——MarketPlaceh 和 OneSource。此后，嘉信理财还推出了 IRAs（个人退休账户），为投资者设立退休服务计划。

嘉信理财公司的成功之道在于其长期贯彻了"细分市场集成"的公司战略。这种战略的特点是主营业务集中，构成主营业务的细分业务在技术、市场和管理方面具有高度的关联性。从客户导入层面来看，互联网在线交易系统是嘉信理财公司实现业务集成的关键基础技术平台。从服务内容来看，公司的证券经纪、造市自营、基金、资产管理和咨询服务等具有高度的内在关联性。一方面，作为造市商的证券交易流量可通过自己的交易席位来完成；另一方面，旗下基金的证券交易流量也可通过自己的交易席位来完成。如图 13-7 所示。

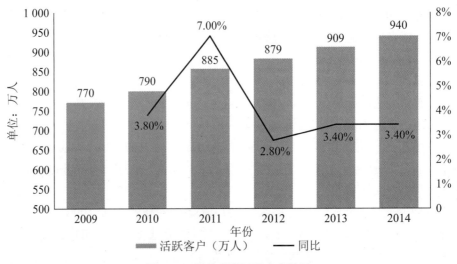

图 13-7 嘉信理财活跃客户数量

资料来源：根据嘉信公司年报（2014年）资料，作者整理而成

我国证券业信息化进程比较晚，1990 年上海证券交易所通过计算机进行了第一笔交易。2000 年颁布中国规范互联网证券交易的第一部法规《网上证券委托暂行管理方法》。我国证券业信息化也大致可以分为三种模式：一是以广发证券等证券公司为代表的券商自建网站模式；二是以同花顺等为代表的独立第三方网站模式；三是以银证通为代表的券商与银行合作模式。

（3）传统证券经纪公司：美林证券

美林证券成立于 1885 年，是全球最大的证券零售商和投资银行之一，同时也是全球顶尖的金融管理咨询公司。公司于1999年正式进入互联网领域，并实行差异化竞争战略，给予不同客户不同的定价，在2000年以后明确地将公司服务对象定位于资金量大的重点客户和机构、基金投资者。如表13-5所示。

表13-5 美林证券发展历程

时　间	主　要　事　件
1996年	为应对网络经纪商的冲击，公司实施客户回报计划，只要客户持有10万美元以上的资产，就可以只交一次年费而不限制交易次数
1999年6月	美林证券正式推出跨世纪的竞争战略——综合性选择策略，即向客户提供从完全自我管理到全权委托的一系列产品，而其提供的服务账户包括自助交易、无限优势、网上交易以及传统交易等多类模式，这些账户根据服务内容的不同采取不同的佣金费率
1999年年底	美林又推出了自己的交易网站MLDirect和UnlimitedAdvantage网上经纪业务，为客户提供全面、个性化的服务。网站浏览者和投资者可以在这一平台进入美林研究的资料库、获得市场分析信息、路演、进行交易、提出问题与接受咨询等多种投资银行服务
2000年以后	明确地将公司服务对象定位于大客户，不再接受10万美元以下的客户开户，并逐步将开户标准提高到25万美元（后提升至50万美元），依据服务内容的不同，美林向客户收取不同的费用，一般平均每笔交易收取费用高达100—400美元

3. 区块链与证券交易

2015年10月纳斯达克称，该公司首次利用区块链技术完成和纪录了一项私人证券交易，原因是这家交易所运营商正寻求在这个领域中取得领先地位。到目前为止，利用区块链技术进行的这种操作更多还只是一种宣传而非现实。纳斯达克发布声明称，该公司的合作伙伴Chain.com成为了其Linq区块链技术的第一个用户，后者在向一名私人投资者发售股份时使用了这项技术。区块链一种加密的分类账，可为比特币等数字货币提供支持。

2015年，区块链技术成为了一种轰动性的技术，其倡导者认为这种技术将可彻底改造用于主流金融的后勤运作系统，提供一种在几分钟内而非需要几天时间才能完成交易的方法。到目前为止，大多数参与了这项技术的大多数公司都几乎还没有展示什么相关产品。纳斯达克正试图利用其最新的概念验证使其在这个领域中脱颖而出。同时，这家总部设在纽约的公司还正希望完成其首席执行官鲍勃·格雷菲尔德（Bob Greifeld）制定的一项目标，也就是让纳斯达克成为第一家使用区块链技术的大型交易所运营商。

区块链具有在股票清算中大大提高效率的潜力。由于交易由点对点验证来清算，所以系统不再需要清算所审计人员去验证交易，不再需要托管人去检查投资者是否持有股票。从本质上来看，这样就把中间人和后台踢出了交易系统，意味着记账成本的降低，从而降低了ASX的交易成本。

点对点交易同样也意味着清算过程可以即刻发生。与传统的清算相比，传统一般需要三个工作日（T+3），因为ASX必须确保交易方拥有交易所需的金钱和股票。区块链技术可以将股票变成流动性更高的投资——几乎等同于手持现金。高流动性意味着ASX可以吸收更多的股票投资。由于每个参与者都有一个完整的交易记录，所以对于投资者而言，权益市场的透明度非常高。伪造交易或者改变之前交易的行为几乎不可能。如果发生虚假交易，参与者将会发现他们的账本记录中出现不一致的情况，然后拒绝该笔交易。例如，如果投资者没有持有相关股票，其将不可能将该股票卖出，因为其他的参与者知道其到底持有多少股票。

13.3.3 证券业信息化的风险暴露及控制

1. 我国证券信息化存在的风险

第一，操作风险。操作风险存在于两个方面：其一，投资者可能因网上操作不当造成损失的风险，如错误点击确认或错误取消交易等；其二，投资者的交易认证工具，如网上委托个人数据证书、数字证书密钥、数字证书密钥口令等存放不当，被他人取得后冒用投资者名义进行交易造成损失的风险。

第二，技术风险。技术风险是网上证券交易中最重大的客观风险，信息技术的缺陷和失误很有可能造成网上证券交易的损失。技术风险主要存在于三个方面：其一，投资者使用电脑硬件、软件系统出现的技术故障很有可能导致经济损失的风险；其二，投资者通过互联网传递委托信息数据时，网络由于出现中断、堵塞等故障，可能造成交易指令不能传达证券商，进而引起损失的风险；其三，证券商接到投资者交易指令后，其系统出现中断、停顿、延迟、错误等故障，导致投资者的指令不能及时实现，进而引起损失的风险。

第三，第三人侵权风险。第三人侵权风险主要存在于三个方面：其一，第三人可以通过侵入投资者电脑获取投资者信息，冒用投资者名义进行交易造成损失；其二，第三人可以再传递交易指令时截取指令，篡改指令，造成投资者损失；其三，第三人可以攻击证券商的网络系统，损坏证券商的服务器或其他电子设备，造成投资者损失。

第四，信息真实性风险。由于互联网造成投资者与他人的地域分隔突出，信息的准确度、实效性都容易出现巨大误差，相对于传统的证券交易方式，网上证券交易方式的相对方更易使用虚假信息。我国现阶段互联网管理力度仍然不够，证券商、其他投资者或者第三人都有可能为实现不正当利益而在互联网上发布虚假信息，误导投资者的买卖操作，造成投资者损失。

第五，政策风险。我国是一个新兴市场，我国证券交易还未达到成熟阶段，中国证券市场容易受到政策的影响。而我国证券市场的政策变动比较频繁，相关部门机关执行监管力度和能力还有缺失。关于网上证券交易新政策的变动、新法规的出台，都有可能对网上证券市场造成巨大影响，从而产生风险。

2. 我国证券信息化风险控制防范对策

第一，制定可信的验证机制和可靠的网上证券交易体系。

为了保证网上证券交易的保密性、真实性、安全性、准确性和不可否认性，防范证券交易和清算与交割过程中的欺诈行为，在增强加密措施保护信息传输的同时，必须在网上建立一种信任验证机制，使得证券公司营业部能对投资者身份的合法性、真实性认证，以防假冒。

我国证监会发布实施的《管理办法》第18条规定："证券公司应采用可靠的技术管理措施，正确识别网上投资者的身份，防止仿冒客户身份或证券公司身份；必须有防止事后否认的技术或措施。"这就要求网上证券交易者有一个可以被验证的身份标识,即数字签证。

采用数字签名和身份认证能确保系统所有数据在传输时都有电子签名,那些由于传输错误或被恶意伪造的数据都不能通过检验。投资者的每个网上交易指令都应附有有效的交易密码,任何虚假的交易指令都会由于密码错误而无效。

第二,证券公司应在接受投资者网上委托业务时向投资者进行风险揭示,并明确各方的权利与义务。

根据《管理办法》第 22 条规定:"证券公司应在入口网站和客户终端软件上进行风险揭示。"第 28 条第 8 款规定,证券公司的《风险揭示书》范本应上报证监会,作为证券公司在申报网上证券交易时的必备文件。《管理办法》第 6 条规定:"证券公司在为投资者办理网上委托相关手续时,应要求投资者提供身份证明原件,并向投资者提供证实证券公司身份、资格的证明材料,禁止代理办理网上委托相关手续。"这一条所规定的禁止代理办理网上委托手续的根本目的,就是证券公司必须向投资者本人进行风险揭示,在投资者了解网上证券交易的各种潜在风险后,再决定是否进行证券网上委托业务。

投资者在对网上证券交易的优缺点进行了充分的了解后,如果投资者自愿采用网上委托,证券公司应与投资者本人签订专门的书面协议。协议应明确双方的权利和义务,具体内容包括证券的委托买卖、清算与交割、信息查询、客户资料保密、替代交易方式、资金存取、转账和转托管、风险防范、交易密码设置和法律责任的承担等。协议的详细约定能弥补法律规定欠缺的缺陷,以协议条款作为双方的行为准则,能避免纠纷的产生。

第三,证券公司加强风险控制,严格业务管理制度。

《管理办法》第 7 条规定:"证券公司应制定专门的业务工作程序,规范网上委托。"第 11 条规定:"证券公司必须自主决策网上委托系统的建设、管理和维护。有关投资者资金账户、股票账户、身份识别等数据的程序或系统不得托管在证券公司的合法经营场所之外。"

证券公司应制定严格的业务流程并定期向投资者提供书面对账单,限制单笔委托最大金额以及每日成交最大金额;严禁透支和信用交易,加强资金在账户之间划转与存取、指定交易的控制等;在现有的网络技术条件下,禁止开展网上证券转托管和计算机及电话形式的资金转账服务。做到在开户、指定交易时的事前控制,交易委托的实时控制,对交易后的清算与交割的事后控制。

证券公司在加强交易程序性制度建设的同时,应建立一系列必要的网络管理制度,如网络系统入网制度、系统数据共享制度、修改程序检查制度、用户信息存取制度、敏感数据安全制度和系统文件备份制度、安全稽核监察制度等。加强自律性管理,防止和减少网络交易各参与方可能出现的纠纷。

第四,加强投资者自我保护意识,提高其风险防范能力。

投资者在做出网上证券交易决策前,首先应综合比较各证券公司和进行网上交易网站的安全防范措施、信息质量、传输建设和技术服务等情况,选择一个技术力量雄厚,风险控制健全的证券公司和网站作为委托对象。

必须对网上获取的各类信息进行客观地评价并辨明真伪,选择适应的安全防范措施,注意密码的设置和资料的存放等。应严格地依照法律规定和约定及时检查委托成交情况，并按时进行清算交割。如果发现问题要在第一时间与证券公司进行协商处理。

13.4 信息化金融机构之保险业

13.4.1 保险业信息化现状

中国互联网保险在过去20年里不断成熟，按照中国保险行业协会的划分，大致分为萌芽期（1997—2007年）、探索期（2008—2011年）、全面发展期（2013—2013年）和爆发期（2014年至今）四个阶段。

第一，萌芽期：在有限范围内起到企业门户资讯作用。

1997年年底，我国第一家保险网站——中国保险信息网建成，成为我国最早的保险行业第三方网站，并促成第一张网上投保意向书，正式开启了互联网保险的探索。2000年8月，太保和平安各自开通全国性网站。2000年9月，泰康人寿在北京宣布了"泰康在线"的开通。2005年，《中华人民共和国电子签名法》颁布。

第二，探索期：电商平台兴起促使市场细分。

以保险中介和保险信息服务为定位的保险网站纷纷涌现，如慧择网、优保网和向日葵网等。2011年4月，保监会下发《互联网保险业务监管规定（征求意见稿）》，明确保险公司、保险专业中介机构开展互联网保险业务的资质条件和经营规则。2011年9月，保监会下发《保险代理、经纪公司互联网保险业务监管办法（试行）》，中国互联网保险逐渐规范、专业。

第三，全面发展期：商业模式和产品服务百花齐放。

2012年，保险电子商务市场在线保费收入规模突破百亿元，在售互联网保险产品有60多种，主要集中在交通意外险、综合意外险和境内外旅行险。2012年起，各保险公司依托官方网站、保险超市、门户网站、O2O平台、第三方电子商务平台等多种方式，开展互联网保险业务。中小型保险公司倾向于借助其他平台，而大型保险集团则更青睐于成立自有的电商公司。2013年，国华人寿、生命人寿等保险公司销售以万能险为代表的短期高收益理财型保险引爆第三方电子商务平台市场，"双十一"当天寿险产品总销售额超过6亿元，国内首家互联网保险公司众安在线财产保险成立，开始互联网保险责任和模式新的探索。

第四，爆发期：在监管规范和政策支持下有望有序爆发增长。

2014年，保监会下发《关于促进人身险公司互联网保险业务规范发展的通知（征求意见稿）》，将成为保险监管部门首部针对互联网金融领域的规范性文件。主要内容涉及规定保险公司经营区域、认可赠险或服务赠送行为和强调对网销的严格监管。电子商务、互联网支付等相关行业的高速发展为保险行业的电商化奠定了产业及用户基础，保险电商化时代已经到来。麦肯锡预计到 2020 年，保险业电子自助渠道将从 2005 年的 0.16% 上升到 10%。如表 13-6 与图 13-8 所示。

表 13-6 保险业信息化相关监管法规

印发时间	监管法规	主要内容
2005 年 4 月	《中华人民共和国电子签名法》	电子签名与手写签名或印章具备同等法律效力
2011 年 8 月	《中国保险业发展"十二五"规划纲要》	大力发展保险电子商务，推动电子保单以及移动互联网、云计算等新技术的创新应用
2011 年 4 月	互联网保险业务监管规定（征求意见稿）	明确保险公司、保险专业中介机构开展互联网保险业务的资质条件和经营规则
2011 年 9 月	《保险代理、经纪公司互联网保险业务监管办法（试行）》	明确了相关公司的进入门槛，规定保险代理、经纪公司开展互联网保险业务应当具备健全的互联网保险业务管理制度和操作规程、注册资本不低于人民币 1 000 万元等条件。此外保险代理、经纪公司开展互联网保险业务的，应当集中运营、集中管理，从业人员不得以个人名义通过互联网站销售保险产品
2013 年 8 月	《中国保监会关于专业网络保险公司开业验收有关问题的通知》	把设立独立的信息安全部门、具有保险业务全流程的电子商务系统和核心业务系统等应用系统、投保流程设置确认环节等作为专业网络保险公司开业验收的补充条件，这对规范互联网保险的发展将起到积极的作用
2013 年 12 月	《关于促进人身险公司互联网保险业务规范发展的通知（征求意见稿）》	将成为保险监管部门首部针对互联网金融领域的规范性文件。主要内容涉及规定保险公司经营区域、认可赠险或服务赠送行为和强调对网销的严格监管
2015 年 10 月	《保险机构信息化监管规定（征求意见稿）》	要求保险机构设立由董事会直接领导管理下的信息化工作委员会来防范和化解新技术风险，切实维护保险业信息安全

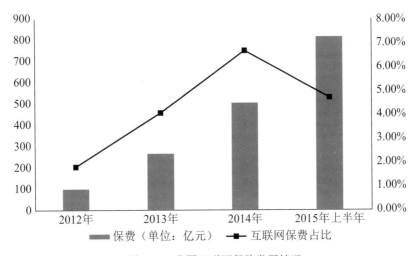

图 13-8 我国互联网保险发展情况

资料来源：互联网保险行业发展报告（2015 年）

13.4.2 保险业信息化的存在模式

保险业务信息化主要以四种模式存在：一是以 Ecoverage 为代表的保险公司网站模式；二是以 INSWEB 为代表的网络保险超市模式；三是以淘宝旗舰店为代表网络保险淘宝模式；四是以中国保险网为代表的网络保险支持平台。

1. 案例：INSWEB

1995 年 2 月 INSWEB 正式成立。INSWEB 是全球最大的保险电子商务站点，它不但和世界上 50 多家保险公司签署了业务协议，还与其他 180 多个站点进行合作。站点设计简洁而强大，客户通过站点检索需求资料，站点会据此进行分析，然后将结果反馈给客户，从而为客户提供最优质的保险建议。

INSWEB 的优点在于：报价快速、全面、实时；比较公正、客观；方便信息和分析工具的使用；维护客户隐私。INSWEB 的缺点在于：保险产品大多复杂，网络信息很难清晰地反映产品性质；销售对象主要是车险和意外险，规模局限，很难做大。

2. 案例：众安在线财产保险公司

2012 年 4 月，阿里巴巴马云、腾讯马化腾和中国平安马明哲共同协商并确立成立一家网络保险销售公司。2013 年 4 月递交筹备申请算起，"众安在线"拿到筹建牌照用了不到一年时间。从较快于同业的审批周期上可见，对于互联网保险创新，保监会表现出开明、开放的监管思路。

阿里巴巴，持股比例 19.9%，是最大单一股东；中国平安、腾讯分别以 15% 并列为第二大股东。除这三家主要股东之外，另有六家中小股东，分别为：携程、优孚控股、日讯网络科技、日讯互联网、加德信投资、远强投资，主要为网络科技或投资公司。

阿里巴巴是中国最大的电商平台，旗下拥有大量企业及个人客户，不但可以成为财产保险的购买者，其信用水平和交易记录亦可成为"众安在线"研发新产品的载体；而中国平安擅长于保险产品研发、精算、理赔，旗下庞大的销售及理赔团队，可成为"众安在线"的强大保障；腾讯则拥有广泛的个人用户基础、媒体资源和营销渠道，为未来"众安在线"的发展和推广铺平了道路；其余中小股东在网络科技上，也具有一定的资源及人才优势。

众安在线的定位不是通过互联网销售既有的保险产品，而是"服务互联网"。众安在线将"通过产品创新，为互联网的经营者和参与者提供一系列整体解决方案，化解和管理互联网经济的各种风险，为互联网行业的畅顺、安全、高效运行提供保障和服务"。

2013 年 13 月 5 日，众安在线的首款保险产品"众宝乐"正式上线。这款产品的目标群体是淘宝集市商的卖家。这款产品允许卖家自行选择保险额度，且无须缴纳消费者保障基金即可获得消费者保障服务资格和消费者保障标示，并获得最高 20 万元的保障额度的展示。"众宝乐"实行"先行垫付，事后追赔"，当买卖双方发生纠纷，"众宝乐"先向买家赔款，再向卖家追款。如图 13-9 所示。

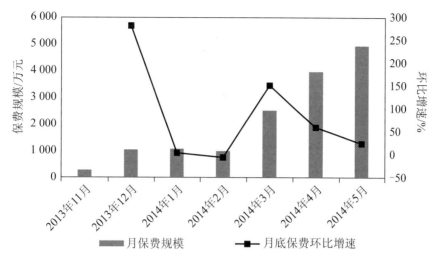

图 13-9　众安在线财产保险月度保费收入

资料来源：根据中国保险监督管理委员会网站资料，作者整理而成

3. 保险业与区块链

Z/Yen Group Limited 最近发布的一份研究报告表示，区块链技术将给 1.1 万亿美元的保险业市场带来变革。

区块链技术可提高完整性、安全性，并降低成本。

如比特币、以太坊、ripple（瑞波支付）以及 zerocash 等区块链协议，各专注于区块链技术的特定方面，如去中心化智能合约，去中心化自治组织（DAOs），以及分布式应用。

研究人员分析了与个人保险相关的四个不同业务领域：身份、空间、时间以及相关互动。其中每一个点，都将给区块链应用提供一个新机会。

在相关互动方面，研究人员发现，建立于区块链之上的智能合约，使投保人能够自行管理自己的保险产品。智能合约能够自动有效地处理保险过程，改变相关公司的业务方式："区块链技术可能有助从保险业中的主要模型——风险共担，向替代型风险管理模型的转移。基于区块链的风险管理模型，可能包括自管理或风险管理协议，点对点保险平台，甚至充分的资金解决方案。"

他们还发现，基于区块链的身份账目，对保险业有用，甚至可能与利用生物特征认证的官方数据库，形成同等竞争关系。Factom 联合创始人 Peter Kirby，解释了在区块链业务模式中，一家保险公司可如何使用身份账目："一个身份账目，基本上是关于'谁是谁'的完整列表。这个列表可被认为是'家族谱'，没有任何其他不相干的人可被加进这个列表。"

13.4.3　保险业信息化的风险暴露及控制

1. 我国保险信息化存在的风险

（1）系统风险

部分保险公司由于内控水平、资金实力、技术水平等原因，更多的是将网络保险作为形象工程，没有充分结合自身实际进行可行性论证，没有制定从系统建设、管理、维护到信息安全保障、应急处理、人才队伍培养等整体建设规划，盲目跟风建设多，整体规划做得少，公司可能因规划缺陷而存在极大的系统性风险隐患。

（2）管理风险

目前，部分保险公司成立了电子商务主管部门，制定了一系列管理制度，加强电子商务管理工作，但实际情况不尽如人意。近年来，保险公司都在积极调结构、转方式，实现创新性发展，考核机制也逐步向效益考核、创新考核倾斜，但传统的"重业务、轻管理"思想仍然存在。这使得尚处于起步阶段的网络保险进退两难，过小的业务规模不能引起公司的足够重视，不能吸引足够的资金进行建设和培训，"重建设、轻管理"、"建好就不管"的现象普遍存在，管理组织不完善、管理规范未建立、技术管理不到位、日常管理跟不上等问题仍未根本解决，网络保险存在较大的管理性风险。

（3）技术风险

网络保险主要依赖计算机和网络技术，不可避免地存在因互联网自由、开放所带来的信息安全隐患，以及存在运行风险、操作风险、自然风险等一系列人为或非人为风险，需要综合运用防火墙、入侵检测、加密认证、数字签名等信息安全技术，建立涵盖信息存储、传输与处理全过程的安全保障体系，需要建立涵盖安全评估、安全政策、安全标准、安全审计等环节的风险动态监测体系，以维护信息资源的保密性、完整性、可用性、可控性及不可否认性。不论是安全保障体系，还是风险动态监测体系，都需要投入大量的人力、物力。但是，部分公司因资金实力不足，或缺乏安全防范意识和安全技术人才，未能建立足够的安全保障措施，存在极大的技术性风险。

2. 我国证券信息化风险控制防范对策

第一，制定标准。目前，我国网络保险发展较快，具备了一定基础。但是，行业尚未建立统一的信息安全建设标准，各保险公司建设安全保障体系时具有很大的随意性，使得网络保险始终处于风险之中。因此，应加快制定网络保险信息安全建设标准，要求已建成网络保险的公司按照建设标准进行自查、评估、整改，新建的公司必须达标才能上线，并定期组织对各保险公司信息安全建设情况进行评估、检查，不断提高网络保险信息安全保障水平。

第二，科学规划。网络保险的信息安全建设是一项复杂的长期性工作，保险公司要将其纳入公司战略发展目标统一考虑，并结合公司网络保险发展实际制定近期和远期规划，从大处着眼、小处入手，分批分期逐步建设，充分利用现有资源，通过投入、产出、提升的良性循环，不断为网络保险发展提供适度安全保障，为网络保险平稳快速发展保驾护航。

第三，强化管理。网络安全问题大部分是因内部管理不善引起的，保险公司要成立专门的部门来负责网络保险的信息安全管理工作，制定涵盖各个层面的安全管理制度、安全责任制度、安全事件处理机制及安全应急处理预案等，并积极采取措施将制度落实到位。同时，要加强信息安全意识的教育和培训，定期进行安全意识和安全技能考核，强化全体员工的安全意识及安全责任感，提升领导对信息安全问题的重视程度，提高行业信息安全管理水平和效能。

第四，注重建设。保险公司应加强信息安全保障体系建设，充分运用数据加密、身份认证、入侵检测以及建立数据备份中心等技术和手段，建立涵盖网络交易全流程的安全保障体系，确保网络保险运作过程中信息的保密性、完整性、有效性，身份的真实性，交易的不可抵赖性，网络和计算机系统的可靠性。同时，应积极引进新技术、新设备，提高信息安全保障能力。

第五，完善法规。我国现行的《保险法》对网络保险没有相关的规定，因此，从网络保险的发展前景来看，出台一部专门针对于互联网的《保险法》是十分必要的。制定网上保险业务法规要充分体现保险立法和合同法的立法精神，同时要考虑到目前我国保险业受到严格管制和电子商务起步较晚的现状。

总结

本章首先从信息化金融机构的定义和影响两个方面进行概述，然后分别对银行业、证券业和保险业进行详细阐述。

关键概念

银行业信息化　证券业信息化　保险业信息化

习题

1. 信息化金融机构的概念是什么？
2. 概述银行业信息化的存在模式。
3. 概述证券化信息化的存在模式。
4. 概述保险业信息化的存在模式。
5. 比较信息化金融机构的风险状况。

第14章
我国互联网金融案例

最近，以 BAT（百度、阿里巴巴、腾讯）为首的互联网大公司，都对互联网金融产生了浓厚的兴趣，并形成了三足鼎立的局面。2013 年 8 月，腾讯旗下财付通通过微信推出微信支付，便捷的使用过程在两个月内形成不可忽视的冲击波；2013 年 10 月，百度金融中心推出百发理财，以年化收益 8% 的卖点直面挑战年化收益近 5% 的余额宝，当日上线 5 个小时，销售额便超过 10 亿元；同月，阿里巴巴控股天弘基金，突破 1 000 亿的余额宝成为了互联网金融的经典案例；11 月，阿里巴巴旗下支付宝钱包宣布独立品牌运作，直面微信支付的竞争……

无论是第三方支付，还是互联网保险、理财，在这么短的时间内，几家互联网巨头都多箭齐发，相继疯狂进入互联网金融领域，似乎谁不做，谁不快马加鞭就会错失再造高峰的可能。

资料来源：BAT金融之局，《商业价值》，2015年10月

本章学习目标

1. 了解我国典型企业互联网金融布局及其优势；
2. 理解我国典型企业互联网金融的发展战略。

14.1　BAT 互联网金融布局

2013 年以来，互联网的发展更加迅猛，互联网的触角深入到了金融领域，国家也释放出来了金融行业进行创新改革的信号，从政策上也给予了互联网企业进入金融行业的机会。2013 年被誉为我国"互联网金融元年"。互联网与金融行业之间的结合颠覆了传统金融业的发展模式，互联网的"符号"特征使其内在的体现为一定的速度特征。长期的金融压抑和国家对互联网金融的支持，这些都构成了互联网金融发展的现实基础和政策基础。

BAT 是我国三大互联网公司百度（Baidu）、阿里巴巴（Alibaba）、腾讯（Tencent）的简称。到 2014 年年底，百度、阿里巴巴、腾讯分别初步完成了在互联网金融领域的布局，基本形成了互联网金融领域 BAT 三足鼎立的局面。事实上，BAT 的互联网金融布局由来已久，现在让我们来一起回顾一下三大巨头的互联网金融布局之路。

14.1.1　百度

1. 布局

百度作为一家传统的互联网公司，一直以来都是以基于搜索的广告业务为公司主要

收入来源。在搜索领域，百度占据了中国搜索市场的半壁江山，随着互联网技术的不断发展，百度也将自己的枝蔓延伸到互联网的各个领域，包括当下火热的互联网金融。百度作为BAT"三巨头"中最传统、最没有金融背景的公司，在布局互联网金融过程中显得比较谨慎。百度互联网金融布局主要有以下四步。

第一，注册成立百度小贷公司。2013年9月，百度公司获得贷款业务牌照后，在上海设立百度小额贷款公司。百度小贷公司注册资本为2亿元，不排除后续增资。百度小贷公司具有贷款业务资质，服务对象优先考虑百度推广的现有老客户，重点扶持小微企业。

第二，携手华夏基金推出"百度百发"。2013年10月，百度和华夏基金共同推出目标年化收益率为8%的限售理财计划"百度百发"，给互联网金融市场产生了巨大影响，这是百度进军基金销售领域的重要信号。但是由于百度当时并没有取得基金销售支付结算牌照，此时的支付方式是绑定银行已开通网银的储蓄卡，并在华夏基金开户后回到百度理财平台进行支付。2014年4月5日，百度宣布获得基金销售支付牌照，为基金公司和投资者提供基金第三方支付结算业务。此时，BAT三方都拥有了基金销售支付牌照。

第三，百度钱包整体上线。2014年4月15日，百度正式推出百度钱包，这一战略性布局是百度在2014年度互联网金融领域最重量级的战略之一。百度钱包的目标是"随身随付"的"有优惠的钱包"，它直接连接起百度旗下的丰富产品、海量商户以及广大用户，提供的服务包括转账、付款、缴费、充值等，并结合百度原有的大数据优势，全面打通O2O生活消费领域，同时百度金融中心还提供百度理财、消费金融等资产增值功能与个人金融服务，让用户在移动互联网时代轻松享受一站式移动支付生活。

百度钱包的正式上线，在移动支付布局策略、支付技术的改革升级，特别是在互联网金融创新方面给行业造成了巨大的冲击。一方面，百度与百胜集团、中国联通、中粮集团、中信出版社等巨头紧密合作，构建和完善移动支付生态系统；另一方面，百度以创新者和颠覆者的姿态，在互联网金融领域大步向前，不断开疆拓土，推出"百赚利滚利"、"沃百富""百发有戏"等金融服务产品。此外，百度在2014年推出的"百发100指数"被许多机构运用于基金产品设计，成为2014年度最受关注的互联网理财产品。作为国内首个互联网数据指数，该指数首次真正打破了互联网公司与金融机构之间分工的界限，成为互联网公司参与金融产品设计的标志事件。

第四，推出"百度股市通"，进军互联网证券。2015年2月10日，百度宣布开放"百度股市通"App公测。这是国内首款应用大数据引擎技术智能分析股市行情热点的股票App，同时意味着百度正式进军互联网证券市场。"百度股市通"独家提供的"智能选股"服务，基于百度每日实时抓取的数百万新闻资讯和数亿次的股票、政经相关搜索大数据，通过技术建模、人工智能，帮助用户快速获知全网关注的投资热点，并掌握这些热点背后的驱动事件及相关个股。

至此，百度完成其互联网金融的初步布局。截至2014年年底，百度已经发布的互联网金融的产品如表14-1所示。

表 14-1　百度互联网金融布局

百度互联网金融产品与业务	特　点
百度钱包	将百度旗下的丰富产品、海量商户以及广大用户连接起来，提供转账、付款、缴费、充值等支付服务，并全面打通 O2O 生活消费领域，同时百度金融中心提供包括百度理财、消费金融等资产增值功能与个人金融服务，让用户在移动时代轻松享受一站式的支付生活
百度理财	提供投资、贷款、消费金融、互动金融等各类金融服务，全面满足各类家庭投资、借贷、消费等金融需求。目标是通过专业化的团队，精选多元化高品质的金融产品，提供快捷安全、优质周到的金融服务，打造一站式的安全、专业、全面的综合金融服务平台
百度金融中心	百度金融中心的目的是建立长期持续的投资者教育。百度金融中心的渠道创新是基于搜索为用户提供所搜即所得的金融产品，模式创新包括"众筹金融"、"粉丝金融"及"团购金融"
百度股市通	一款应用大数据引擎技术智能分析股市行情热点的股票 App，基于百度大数据，为股民在全球股市提供最新选股信息

除了以上面向个人用户的产品和服务外，百度的金融业务体系中当然还包括面向中小企业的产品和服务，比如百度小贷、金融知心等。百度小贷与阿里小贷类似，主要是面向小微企业的信贷业务；金融知心则是面向金融客户的营销业务，目标是将流量精准地导入到金融服务机构中。

2. 发展优势

百度在 PC 和移动端的流量和用户规模优势使之在互联网金融领域能相对容易地启动，对机构也有足够的吸引力。对于小贷业务，百度推广平台中现有近 60 万的中小企业客户，是小贷业务潜在的服务对象，具有得天独厚的优势。百度金融的目标是打造金融产品平台，对接用户需求和理财产品。百度以更加开放的姿态来迎接互联网金融时代的到来，与阿里巴巴收购天弘基金实现流量闭环的思路完全不同，百度是将信息流转换为金融流。在不断扩大互联网金融版图，发展互联网金融业务方面，百度具有以下优势。

第一，搜索数据和技术。与阿里巴巴和腾讯相似，百度拥有自己的"大数据"：百度的全网数据和用户意图数据。依托互联网，百度能更好地获取和整合数据，很好地支持百度信用评价体系的构建和金融业务的发展。搜索引擎在数据挖掘上有天生的技术特长，百度和腾讯（搜狗）在这方面均比阿里巴巴有优势。百度可以根据海量网民的搜索，捕捉大众用户的金融需求，利用他们拥有的数据进行互联网金融领域的挖掘，以定制化产品深入蓝海理财用户。

第二，百度地图。百度在移动端除了搜索和应用分发外，另外一个巨大优势是百度地图。百度地图已拥有 2 亿用户，汇聚了大量的开发者和 POI 数据。地图和支付是本地生活服务（O2O 只是其中一部分）的左右手，微信在支付上走了一小步，百度地图则迈出了一大步。腾讯即将推出腾讯地图，百度加强移动支付也在意料之中，此前百度投资团购网站糯米网正是其加快 O2O 布局的迹象。阿里巴巴除了纷繁零散的投资外，在本地生活方面真正的核心优势只有手机支付宝。百度本地生活服务的机会，也是百度钱包以及百度金融的机会。

14.1.2 阿里巴巴

1. 布局

阿里巴巴是互联网金融风暴的始作俑者。从2013年阿里巴巴推出余额宝后，传统金融行业担心互联网金融给金融行业带来的震荡对自身造成冲击，互联网巨头们也快速推出自身的互联网金融产品，一大群互联网公司如雨后春笋般纷纷崛起。其实早在2004年12月，阿里巴巴推出第三方支付平台——支付宝时就已经为其成为互联网金融巨头奠定了基础。阿里巴巴近两年在互联网金融领域动作频繁，主要有以下五大布局。

第一，推出余额宝。2013年6月13日，阿里巴巴集团旗下支付宝推出全新的互联网理财产品"余额宝"。用户将银行账号与支付宝绑定，并将银行活期存款转移到余额宝中，通过余额宝，用户能够得到高于银行活期存款的收益，同时也能随时消费支付和转出，与使用支付宝余额一样方便。转入余额宝的资金在第二个工作日由基金公司进行份额确认，对已确认的份额开始计算收益。余额宝实质是货币基金，是马云"搅局金融"的一个有效武器。其推出不久，阿里巴巴趁热打铁，将其在移动端上线，绑定用户的消费和理财行为。

第二，与民生银行合作。2013年9月16日，阿里巴巴与民生银行合作，携手打造全新的金融开放平台，为小微企业和草根消费者提供融资服务，同时也是未来大零售战略布局的关键一环。民生银行与阿里巴巴达成了以直销银行业务、理财业务、资金清算与结算、信用卡业务、信用凭证业务、信用支付业务、互联网终端金融、IT科技为内容的八项合作协议。随着合作的深入，民生银行与阿里巴巴双方的用户群不断打通融合后，针对阿里巴巴的客户需求以及淘宝用户的消费特点而设计推出专属的理财等金融产品也在民生银行的计划之中。此外，民生银行所推出的直销银行业务，主要依托淘宝平台，将银行电子账户系统与支付宝账户互联互通。

第三，联合发起成立众安保险。2013年11月6日，有马云、马化腾、马明哲发起的中国首家互联网保险公司——众安保险正式挂牌。众安保险以"服务互联网"的宗旨，力图为所有互联网经济参与者提供保障和服务。众安保险首批保险产品"众乐宝——保证金计划"于2013年11月25日上线，开启国内首款网络保证金保险，为淘宝上加入消保协议的卖家提供新保障，是全球首款运用互联网数据作为精算依据的保险产品。

第四，发起设立浙江网商银行。2014年9月29日，阿里巴巴与上海复星工业技术发展有限公司、万向三农集团有限公司、宁波市金润资产经营有限公司共同发起设立浙江网商银行正式获筹，拟打造全流程网络经营模式。网商银行采取"小存小贷"的业务模式，客户群体为电商上的小微企业和个人消费者，用互联网的技术、理念，尤其是互联网的信用，去提供适合小微企业和草根消费者的金融服务。

第五，成立蚂蚁金融服务集团。2014年10月16日，阿里巴巴旗下蚂蚁金融服务集团正式宣告成立。作为互联网金融巨头阿里巴巴旗下的金融服务集团，"蚂蚁金服"自然将阿里巴巴旗下的支付宝、支付宝钱包、余额宝、招财宝、蚂蚁小贷以及浙江网商银行等品牌和业务收入囊中。蚂蚁金服的业务体系主要有支付、理财、融资、保险四大板块。蚂蚁金服的主要服务对象为小微企业和个人消费者，将自身打造成互联网金融服务平台。蚂蚁金服集成了阿里在金融领域的强大势力,普遍被视为金融行业的最大搅局者。而随着蚂蚁金服接入的机构、商户的拓展,将为互联网金融的拓展带来巨大的推动力,也被誉为目前互联网金融最大的平台之一。

截至2014年年底,阿里巴巴涉及的互联网金融产品和业务如表14-2所示。

表14-2 阿里巴巴的互联网金融布局

阿里巴巴互联网金融产品与业务	特　　点
支付宝	支付宝主要提供支付及理财服务。包括网购担保交易、网络支付、转账、信用卡还款、手机充值、水电气缴费、个人理财等多个领域。在进入移动支付领域后,为零售百货、电影院线、连锁商超和出租车等多个行业提供服务
余额宝	年化收益率约为4%～5%的余额增值服务,是将货币基金通过互联网手段进行发行销售的首创。截至2015年第一季度,余额宝规模已经突破7 000亿元
基金业务	控股天弘基金。依靠余额宝,天弘基金一举成为国内最大的基金管理公司
担保业务	阿里巴巴、淘宝、浙江融信网络技术有限公司三方联合设立重庆商诚融资担保有限公司,为重庆中小企业贷款和融资提供担保
保险业务	众安在线财产保险公司是国内首家互联网保险公司。以"服务互联网"为宗旨,力图为所有互联网经济参与者提供保障和服务
阿里小贷	浙江阿里小贷、重庆阿里小贷,已为30多万家小微客户提供服务,共投放贷款超过1 000亿元。阿里小贷是阿里金融为阿里巴巴会员提供的一款纯信用贷款产品。债务人无须提供抵押品或第三方担保仅凭自己的信誉就能取得贷款,并以借款人信用程度作为还款保证
淘宝理财	与保险银行等合作的理财产品销售平台。众多保险和基金公司入驻淘宝理财频道,销售各种理财产品
民营银行	阿里巴巴旗下浙江蚂蚁小微金融服务集团与上海复星工业技术发展有限公司、万向三农集团有限公司、宁波市金润资产经营有限公司共同发起设立浙江网商银行。网商银行采取"小存小贷"的业务模式,客户群体为电商上的小微企业和个人消费者

资料来源:根据阿里巴巴资料,作者整理而得

号称"银行不改变,我们改变银行"的马云身体力行,已经进行广泛而雄厚的布局。其"金融、平台和数据"战略提出后,走得最快的也是"金融"这一步。如图14-1所示。

2. 发展优势

阿里巴巴依托淘宝、天猫等电商,从服务企业到个人,数据是其核心资产,也具有了一些百度和腾讯所不具备的优势。

第一,电商+支付寡头。用户流量、资金流、企业客户资源和渠道、金融领域积累、安全背书、品牌形象、临时中转资金。

第二,信用数据。根据企业的交易数据进行小微贷款业务的信用评估;对企业数据实时监控随时处理账户降低风险;个人用户信用记录开展信用支付。信用体系也是阿里各业务正常运行的基石,这必然会延展到阿里金融。不过传统信用评估资料收集成本高,同时

伪造成本也高；网络信用评估高效成本低，反过来伪造成本也低，例如雇用网络水军刷高信用额度。

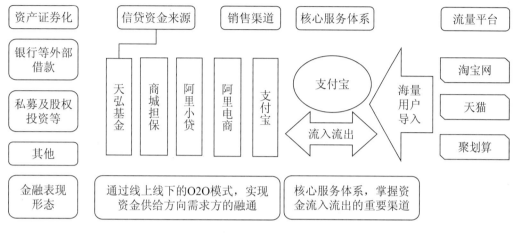

图 14-1　阿里巴巴的互联网金融版图

第三，消费数据。根据用户个人消费数据和群体消费行为挖掘后，为余额宝资金调度提供参考，模仿腾讯推出淘宝基金指数，将用户与理财产品精准对接。这一切还可以与其投资的新浪微博结合起来运作，例如，大V认证资料、微博资料、社会化推广、社会化数据挖掘等。

14.1.3　腾讯

1. 布局

第一，微信支付。2013年8月5日，微信5.0版正式推出，其中增添的微信支付功能成为最大看点。腾讯推出微信就几乎牢牢占据了移动流量入口的霸主地位，微信以其强大的流量支撑和社交属性，一举成为移动社交应用之王。微信支付功能的推出，更增加了微信的金融属性。在原有财付通的基础上，微信支付只要求用户在微信中关联一张银行卡，并完成身份认证，即可进行第三方支付。用户在支付时只需在自己的智能手机上输入密码，无须任何刷卡步骤即可完成支付，整个过程简便流畅。

第二，联合发起成立众安保险。2013年11月6日，腾讯与阿里巴巴、平安、携程等国内知名企业发起成立的中国首家互联网保险公司众安保险正式挂牌，首批保险产品将于2013年年底上线，侧重在电商信誉和商家支付。众安保险是国内首家互联网保险公司，业务范围主要包含与互联网交易直接相关的企业或家庭财产保险、货运保险、责任保险、信用保证保险。

第三，涉足证券领域。2013年11月22日，国金证券同腾讯签署《战略合作协议》，双方结成战略合作伙伴关系，进行全方位、全业务领域的深度合作。此外，腾讯早在2012年年初收购了炒股软件益盟操盘手，并合作推出了股票分析软件——腾讯操盘手，并且自行开发了股票软件"自选股"。

第四，布局基金领域。2012年年初，腾讯旗下财付通推出全新产品理财汇。理财汇覆盖基金、股票、保险三个资产类别，是腾讯在基金领域的首次尝试。此外，腾讯与众禄基金合作"腾讯基金超市"，可以视为在基金领域的一次布局。2013年12月16日，腾讯投资好买财富。好买财富具有证监会"独立基金销售公司"牌照，拥有覆盖宏观策略和各类产品线的研究与数据团队，并拥有自己开发的数据库系统、研究系统和TA交易系统。腾讯对好买财富的投资是其在基金领域的又一次布局。

第五，联合设立民营银行。2013年9月，腾讯控股申请设立民营银行，且获广东政府批准。2014年12月12日，腾讯公司旗下民营银行——深圳前海微众银行（以下简称微众银行）已正式获准开业，成为中国首家民营银行。微众银行将以普惠金融为目标，致力于服务工薪阶层、自由职业者、进城务工人员等普罗大众，以及符合国家政策导向的小微企业和创业企业。主要经营模式是针对目标客户群的需求，通过充分发挥股东优势，提供差异化、有特色、优质便捷的存款、理财投资、贷款、支付结算等服务，全力打造"个存小贷"特色品牌。

截至2014年年底，腾讯在互联网金融的布局如表14-3所示。

表14-3 腾讯互联网金融布局

腾讯互联网金融产品与业务	特点
财付通	腾讯于2005年推出的在线支付平台，现已成为腾讯的支付基础设施。相关数据显示目前第三方支付中，支付宝份额约为50%，财付通份额为20%左右
手机支付	腾讯旗下第三方支付平台，包括手机财付通和微信支付
保险业务	马化腾、马明哲和马云"三马"联手设立的众安在线财产保险公司。财付通联合中民保险网推出保险超市，帮助保险公司卖产品，自己成立一个业务柜台
基金业务	腾安价值100指数。指数侧重三四线蓝筹，偏向于民企。财付通与华夏、易方达、广发、汇添富四家基金公司合作的理财产品在2013年年底上线
证券领域	已收购益盟操盘手、推出腾讯操盘手。国金证券同腾讯签署《战略合作协议》，双方结成战略合作伙伴关系，进行全方位、全业务领域的深度合作
民营银行	成立中国首家民营银行——微众银行。微众银行将以普惠金融为目标，致力于服务工薪阶层、自由职业者、进城务工人员等人群，以及符合国家政策导向的小微企业和创业企业。主要经营模式是针对目标客户群的需求，通过充分发挥股东优势，提供差异化、有特色、优质便捷的存款、理财投资、贷款、支付结算等服务，全力打造"个存小贷"特色品牌

资料来源：根据腾讯资料，作者整理而得

2. 发展优势

腾讯的优势在于社交。在个人支付产品、金融产品和机构服务方面，腾讯则有得天独厚的优势。

第一，用户基础、关系和渠道。这既可以实现一些社会化支付、金融产品的创新，也有助于产品的推广营销和理财客户的维系互动。这意味着腾讯未来很可能会成为一个平台，第三方机构使用其向用户销售产品。

第二，社交数据。QQ、空间、微博等社会化产品产生的海量社交数据，通过一定的挖掘可以进行一些预测、监测。例如腾讯推出的基金指数便是基于数据挖掘而产生的。

第三，微信平台。腾讯移动支付的机会在于微信。腾讯互联网金融的机会也在于微信。

腾讯的风格是"等人去打头阵先探路"，模式验证成功后自己再快速复制。但其会在复制前做好各种考量、准备，否则就无法快速复制并且赶超先行者。

纵观 BAT 三大巨头的互联网金融布局，三方皆根据自己的优势去着手、布局，将触角进一步延伸出去，可以看到：百度着力于搜索，腾讯着力于社交，阿里着力于电商。它们的套路几乎如出一辙，先在移动互联网流量入口上加重砝码，待时机成熟便迅速推出根据自己产品的优势量身定制的金融产品。这也从一个方面折射出移动入口对互联网金融的重要性，其几乎已成为未来互联网之战的兵家必争之地。如表 14-4 所示。

表 14-4　BAT 互联网金融布局及优劣势

产品种类与优劣势	百　　度	阿 里 巴 巴	腾　　讯
旗下布局	百发理财 百付宝 百度小贷 百度金融中心	支付宝 余额宝 基金 阿里理财 阿里保险 阿里小贷 阿里担保	财付通 微信支付 基金超市
优势	流量入口 搜索能力 大数据分析能力 比传统金融机构和用户更近	比传统金融机构更多小企业信用 排他性的生态圈 大数据能力	海量用户 基于移动支付 社交关系能力强 资金流充足 微信的可能性
劣势	发力晚 没有账户信息 用户没有花钱习惯 整体思路不足	对券商关注少	战略不如阿里清晰

14.2　BAT 互联网金融发展战略

1. 百度金融：产品搜索 + 数据服务

相比阿里和腾讯，没有资金流、供应链等整合优势的百度在互联网金融上的战略无疑慢了半拍。为了摆脱后发劣势，百度在 2013 年 10 月 28 日推出百度百发理财，以高达 8%

的目标年化收益率成功吸引了眼球。"百度百发"当日上线 5 个小时，销售额就超过 10 亿元，用户超过 12 万。虽然背后是与华夏基金合作推动，但 8% 的高收益是百度在其中进行了"补贴"，其传播效果要远远高于普通的营销效果。

百度的天然优势是搜索。然而，从用户习惯角度看，似乎离用户最近的"搜索"，其实是离用户最远的。用户在百度上完全没有建立起花钱的习惯，在互联网金融这件事上，离花钱最远明显要被动很多。百度最大的优势在于大量的用户流量和强大的搜索能力，以及其背后的大数据处理能力。但作为搜索入口，百度的用户黏性是最弱的。而且百度没有账户特性，而在金融领域，账户特性非常重要。

百度互联网金融战略最直接的方式，是利用好自身的优势资源，打造成一个第三方金融产品的大平台或大超市，把各种贷款产品、理财产品集合，做产品搜索和比价。在金融领域的垂直搜索市场上已经存在细分的互联网金融公司，这个渠道会成为银行等机构的主要销售渠道，通过大数据能力，可为用户解决信息不对称的问题。

最近，百度金融正在和贷款垂直搜索平台好贷网达成合作。百度负责前端的引流部分，后端的业务落地由好贷网完成。同时，百度看好资产管理行业，希望进入保险、信托等行业，并实现在线开户和交易。百度金融中心也正在进行"众筹金融"、"粉丝金融"、"团购金融"等新模式的尝试，以完善百度的盈利模式。

此外，百度也涉足小贷业务防守阿里，面向中小客户，解决其贷款问题。

相比来说，百度金融中心的尝试可能会更加有意义，也符合百度的优势基因：通过大数据能力，面对中小客户提供数据金融服务。如何布局好全新的"金融入口"，增加金融服务平台的用户黏性，是百度金融能够走远的核心。

由此不难看出，金融机构、银行、互联网公司、支付公司等在互联网金融上，都是基于历史业务的优势来切入的。而在这个过程中，除了在跨界的局部业务上，目前几大巨头的冲突并不明显。

2. 阿里金融：资金闭环 + 金融平台

在 BAT 中，阿里巴巴在互联网金融领域的思路和战略是最早最清晰的一个。早在 2012 年，马云就提出"平台、金融、数据"的三大战略。而从余额宝开始，其带给传统金融机构的震动更是行业之最。

对于毫无金融基因的互联网公司而言，切入互联网金融的最好角度，就是借力自身的业务优势。基于自身的电商生态系统。阿里巴巴有很大的空间可以开发互联网金融产品，比如商家的信誉、资金需求，商品的质量、物流，用户在购买环节中的信用贷款等。

阿里金融的一切都是从用户需要出发，自下而上的满足用户需求。对于阿里的生态系统来说，在电商交易的过程中，各个环节都会出现问题。比如支付宝，就是在当银行的直接汇款不能解决交易双方信任问题时产生的。仅以保险为例，淘宝上已经存在的运费险，买家只需支付 0.5 元的运费险，如果商品手续产生退换货，期间的运费将获得理赔。和泰康人寿合作的"乐业险"，也是为了给淘宝上卖家解决医疗、意外、养老等保障应运而生的。

纵观阿里金融开展的业务，其布局覆盖了全产业链：支付宝、余额宝、基金、阿里理财、阿里保险、阿里小贷、阿里担保等，还包括阿里云所提供的金融云服务。同时，阿里巴巴也是拥有"牌照"最多的互联网公司，包括第三方支付牌照、基金牌照、担保牌照和小额贷款牌照。

但阿里巴巴最大的优势，还是在于布局运营支付宝多年，从中逐渐了解银行业务，而目前阿里巴巴也正在筹备浙江网商银行。阿里巴巴的互联网金融发展还应该注意以下方面。

第一，产品后台化。就像如今我们看到的余额宝、淘宝保险、淘宝理财，每一个产品都是需要用户频繁的进行转入转出操作，应该化繁为简，使一切理财功能都在后台发生，而用户看到的，只是一个简单并又有增值能力的账户界面。

第二，全新信用体系的建立。至今还在内测的"信用支付"就是以此为基础而诞生的产品。金融很重要的职能是风险控制，如果阿里拥有一套完整的风险控制体系，贷前、贷中及贷后环环相扣，利用数据采集和模型分析等手段，根据小微企业和个人用户在阿里巴巴平台上积累的信用及行为数据，对其还款能力及还款意愿进行评估，就会首先形成阿里体内的自循环。而这套体系一旦成熟，就可以作为全新的信用系统向社会开放。

第三，做金融服务平台化。当阿里掌握了风险管理的技术和能力，阿里金融会打造一个信贷和理财的平台，未来向所有金融机构开放，打通成一个开放的生态平台，为小微企业提供服务。

平台的核心价值：一是了解客户的需求，把合适的金融产品推荐给用户；二是基于手机终端，让用户可以用碎片化的时间解决金融问题；三是解决流动性的需求；四是让金融机构在淘宝上自己运营，寻找机会提高客户转化率。

3. 腾讯金融：支付 + 券商

在金融这件事上，相比充满战略布局的阿里巴巴，腾讯希望利用自己的充沛现金流，扮演着一个股权投资者的角色，而不仅仅限于某个行业。

腾讯在互联网金融领域出手颇多，例如和马明哲、马云共同建立的众安在线保险，有两家巨头互联网公司的参与，众安在线保险完全立足于网销平台；在 BAT 中，腾讯以补短板式布局的方法收购了"益盟操盘手"部分股权，布局证券咨询软件等。

腾讯对互联网金融的想象力随着微信支付的出现不断扩大蔓延。毫无疑问，微信支付在互联网金融大行其道的今天替腾讯占尽了风光。从产品架构上看，微信支付完全是基于财付通的支付渠道和风险控制，财付通相当于为微信打下了基础——将"支付"环节前置，正是其高明之处。

微信支付的做法十分明智：先以游戏、表情、会员费等小额支付嵌入，形成用户的微支付习惯；和航空公司的微信公关账号合作，随时完成购票交易；和视频网站打通，实现家庭娱乐付费模式；和本家易迅打通了移动电商支付等。在微信里，支付更像一个随需出现的后台轻功能。财付通目前和支付宝仍有差距，腾讯在金融上的投入也不及阿里。可以说，没有微信的财付通一直不温不火，但有了微信让它无所不能。

微信支付现有的接入场景有三种：一是微信系统内的公众账号；二是线下二维码入口；三是通过第三方渠道，比如大众点评等网站接入。在未来，微信无疑是移动互联网上最庞大的入口之一，是底层生态。一直以来，大家害怕的不是微信，而是微信的可能性。

利用微信支付，仅在和基金、保险公司的合作上，腾讯就有很多可能。近期微信已经开发出专门的理财平台,通过微信账号推出"微财富"已成为基金公司角逐的重要市场,目前已有数十家基金公司推出此项服务。与传统金融行业相比,微信理财拥有创新、有针对性和个性化的服务,用户可合理配置自身的闲置资金。

微信支付还与财产保险公司中国人保财险合作,为用户推出基于微信支付安全问题的全额赔付保障。同时,腾讯旗下已经有与 19 家基金公司合作的"理财汇",与众禄基金合作的腾讯金融超市。

相比阿里,腾讯只有第三方支付牌照和基金销售牌照。如果说阿里对银行更感兴趣,那么腾讯就对券商更感兴趣。

在电子券商领域,有可能出现爆炸式的增长,美国嘉信理财的成长历程可以借鉴。互联网的"草根和长尾"特性决定了电子券商必须走折扣经纪商路线、具备草根娱乐性、产品设计必须多元化。证券业务复杂多样,电子券商需要从投资顾问服务、基金和理财产品销售切入。互联网公司和软件厂商在支付手段、信息处理以及扩大交易可能性集合方面都有更强的技术手段和更有效的实现方式。从本质上来说,互联网金融是互联网厂商和软件厂商在金融领域的 O2O 实践。

回看腾讯此前的布局不难发现,腾讯收购"益盟操盘手",布局金融咨询软件;联合济安金信共同推出发布腾安价值 100 指数和企业年金指数等;开发了股票软件"自选股"。腾讯的海量用户和移动特性,在证券业务中都具有绝对优势。腾讯优秀的产品经理团队,足够支撑支付和证券业务并行。

相比阿里在建立的信用支付体系,拥有海量用户以及用户之间关系及关系链的腾讯,似乎同样具有建立关系信用的基础。可以想象,未来用户在互联网上的信用值,还来自于用户的朋友是谁。基于关系链的背书,在此基础上,是否能成长为未来互联网金融里的一个全系指标,并用于保险、贷款等产品中同样值得期待。

14.3　中国平安互联网金融发展案例

中国平安是一家具有创新基因的公司,自 1988 年在深圳蛇口成立以来,仅用了 26 年的时间,就成长为业务横跨保险、银行、投资的综合金融集团。平安的发展历程,是一个不断创新的历程。在公司发展中,两次渠道模式创新推动了公司的飞速发展:平安是国内最早引进代理人体制的公司,代理人模式的建立使营销渠道成为寿险最重要的价值贡献来源,在产险方面,公司电话销售车险模式的推广,推动车险保费迅速增长,使得产险规模达到市场第二。正是开放和创新精神推动平安成长为现在的金融巨头。

面对互联网金融浪潮,平安强烈意识到,只有与互联网新技术的迅速结合,才能更好地服务客户,提升客户黏度,实现国际领先的个人金融集团战略目标。从打造精英管理团队,到各产品条线的设立,都可以看到平安不断加快在互联网领域的布局。2013年年初,平安提出社交金融战略,满足客户衣食住行玩的需求。我们认为,平安互联网战略已经远远超过一个传统金融集团的疆域,互联网可以帮助企业把领域扩展到传统行业无法企及的地方,但同时也会带来更为激烈的竞争和更为强大的竞争者。平安的战略思想是超前和领先的,在互联网领域的布局也在不断加速,我们认为未来还是值得期待的。

平安早就开始着手互联网布局。早在2011年,平安入股1号店,正式进军电商行业。2011年9月,平安集团旗下的网络投融资平台陆金所正式注册,2012年3月正式上线运营,作为中国平安集团倾力打造的平台,lufax结合全球金融发展与互联网技术创新,在健全的风险管控体系基础上,为中小企业及个人客户提供专业、可信赖的投融资服务,帮助他们实现财富增值。2013年平安布局平安付,进入第三方支付领域,直接挑战支付宝;随后推出壹钱包,在移动支付领域直接面对微信支付。此外,中国平安还推出了社交平台天下通、平安好房和平安好车,以及主要介绍理财投资、收录各银行券商基金外汇贵金属等金融行业资讯操盘应用的理财购物类软件24财富。成立于2008年的平安金融科技咨询服务有限公司(简称平安金科),是平安集团互联网金融业务孵化平台。目前,平安好车、24money、平安付、万里通、陆金所等公司,都是由平安金科孵化。

平安的布局中特别具有互联网金融形态的是陆金所、万里通、平安好车、平安好房、一账通、平安健康、平安付。

1. 陆金所

陆金所,全称上海陆家嘴国际金融资产交易市场股份有限公司,平安集团旗下互联网金融服务平台,是中国最大的网络投融资平台之一,2011年9月在上海注册成立,注册资本金8.37亿元,总部设在国际金融中心上海陆家嘴。陆金所有Lufax和Lfex两大平台,分别为个人客户和机构客户提供互联网金融服务,在为中小企业提供融资新渠道的同时,也为个人提供创新型投资理财服务。陆金所具有由金融管理和电子商务等业界一流的国际专业人士组成的经营团队,健全的风险管控体系,能为中小企业及个人客户提供专业、可信赖的投融资服务。

陆金所主要业务是金融产品的研究开发、组合设计、咨询服务,非公开发行的股权投资基金等的各类交易相关配套服务,金融和经济咨询服务、市场调研及数据分析服务,金融类应用软件开发、电子商务、会务服务、商务咨询、财务咨询(不得从事代理记账)等。主要服务对象是小微企业、金融机构和合格投资人。旗下两大平台为网络投融资平台(Lufax)和金融资产交易服务平台(Lfex)。

Lufax于2012年3月正式上线运营,作为中国平安集团倾力打造的网络投融资平台,结合全球金融发展与互联网技术创新,在健全的风险管控体系基础上,为中小企业及个人客户提供专业、可信赖的投融资服务,实现财富增值。陆金所P2P业务能够跨越地域限制为投融资端建立了一个桥梁和平台,实现民间借贷阳光化;陆金所上的借款人主要来自二、三线城市,而投资人则来自北上广深,有效利用民间资本的力量来实现资源的有效分配,帮助解决中国区域经济发展不平衡的现实问题。Lufax旗下的P2P业务分为无抵押P2P——稳盈-安e贷和有抵押P2P——稳盈-安业贷。稳盈-安e贷投融资服务是基于国际 P2P 网贷模式，结合中国实际国情，创新而成的全新网络借贷模式。陆金所向投资方（投资人）和融资方（借款人）提供稳盈 - 安 e 贷服务，帮助双方快捷方便地完成投资和借款。稳盈 - 安 e 贷服务具有高收益率、安全、转让方便等特点，将会成为现有理财产品的有力竞争者。稳盈 - 安业贷基于国际 P2P 网贷模式，结合中国实际国情，更加入了房屋抵押，保障投资安全。

Lfex 致力于通过优质服务及不断的交易品种与交易组织模式创新，提升交易效率，优化金融资产配置，为广大机构、企业和合格投资者等提供专业、高效、安全的综合性金融资产交易相关服务及投融资顾问服务。Lfex 主要业务有结构化创新业务、委托债权业务、应收账款转让业务、票据收益权业务。陆金所为资产的结构化创新提供财务顾问服务，旨在为银行零售信贷资产（信用卡、汽车分期贷款、小微贷、房贷）、租赁资产、小贷资产等资产转让业务提供信息及咨询服务，通过将这些缺乏流动性的资产提前变现，增强资产流动性，解决流动性风险，开拓新型融资渠道，提升自身资本充足率。应收账款转让业务主要针对非金融企业贸易项下的应收账款、金融租赁和融资租赁公司的租赁应收款。陆金所还为非金融企业与金融企业机构推出了票据收益权转让信息服务业务。票据收益权转让是指借入人（一般为企业）以其持有的、未到期的银行承兑汇票，经过质押，将收益权转让给投资人。陆金所票据收益权转让信息服务中，陆金所作为信息中介为需要融资的持票人和投资人发布和传递信息与咨询服务。

作为国内领先的互联网金融企业，陆金所特别重视风险控制，以身作则，坚守金融风控的底线，创立行业规范标准，带动行业整体服务水平提升。陆金所尤其坚持六大原则：在交易模式中"不做期限错配，不以短养长"；在项目前期"提供专业的风控和严格的资产筛选"；在资产端"不做资产池，保持项目来源独立"；在投资端"面向专业市场，服务合格投资者"；在交易流程中，提供"有效的增信措施，保护投资者权益"；并最终实现"坚持创新驱动，提供高效流动性"的交易结果。

第一，投资安全。陆金所拥有国际化专业团队，团队成员由全球专业金融机构、法律行业、经济研究和电子商务等领域的专业人士组成，确保国际专业化水准。此外，陆金所绝对控股股东为世界五百强企业的中国平安集团，具有雄厚实力。平安集团是国内首家具有金融全业务牌照的金融集团，20 年来服务了 8 000 万客户，积累了大量综合金融的经验，为陆金所业务开展奠定坚实基础。最后，陆金所发布的投资服务都会经过陆金所及专业机构严格的内部审核，同时寻找第三方担保公司或 AA 级以上的核心企业提供担保。对一些风险稍大的交易，陆金所还会对投资人和融资人设立更高的审核标准，确保只有合格的投资者才能参与，多重防护网，防范交易风险。

第二，资金安全。为保障投资者的资金安全，陆金所采用多管齐下的资金管理措施：委托第三方机构对用户账户进行资金管理；网站采用国际领先的系统加密及保护技术 24 小时监控；资金只能转出到认证及绑定过的银行账户，用户可以实时查询到资金账户的详情；内部严格的资金管理流程和完善安全的系统。

第三，数据与信息安全。其在任何时候竭力保证客户的个人信息不被人擅自或意外取得、处理或删除，采取各种实际措施保证个人信息不会被保管超过合理的期限，遵守法律法规中所有关于可辨识个人信息保存的相关规定。

支持安全套接层协议和 128 位加密技术,让客户在进行会员管理、个人账户管理、充值等涉及敏感信息的操作时,信息被自动加密,然后才被安全地通过互联网发送出去;数据安全承诺,采取各种合适的物理、电子和管理方面的措施来保护数据,以实现对数据安全的承诺;有效避免被篡改以及删除,采用集中的影像存储服务来保证合同等文件信息的存储,有效避免被篡改以及删除,并可以实现永久保存;数字签名技术,网站之间的页面跳转以及数据的发送采用数字签名技术来保证信息以及来源的不可否认性。

陆金所作为互联网金融行业中不断突破创新的开拓者,以其独具的低成本、多产品、高流动性与优质客户体验等优势,致力于打造一个更加开放、安全、便捷的投融资平台。截至 2015 年 8 月,陆金所已获得超过 1 200 万注册用户。2015 年三季报显示,陆金所增长强劲,前三季度总交易量 9 264 亿元,同比增长超过 9 倍,个人零售端交易量 3 174 亿元,同比上涨逾 6 倍,其中 P2P 交易量 299 亿元,同比上涨逾 2 倍;机构端交易量 6 090 亿元,同比增长近 11 倍,继续保持行业领先地位。另外,零售端通过移动端进行的交易占比超过 60%。有数据显示,中国所有 P2P 网贷平台累计成交额刚刚突破万亿,而陆金所前三季度的总交易量就已超过 9 000 亿,这意味着陆金所的资产交易规模足以匹敌整个 P2P 行业。陆金所前沿的风控体系、运营能力与品牌效应均获得了市场和客户的高度认可,被美国最大的 P2P 研究机构 Lend Academy 评为"中国最重要的 P2P 公司"。

陆金所通过优质服务和不断的交易品种与交易组织模式创新,提供安全可靠的信息服务与多样化的产品机构设计以及交易安排服务,使得企业通过该业务实现资金更快回流。

我们认为,借助平安集团在金融消费领域的丰富经验,以及平安集团的资源投入,陆金所打造的互联网资产交易平台在未来所带来的规模收益和客户数据,将会大大促进平安的互联网金融战略的实现。

2. 万里通

万里通致力于成为中国最大的通用积分平台,基于移动互联网和大数据,为企业提供全新的忠诚度解决方案和精准营销服务,为消费者提供最佳的积分消费体验。2015 年上半年,万里通发放积分 15.39 亿元,同比增长 162.0%;积分交易规模达到 56.24 亿元,同比增长 387.7%,其中移动端交易规模近 30 亿元,占比达 52.0%。截至 2015 年 6 月底,万里通积分平台拥有 8 194 万注册用户,覆盖线上线下 105 万家积分消费商户。

3. 平安好车

平安好车致力于成为全国最大的汽车电商服务平台,为汽车买卖双方提供检测、竞价、交易、过户、金融等一站式服务,为车主营造轻松的车生活体验。截至 2014 年年底,平安好车已完成全国范围内的 O2O 交易平台布局,线下服务网点 90 家,覆盖 27 个省市。2014 年全年线上完成二手车车辆估值约 170 万件,线下检测车辆近 8 万辆。2015 年上半年,平安好车将交易服务延展到 B2C 业务,平台竞价及成交金额超过 60 亿元,同比增长近 200%;率先在全国范围内推出二手车保障计划,树立起二手车行业服务标准。目前,平安好车已经搭建起二手车信用保障、车辆数据档案、汽车金融超市三大服务体系。

4. 平安好房

平安好房充分利用平安集团综合金融优势，打造互联网"房地产金融"服务平台。2014年推出了"好房宝"、"好房贷"、"房产众筹"等一系列基于房产交易的创新性互联网金融产品，用金融助力房产销售，得到了客户及业内的积极认可。平安好房网上开通了新房、海外房产、金融、好管家等频道，并将陆续上线"二手房"、"租房"等频道，并已在北京、上海、广州、深圳等八个一、二线城市开设分支机构，未来将不断推出创新房地产金融产品，打造O2O模式的"房地产金融"闭环生态圈。2015年上半年通过平安好房平台的房产成交规模突破100亿元，并促成个人购房者获得贷款规模达6亿元。

5. 一账通

平安金融科技推出国内首个一站式综合资产管理平台"一账通"，为用户提供安全、准确、实时的互联网金融账户服务。截至2015年6月，一账通平台注册用户超过5 000万，为用户管理资产近6 500亿元。通过整合了集团内包括平安寿险、平安产险、平安银行、平安证券、万里通等19家公司的金融及互联网账户，并在国内首家利用超级网银技术整合了29家银行账户。一账通App实现现金账户管理、房产和汽车等资产管理以及消费管理等创新服务。凭借创新的服务功能，一账通获得第一财经颁发的"2014年度第一财经金融价值榜·最佳综合资产管理账户"荣誉。金融科技通过建设"一个客户、一个账户、多个产品、一站式服务"的账户平台，为集团的互联网金融战略夯实基础。

6. 平安健康

平安健康互联网通过医网、药网、信息网的三网合一，推动集团"聚焦健康管理"战略的落地。2014年，公司的医网建设初见成效，"平安好医生"App已于2014年年底上线，取得较高的客户满意度。"平安好医生"以家庭医生与专科医生的在线诊疗服务作为切入口，配合大数据应用分析，为用户提供个性化的日常健康管理与医疗服务。平安健康互联网将抓住医疗体制的改革机遇，大力推动医疗资源整合，未来将形成覆盖全国的多层次医生、医疗与医药网络，用线上线下相结合的方式，为客户提供形式多样、内容丰富的医疗健康服务。截至2015年6月末，"平安好医生"App为超过750万用户提供健康管理服务，日咨询量峰值突破5万次。

7. 平安付

平安付为集团互联网金融业务提供核心支付平台，新一代支付系统已搭建完成，拥有完善的银行通道，基础支付能力已搭建成型。2015年上半年，通过平安付进行的支付清算交易额超过5 000亿元，同比增长20倍。移动电子钱包——壹钱包上线一年，推出理财、消费、生活、保障四大板块服务，其中在移动端推出的货币基金、保险类、票据类等理财产品广受用户欢迎，截至2015年6月末，壹钱包累计注册用户数超1 600万，较年初增长97%，2015年上半年个人客户累计交易金额超700亿元，同比增长19.6倍，并相继推出了创新的生息电子账户、低门槛的互联网定期理财以及社交化、可分享的健康保险等多个产品。平安付已建立金融级安全保障体系，7×24小时智能、高效的风险监控系统，基于专业模型的规则部署，配以经验丰富的风险分析师，确保账户风险控制处于业内顶尖水平，切实保障客户资金安全。

总结

本章分为两个部分，第一部分首先介绍了 BAT 互联网金融发展的布局，随后分析了 BAT 各自的优势，最后分析三家企业互联网金融的发展战略；第二部分具体分析了中国平安的互联网金融发展情况，特别是对国内领先 P2P 陆金所的详细分析，介绍 BAT 之外的国内经典互联网金融发展情况。

关键概念

BAT　百度钱包　百度理财　支付宝　余额宝　蚂蚁金服　微信支付　陆金所

习题

1. BAT 的互联网金融布局有哪些？
2. BAT 的互联网金融发展优势与劣势是什么？
3. BAT 的互联网金融发展战略是什么？
4. 中国平安的互联网金融布局有哪些？
5. 陆金所如何进行风险控制？

第15章
国外互联网金融案例

互联网诞生于美国,随着互联网的不断发展,互联网与金融相融合也最早出现在美国。同时,欧美国家的金融体系经过多年的发展,已经比较完善、成熟。因此,欧美国家中传统金融体系与互联网的融合较其他国家,起步更早、发展程度更高。国外互联网金融经过十多年的发展,形成了以互联网支付、P2P 网络借贷、众筹融资、互联网银行、互联网证券以及互联网保险等成熟的商业模式。受限于国内不甚健全的监管法规、薄弱的创新意识,我国的互联网金融仍然处于模仿欧美国家模式发展的阶段。

本章学习目标

1. 了解国外互联网金融发展历程;
2. 了解国外主要互联网金融企业。

欧美国家目前的互联网金融模式主要分为互联网支付、P2P 网络借贷、众筹融资、互联网银行、互联网证券以及互联网保险等。

总体来看,我国互联网金融与国外市场的模式结构基本相同,但是相比国外已经形成的一定规模的互联网直营银行、直营保险和在线折扣券商等纯线上模式,我国互联网金融尚处在起步摸索阶段。接下来通过介绍国外互联网企业案例,厘清思路,希望给我国互联网金融企业一些借鉴。

15.1 第三方支付——PayPal

PayPal 成立于 1998 年,总部位于美国加利福尼亚州圣荷西市,是世界上最大的基于互联网的第三方支付公司。1998 年 12 月,Peter Thiel、Max Levchin 和 Elon Musk 联合创立了 PayPal,网站于 1999 年 10 月正式开始运营。PayPal 允许个人或企业通过电子邮件进行安全、简便、快捷地在线支付和接收款项。刚刚成立一年后,PayPal 用户达到 1.2 万人,随后的六个月中,PayPal 的用户数激增,突破了 100 万人。目前,PayPal 业务已经扩展到全球 190 个国家和地区,服务覆盖 1.1 亿个活跃账户,接受 25 种货币进行支付。2011 年,PayPal 的交易金额达到 1 180 亿美元,占全球电子商务价值的 15%,其中 25% 为跨境交易。PayPal 俨然已成为世界最大的互联网支付公司。2002 年 7 月 8 日,PayPal 被著名电子商务网站 eBay 以 15 亿美元价格收购,成为 eBay 的全资子公司。2015 年 4 月 10 日,PayPal 从 eBay 分析。

2005 年 7 月 11 日,PayPal 推出了面向中国用户的 PayPal 贝宝,正式宣布进军中国市场。贝宝为了吸引中国用户,打开中国市场,与许多国内企业进行合作,其中最引人注目的是贝宝与银联的合作。由于银联几乎联合了中国所有的商业银行，PayPal 通过联合银联，得到了 15 家银行、7 000 万借记卡和 1 000 万信用卡的用户，他们可以通过 20 多种不同的银行卡在贝宝平台上进行网上支付。另外，从银行账户到 PayPal 账户以及不同 PayPal 账户之间的实时到账也能轻松实现，甚至能够扩展到在线汇款、公益事业资助，以及个人之间发生的商业活动的支付等。

鉴于中国市场的特殊性，贝宝中国目前还只能以单纯的人民币系统为基础，不能与 PayPal 的国际业务相联结。贝宝通过 PayPal 专有的反欺诈、风险控管系统，做到实时支付并提供买家赔付服务。贝宝与支付宝、安付通等第三方支付工具的不同之处在于，贝宝不是第三方介入，而是直接支付。用户只需要在贝宝网站上注册一个账号，就可以通过这个账号支付和收货，还可以在网上轻松将银行卡上的钱划拨到贝宝的账号上实现充值，无须向贝宝提供其他银行账户信息。此外，贝宝与银联的合作还解决了不同银行之间网上支付和转账的问题，通过贝宝，用户能用 15 家银行的 20 多种银行卡便利地进行网上支付。

PayPal 所拥有的竞争优势是更低的交易费用。例如，用户从 iTunes 下载一首歌曲，使用信用卡的费用是 16 美分，而通过 PayPal 支付只需 9 美分。与此同时，使用 PayPal 服务的商家被诈骗的损失远远低于使用信用卡方式，PayPal 和 eBay 组织了一支队伍专门针对网络诈骗行为，使用 PayPal 服务的商家因诈骗造成的损失只有其收入的 0.17%，而在网络采用信用卡方式的商家因诈骗造成的损失为其收入的 1.8%。

PayPal 的模式是一种新型的第三方交易模式，它是基于电子商务和与之密切联系的电子网络交易的快速发展和日益成熟而产生的。该种模式起源于 eBay 收购 PayPal，从而利用 PayPal 支撑其网上拍卖交易的在线电子支付。这种新型模式一经诞生，就获得了极大欢迎。PayPal 的诞生，方便了消费者进行线上刷卡支付，更重要的是 PayPal 模式是在交易过程中通过第三方平台付款给网络商家，确保消费者信息不会向外泄露，保证了消费者的信息安全。

PayPal 模式的支付流程简单便捷。首先付款人使用电子邮箱注册 PayPal 账户，并提供信用卡或者银行卡的相应信息，此时用户便可以转账到 PayPal 账户；当需要付款时，只要将收款人的电子邮箱提供给 PayPal 即可；随后 PayPal 向收款人发出电子邮件，通知其等待收取款项，收款人便可以通过邮件内容中指示的方式取得款项。

1. 与商业银行的竞争与合作关系

PayPal 支付将新兴的互联网技术与传统的银行账户、信用卡网络、ACH（automated clearing house）网络等支付体系连接在一起，与商业银行之间既有合作，也有竞争。在合作方面，PayPal 支付是基于银行或第三方服务提供商实现的，所以 PayPal 需要与商业银行进行合作；此外，PayPal 与传统金融机构合作方式还包括与发卡机构 Providian 合作发行联名信用卡，与 GE 消费金融公司合作向用户提供买方信贷。在竞争方面，对传统商业银行而言，PayPal 从两方面分流了他们的传统业务：第一，PayPal 支付账户的资金存储功能截流了储户部分银行存款；第二，PayPal 发行 ATM 卡和借记卡，对银行构成一定压力。对发卡机构而言，PayPal 推广银行账户支付和 PayPal 支付账户支付，在一定程度上对信用卡和借记卡交易模式形成了替代作用。对收单机构而言，PayPal 进入了收单机构不愿进入的小商户领域，并不会与传统收单机构形成竞争关系，但随着 PayPal 向大中型商户渗透，对这些商户的原有收单机构造成了一定威胁。

2. 收入来源与费用结构

PayPal 在运作初期提供免费服务，在进入新兴市场时，也实行免费服务政策。随着业务的开展，PayPal 逐步开始对服务对象收费。PayPal 的收入可以分为基本费用收入和其他费用收入。对美国国内用户而言，个人账户的存款、取款、付款、收款（不包括接受借记卡或信用卡支付）等服务都是免费的；高级账户和公司账户的存款、取款、付款是免费的，但收款需要付费。对国际用户的而言，取款和外币兑换等需要收费。PayPal 发行的 ATM 卡和借记卡在有 MasterCard、Maestro 和 Cirrus 标识的地方取款和消费时，PayPal 要收取易费用。另外，还有一些与交易相关的收费，比如信用卡退单费用，一般是每笔 10 美元。

PayPal 最主要的运营成本为交易处理成本。由于 PayPal 支付建立在现行支付基础设施上，因此 PayPal 需向相应的支付结算系统付费。由于收款方要承担较高的信用卡支付成本，所以 PayPal 采取多种措施，鼓励用户使用银行账户和 PayPal 支付账户进行付款，从而降低客户交易成本。

3. 客户备付金管理

客户对其账户中的资金可以有两种选择：其一，由 PayPal 作为客户的代理人将款项存入富国银行的集合账户中，这部分存款是不付息的；其二，客户可以选择投资 PayPal 货币市场基金。

4. 客户保护措施

PayPal 非常重视对客户的保护，目前主要提供买方保护和卖方保护两种保护政策。保护不设赔付金额的上限，只要买方或卖方能在一定期限内提供符合要求的证明材料，就可以得到 PayPal 的先行赔付。

买方保护包括货品未发送以及实物与描述极为不符。买方保护有利于提升互联网市场的可信度以及卖方的信誉，增强消费者互联网购物的信心，从而起到促进消费的作用。卖方保护包括过滤诈骗性交易、提供信用卡退单专家小组对付虚假退单、成立争议处理中心帮助卖方以公正方式解决争议等。

5. 监管环境

PayPal 已在美国大多数州获得了从事货币转移业务的营业许可。州监管重点一般包括公司技术能力和管理能力、公司资本与流动性控制、消费者保护机制以及反洗钱、反欺诈措施等四个方面。根据监管要求，PayPal 必须定期（一般按月，最长按季）向州监管部门提交其经营状况和财务状况的报告，并随时向财政部汇报可能涉及洗钱的可疑交易。监管机构也会定期或不定期地检查其是否遵守相关法律，交易是否安全、公正等。

6. 风险防范

PayPal 采用电子邮件作为 PayPal 账号，并用简单的执行密码作为支付的命令和指示，避免了用户信用卡信息和其他银行账号信息泄露的风险。此外，PayPal 还推出了两条措施以保障支付安全。

第一，验证账户。用户可以选择注册个人账户、标准账户、商业账户三种账户之一进行支付。在确定选择一种账户后,用户还需将 PayPal 账户与一个银行账户或者一张信用卡绑定,此后,PayPal 就会对信用卡账户和银行账户的有效性以及用户的身份进行验证。

第二,交易保护。由于 PayPal 最初依赖于网上购物商城 eBay 来扩大自己业务的关系,PayPal 专门设置了一系列针对网上交易的安全支付政策,例如买方申诉政策、卖方申诉政策、买方保护政策和退款担保政策。在买方申诉政策和买方保护政策中都提到了 PayPal 需要对卖方未交货、收到的货品和描述不符合等情况提供一定的退款保障。

近年来,随着移动互联网技术的发展和智能手机的普及,移动社交平台出现爆炸式的增长,基于移动社交平台的移动支付系统存在巨大的发展空间,移动支付应运而生。作为互联网支付在媒介上的补充,发达国家完善的网络基础设施为移动支付的发展提供了良好的基础,而移动支付本身又能够明显改善用户体验,减少刷卡费等成本。Square 等移动支付公司也随着移动互联网发展浪潮而兴起和发展。

15.2 快捷支付——Square

Square 成立于 2009 年 12 月,创始人为 Twitter 联合创始人杰克·多西(Jack Dorsey)和 Jim McKelvey,总部设在美国旧金山市。主要目标是解决个人和企业的移动端支付问题。Square 两大业务体系为 Square reader 读卡器和 Pay with Square 便捷移动支付。截至 2011 年 12 月,使用 Square 移动支付业务的商家数量已超过 100 万,占美国所有支持信用卡支付商家中的 1/8,并以每月新增 10 万商户的速度增长。

Square 公司完全是在市场支付需求的推动下成立的。2009 年 2 月,Square 的创始者之一 Jim McKelvey 在销售玻璃工艺品时由于无法支持信用卡支付而失去大量客户,因而发现了一个空白的支付领域——小商户支付领域,即如何低成本、高效率地满足中小商户开展刷卡支付的需求。同年,Jim McKelvey 与 Jack Dorsey 创立 Square 公司,专注于小商户支付领域,并于 2009 年推出 Square Dangle 的雏形,经过一年的内测,2010 年 5 月 Square Dangle 正式开始上线运营。

1. 产品方案

Square 公司从 2010 年正式运营开始,共推出了两款产品,分别为 Square Dangle 和 Square CardCase/Register,为广大中小商户提供了便捷的刷卡支付服务。

(1) Square Dangle 方案介绍

Square Dangle 是 Square 公司于 2010 年推出的一个革命性终端外接设备,带有一个标准的音频接口和刷卡槽,其外观小巧,略大于一枚一元硬币。Square Dangle 只能支持磁条卡刷卡支付,其具体交易步骤为:

① 消费者在 Square Dangle 上进行刷卡操作,同传统 POS 机刷卡类似;

② Square Dangle 接收到磁条卡信息后，将其转换成音频信息，并通过标准 3.5mm 音频接口传送给终端设备；

③ 终端设备运用 Squared App 应用，将 Square Dangle 传送来的音频信息转换成数字信息，并通过通信网络或 WLAN 网络传送至 Square 公司的系统；

④ Square 公司通过与各大卡组织之间的接口，将信息传送至卡组织网络，并进行认证；

⑤ 认证通过后，Square 将从卡组织清算过来的资金转至卖家的 Square 账户；

⑥ 交易完成后的 12—36 小时内，Square 将卖家 Square 账户中的资金转至卖家所绑定的银行账户。

总的来说，Square Dangle 通过与移动设备相连，结合移动设备中的应用程序，将移动通信设备转化成了一个无线 POS 机。

在业务流程上，申请使用 Square 服务时，首先需提供美国银行卡账号、美国社保号及美国有效居住地址。通过申请后，Square 会免费邮寄一个 Square Dangle 给用户。消费者在刷卡时通过签名（在商户的支持 Square App 应用的设备屏幕上手写签名）的方式来完成认证，然后卖家通过短信或电子邮件形式将收据发送给消费者。

（2）Square Card Case/Register 方案介绍

Square Card Case/Register（Square 卡包 / 收银台）是 Square 公司于 2011 年发布的一款新产品，分为消费者使用 Card Case 和商户使用 Register 两个部分，整个支付流程需要两者紧密配合。在该产品的帮助下，消费者只需要向商户提供姓名即可实现支付，颠覆了传统的付款方式。

该业务开通后，其支付步骤为：

① 用户在支持 Square Card Case/Register 应用的商店选购商品；

② 商户在其 Square Register 上输入相应商品金额；

③ 用户打开 Square Card Case 应用，并点击此商户对应的 Card Case，点击"TAB"按钮，并向商户报出自己的姓名；

④ 商户点击对应的用户姓名（在用户开通业务时，Square 已经预先将用户信息进行了存储，包括用户的银行卡账户信息、照片等，商户在 Square Register 上能查看到位于附近的且打开 Square Card Case 应用的用户），并核对该用户的照片，以确认消费者身份；

⑤ 商户点击支付按钮完成支付，Square 将经卡组织清算过来的消费者资金转至商户的 Square 账户；

⑥ 交易完成后的 12—36 小时内，Square 将卖家 Square 账户中的资金转至卖家所绑定的银行账户。

此外，Square Card Case/Register 应用能够利用通信网络或 WLAN 网络，为商户和消费者提供更为有效的沟通服务。消费者在打开 Square Card Case 情况下，能够看到此前消费过的且支持 Square Register 应用的商户位置，商户也能通过 Square Register 应用看到位于附近且打开 Square Card Case 应用的消费者，结合此消费者以前的消费记录，可以向该消费者提供精准的营销服务，如发送优惠券等。

总的来说，Square Card Case/Register 支付方式主要是依靠信息预存的方式来实现。

2. 商业模式

（1）产业链参与方及各方角色

Square 商业模式的产业链包括 Square 公司、卡组织、银行等发卡机构、商户、终端系统提供商、营销服务提供商等。

Square 公司类似收单机构，从事线下收单业务；各大卡组织为转接机构；各大银行为发卡机构，提供支付资金来源；终端系统提供商为 Square 公司提供了 Square Dangle 及 Square Card Case/Register 软硬件开发时必要的技术支持；苹果公司以营销服务提供商的身份与 Square 进行了充分的合作，运用其网上 App Store 和线下的苹果实体店来发售 Square 终端和软件，大大拓展了 Square 的销售渠道，加快了其市场化推广。支付产业链模式如图 15-1 所示。

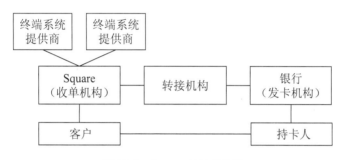

图 15-1　Square 支付产业链

此外，从客户定位来看，Square 的主要客户是美国广大无力承担刷卡支付所产生相应费用，但有迫切需求的中小商户。中小商户是一个规模庞大的群体，Square 推出的产品很好地满足中小商户群体的需求。

（2）定价

目前，Square 公司的主体业务是收单，其收入主要来源于每笔交易的费用，并且针对不同的刷卡形式制定了不同的费率。对于通过 Square Dangle 直接刷卡的方式，其每笔交易的费率为 2.75%；对于采用在终端上手动输入卡号的方式，其每笔交易的费率为 3.5%+15 美分，而对于 Square Card Case/Register 的支付方式，其每笔交易的费率也为 2.75%。

在收益分配方面，Square 将每笔交易费用与卡组织和发卡机构按一定比例分配，根据所签协议的不同，相应的利益分配比例也有所不同。从整体上看，Square 需向 Visa、万事达等卡组织及发卡机构支付处理费、品牌费及交换费等费用。其收益分配模式如图 15-2 所示。

图 15-2　Square 模式收益分配

3. Square 移动支付模式发展趋势与特点

Square 模式并非典型的移动支付模式，而实质上是传统无线 POS 的一个变种，所不同的是：POS 机变成了 iPhone 等智能移动设备（同时配备了一个读卡器），降低了商户的成本。

Square业务发展速度很快,Square公司上线运营以来,其发展速度远远高于预期。以发展现场移动支付相对成熟的日本和韩国为例,在交易规模方面,Square仅用了1年的时间就超过了韩国,与日本的差距也不断缩小。在2011年中,Square的营收达到了4 250万美元左右,远远高于2010年的200万美元,增长速度惊人。2013年,Square处理的交易额已达到200亿美元。

4. Square模式存在的安全隐患

Square模式存在多重的安全隐患。其中重要的隐患是:Square模式需要在公网上传输银行卡磁条信息,该磁条信用如果加密不严,用户的银行账户信息可能会遭到窃取,会对用户账户的安全性带来极大的影响。

从实践中来看,Square模式还存在其他的隐患。从Square正式上线运营开始,其整个系统的安全性就受到了多方面的质疑和挑战,如传统POS制造商VeriFone就指出Square Dangle存在安全缺陷,不能加密卡片资料。而在2011年8月3日举行的"美国黑帽安全技术大会"上,黑客就现场演示利用Square Dangle和Square App应用之间的安全衔接不紧密这一漏洞,成功击破了Square的安全体系,并利用设备模拟的音频信号成功窃取了Square用户的卡片信息,并以此完成商品交易。

Square系统的安全性问题如果不能很好地解决,将会成为Square公司未来发展的一大掣肘。

5. Square与传统卡组织的合作

作为传统POS业务的一个创新模式,Square模式并没有摆脱卡组织而独立发展,而是与卡组织之间形成了紧密合作的关系。一方面,Square需要利用卡组织完善的转接网络打通与发卡机构的链接;另一方面,卡组织也需要利用Square来开拓中小商户市。

Square提供的基础价值即"移动支付"本身,解决了商家和个人用户直接的资金交易问题;同时,Square还提供了交易管理、消费者与商家间的交互、移动社交等与支付和日常生活息息相关的价值。自从2009年创立以来,Square就一直备受华尔街的青睐。此前,花旗创投和摩根大通Digital Growth Fund、红杉资本、Kleiner Perkins、First Round Capital和Marissa Mayer等都曾投资过Square。高盛的前任CFO David Viniar于2013年10月加入了Square的董事会。Square此前已融资3.41亿美元,公司估值也迅速上升。在最近一轮融资中,Square的估值已超过50亿美元。

15.3 Lending Club

Lending Club成立于2006年,是目前美国P2P网络借贷行业的先锋。2014年12月12日Lending Club在纽交所挂牌交易。Lending Club和Prosper两家公司占据着美国的 P2P 网络借贷市场 96% 的市场份额，其中 75% 的市场占有率为 Lending Club 所有。Lending Club 是为方便借款人获得贷款的网贷平台，投资者购买由贷款偿付支持的债券。其在美国证交会注册登记，提供二级市场贷款交易。

Lending Club 自 2006 年成立以来飞速发展。2012 年和 2013 年，Lending Club 平台促成的借贷规模分别为 7.179 亿美元和 21 亿美元，到 2014 年上半年，Lending Club 平台促成的借贷规模就已达到 18 亿美元，同比增长 125%。此外，Lending Club 成立至今，投资者从平台获得的利息将近 5 亿美元。在净利润方面，Lending Club 2014 年上半年净亏损 1 650 万美元，不及 2013 年同期的净利润 171 万美元。

Lending Club 的飞速增长令银行为之胆战。相关数据显示，富国银行年收入 223 亿美元，且拥有 27 万员工；而 LendingClub 年收入 1 080 万美元，员工只有区区 200 人。据 Lending club 和富国银行 2014 年度财报数据，对比双方的运营费用比率（费用除以贷款余额），Lending Club 的效率比富国银行高出 270%。此外，Lending Club 的效率在过去三年逐年提高，而富国银行则保持稳定不变。尽管两者规模悬殊，但 Lending club 的低贷款利率和高效率等优势正好是传统商业银行的劣势。此外，Lending Club 的经营收入也增长迅速。2014 年上半年，Lending Club 的经营收入达到 8 690 万美元，较 2013 年的 3 710 万美元上涨了 134%。投资者通过这些贷款获得的利息收入将近 4.94 亿美元。

1. Lending Club 的运作模式

作为借款者和投资者的中介平台，Lending Club 首先会对借款人进行信用等级评定，再根据信用和借款期限确定贷款利率，最后将审核后的贷款需求放到网站上供投资者浏览和选择，内容包括贷款总额、利率和客户评级。

投资者在 Lending Club 网站注册后，根据自己的偏好选择投资对象，并自行决定分配给每个借款方的金额，每笔金额不低于 25 美元。投资者购买平台发行的是与借款者的贷款相对应的受益权凭证，因此投资者跟借款人之间没有直接的资金往来，也没有直接债权债务关系，Lending Club 的服务过程相当于是一个贷款资产证券化的过程。投资者确定了投资目标之后，通过指定的银行（WebBank）对借款人发放贷款，银行马上将贷款以凭证形式销售给 Lending Club，借款人便收到投资者为获得受益权凭证而支付给平台的资金。还款时，借款人直接还给 Lending Club 平台，Lending Club 在扣除了管理费和其他费用之后支付给投资者。投资者的受益权凭证可以在一家投资经纪公司（Folio Investing）进行转让和交易；若转让成功，Folio Investing 向卖方收取面值的 1% 作为手续费。

对借款人而言，付给 Lending Club 的融资费用由借款人所借款项的等级决定。这笔费用已经包含在借款人的年度融资成本当中，在贷款前一次性支付。对投资者而言，Lending Club 主要收取借款人所还金额的 1% 作为投资者服务费。若借款人未能及时还款，Lending Club 对需要催缴的部分征收 30%～35% 的费用。

Lending Club 上提供给贷款人的利率综合考虑了信贷风险及市场情况，其贷款利率计算公式由"基准利率"和"对风险及波动率的调整"两部分组成，其中后者特别考量了借款人的信用分数（FICO 信用分）、信用记录、社会安全号等。此外，Lending Club 还充分运用社交平台 Facebook 上朋友间的信任关系，把 Facebook 对成员的认证作为附加增信，从而提高信用度和安全度。

投资人通过购买 Lending Club 发行的"会员偿付支持债券"的形式成为 Lending Club 平台的无担保债权人,而非借款人的债权人。当平台上的放款人放出的贷款出现违约时,放款人将独自承担投资的损失,Lending Club 并不给予补偿。在整个交易中,Lending Club 扮演的是一个信息媒介的角色,为借贷双方匹配供需,但不会提供与资金保障有关的其他服务。

从贷款标的来看,Lending Club 目前提供的个人贷款额从 1 000 美元到 35 000 美元不等,小微企业贷款额为 10 万美元,贷款利率从 6% 至 24% 不等。

Lending Club 的主要业务收入来自三部分:第一是交易费用,即借贷的息差,息差的范围从 1% 至 6% 不等;第二是服务费用,主要向个人投资者收取,分两种形式,一是借款人还贷后向投资者收取单笔本金的 1%,二是投资者每月底在册的借款总资产年化平均 1.3% 的维护费用;第三是管理费用,Lending Club 会向通过有限合伙形式投资的授信投资者及机构投资者收取账户管理费用,费率从 0.75% ~ 1.25% 不等。智能的软件算法、纯粹的在线模式等使 Lending Club 能向客户提供比传统银行更加优惠的利率,亦省去了实体分支机构的高昂成本。

美国的个人信贷市场和 Lending Club 的运营模式有以下几个特点。

(1)美国是高信贷的国家,而 2007 年开始的次贷危机即是由于不该借到钱的人从金融体系借到了钱,Lending Club 的借款用户基本上在非常宽松的借贷环境下仍然是信用不足的人,即"次级中的次级"。

(2)美国的利率市场化早已完成,对个人的无抵押借款的利率高达 15% ~ 25%(一旦逾期违约率更高),信用卡的 APR 甚至都达到 18%。在 P2P 平台上,借款利率则只有 11%(3 年期的借款)和 14%(5 年期的借款),所以 P2P 平台的贷款产品更有优势。美国 P2P 平台超 70% 的借款用途都是 Debt Consolidation,即在 P2P 平台上借一笔低息的钱,把所有透支的信用卡额度都还清。

(3)通过 FICO 评分、征信局数据,以 Wells Fargo 为代表的美国银行对小企业和个人的风险定价已经做得非常科学。但是,银行不可能将网点开设到每个县市,因此,有借款意愿的人迫切需要成本更低的渠道,而嫁接互联网的 P2P 平台刚好解决了这个问题。

(4)虽然无抵押、无担保而且又在网上完成借贷,但受惠于美国良好的社会征信服务,P2P 平台上的违约率基本可以接受。Lending Club 2011 年的综合违约率是 3.9%,放款人的综合收益是 7.83%。

(5)美国是过度消费、金融发达的国家。过度消费意味着居民并没有多少资金用于 P2P 平台上投资,金融发达意味着美国居民有非常多的投资渠道,P2P 仅是渠道之一。以欧美经验来看,P2P 并不是昙花一现,而是在整个互联网时代"去中心化"的大浪潮中对既有金融系统的一个补充。

2. Lending Club 平台运营风险控制

(1)项目审核

在 Lending Club 平台上,借款人在进行贷款交易前必须经过严格的信用认证和 A—G

分级。等级的划分有公式可循,主要是通过对借款人申请材料中 Credit Score 以及信用报告中的风险指标进行考察。放款人可以浏览借款人的资料,并根据自己能够承受的风险等级来进行借款交易。要得到贷款最少需要 660 分的 Credit Score。

(2)利率定制

在 Lending Club 平台上,利率的确定同样有公式可循。即利率等于 Lending Club 基础利率(5.05%,不随等级变化而改变)、风险调整与波动(由等级不同而改变)的和。从 A—G,A 为最高等级,G 为最低等级,每个等级中又分为 1—5。根据 Lending Club 官方网站上的数据,绘制 A—G 的利率变化图,如图 15-3 所示。

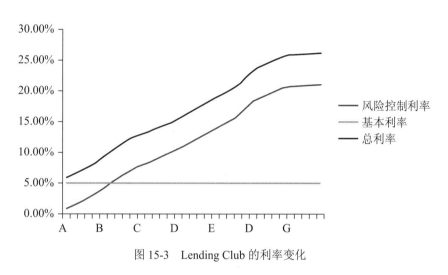

图 15-3　Lending Club 的利率变化

数据来源:Lending Club 官方网站

(3)交易费用的确定

Lending Club 的贷款发放费用是根据借款等级和借款期限来安排的。平均贷款利率为 13%～14%,此外投资者还要交 1% 的服务费以及一定量的托收费(collection fee),扣除贷款发放费用平均回报率为 8%～9%,如表 15-1 所示。

表 15-1　Lending Club 交易费用表

贷款等级	A			B	C	D	E	F	G
子等级	1	2—3	4—5	1—5	1—5	1—5	1—5	1—5	1—5
36 个月还款 / %	1.11	2.00	3.00	4.00	5.00	5.00	5.00	5.00	5.00
60 个月还款 / %	3.00	3.00	3.00	5.00	5.00	5.00	5.00	5.00	5.00

数据来源:Lending Club 官方网站

Lending Club 对于贷款等级以及欠款时间有着严格的规定。针对贷款等级,当到达 C 之后,费用就保持在最高的 5%,与还款期限无关。这很大程度上限制了不良信用的借款者,吸收了优质借款者。在交易费用上对贷款等级区分对待,使投资者投入平台的资金得到了更多的保障。

15.4 众筹平台——Kickstarter

Kickstarter 成立于 2009 年 4 月,是目前全球最大最成功的众筹平台。众筹这种新兴融资模式是通过公开的网络平台为有创造力的项目和创意向公众融得所需资金,逐渐得到业界的关注。Kickstarter 刚成立时主要为文化产业类项目融资,如音乐、电影和动画类等,如今 Kickstarter 已经发展成为包括技术融资在内的 15 类项目的融资平台。

Kickstarter 经历最初两年的不温不火,在 2011 年迎来了暴涨。在 2011 年,Kickstarter 实现了盈利,并且成功为诸如 Instagram、Nest 和 WhatsApp 这些初创企业的创始人提供了大量原始资金。在 2012 年,Kickstarter 总融资项目是 3.2 亿美元,投资人数达 220 万人,成功项目超过 1.8 万个,平均每分钟资助者会捐出 606.76 美元。2013 年,Kickstarter 共有 300 万用户参与了总计 4.8 亿美元的项目众筹,平均每天筹集 130 万美元资金,每分钟筹集 913 美元,有超过 80 万的用户参与了至少两次的项目众筹,有 8.1 万用户支持了超过 10 个的项目,最终众筹成功的项目总共 19 911 个。2013 年参与众筹的用户分布在全世界七大洲的 214 个国家,甚至包括来自南极洲的用户。截至 2014 年 8 月 18 日,项目融资额达 127 130.28 万美元,成功融资项目数为 67 880 个,总投资人数达到 6 819 371 人,有两次或者两次以上投资经历的人数为 2 037 637 人,约占总投资人数的 30%。

Kickstarter 的定位是全球最大的创意项目融资平台,是一个非股权类的综合性众筹平台。其众筹的项目分为艺术、漫画、舞蹈、设计、时尚、电影和视频、食物、游戏、音乐、摄影、出版、技术和剧院等。Kickstarter 上众筹的各个门类项目中,从成功项目数量来看,最受欢迎的门类是艺术、电影、音乐、出版和戏剧,大都与艺术有关,倾向于新奇的硬件筹资,其中音乐类成功项目最多,游戏类众筹到的资金最多。2012 年,全世界首屈一指的独立制片圣丹斯电影节上有 10% 的电影都在 Kickstarter 上筹集到资金;此外,获得奥斯卡提名的《新巴格达事件》是 Kickslarter 上第二部拿到奥斯卡提名的电影。在科技方面,募得 Kickstarter 最高金额的手表 Pebble 成了首只全球广受好评的智能手表。一些有创意的应用,如短期精准天气预报应用 Dark Sky、社区性多人协作的蛋形空气质量检测器 Air QualityEgg、由搭载摄像头的气球拍摄的 Google MapsDIY 地图等都是成功的代表项目。

Kickstarter 的运营模式非常简单,网站用户一方是有创意、渴望进行创作和创造的人;另一方则是愿意出钱、帮助他们实现创造性想法的人。Kickstarler 充当的就是一个网络创意融资的平台。

1. 项目发起流程

Kickstarter 平台融资的流程是:①项目发起人在 Kickstarter 平台工作人员的帮助下,在融资项目的包装、融资目标的设定、融资期限的规定等方面对融资项目进行设计;②Kickstarter 平台对项目是否符合项目发起规则进行审核;③将设计和包装好的项目发送给身边的朋友,并在朋友那里得到有关项目的反馈意见;④根据反馈意见发起人对项目进行修改，使项目更好地满足市场的需求；⑤完成修改后，该项目就可以通过 Kickstarter 平台向投资者展示并募集所需资金；⑥项目发起人通过各种网络资源和自己的人脉关系对项目进行宣传，以期项目能够提前完成融资目标。项目发起流程如图 15-4 所示。

图 15-4　项目发起流程

截止到项目的融资期限，若该项目达到最初设计的融资目标，Kickstarter 平台通过 Amazon 公司将募集到的资金转交给项目发起人。Kickstarter 平台按照募集资金的 5% 收取费用，为 Kickstarter 平台提供资金支付服务的 Amazon 公司则收取募集资金 3%～5% 的费用；若该项目募集资金未达到融资目标，Kickstarter 平台则将所融得的资金全部返还给出资人，Kickstarter 平台和 Amazon 公司将不收取任何费用。在项目成功融资并实施后，出资人可以从项目发起人那里得到相关产品或服务作为投资的回报。美国在通过 Jumpstart Our Business Startups Act（简称 JOBS 法案）后，投资者可以获得项目的股权作为投资的回报。

2. 各交易主体间的相互关系

Kickstarter 的商业模式涉及的四个主体分别为项目发起人（资金需求者）、项目投资人、Kickstarter 平台和第三方支付机构 Amazon Payment。项目发起人是项目的所有者，其在有了好的项目或创意后就可以向 Kickstarter 平台发出申请，为了项目的进一步发展融得所需资金；Kickstarter 平台为项目发起人提供融资平台，在资金需求者和出资人之间搭建了一个融通资金的桥梁；项目投资者是资金所有者，为获得资金的增值或相应的产品与服务，项目投资者通过 Kickstarter 平台对有创意的项目进行投资；Amazon 公司为 Kickstarter 平台提供资金支付服务。Kickstarter 平台上各交易主体间的相互关系如图 15-5 所示。

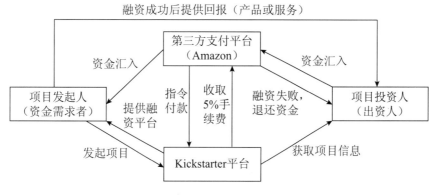

图 15-5　Kickstarter 交易主体

项目发起人通常是需要解决资金问题的创意者或小微企业的创业者。发起人必须具备一定的条件，对项目拥有 100% 的自主权，并要与 Kickstarter 平台签订合约，明确双方的权利和义务。项目是具有明确目标的、可以完成的且具有具体完成时间的非公益活动，如生产某种电子产品、制作专辑或出版图书等。

Kickstarter 既是融资平台,又是项目发起人的监督者,还是出资人的利益维护者。项目上线前,Kickstarter 平台对项目进行审核,确保项目没有违反法律和平台相关规定。通过审核后,Kickstarter 平台将项目和融资需求发布在网站上,并在后期对项目进行跟踪,确保项目的顺利展开。Kickstarter 平台会在项目发布前对其进行评估,只有通过审核的项目才能在网站上发表出来。若项目融资成功,Kickstarter 会抽取融资额的 5% 作为收入。这 5% 的佣金收入便是 Kickstarter 的主要收入来源。

出资人是数量庞大的互联网用户,他们利用在线支付方式对自己感兴趣的创意项目进行小额投资。项目成功实现后,对于出资人的回报不是资金回报,而可能是一个产品样品或者是一项特定的服务。出资人资助创意者的过程就是其消费资金前移的过程,这既提高了生产和销售等环节的效率,也满足了出资人个性化的消费需求。

Amazon 公司在项目融资的过程中为以上三者提供资金存管和支付服务。出资人选中项目后,采用在线支付的方式对项目进行投资。在规定的期限内,项目达到设定的融资目标,并接到 Kickstarter 平台的指令,Amazon 公司会将账户中的资金转交给项目发起人;若项目未达到设定的融资目标,则将账户中的资金退还给投资者。Amazon Payment 则是整个交易过程中最重要的资金托管和交易平台。因为捐助者的钱全部打进 Amazon Payment,融资者也只有通过 Amazon Payment 才能把钱转进自己的账户。Amazon 会依照交易额的大小收取 3%～5% 的交易费用。在美国,涉及直接货币传输交易时,有的州规定需要获得 Money Transmission License(货币传输证),而 Kickstarter 并没有作为直接的资金托管和传输平台,一定程度上避免了此法律风险。

在收费方面,Kickstarter 收取募集资金 5% 的佣金,另外由于投资者的钱通过亚马逊支付来实现,亚马逊收取额外的 3%～5%。截至目前,Kickstarter 平台上的项目筹资总额达到 10 亿美元,其中 8.6 亿美元为成功筹资额。

15.5 互联网直销银行——ING Direct USA

ING Direct 是荷兰 ING 集团的全资直销银行,也是全球最大的直销银行。ING Direct USA 于 2000 年在美国特拉华州的威明顿成立,发展战略是通过电话银行和网络银行为客户提供高质低价的金融服务,主要开展的业务包括活期账户、储蓄账户、个人按揭贷款、中间业务、信用卡等。通过控制客户和产品的简单性,ING Direct 将规模迅速扩大,并成为最成功的直销银行。ING Direct USA 是荷兰的 ING 集团为了拓展美国的零售银行业务设立的子公司,后来因 ING 集团全球业务收缩,2012 年 ING 集团将 ING Direct USA 以总计 90 万美元(62 亿美元的现金与价值 28 亿美元的 5590 万股股票)的价格,出售给了美国最前十大银行之一的 Capital One。ING Direct USA 目前是美国最大的互联网直营银行之一。

ING Direct USA 的第一个特点是目标客户群明确。ING Direct USA 经过详细的调研，将直销银行的目标客户群体特征界定为中等收入阶层，他们对储蓄存款的利息收入增长非常重视，对传统金融服务需要耗费大量时间非常不满意，不愿浪费过多的时间；有网络消费的习惯，经常在网上购买日常用品、休闲消费；他们是父母级的群体，年龄大概介于 30—50 岁之间。他们对客户群的定位是熟悉互联网、受到良好教育、收入水平良好、对存款利率敏感、对于价格敏感的客户。他们并不太富有，也不需要太多的金融服务，这类消费群体规模庞大，他们最希望享受的是较高的储蓄回报和尽可能节省时间的交易过程。

ING Direct USA 以有限的资源提供独特的服务满足了这类客户群体的金融需求，使得客户数量快速增长，在开始营业 6 个月后，其客户数量已超过 10 万人。到 2006 年年底，ING Direct USA 的客户规模已经达到 490 万人，不断增加的客户群体为其推行"薄利多销"的经营策略提供了强大的客户资源支持。

ING Direct USA 的第二个特点是金融产品的严格选定。ING Direct 进入美国时，管理层坚持原有的经营风格，将银行产品定位于"简单"，不仅使得产品结构简单而易于理解，同时还从成本控制的角度令公司经营保持相对优势。ING Direct USA 在产品方面的策略主要有四个方面：针对直销渠道提供有限的产品选择，从而使有限的产品选择集中在储蓄产品和部分贷款产品，客户易于尝试；通过关联，即时从活期账户中获取资金；专注于简化的"自助"银行产品，可由消费者独立管理；没有最低存款额度要求，消除客户对存款最低金额的担心。

ING Direct USA 的第三个特点是服务简单、方便、快捷、高效。

1. 便捷的网络服务

ING Direct USA 认为，直销银行必须让客户可以简单方便地得到他们所需要的信息并享受相关服务。因此，ING Direct USA 在如何让技术界面尽可能友好的问题上倾注了大量的精力。也正是由于 ING Direct USA 只提供简单、有限的金融服务，使得客户可以在短时间内通过网络和电话作出具有针对性的选择并完成交易，降低客户的时间成本，同时也减少了银行自身的网络维护成本。

2. 人性化的咖啡馆

在品牌营销方面，ING Direct USA 选择与银行业传统模式的脱离，不设实体经营网点和 ATM 机，客户可以最近距离接触 ING Direct USA 的就是分布在洛杉矶、纽约等城市有限的 ING Direct 咖啡馆，银行将咖啡馆的店员培训为金融顾问，能够以简单易懂的交流方式为客户提供相关的金融服务建议，同时客户和潜在客户可以通过喝咖啡、上网，讨论开设账户或者任何产品，咖啡馆成为其主要的线下服务网点。

3. 存款保险的保障

由于没有与传统银行一样的实体网点和 ATM 机，客户需要通过关联 ING Direct USA 的储蓄账户和客户在其他银行的活期账户从而获取资金，但整个过程 ING Direct USA 提供免费的转账服务。同时，ING Direct USA 还为存款客户提供联邦存款保险公司的存款保障。

4. 强化安全性措施

作为通过互联网开展业务的直销银行，ING Direct USA 高度重视安全性建设，在客户合规性检查、账户登录验证、资金划拨、支票签发、信息查询更新等方面做了严格的规定；同时，ING Direct USA 在其网站上向客户详尽介绍各种可能出现的网络诈骗以及非法盗取信息的情况，并明确告知客户在每种情况下应该采取的应对措施，从而在最大程度上保障客户资金和信息安全。

从市场份额和增长速度来看，ING Direct USA 在美国零售银行市场增长潜力巨大。2006 年，美国零售银行的市场规模约为 6 万亿美元，ING Direct USA 以 470 亿美元的存款规模占据了 0.8% 的市场份额。其中，在零售银行存款总额占美国全部零售银行存款总额 40% 的这些区域，ING Direct USA 的市场份额为 1.3%，在其他区域的市场份额为 0.4%。同期，花旗银行的存款总额仅为 2 200 亿美元，ING Direct USA 依靠独特的经营策略成为美国最大的直销银行和位居第四的大型零售银行，同时还保持着以每月新增 10 万名客户和 10 亿美元存款的速度增长。

ING Direct USA 作为美国最大的直销银行，其商业模式的特殊之处在于主要的盈利来源于利差收入和采取"薄利多销"的经营策略，不收取服务手续费，高息吸存，低息放贷，也由此决定了 ING Direct USA 大多数时候是通过规模的增长来获得利润。

ING Direct USA 在产品方面的策略主要有四个方面：①针对直销渠道提供有限的产品选择，从而使有限的产品选择集中在储蓄产品和部分贷款产品，客户易于尝试；②通过关联，即时从活期账户中获取资金；③专注于简化的"自助"银行产品，可由消费者独立管理；④没有最低存款额度要求，消除客户对存款最低金额的担心。

15.6　网上证券交易——E*Trade

E*Trade 公司在 20 世纪 80 年代初期是一家提供信息技术服务的公司，在 1992 年与美国在线和 CompuServe 合作，转型为向折扣经纪商提供在线投资的后台服务，有了一定的积累后，在 1996 年通过开设自己的网站走向台前，直接提供线上证券交易服务。自此，E*Trade 发展为一家纯粹的网络经纪商，借助无物理营业厅的成本优势，向价格弹性较大的互联网客户提供经纪服务。受 2008 年金融危机的影响，E*Trade 业绩惨淡，得到 Citadel 对冲基金注资并出售加拿大业务后走出困境。现已成为纯网络经纪商的典型代表。

在成立初期，由于没有客户基础，E*Trade 依靠在线上巨额投入广告，并凭借低价策略迅速抢占市场份额。1994 年 E*Trade 的收入超过 1 000 万美元，到 2000 年，营业收入接近 16 亿美元，年复合增长率高达 129%。

1998 年，E*Trade 开始从低成本战略向为顾客提供资产增值服务转型。公司在 IT 基础设计方面投入大量资金，并联合 E-Loan 公司，将业务拓展到抵押贷款领域。1999 年，E*Trade 收购了一家金融媒体网站 Clearstation 公司，利用网站门户为投资者提供原创金融信息。E*Trade 在 2000 年兼并了网络银行 Telebanc 和网上经纪公司 Web Street，在 2001 年收购专业做市商 Dempsey & Company，进一步巩固和发展网络交易量，并可以为机构投资者提供专业化服务。通过一系列的收购、兼并和合作的方式，E*Trade 完美实现了线上满足投资者个性化的投资、银行、咨询的需求，从单纯的网络经纪商转型为多元化的金融服务公司。

E*Trade 于 1992 年创立后不久，就赶上了美国第二波佣金降价潮，并成为美国佣金价格战的先驱。目前其佣金费率属于同服务水平中佣金费率最低的券商之一。在客户黏性上，E*Trade 一直是美国点击率最高的券商之一，领先其竞争对手嘉信理财的两倍以上。其特点如下。

第一，以网站为中心的营销体系。E*Trade 点击率较高的原因：一是注重网站宣传；二是 E*Trade 网站的使用界面清楚、易操作，深得客户喜爱；三是 E*Trade 采取金融证券业垂直门户网站的定位，为客户提供了丰富的网络信息，内容涵盖银行、证券、保险及税务等。

第二，全方位零售网点的拓展。1997 年起，E*Trade 开始大举扩张其全球市场，与 America Online 及 Bank One 策略联盟，进军澳洲、加拿大、德国及日本，随后又进入英国、韩国和我国香港等国家和地区。与此同时，E*Trade 大举拓展其零售网点，在美国建立了五个财务中心，分布于纽约、波士顿、丹佛、比利时山庄和旧金山，并通过全国各地的"社区"（financial zones）深展其触角。此外，E*Trade 还有 1.1 万个以上的自动柜台机网络供客户使用。

第三，丰富的信息咨询内容。E*Trade 为客户提供丰富的信息内容和研究报告，并与 Ernst & Young 合作提供财经资讯服务。E*Trade 通过兼并 Telebanc，强化了其金融垂直网络服务策略。除证券信息外，E*Trade 还提供房屋贷款服务、保险产品、退休规划、税务及网上金融顾问服务等。

E*Trade 将其网上证券交易的成功归结为四个动力：品牌、内容、技术和全球化。它以品牌和内容实现网络经济下的用户锁定，而以技术和全球化战略实现自我扩张。

（1）以品牌和内容实现消费锁定

在网络经济下，树立品牌、赢得广泛持久的关注是各网上经纪商的重点工作。有鉴于此，E*Trade 投入了大量资源进行市场营销和客户开发。最初，它用低佣金来吸引投资者，并借助广告宣传突出该公司在证券电子商务变革中的领先地位和低佣金服务等方面的特色，使公司知名度迅速提高，影响力与日俱增，在越来越多的投资者心目中树立了品牌形象。然后，公司及时将营销重点转移到服务内容方面，强调投资者成为 E*Trade 客户以后所能享受的各种增值服务和投资节约，顺利地加强了公司的品牌和市场地位。公司品牌的树立使客户确立了对 E*Trade 的路径依赖，进而实现消费锁定。

同时，E*Trade 用其性能优良的网站和它所提供的全面而方便的服务和丰富的信息吸引了浏览者的注意力，进而增强了这种路径依赖的效果。E*Trade 在 1998 年 9 月耗资 1 亿美元对原有站点进行改造，开通了新站点 DestinationE*Trade，提供更加广泛的金融产品和信息服务，使客户能够迅速获得金融产品并控制个人的投资组合。E*Trade 凭借其在站点上优质的信息服务赢得了很高的客户忠诚程度，其客户流失率不到 5%，实现了网络经济下的"锁定"效应。

（2）以技术和全球化战略实现自我扩张

E*Trade 之所以能在同行竞争中保持一定的价格优势，主要是因为公司重视新的信息技术的运用，由此带来了人工成本的节约。E*Trade 对技术的发展不仅侧重于提高内部效率和节约成本，还以方便客户为出发点，发展了无线通信和语音驱动网站。为了实现技术创新，公司建立了三个技术中心，负责系统支持、网络维护、客户服务、交易备份等工作，技术开发费用占总费用的比例也呈逐年递增的状态。在网络经济中，技术创新是成功的主要驱动力，而技术创新的速度则是维持并获得竞争优势地位的重要方式。因此，E*Trade 对技术的多种应用不仅实现了降低成本的目的，还使客户对其未来发展充满信心，从而带来了无限的市场扩张机会。

另外，自 1997 年年底以来，E*Trade 频繁在金融领域进行收购活动，推出多项新的服务，并大力拓展国外市场，显示出其多元化、国际化的战略导向。公司参与直接竞争的业务范围正逐渐从网上证券交易扩展到证券电子商务的其他领域，以及银行等相关行业；竞争者也从美国本土延伸到国际市场。E*Trade 相信，凭借其在证券电子商务方面的市场领先地位，以及在品牌知名度、网上服务内容和专有技术等方面的竞争优势地位，E*Trade 可以实现在全球范围内的自我扩张，在未来的市场竞争中保持优势并取得进一步发展。

15.7　保险电子商务——InsWeb

InsWeb 总部设在美国加州的红杉城，创立于 1995 年 2 月，曾在美国纳斯达克市场上市，是全球最大的保险电子商务网站，在业界有着非常高的声誉，被 FORBES 称为是网上最优秀的站点，也是 YAHOO 评出的全世界 50 个最值得信赖和最有用的站点之一。在创立 11 年后，InsWeb 最终于 2011 年被 Bankrate 收购。InsWeb 涵盖了从汽车、房屋、医疗、人寿、甚至宠物保险在内的非常广泛的保险业务范围，是全球最大的保险超市网站之一，也是美国互联网保险代理模式的成功案例。

InsWeb 为消费者提供多家保险公司的保险产品报价，消费者可以比较各家保险公司的产品，进而做出购买决定。InsWeb 最初主要提供汽车险的网上报价，随后逐步拓展到定期寿险、住宅保险、健康保险等多种互联网保险产品。InsWeb 的主要收入是通过出售保险产品而获取的佣金收入。

1999 年，InsWeb 网站第一季度的业务收入为 330 万美元，而第四季度的业务达到 640 万美元，增长了近 94%。2000 年第一季度其业务收入迅速增加到 860 万美元，较 1999 年同期增长了 160%。1999 年 4 月 6 日，InsWeb 第三方保险网站与风险投资基金软银集团共同出资，在日本设立了专门从事互联网保险业务的子公司，主要提供汽车保险产品及其相关信息。

2005 年，InsWeb 专门建立了内部代理（AgentInsider）系统，为保险代理人提供了更多、更方便的展业机会。当消费者提交个人信息及投保意向后，InsWeb 会将其作为营销线索转给在网站注册的保险代理人，并向代理人收取一定的费用。与其他网站不同，InsWeb 的注册保险代理人并不需要缴纳会员费。InsWeb 还在其网站上为消费者提供学习中心，提供有关保险的文章、常见问题解答等服务。

由于互联网的限制，InsWeb 主要销售的还是车险和意外险，规模难以做大，2011 年被收购前最后一次公布报表的前三季度收入约为 3 900 万美元，与美国万亿美元左右保费相比几乎可忽略不计，最终于 2011 年被 Bankrate 收购，而后者于 2012 年又收购保险服务网站 InsuranceAgents，使之与 InsWeb 的 AgentInsider 系统整合，从而使 InsWeb 的服务更加强大。在 2011 年第三季度季报中，InsWeb 的营收额达到 1 280 万美元，同比上升 21%。

1. InsWeb 的经营模式

InsWeb 的主要盈利模式一是为消费者提供多家合作保险公司的产品报价以帮助对比，并从消费者收取费用；二是为代理人提供消费者的个人信息和投保意向，并向代理人收取费用。

InsWeb 不但和世界上 50 多家著名的保险公司有业务协议，同时它通过与其他 180 多个著名站点连接进行合作的方式，吸引源源不断的客户访问它的站点，如若成交，源站点将获得一定比例的"介绍费"，站点的设计贯彻着简洁清晰而功能强大的原则，客户可以在网上输入需求的资料，网站会根据资料自动在各家会员保险公司的产品间进行比较分析，然后将比较分析结果反馈给客户，客户将获得购买最为价廉物美的保险的建议，同时在这里购买保险的客户将有许多机会获得各种折扣和奖励。其堪称网上保险站点的领袖，它把大量的客户介绍给保险公司的同时也把最好的保险公司和险种介绍给客户，通过互联网把保险公司和客户联结在一起，为保险公司和客户同时带来了显著的利益。

2. InsWeb 的成败原因

InsWeb 的成功在于它为保险行业注入了新鲜的血液，给客户和保险公司都带来了好处。InsWeb 为客户带来的好处包括快速、全面、实时的保险商品报价；在一个公开、公正、公平的市场上，为客户进行公正、客观地保险商品比较；可以方便地利用各种保险信息和投资分析的工具；在得到良好的服务的同时，免却了推销带给客户的压力，同时维护了客户的隐私权。InsWeb 为保险公司带来的好处包括互联网的模式产生了规模经济的效应，使保险公司可以以较低的成本获得客户；从日益庞大的上网人群中获得了理想的客户群；从产品的比较和表现中获得快速的反馈从而可以更加快速和容易的优化产品；提高经营的效益，提供更优质的产品。

2009 年，InsWeb 保险网站仍被评为"最佳汽车保险网站"。但到 2010 年，其营业额急剧下滑，前三季度营业收入仅有 2 900 多万美元，而经营成本却高达 2 800 多万美元，净收入不足 115 万美元，其每股净收入下降至 0.24 美元，经调整后更低至 0.21 美元。由于收益太低，InsWeb 保险网站的股票价格也一落千丈，经营陷入深度危机。被收购前最后一次公布的财务报表显示，2011 年前三个季度经营收入略有上升，达到约 3 900 万美元，但由于技术费用的持续投入，其总经营费用超过 3 840 万美元，不包含其他收入的净收入仅为 60 万美元左右，与数千万美元的总资产相比，几乎可以忽略不计。InsWeb 为了维持运营，最终痛下决定，被美国著名理财网站 Bankrate 收购，而这前后总共不到两年的时间。

InsWeb 衰败的因素如下。

第一，由于保险产品大多较为复杂，比如寿险中的传统险、分红险、变额年金、健康险，以财险中的责任险、家财险、企财险、船舶险、农险等条款均较为复杂，往往需要代理人面对面的讲解，而单纯网络上难以迅速了解产品性质，这导致绝大多数保险产品无法依靠互联网销售，网销保险产品简单，佣金收入有限造成入不敷出。

第二，交流模式单一，不能及时解决客户困难。InsWeb 保险网站与客户的交流方式极为有限，仅有在线咨询和电话服务中心。消费者在比较、选择保险产品过程中，仅通过在线交流，通常不能有效地解决疑问，最后只能选择离开。加之保险相关知识较少的消费者往往不太容易理解网站提供的专业化购买建议和保险条款，电话客服能力有限，也扼杀了部分潜在客户的购买欲望。

第三，缺乏售后理赔协助，服务项目及内容有限。缺乏售后理赔协助服务是 InsWeb 第三方保险网站走向没落的重要原因。互联网是虚拟的商业环境，客户信任是成功交易的基础，缺乏信任就很难长久发展。InsWeb 保险网站仅提供产品价格信息和购买前的专业化建议，缺少协助客户进行理赔的相关服务，很难拉近与消费者之间的距离，不易取得客户的完全信任。同时，大多数客户缺乏理赔相关知识和经验，后续理赔工作手续烦琐，也容易产生不满或怨恨心理，作为产品介绍的第三方网站也逃脱不了责任。此外，不及时提供售后的防灾防损指导，消费者很可能因为购买保险之后的松懈心理，给自己和社会造成无谓的经济损失。

第四，不直接提供投保和支付服务，盈利模式不足。首先，InsWeb 第三方保险网站仅提供保险产品报价和对比服务，不直接提供投保和支付服务，这就压缩了第三方网站的盈利空间，不利于其生存和发展。其次，客户购买保险产品时，需要再具体登录到所要购买产品的保险公司页面，尤其是购买多种保险产品，当这些产品又分属于不同的保险公司时，客户可能需要登录三四家保险公司网站，极为不便。最后，保险公司给客户的保险建议可能与 InsWeb 第三方保险网站不同，这无疑降低了第三方网站的公信力，极大地威胁了其可持续发展。

总结

本章介绍了国外典型互联网金融企业的发展情况，包括第三方支付模式代表 PayPal 和 Square、P2P 模式代表 Lending Club、众筹模式代表 Kickstarter、网上直销银行代表

ING Direct USA、网络证券经纪公司代表 E*Trade、网上第三方保险网站 InsWeb。通过介绍国外互联网金融各种模式典型企业的发展情况，分析各种模式的运营模式以及典型企业成败的原因。

关键概念

PayPal　SquareLending　ClubKickstarter　ING Direct USA　E*Trade　InsWeb

习题

1. PayPal 的运营模式是什么？
2. Square 移动支付模式发展趋势和特点是什么？
3. Lending Club 如何进行风险控制？
4. Kickstarter 交易主体关系是怎样的？
5. ING Direct USA 的特点有哪些？
6. E*Trade 成功的原因是什么？
7. InsWeb 衰败的原因有哪些？

参考文献

[1] 谢平, 邹传伟. 互联网金融模式研究 [J]. 金融研究, 2012, 12: 11-22.

[2] 谢平, 刘海二. ICT、移动支付与电子货币 [J]. 金融研究, 2013, 10: 1-14.

[3] 谢平, 邹传伟, 刘海二. 互联网金融的基础理论 [J]. 金融研究, 2015, 08: 1-12.

[4] 谢平, 邹传伟, 刘海二. 互联网金融监管的必要性与核心原则 [J]. 国际金融研究, 2014, 08: 3-9.

[5] 黄震, 邓建鹏. 论道互联网金融 [M]. 北京: 机械工业出版社, 2014.

[6] 黄震, 邓建鹏. P2P 网贷风云 [M]. 北京: 中国经济出版社, 2015.

[7] 黄震, 邓建鹏. 互联网金融法律与风险控制. 北京: 机械工业出版社, 2014.

[8] 曹安铭. 关于证券公司"企业信息化"建设的一些思考 [J]. 市场周刊（理论研究）, 2009, 01: 10-11.

[9] 范家琛. 众筹商业模式研究 [J]. 企业经济, 2013（8）: 72-75.

[10] 龚映清, 蓝海平. 美国 SEC 众筹新规及其监管启示 [J]. 证券市场导报, 2014（9）: 11-16.

[11] 胡国晖, 雷颖慧. 基于商业银行作用及运作模式的普惠金融体系构建 [J]. 商业研究, 2012, 01: 91-95.

[12] 胡吉祥, 吴颖萌. 众筹融资的发展及监管 [J]. 证券市场导报, 2013（12）: 60-65.

[13] 胡剑波, 丁子格. 互联网金融监管的国际经验及启示 [J]. 经济纵横, 2014, 08: 92-96.

[14] 廖理, 李梦然, 王正位. 聪明的投资者: 非完全市场化利率与风险识别——来自 P2P 网络借贷的证据 [J]. 经济研究, 2014, 07: 125-137.

[15] 李焰, 高弋君, 李珍妮, 才子豪, 王冰婷, 杨宇轩. 借款人描述性信息对投资人决策的影响——基于 P2P 网络借贷平台的分析 [J]. 经济研究, 2014, S1: 143-155.

[16] 卢善奎, 韦文高. 小额贷款公司的持续发展研究 [J]. 经济研究导刊, 2012, 06: 54-55.

[17] 牛晓健, 郭东博, 裘翔, 张延. 供应链融资的风险测度与管理——基于中国银行交易数据的实证研究 [J]. 金融研究, 2012, 11: 138-151.

[18] 任莉. 我国银行信息化风险及防范对策研究 [J]. 经济论坛，2009，12：94-97.

[19] 宋华，于亢亢，陈金亮. 不同情境下的服务供应链运作模式——资源和环境共同驱动的 B2B 多案例研究 [J]. 管理世界，2013，02：156-168.

[20] 谈超，王冀宁，孙本芝. P2P 网络借贷平台中的逆向选择和道德风险研究 [J]. 金融经济学研究，2014，05：100-108.

[21] 孟韬，张黎明，董大海. 众筹的发展及其商业模式研究 [J]. 管理现代化，2014（2）：50-53.

[22] 魏鹏. 中国互联网金融的风险与监管研究 [J]. 金融论坛，2014，07：3-9.

[23] 俞枫. 证券信息化发展的新趋势 [N]. 中国证券报，2008，09：5-8.

[24] 尹海员，王盼盼. 我国互联网金融监管现状及体系构建 [J]. 财经科学，2015，09：12-24.

[25] 张健华. 我国互联网金融监管问题研究 [J]. 浙江金融，2014，05：4-8.

[26] 宋华，于亢亢，陈金亮. 不同情境下的服务供应链运作模式——资源和环境共同驱动的 B2B 多案例研究 [J]. 管理世界，2013，02：156-168.

[27] Bowie，Max. A Tale of Two Cities：FinTech，Data Face East-West Challenges[J]. EN，2012：2744.

[28] Chengfeng Long. Study on Online Financing Based upon Internet and E-commerce[J]. International Journal of Business and Management，2009：48.

[29] D Stutzbach，R Rejaie，S Sen. Characterizing Unstructured Overlay Topologies in Modern P2P File-Sharing Systems. Internet Measurement Conference，2015，16（2）：267 - 280.

[30] H Zheng，D Li，J Wu，Y Xu（2014）. The role of multidimensional social capital in crowdfunding：A comparative study in China and US. Journal of Information & Management. 51（4）：488-496.

[31] Kilburn，Faye. Beeston's Startup VC Illuminate Ups Focus on Data，FinTech Vendors；Gets Funding from Capsicum[J]. Inside Market Data，2015：3014.

[32] Jin Li. On peer-to-peer （P2P）content delivery[J]. Peer - to - Peer Networking and Applications，2008：11.

[33] P Belleflamme，T Lambert，A Schwienbacher（2014）. Crowdfunding：Tapping the right crowd. Journal of Core Discussion Papers，29（5）：585-609.

[34] Peng Yang，Lisong Xu. An ISP-friendly inter-overlay coordination framework for multiple coexisting P2P systems[J]. Peer-to-Peer Networking and Applications，2014：74.

[35] Sven C. Berger，Fabian Gleisner. Emergence of Financial Intermediaries in Electronic Markets：The Case of Online P2P Lending[J]. BuR - Business Research，2009：21.

[36] Yanhong Guo，Wenjun Zhou，Chunyu Luo，Chuanren Liu，Hui Xiong. Instance-based credit risk assessment for investment decisions in P2P lending[J]. European Journal of Operational Research，2016：2492.

教师服务

感谢您选用清华大学出版社的教材！为了更好地服务教学，我们为授课教师提供本书的教学辅助资源，以及本学科重点教材信息。请您扫码获取。

❯❯ 教辅获取

本书教辅资源，授课教师扫码获取

❯❯ 样书赠送

财政与金融类重点教材，教师扫码获取样书

 清华大学出版社

E-mail: tupfuwu@163.com
电话：010-83470332 / 83470142
地址：北京市海淀区双清路学研大厦 B 座 509

网址：http://www.tup.com.cn/
传真：8610-83470107
邮编：100084